بدھیاں لئی رہائی

تربیتی کتابچہ

یہوواہ مبارک ہووے
جنہیں ساہنوں اوہناں دے دنداں دا شکار ہون نہ دتا۔
ساڈی جان چڑی وانگوں چڑیمار دی پھاہی تھوں چھڈائی گئی
پھاہی ٹُٹی ساڈی جان چھُٹی
ساڈی مدد یہوواہ دے نام وچ ہے
جہیڑا آکاش تے دھرتی دا کرتا ہے۔

زبور ۱۲۴

لیکھک:
مارک ڈیوری اتے بینجمن ہیگ مین
ترجمہ کار:
اسٹیفن رضا

Title: Liberty to the Captives: Training Manual
(Western Punjabi)
Description: Melbourne: Deror Books, 2022.
ISBN: 978-1-923067-08-0

کتاب دا انگریزی وچ ناں:
Liberty to the Captives: Training Manual

کتابِ میں بائبل مقدس دے سارے حوالہ جات
کتابِ مقدس دے پنجابی ترجمے چوں لئے گئے ہین۔

مارک ڈیوری ہوراں دیاں ہور کتاباں تے لکھتاں بارے جانن لئی
markdurie.com وزٹ کرو اتے کتاب بدھیاں لئی رہائی نوں ہور زباناں وچ
پڑھن لئی luke4-18.com وزٹ کرو ۔

The group discussion icon is made by
Freepik from www.flaticon.com.

ويروا

مڈھلی گل

اج بہت سارے ادوکے مسلمان مسیح دے پچھے چلن دا فیصلہ کر رئے نیں جہدی تاریخ وچ ہور کوئی مثال نئیں ملدی۔ پر افسوس والی گل اے ہے پئی ایہناں وچوں بہت سارے حقارت تے ایس دنیا دیاں فکراں نوں برداشت تھوں باہر سمجھدے نیں۔ کجھ مقامی مسیحی لیڈر ساہنوں اے دسدے نیں پئی ایہناں وچوں لگ بھگ ۸۰ فیصد پہلے دُوں ورھیاں دے اندر اندر واپس برگشتہ ہو جاندے ہین۔ رب ساہنوں ایس بارے کجھ کرن لئی کیہہ آکھ رہیا ہے؟

۲۰۰۲ء وچ ڈاکٹر مارک ڈیوری ہوراں ذِمّی روئیے بارے مسیحیاں لئی دینِ اسلام تے مسلماناں دے خوف توں آزاد ہون دے موضوع تے سکھانا شروع کیتا۔ سکھلائی دے بعد اکثر خدمت گذاری دا ویلا وی دتا جاندا اے جہدے دوران لوک سامنے آ کے دعا کردے نیں۔ ایہناں دعائیہ اجلاساں وچ شرکت کرن والیاں کئی لوکاں نے بعدوں گواہی دتی کہ خدا دی قدرت نے بڑے زور دے نال اوہناں نوں چھویا جہدے سببوں اوہناں نیں آزادی تے خدمت کرن واسطے قوت وی حاصل کیتی۔

اوہدے بعد ڈاکٹر ڈیوری نے دو حصیاں تے مشتمل اک کورس تیار کیتا جس دے وچ اوہناں نے لوکاں نوں دینِ اسلام دی روحانی اسیری تھوں ازخود رہائی دا پورا طریقہ دسیا ہے۔ ایناں دوہاں کورساں نوں پھیر ایک ہی کتاب جہدا ناں ہے "بدھیاں لئی رہائی" دے وچ کٹھا کر دتا گیا سی۔

ساری دنیا وچ انجیل دی منادی کرن والے خادماں دی معلومات نالے استعمال دے لئی فیر کتاب "بدھیاں لئی رہائی" دا کئی ہوراں زباناں وچ وی ترجمہ کرایا گیا ہے۔

۲۰۱۰ وچ ایس کتاب نوں پہلی وار جدوں شائع کیتا گیا اوہدوں تھوں لے کے ہن تیکر اے گل واضح ہوندی جا رئی ہے کہ ایہدے اُتے ہور نظرثانی تے اضافے دی ضرورت ہیگی تاں جو اینوں پڑھن والیاں لئی ضرورت دے مطابق زیادہ تھوں زیادہ مواد پیش کیتا جاوے خاص طور تے ایماندار لوکاں دیاں اوہناں جماعتاں نوں جو مسلمان پسِ منظر تھوں تعلق رکھدیاں نیں۔

ایدے نال نال اک تربیتی پروگرام دی ضرورت وی رئی ہے۔ شروع شروع وچ کتاب دے نال ویڈیو سبق وی پیش کیتے جاندے سی جنہاں نوں سلام منسٹریز نے پاور پوائنٹ سلائیڈاں استعمال کر کے خاص طور تے تیار کیتا سی۔ ایہناں ویڈیوز دی وی مختلف زباناں وچ ڈبنگ کرائی گئی یا سب ٹائٹل تیار کرائے گئے۔

ایہہ تعلیمی طریقہ کئی مُلکاں وچ استعمال کیتا جا رہیا ہے جتھوں دے مقامی ساتھیاں نُوں پہلوں ایناں دی پوری ٹریننگ دتی جاندی ہے۔ البتہ، جدوں سلام منسٹریز

دے ڈائریکٹر جناب نیلسن وولف دی ڈاکٹر بینجمن ہیگ ہوراں نال ملاقات ہوئی تاں جو بینین (Banin) دے مقامی پادریاں نوں اک خاص طریقے نال تربیت کران دی کوئی اچیچی صورت کڈی جاوے تے اوہناں جھٹ کہیا "ہو ای نئیں سکدا!" تے فیر اک بالکل ای مختلف طریقہ تجویز کیتا۔ بینین وچ کئی دہائیاں تک سکھلان دا تجربہ رکھدیاں ہوئیاں ڈاکٹر ہیگ مین نے "بدھیاں لئی رہائی" دے واسطے اک ہور تربیتی طریقہ اسٹڈی گائیڈ دے طور تے ورتن لئی تیار کیتا ۔ ایس طریقے وچ، جہدی کتاب ایس ویلے تہاڈے ہتھ دے وچ ہے، چھوٹے ڈسکشن گروپس تے ڈرامے دا ورتاوا کیتا گیا ہے اتے ایس طریقے نوں باٹونو، فرنچ نالے ہوئوسا وچ بڑے ودھیا طریقے نال ورتیا تے قبول کیتا گیا ہے۔

ٹریننگ دے ایس طریقے نوں ودھیک ساری سبھاوناں دے حساب نال تیار کیتا گیا ہے تاں جو ایہدے وچ ہر تعلیمی درجے دا بندہ حصہ لے سکے۔ ایہد ے نال، ایس تربیت نوں مکمل کرن والا ہر لیڈر فیر ایہنوں اپنے مقامی علاقے وچ نال لے جاوے تے اوتھے جا کے ہورناں نوں وی ایسے طریقے دے نال سکھا سکے۔

مسیح دے او لفظ اج وی ساڈے کناں وچ گونج رہئے نیں پئی "جداں باپ نے مینوں بھیجیا اوسے طراں مَیں وی توانوں بھیجنا" نالے "جاؤ اتے سب لوکاں نوں مرید بناؤ"۔ یسوع دی ایس گل دا کیہ مطلب سی؟ اپنے مرن تھوں اک رات پہلوں اوہنے اپنے حواریاں نوں سمجھایا پئی تسیں رب نوں جاندے تے اوہدے نال تعلق رکھدے ہو اتے میرے ناں، میری سچیائی تے میری محبت دی راہیں تسی خدا دے نال اک ہو (یوحنا ۱۷)۔ فصل دے مالک اگے ساڈی ایہو بنتی آ کہ "بدھیاں لئی رہائی" دا ایہہ سارا پروگرام مسلمان قوم وچوں آؤن والے سارے نویں مریداں نوں خداوند یسوع مسیح دے ذریعے خدا دے نال جوڑن دا اک ودھیا وسیلہ تے ذریعہ بنے تاں جو ایہہ مسلماناں دے وچ انجیل دی منادی تے شاگرد بناؤن دی خدمت کرن والے خادماں لئی مددگار ثابت ہووے۔

اُمید ہے کہ ایہہ کتاب جہدے وچ مارک ڈیوری ہوراں دی نظر ثانی شدہ کتاب "بدھیاں لئی رہائی" دیاں تعلیمی گلاں تے بینجمن ہیگمین ہوراں دے قابلِ ترمیم مطالعاتی کتابچے دوہاں دے مواد نوں یکجا کر دتا گیا ہے، اوہناں تمام ضرورتاں نُوں پورا کرن وچ مددگار ثابت ہووے گی تے نالے عالمگیر کلیسیا واسطے وی برکت دا باعث بنے گی۔

اسیں اوہناں سارے سوہنے بہناں تے بھراواں دا سچے دِل نال شکریہ ادا کرنا چاؤندے ہاں جنہاں ایس مواد نوں مزید اچیچا بناؤن تے سنوارن وچ ساڈی سوبیتا کرن لئی اپنیاں قیمتی صلاحواں تے مفید مشوریاں نال ساہنوں نوازیا سی۔ اسی ایس کوشش لئی آپ دے جوش و جذبے نوں دِل دیاں گہرائیاں توں سراؤندے آں۔ اتے اسیں اپنے

سارے مالی مددگاراں تے دعا گو ساتھیاں دے وی ممنون ہاں جنہاں دی مدد تھوں بغیر اے کم کدی مکمل نئیں ہو سکدا سی۔

مارک ڈیوری، بینجمین ہیگمین اتے نیلسن وولف
جون ۲۲۰۲ء

ایس کتاب نوں ورتن دا طریقہ

"بدھیاں لئی رہائی دے تربیتی کتابچے" وچ جی آیاں نوں۔ ایہ تربیتی کورس جناب مارک ڈیوری صاحب دی کتاب "بدھیاں لئی رہائی" دے نویں ایڈیشن تے مشتمل اے جہدے وچ چھ بنیادی تے دو وکھرے سبق وی شامل کیتے گئے ہین۔

ایہ تربیتی کتابچہ مسیحی لوکاں لئی لکھیا گیا اے۔ ایہدی تیاری دا مقصد ایہو اے کہ مسیحیاں نوں کتاب "بدھیاں لئی رہائی" وچ پیش کردہ تعلیمات دا عملی اطلاق کرن دی عملی تربیت دتی جائے۔ ساڈی دِلی دعا اے کہ آپ تے دوسرے سارے لوک مسیح وچ اپنی حقیقی آزادی تلاش کر سکن بلکہ آزاد رہین وی۔

جے کر تُسی ایس تربیتی کتابچے نوں استعمال کردیاں ہوئیاں ایک تربیتی کورس سی اگوائی کرن دا منصوبہ رکھدے او تے مہربانی کر کے پہلاں ایہدے حصے "آگوواں لئی رہنما اصول" دا بغور مطالعہ کرو جہیڑا تہانوں پہلے سبق تھوں پہلاں ملے گا۔

ساڈی تجویز اے کہ تُسی ایس تربیتی کورس نوں دوسرے ایمانداراں دے اک گروپ دے نال رَل کے شروع کراؤ۔ ایس کورس نوں ایس انداز وچ ترتیب دتا گیا اے کہ ایہنوں تین تھوں پنج دِن دی ایک کانفرنس منعقد کر کے پورا کیتا جا سکدا اے پر جے تُسی کرنا چاہو تے ہفتہ وار چھوٹے مطالعاتی گروپ دے سلسلے دی شکل وچ وی شروع کرایا جا سکدا اے۔

قرآن دیاں آیتاں دے حوالے لئی "ق:" دا مخفف استعمال کیتا گیا اے مثال دے طور تے ق۹: ۲۹ دا مطلب اے سورت ۹: ۲۹۔ ایس تربیتی کورس وچ، تسی مستند ذرائع تے مبنی اسلامی تعلیمات دے بارے وچ سکھو گے۔ ہر ممکن کوشش کیتی گئی اے کہ ایہہ سارے حوالہ جات معتبر تے بنیادی اسلامی ذرائع تھوں تصدیق شدہ ہون۔ مہربانی کر کے ایناں ذرائعاں تھوں متعلقہ تفصیلی معلومات حاصل کرن لئی ڈیوری صاحب دی کتاب "تیسرا انتخاب "The Third Choice" ویکھو۔

ایس کتابچے نوں عالمگیر کلیسیا لئی دستیاب کرن دے لئی اسیں ایس گل تے زور دیندے ہاں کہ ہر طرح دی نفرت تے تعصب دی مخالفت کردیاں ہوئیاں اسیں سمجھدے ہاں کہ تنقیدی سوچ دا اصول سارے مذہباں تے نظریاتِ حیات تے لاگو ہونا چاہیدا اے۔ مسلمان تے غیر مسلمان دوہاں نوں ایہ برابر دا حق حاصل اے کہ دینِ اسلام دے بارے اپنے اپنے ذاتی نظریئے تے قائم رہین اتے اپنی اپنی سوچ تے شعور دے مطابق ایہدیاں تعلیمات دے نال اتفاق کرن تے بھانویں نہ کرن۔

تُسی ایس تربیتی کتابچے اتے "بدھیاں لئی رہائی" دے حوالے نال دوسرے پیش کردہ امدادی مواد نوں پی ڈی ایف فارمیٹ وی حاصل کر سکدے ہو جہدے واسطے

تُسی ساڈی ویب سائیٹ luke4-18.com وزٹ کر سکدے جے۔ سارے مسیحی خادماں نوں کھلی آزادی ہے کہ وہ ساڈی ایس ویب سائیٹ luke4-18.com تے پیش کردہ سارے مواد نوں اپنی اپنی ضرورت دے مطابق ڈاؤن لوڈ، پرنٹ تے شئیر کر سکدے نیں۔

جیکر ایہہ تربیتی کورس کسے وی طرح نال تہاڈے لئی برکت دا باعث بنیا ہووے تے ساہنوں تہاڈی گواہی سُن کے واقعی بڑی خوشی ہووے گی اتے نال نال دے تُسی ساہنوں مزید بہتری واسطے اپنے قیمتی مشوریاں دے نال وی نوازو تے اسیں ایس گل لئی وی تہاڈے شکرگزار رہواں گے۔

ليڈراں لئی اصول

عام اصول

ایس تربیتی کتابچے دا مقصد لوکاں نوں اسلام توں روحانی آزادی حاصل کرن چ مدد تے رہنمائی فراہم کرنا ہے۔

جے کر تُسی ''بدھیاں لئی رہائی'' دے تربیتی کورس کی اگوائی دا بیڑا چُکن دی منصوبہ بندی کر رہے ہو تے مہربانی کر کے ایناں رہنما اصولاں نوں غور نال پڑھو۔

ایہہ تربیتی کتابچہ تِن مختلف قسماں دے مسیحیاں دی مدد تے رہنمائی لئی لکھیا گیا ہے:

۱۔ دینِ اسلام چوں نکل کے دینِ مسیحیت وچ داخل ہون والے او نویں مسیحی جنہاں نے مسیح دے وچ اپنی آزادی نوں عملی طور سے حاصل کرن دا فیصلہ کر لیا ہے۔

۲۔ او مسیحی جہیڑے خود یا جنہاں دے پیو دادے مسلماناں دے وچ یا اوہناں دی حکومت رہندے ہین یا رہندے سی۔

۳۔ ہر او مسیحی جہیڑا مسیح دے پیغام نوں مسلماناں تیکر پہنچاؤنا چاؤندا ہے۔

ایہ تِنوں قسماں دے گروہ اپنی اپنی فرق فرق ضرورتاں رکھدے نیں تاں جو ساڈی ایہو تجویز ہے کہ (ساریاں قسماں دے مسیحی) سبق اِک تاں چھ دی تربیت ضرور حاصل کرن جو کہ اِس تربیتی کورس دے بنیادی سبق ہین۔

ایس دے وچ دو اضافی سبق، سبق نمبر ست تے سبق نمبر اٹھ وی شامل ہین جنہاں نوں خاص کر کے نویں مسیحیاں لئی مرتب کیتا گیا ہے۔ ایناں سبقاں دی سکھلائی صرف پہلے چھ سبق مکمل کرن تھوں بعد ہی شروع کیتی جاوے۔

- سبق نمبر ست وچ دینِ اسلام تھوں آزادی دے مزید کئی کلیدی پہلواں تے بحث کیتی گئی ہے جیویں گمراہی، جھوٹھی برتری تے برا بھلا کہنا۔
- سبق نمبر اٹھ وچ اسلامی پسِ منظر نال تعلق رکھن والے لوکاں تے مشتمل ایک صحت مند کلیسیا دی ترقی دے حوالے نال تعلیم دتی گئی ہے۔ ایہہ تعلیم نویں مسیحیاں دے وچ خدمت کرن والے لیڈراں لئی مشعلِ راہ ہے۔

ایہہ تربیتی کورس ایس طراں تیار کیتا گیا ہے پئی اینوں اک مخصوص طریقے نال ہی مکمل کیتا جا سکدا ہے۔ تجویز ایہہ ہے کہ ایس کتابچے وچ پیش کیتے گئے طریقے تے عمل کیتا جاوے کیونکہ ایہہ اِک آزمایا ہوا طریقہ ہے جو ساریاں قسماں دے شگرداں لئی بوہت ودھیا تے کارآمد ہے۔

ایس تربیتی کورس کو ایس طریقے نال تیار کیتا گیا ہے کہ ایہہ تِن توں پنج دِناں وچ مکمل ہو جاوے۔ ایہدے بعد ہفتہ وار گروہی مطالعے دا تعلیمی سلسلے دی شکل وچ ایہنوں اگے وی جاری رکھیا جا سکدا ہے۔

اگر تُسی ایس تربیتی کورس دی اگوائی کر رہے ہو تے سارے ساجھیاں نوں ایہہ آکھیا جاوے کہ او ایس کورس نوں دوجیاں نال وی ضرور شیئر کرن۔ ساہنوں پوری اُمید ہے کہ ایس تربیتی کورس وچ شریک ہون والا ہر اِک فرد اینوں اپنے علاقے یا کلیسیا دے نال وی متعارف کراندیان ہوئیاں اوہناں نوں بھی وی ایہدی عملی تربیت فراہم کرے گا تاں جو ایہہ سلسلہ اگے ہی ودھدا روے۔

سکھلائی دا طریقہ

ایس تربیت وچ اِک چھوٹے گھریلو گروپ توں لے کے سوواں لوکاں تے مشتمل اِک وڈے گروپ تک کسے وی تعداد وچ لوک شامل ہو سکدے نیں۔ جیکر سکھلاؤن والیاں دی تعداد پنج یا چھ ہووے تے ساجھیاں نوں چار یا پنج دے گروپاں وچ تقسیم کرن دی لوڑ ہووے گی۔ ایہہ گروپ سکھلائی دے سارے عمل دے دوران اینج ہی رہے گی اتے او سارے ہمیشہ اکٹھے ہی بیٹھن گے۔

فیر ایس گل نوں وی یقینی بنایا جاوے کہ ایس تربیتی عمل وچ حصہ لین والے تمام ساجھیاں دے کول ایسی تربیتی کتابچے دی اپنی اپنی نقل وی موجود ہووے۔ سکھلائی دے شروع وچ ہی سارے ساجھیاں نوں ایہہ تاکید کیتی جاوے کہ اوہ اپنے اپنے تربیتی کتابچے دے پہلے ورقے اُتے اپنا نام ضرور لکھن تاں جو اوہناں نوں معلوم ہو جاوے کہ ایہہ تربیتی کتابچے حقیقت وچ اوہناں دی اپنی ملکیت ہین فیر اوہناں نوں ایہہ وی دسیا تے سکھایا جاوے کہ اوہ اپنے نوٹس وی ایس کتابچے دے اندر ہی لکھن۔ سارے لوکاں نوں تربیتی کتابچے وچ شامل سب گلاں کھول کے دسیاں جان تے اوہناں دا دھیان چھ ابتدائی سبقاں، ہر سبق دے عنوان، ہر سبق دے شروع وچ دتے گئے سکھلائی دے مقاصد، ہر سبق دے آخر تے پیش کیتا گیا مواد (خاص لفظ، خاص خاص نام، بائبل تے قرآن وچوں لیاں گیاں آیتاں)، ہر سبق دے آخر تے دتے گئے سوال تے اوہناں دے جواب جھیڑے کہ ایس کتابچے دے آخر وچ دتے گئے نیں، ول خاص طور تے کرایا جائے۔

ہر تربیتی دِن دے شروع وچ، ہر چھوٹا گروپ اپنے اپنے واسطے اِک پریذیڈنٹ تے اِک سیکرٹری چُنے۔ ایس طرح سارے گروپ ممبراں نوں واری واری صدر تے سیکرٹری بنن دا موقع ملے گا۔

- پریذیڈنٹ دا کم اے کہ اوہ چھوٹے گروپاں دی آپس دی ساری گل بات دی سربرائی کرے تے گروپ وچ موجود ہر ممبر دا حوصلہ ودھاوے تاں جو او وی گل بات تے کم کاج وچ اپنا حصہ ضرور پاؤن۔ تربیتی کتابچے دے آخر تے دتے گئے جواباں نوں کھول کے ویکھن دا ادیکار صرف پریذیڈنٹ کول ہووے گا۔
- سیکرٹری دا کم اے کہ او گروپ وچ ہون والی ہر گل نوں نوٹ کرے کہ کیس اسٹڈی دے سوالاں بارے گروپ ممبراں ولوں کہیڑا کہیڑا جواب آیا، او کہیڑے کہیڑے سوال ہین جنہاں نوں سبق دے آخر وچ سوالاں جواباں دے سیشن وچ پیش کیتا جا سکدا ہے نالے ایہہ وی دھیان رکھے کہ سکھلائی کراؤن والے لیڈراں ولوں جد گروپاں نوں کسے سوال دا جواب دین لئی سامنے بلایا جائے تو اوہدے گروپ وچوں کون سارے ممبراں دی نمائندگی کرے گا۔

تربیتی کورس دے شروع وچ، سکھلائی کراؤن والے لیڈر نوں ایہہ چاہیدا ہے کہ سارے ساجھیاں نوں چار یا پنج بندیاں دے اِک اِک گروپ وچ تقسیم ہون دی ہدایت جاری کرے تے نالے پوری وضاحت دے نال ایہہ وی دسے پئی چھوٹے گروپ کنج کنج کم کرن گے اتے اوہناں دے لئی روز ایک نویں پریذیڈنٹ تے سیکرٹری دا انتخاب کرنا کیوں ضروری ہے۔ سکھلائی کراؤن والا لیڈر ایہہ وی دسے کہ صرف گروپاں دے پریذیڈنٹ ہی کتابچے دے اخیر تے دتے گئے جواباں نوں ویکھ سکدے نیں۔

سکھلائی دے ہر نویں دِن دے شروع وچ ہی سکھلائی کراؤن والا لیڈر ایہہ اعلان کرے کہ ”کل والے سارے پریذیڈنٹ تے سیکرٹری اج ریٹائر ہو گئے نیں‘ اور فیر اج واسطے نویں پریذیڈنٹ تے سیکرٹری دا چناؤ کیتا جاوے (ہیٹھاں ویکھو)۔

ہر سبق دی سکھلائی دا طریقہ کجھ اینج ہووے گا:

- سکھلائی کراؤن والا لیڈر سارے ساجھیاں دے سامنے سبق دے شروع ہون دا اعلان کرے تے کتابچے وچوں اوہدا ورقہ نمبر وی دسے۔
- عملی سبق نوں پیش کرن لئی کجھ ساجھیاں نوں سب دے سامنے کر کے وکھاؤن لئی اگے بلایا جائے۔
- سکھلائی کران والا لیڈر عملی سبق دیاں کجھ خاص خاص گلاں دسے (صرف اِک یا دو منٹ لئی) تے سب دا دھیان ہر سبق سے شروع وچ دتی ہوئی تصویر ول کراندیاں ہویاں اوہدی پوری پوری وضاحت دسے۔

- لیڈر دا ایہہ کم ہے کہ اوہ سبق دے شروع وچ پیش کیتے گئے سکھلائی دے مقاصد سارے ساجھیاں دے سامنے پڑھ کے سنائے۔ مثال دے طور تے، ”ایس سبق دی سکھلائی دے مقاصد ورقہ نمبر (فلاں) تے لکھے نیں۔ او مقاصد ایہہ ہین۔۔ (تے فیر اوہناں نوں اُچی آواز نال پڑھ کے سناوے)“۔

- ہر سبق سے تجزیاتی مطالعے نوں اِک ڈرامے دی شکل وچ سب دے سامنے پیش کیتا جائے پر اوہنوں سب دے سامنے پڑھ کے وی پیش کیتا جا سکدا ہے۔ جے ایہنوں اِک ڈرامے وچ پیش کرن دی لوڑ ہووے تے پہلوں اوہدی پوری تیاری تے ریہرسل کرائی جائے: ساجھیاں نوں سمجھایا جائے کہ اوہ ایناں ساریاں گلاں نوں اداکاری کردیاں ہوئیاں سب سے سامنے پیش کرن۔ ایس ڈرامے (یا پڑھائی) تھوں بعد چھوٹے گروپ کٹھے بہہ کے تجزیاتی مطالعے تے بحث کرن تے آخر وچ دتے ہوئے سوالاں دے جواب وی پیش کرن: ”تہاڈا ردِ عمل کیہ ہووے گا؟“ ایہدے بعد ہر گروپ دا سیکرٹری اپنے تھوں وڈے گروپ دے سامنے ساری رپورٹ پیش کرے تے نالے ایہہ وی دسے کہ ساڈے گروپ ولوں ایس سوال دا کیہ جواب پیش کیتا گیا ہے۔

- پہلے سبق تھوں علاوہ باقی ہر سق نوں سلسلہ وار سیشنز دے وچ تقسیم کیتا جائے کیوں جو پہلے سبق نوں اِک ہی سیشن وچ نپٹایا جا سکدا ہے۔

- فیر ایہناں سبقاں دی سکھلائی دے ہر سیشن وچ سارے ساجھیاں لئی لازمی ہووے کہ اوہ ہیٹھاں دتے ہوئے پہلے تھوں لے کے پنجویں قدم دی پیروی کرن:

  ۱۔ لیڈر اعلان کر کے دسے کہ ایس سیشن وچ کہیڑے کہیڑے حصیاں اوتے گل کیتی جائے گی اتے تربیتی کتابچے دے اندر ایہناں دا ورقہ نمبر وی دسیا جائے گا (جے کر لیڈر صاحب چاؤن تے متن دے وچ پیش کیتے ہوئے تقسیمی اشاریاں دے مطابق وی چلیا جا سکدا ہے جنہاں وچ دسیا گیا ہے کہ ہر چھوٹے گروپ دے وچ کنے حصے دا احاطہ کیتا جاوے گا۔)

  ۲۔ کوئی وی ایسا ساجھی جہدی پڑھت بہت اچھی ہووے او پورے حصے دے اُٹھ کے پڑھائی کرے جہدے اُتے پورے سیشن وچ بعدوں بحث کیتی جائے گی۔ (جیکر تربیتی عمل تقسیمی اشاریاں دے مطابق جاری ہے تے پڑھن والا صرف اشاریاں دے نشان پڑھے جہدے لئی سرف دس تھوں پندرہ منٹ دی لوڑ ہوئے گی۔)

  ۳۔ سارے ساجھیاں نوں چاہیدا ہے کہ تقسیم ہو کے چھوٹے چھوٹے گروپ بنا لین تے نالے اوہناں نوں ایہہ خاص ہدایت وی دتی جائے

کہ وہ اپنی گل بات نوں صرف ایس سیشن دے سوالات تک محدود رکھن۔ ایہہ سوال ہر سبق دے آخر وچ موجود ہین۔

۴۔ سارے گروپ ایس سیشن تھوں متعلقہ حصے دے آخر تے دتے ہوئے سوالاں اُتے بحث کرن۔ ایہدے وچ بس دس تھوں ویہہ منٹ لگنے چاہیدے نیں پر وقت دا حساب سوالاں دی تعداد اُتے منحصر ہے۔ ایس دوران سکھلائی کران والا لیڈر واری واری سارے گروپاں دے کول جا کے ویکھے کہ اوہ کیس طرح کم کر رہے ہیں۔

۵۔ جدوں آگو لیڈر ایہہ ویکھے کہ فلاں گروپ نے ایسی سیشن دے حوالے نال دتا گیا سارا کم پورا کر لیا ہے تو فیر اوہ باقی سارے گروپاں نوں وی ہدایت جاری کرے کہ اوہ وہ جلدی جلدی اپنا سارا کم نبیڑن۔ سکھلائی دا تسلسل جاری رکھیا جاوے تے ہولی ہولی کم کرن والیاں دا انتظار کرن دی کوئی لوڑ نئیں۔

باقی سارے سیشناں لئی وی ایسے طراں پہلے تے پنجویں قدم اُتے عمل کر دیاں ہوئیاں کم جاری رکھیا جاوے جدوں تک سارا سبق پورا نہ ہو جائے۔

- ہر سبق دے آخر تے سارے گروپ واپس کٹھے ہو کے بہہ جان تاں جو سوالاں جواباں دا سلسلہ اگے ودھایا جا سکے۔

ایہہ گروہی گل بات دا نشان اے جہدے وچ تِن لوکاں نوں گل بات کردیاں وکھایا گیا ہے۔

ایس نشان دا مطلب ہے کہ ہُن گروپ سیشنز لئی اِک وقفہ لیا جائے۔

یہ بس ایک تجویز کردہ نشان ہے: ہر آگو لیڈر نوں ایس گل دی مکمل آزادی حاصل ہے کہ اوہ ساجھیاں دی ضرورتاں نوں سامنے رکھدیاں ہوئیاں اپنی مرضی دے نال وی سبقاں دے حصیاں دی ونڈ کر سکدا ہے۔ پر اِک گل دا ضرور دھیان روے کہ سارے ساجھی کنی دیر وچ کنیاں گلاں نوں سمجھ تے یاد رکھ سکدے نیں جہدا دارومدار ہر گروپ دے حساب نال فرق وی ہو سکدا ہے پر سکھلائی کران والے لیڈر نوں چاہیدا ہے کہ اوہ آپ ایس گل دا فیصلہ کرے کہ ہر چھوٹے گروپ سیشن وچ کنے مواد دا احاطہ کرنا بہتر رہے گا۔

عملی سبق

صلاح ایہہ ہے کہ تُسیں ہر سبق دی شروعات اِک عملی سبق نال کرو جنہوں اِک ڈرامے دی شکل وچ پیش کیتا جائے۔ اگر تسیں ایہہ کرنا چاہو تے پورے تربیتی عمل دا تعارف پیش کر بارے اِک الگ تھوں عملی سبق بھی موجود ہے۔ بس تہانوں ایس عملی سبق دی پہلاں تھوں تیاری کرنی پئے گی۔ پر کئی سبق اینج دے وی نیں جنہاں دا عملی مظاہرہ کرن تھوں پہلاں اگر اوہناں دے اداکار صرف ادھا گھنٹہ وی پہلوں ریہرسل کر لین تے بہت اے۔

پورے تربیتی عمل دے تعارف دا عملی سبق

چھ تو اٹھ ایسی کرسیاں تلاش کرو جہیڑیاں اینیاں مضبوط ہون کہ جے کوئی اوہناں دے اُتے کھلو وی جاوے تے کرسیاں اوہدا بوجھ چُک سکن۔ ایہہ کرسیاں اِک ایسی ترتیب وچ لائیاں جان کہ ہر کرسی دا اگلا حصہ اگلی کرسی دے پچھلے پاسے دے سامنے آوے۔ ایس تھوں بعد ساجھیاں وچوں کسے اِک جوان نوں سامنے بلا کے اوہنوں آکھیا جائے کہ پئی ایہناں کرسیاں دے اُتے ٹُر دا روے تے نال اینج ظاہر کرے کہ جیویں او کسے نال فون تے گل کر ریا ہے۔ پھر ایس مشق نوں ذرا مشکل بناؤ تے کرسیاں دے وچکار فاصلہ ودھا دیو تے ہولی ہولی ایہہ فاصلہ ایہناں ودھ جائے کہ اوہدے واسطے اوہناں دے اُتے ٹُرنا مشکل ہو جائے۔ فیر اِک ہور جوان نوں سامنے بلاؤ جہدے ہتھ وچ اِک پرچے اُتے لکھیا ہووے "پیشوا"۔ ایہہ بندہ پہلے جوان دے کول جا کے اوہدا ہتھ پھڑے تو پہلے والا جوان اوہدے سہارے نال فیر کرسیاں اُتے ٹُرن لگ پئے۔ ایس مثال تھوں ایہہ ظاہر کرنا ہے کہ اگوائی کرنے والے دا ہتھ پھڑ کر ٹُرن نال رستے اسان ہو جاندے نیں۔

پہلے سبق لئی عملی سبق

اِک جوان ساریاں دے سامنے آ کے اُچی اُچی کہندا جائے "مَیں آزاد آں! مَیں آزاد آں!" اور فیر اُچی آواز وچ دسے کہ مسیحی ایماندار بندہ کنا آزاد ہندا اے۔ پر ایس دوران او کول بجھیاں ہوئیاں دونویں بکریاں نوں مسلسل نظر انداز کردا جائے جنہاں دیاں لتاں آپس وچ بجھیاں ہوئیاں نیں یعنی اِک بکری دی اِک لت دوسری بکری دی دوجی لت نال بجھی ہوئی ہے۔ (بکریاں دی تھاں کوئی ہور جانور وی ورتایا جا سکدا ہے جیویں دو بھیڈاں، دو مرغیاں یا دو بلیاں)۔ اوہدے لئی بالکل سِدھے چلنا بہت مشکل ہوئے گا۔ اِک بکری اوہنوں اودھر کھچے گی تے دوجی دوجے پاسے۔ اوہ اپنی منزل تے پہنچن لئی بڑی تگ و دو کردا ہے پر اوہ بکریاں نوں ویکھ نہیں سکدا۔ اوہ سمجھدا ہے کہ مَیں آزاد آں پر اوہ آزاد ہے نہیں۔ بالکل وی نہیں!

جیکر جانور نہ ملن تے دو وڈے وڈے چارٹ پیپر لے کے اوہدے اُتے کسے ایسے بندے دی تصویر بناؤ جہدیاں لتاں دے نال دو بکریاں بدھیاں ہون۔ فیر کوئی دوسرا

بندہ سامنے آئے اور ایس تصویر ولوں ویکھ کے کہوے کہ ”ایہہ بندہ مَیں آں جو پہلوں اِک مسلمان پچھوکڑے نال تعلق رکھدا سی پر ہُن مَیں آزاد آں، مَیں آزاد آں“۔ فیر اوہ اِک منٹ لئی سب نوں دسے کہ مَیں ایہ آزادی کیویں حاصل کیتی پر ایس دوران او دونواں بکریاں نوں مسلسل نظر انداز کیتی رکھے یعنی اوہناں دا ذکر تک نہ کرے۔ پھر او بندہ چلا جائے تے کوئی دوسرا بندہ آ کے اوہناں بکریاں ول اشارہ کردیاں ہوئیاں اپنے ہتھ سوال پُچھن دے انداز وچ اُتاں چُکے۔

دوسرے سبق لئی عملی سبق

ماسکنگ ٹیپ دا اِک وڈا سارا ٹوٹا لے کے اوہدے اُتے موٹے مارکر نال اِک لفظ لکھو ”ذمّی“۔ ٹیپ دے اُتے لکھیا ہویا ایہہ لفظ سارے سروتیاں نوں وکھاؤ اور فیر جا کے پہلوں تھوں کرسی نال بدھے ہوئے اِک بندے دے مونہہ اُتے چپکا دیو۔ فیر ۲۰ سیکنڈاں بعد اوس بندے نوں کہو کہ او اُتاں نوں ویکھدیاں ہویاں کرسی تھوں اُٹھن دی کوشش کرے۔ اوہ نئیں اُٹھ سکے گا۔ اِک دوجے بندے نوں سامنے بلاؤ جہدے ہتھ وچ اِک پیپر ہوئے اور اوس پیپر اُتے وڈے تے موٹے حرفاں وچ لکھیا ہوئے ”چھڈاؤن والا“۔ او ”چھڈاؤن والا“ سامنے آ کے اوس ذمّی دے ہتھ پیر کھولے تے فیر اوس آزاد ذمّی نوں چانن وچ لے کے آئے (ایس روشنی لئی لیمپ یا موبائل دی ٹارچ استعمال کیتی جا سکدی ہے) اور نال نال اُچی زبان وچ زبور ۲۳ وی بولدا جائے۔

تیسرے سبق لئی عملی سبق

جے کوئی جانور کسی پھاہی دا چارہ کھا لوے تے او اوس وچ پھس جاندا ہے۔ فیر او اوہدے تھوں تد تیک رہائی حاصل نئیں کر سکدا جد تیک او اوس چارے نوں چھڈے ناں۔ اِک وڈا مرتبان لوو جہیڑا ایناں کُو وڈا ضرور ہووے کہ جہدے اندر ہتھ آسانی نال جا سکدا ہوئے پر ایناں چھوٹا وی ہووے کہ جے اوہدے اندر ہتھ کھڑ کے مٹھی بند کر لئی جائے تے ہتھ باہر نہ نکل سکے۔ ایس مرتبان دے نال اِک کاغذ نوں اُچا کر کے سب نوں وکھاؤ جہدے اُتے لکھیا ہووے ”کلمۂ شہادت“۔ ایس مرتبان دے اندر مونگ پھلی دے کجھ دانے رکھو۔ کوئی بندہ سامنے آئے تے اوس مرتبان دے وچوں مونگ پھلی دے دانیاں نوں کڈھن دی کوشش کرے پر اوہدا ہتھ باہر نہ آئے۔ اوہ ساریاں نُوں وکھائے کہ او کڈی مشکل وچ پھس گیا ہے۔ ایسی مرتبان تھوں رہائی دا صرف اِک ہی طریقہ ہے کہ مونگ پھلیاں نوں ہتھ وچوں چھڈ دِتا جائے۔

چوتھے سبق لئی عملی سبق

برقعے وچ لپٹی ہوئی اِک اتھری بُڈی تے اِک مسلمان بندے نوں جہدے سِر اُتے نماز پڑھن والی ٹوپی ہووے، اوہناں دیاں اکھیاں اُتے پٹیاں بنھ کے دونواں نوں کرسیاں تے بٹھا دیو۔ دو کاغذاں دے اُتے وڈے تے موٹے لفظاں وچ لکھو ”کٹر مسلمان“ تے اوہناں پیپراں نوں اوہنے دیاں چھاتیاں تے چپکا دیو یا گلے وچ لٹکا دیو۔ فیر کجھ لوک

اگے آ کے اوہناں دونواں دے سامنے ٹُرن پھرن تے خوشی دے نعرے مارن، کدی اِک دوجے دے کناں وچ گلاں کرن تے کدی مل کے گیت گاؤن لگ پین پر اوہناں وچوں کوئی وی ایس مسلمان جوڑے نال کوئی گل نہ کرے۔ فیر اوس مسلمان بندے نوں آکھو کہ او اپنی کرسی تھلوں اِک تلوار (کوئی دوجا ہتھیار جیویں خنجر وغیرہ) کڈے تے جدوں کوئی اوہدے کول آئے تے اوس تلوار کو ہوا وچ لہرانا شروع کر دے اور نال اُچی اُچی آکھے کہ چُپ کر جاؤ اور مینوں مار کٹائی تے مجبور نہ کرو۔ دوسرے لوکی چپ چپیتے اوتھوں نکل جان۔ ایہدے بعد کوئی آئے تے اوہناں دیاں اکھاں اُتوں پٹیاں کھول کے اوہناں نوں وکھائے کہ ایتھے تے نہ کوئی بندہ ہے نہ بندے دی ذات۔ پھر وہ سارے حیران ہو کے ایدھر اودھر ویندیاں ہوئیاں اوتھوں چلے جان۔

پنجویں سبق لئی عملی سبق

اِک بندہ بڑا ای تھکیا تے ہاریا ہویا زمین سے لیٹیا ہوا ہے تے اوہنے بچاؤ دے انداز وچ اپنے آپ کو گھٹ کے سمیٹیا ہویا ہے۔ اِک کاغذ دے اُتے موٹے مارکر نال لفظ لکھو "ٹھکرایا ہویا" تے ٹیپ دے نال اوس کاغذ نوں اوہدی چھاتی دے اُتے چپکا دیو۔ اوس بندے دے گِٹے نال اِک لمی جئی رسی بدھی ہوئی ہے جو دُور کِتے جاندی ہوئی نظر آ رہی ہے۔ تُسی ویکھ نئیں سکدے کہ او بندہ کہیڑی شے نال بدھا ہویا ہے: شاید کسے درخت نال یا کسے ہور شے نال۔ فیر ایک چھڈان والا سامنے آؤندا ہے، اوہدی رسی کھولدا ہے اور بڑے ہی پیار دے نال اوہنوں اُتے چُک کے کھڑا کردا تے کرسی ول لے جاندا ہے، اوہنوں پانی دا گلاس دیندا ہے اور بڑے صبر دے نال اوہنوں پانی پیندیاں ہوئیاں ویکھدا رہندا ہے جدوں تیک کہ او پانی ختم نئیں کر لیندا، فیر گلاس اِک پاسے رکھ کے اوہدی چھاتی اُتوں "ٹھکرایا ہویا" دے ناں دا کاغذ پُٹ کے دُور سُٹ دیندا ہے۔ ایہدے بعدوں او چھڈان والا بندہ اوس چھڈائے ہوئے بندے نوں کرسی تے بٹھا کے تے آپی گوڈیاں دے بھار بہہ کے اوہدے دونویں پیر دھوندا اتے تولئے نال سکھاندا ہے۔

چھیویں سبق لئی عملی سبق

اِک بندہ جہدے ہتھ وچ اِک بائبل ہے، اوہنوں میز دے پچھے رکھی اِک کرسی تے بٹھایا جائے تے اوہدی بیوی اوہدے پچھلے کھلو کے اپنے دونویں ہتھ اوہدے موڈھیاں دے اُتے رکھے۔ او دونویں چپ چپیتے میز تے پئی کھلی بائبل نوں بڑے دھیان دے نال ویکھ رئیے نیں۔ ماسکنگ ٹیپ دے اِک وڈے سارے ٹوٹے دے اُتے موٹے مارکر نال "ذمّی" لکھو۔ ٹیپ تے لکھیا ہویا لفظ سارے سروتیاں نوں وکھاؤ تے جا کے او ٹیپ کرسی تے بیٹھے بندے دے مونہہ اُتے چپکا دیو۔ فیر اِک مسلمان دسن والا بندہ سامنے سدو جہیڑا اوہناں دونواں دے کول جا کے کہوے السلام و علیکم تے کرسی تے چپ چاپ بیٹھے ہوئے مسیحی نوں ٹھٹھیاں وچ اُڈانا شروع کر دے۔ اوس بندے دی بُڈھی اوہنوں جواب دین دی کوشش کرے۔ مسلمان بندہ اوہدے جواباں

دے کوئی دھیان نہ دیوے۔ مسیحی بندہ اپنی بائبل بار بار دونواں ہتھاں وچ چُکدا ہے پر چونکہ بول نئیں سکدا ایس لئی صرف اپنا سِر ہلاؤندا اے۔ آخر تے اوہ مسلمان بندہ کھسیانی ہنسی ہسدیاں ہویاں اوتھوں ٹُر جاندا اے۔ بُڈھی اپنے بندے تے مونہہ اُتوں ٹیپ لاء دیندی اے اور ٹیپ لتھدیاں ای او بندہ پورے زور شور دے نال کہن لگدا ہے، ''ایس مسلمان نوں آکھو ذرا واپس آوے'' تے اوہدی بیوی جان والے مسلمان بندے ول نوں دوڑدی اے تے اوہدے پچھے پچھے اوہدا بندہ وی ایہہ کہندا ہویا دوڑ پیندا ہے کہ ''مَیں آ ریا آں، مَیں آ ریا آں!'' تے ایہہ کہندیاں کہندیاں اپنی بائبل نال ہوا وچ لہراندیاں ہویاں اوتھوں پراں ٹُر جاندا ہے۔

ستویں سبق لئی عملی سبق

سروتیاں دے سامنے تِن کرسیاں ایس ترتیب دے نال لائیاں جان کہ اِک کرسی کلی اِک پاسے رکھی جائے تے باقی دونویں کرسیاں دوسرے پاس اِک دوجے سے آمنے سامنے رکھیاں جان۔ اِک کاغذ تے لفظ ''آزادی'' لکھو تے کٹھیاں رکھیاں ہوئیاں دونویں کرسیاں اُتے الگ الگ چپکا دیو۔ فیر دوجے پاسے رکھی ہوئی کلی کرسی دے اُتے لفظ ''اسلام'' لکھ کے لا دیو۔ ایس کلی کرسی نوں رسی دے نال کمرے دے اندر موجود کسے ہور ایسی شے دے نال بنھ دتا جائے جہیڑی اپنی تھاں تھوں ہِل نہ سکے۔ فیر اِک بندے نوں ''اسلام'' والی کرسی تے بٹھاؤ تے اوس بندے دی لت وی تھوڑی چھوٹی رسی لے کے کرسی دے نال بنھ دیو۔ ایہہ رسی اینی لمی نہ ہووے کہ ایہدے نال بدھیا ہویا بندہ اٹھ کے ''آزادی'' ناں دیاں کرسیاں تک پہنچ سکے فیر ''اسلام'' ناں دا کرسی وی اپنی جگہ تھوں ہل نئیں سکدی کیوں جو اوہ دوجے پاسے کسے ایسی شے نال بدھی ہوئی ہے جنہوں اپنی جگہ تھوں ہلایا نئیں جا سکدا۔ اِک ہور کاغذ اُتے موٹے مارکر نال لفظ ''غلامی'' لکھو۔ فیر کوئی بندہ ایس کاغذ نوں سب سروتیاں دے سامنے وکھائے اور ''اسلام'' ناں دی کرسی دے نال بدھے ہوئے بندے دی کرسی نال بدھی رسی دے اُتے چپکا دیوے۔ اِک ہور بندہ سامنے آئے تے ''آزادی'' ناں دی اِک کرسی اُتے بہ جئے تے بائبل پڑھن لگ پئے۔ ایہہ بندہ بدھے ہوئے بندے نوں اشارہ کرے تے کول آ کے نال دی ''آزادی'' والی دوجی کرسی تے بہن دی دعوت دیوے۔ بدھا ہویا بندہ ''آزادی'' ناں دی کرسی تک پہنچن دی کوشش کردا ہے پر رسی دی وجہ تھوں پہنچ نئیں پاندا۔ ''آزادی'' ناں دی کرسی تے بیٹھا بندہ اِک ہور کاغذ سروتیاں نوں وکھاندا ہے جہدے اُتے لکھیا ہے ''چھڈنا''۔ ایہدے بعد ایہو بندہ جا کے ''اسلام'' والے کاغذ تھوں تھوڑا جیہا اُتے کر کے ''چھڈنا'' والا کاغذ ایس طرح چپکا دیندا ہے کہ دونویں کاغذ نظر آؤندے رہندے نیں اور فیر اگے ودھ کے اوس رسی نوں کھول دیندا ہے جنہیں اوس بندے نوں ''اسلام'' ناں دی کرسی نال بدھیا ہویا سی۔ یہ دونویں بندے جا کے ''آزادی'' ناں دیاں کرسیاں تے بہہ جاندے نیں۔ فیر مل کے گیت''رہائی جنے دِتی اے یسوع اوہدا ناں اے'' دی پہلی استھائی

گاؤندے نیں (یا مسیح وچ آزادی بارے ایس تھوں علاوہ کوئی ہور گیت وی گایا جا سکدا ہے)۔

اٹھویں سبق لئی عملی سبق

کسی بی بی نوں کٹر مسلماناں جئے کپڑے پوا کے اوہدی اکھیاں تے پٹی بنھ دیو۔ پھر اِک مسلمان نظر آن والا بندہ ایس بی بی نوں ہتھ دے نال پھڑ کے سامنے لیائے تے اِک کرسی تے بٹھا دئے۔ اِک کاغذ تے لفظ "شرمندگی" لکھ کے ایس بی بی دے دونویں ہتھاں وچ سب دے سامنے نوں کر کے پھڑا دیو۔ مسلمان بندہ ایس بی بی نوں کہندا ہے کہ "تیرے پیر تے ہتھ بہت گندے نیں" اور فیر اوتھوں چلا جاندا اے۔ او بی بی کرسی تے بیٹھی رہندی اے تے سروتے ویکھ سکدے نیں کہ اوس بی بی دے ہتھ پیر واقعی بہت گندے نیں۔ او ہولی ہولی رو وی رئی ہے۔ فیر اِک مسیحی بی بی اندر داخل ہوندی ہے۔ اوہدے ہتھ وچ پانی دی بھری اِک تگاری تے اِک تولیہ ہے۔ او پہلوں بڑے پیار تے خموشی دے نال پہلی بی بی دے اتھرو پونجھدی تے اوہدیاں گلاں خشک کر دی ہے۔ پھر اوہدے ہتھ دھوندی تے گوڈیاں بھار بہہ کے اوہدے پیر وی دھوندی ہے۔ جدوں اوس دے پیر دھل جاندے ہین تے مسیحی بی بی بڑے ارام دے نال اوہدا نقاب اتار کے اوہنوں سہارا دے کے اٹھاندی ہے۔ فیر دونویں اِک دوجے دے ہتھ پھڑ کر اوتھوں ایس طراں پرے چلیاں جاندیاں ہیں کہ مسیحی بی بی پانی والی تگاری نوں تے مسلمان بی بی تولیہ پھڑ لیندی ہے۔

چھوٹے گروپاں دے پریذیڈنٹس دا کردار

اِک چھوٹے گروپ دے پریذیڈنٹ دا کردار ایہ ہے کہ اوہ اپنے گروپ دے لوکاں دی حوصلہ افزائی کرے کہ وہ گروہی بحث وچ حصہ لین۔

ہر سبق سے اخیر تے دِتے ہوئے سوالاں وچ اگر کوئی لفظ موٹے حرفاں وچ لکھیا ہویا ملے تو ایہدا مطلب ایہ ہوئے گا کہ او لفظ ایس مخصوص سبق دے حوالے نال کوئی نواں نام یا نواں لفظ ہے۔ جدوں گروہی بحث دے وچ کوئی ایسا لفظ آ جائے تے پریذیڈنٹ دا ایہہ فرض ہے کہ اوہ اِک لمحے واسطے پورے گروپ دا دھیان اوس بندے یا لفظ دے معنی ول ضرور کرائے۔

پریذیڈنٹ دا کم ہے کہ اوہ گروپ وچ موجود ہر بندے دی حوصلہ افزائی کرے کہ اوہ بحث وچ حصہ لوے۔

پیش کیتے گئے سوالاں دا مقصد ایس گل نوں یقینی بنانا ہے کہ ہر شخص نوں پیش کردہ تعلیم دی واقعی سمجھ آ چکی ہے۔ چنگا ہووے گا کہ گروپ دے ممبر چاہین تے اوہ اوس حصے دے مزید وضاحت طلب معاملیاں بارے دوبارہ وی بحث کر سکدے نیں۔

جے کوئی گروپ اپنے اصل موضوع توں ہٹ جائے تے پریذیڈنٹ اوہناں نوں اصل سوال ول واپس لے آوے۔

پریذیڈنٹ ایس گل نوں وی یقینی بنائے کہ بحث دے دوران تعلیمی گفتگو چلدی روے۔

چھوٹے گروپاں دا پریذیڈنٹ اوہ واحد بندہ ہے جو کتاب دے اخیر تے دِتےگئے سوالات دے جواب ویکھن دا مجاز ہے۔

پنجویں توں ستویں سبق تک دیاں دعاواں دی رہنمائی دا طریقہ

پنجویں توں ستویں سبق تک کلمۂ شہادت اور ذمّی معاہدے نوں ترک کرن دیاں دعاواں پیش کیتیاں گئیاں نیں تے اوہناں دعاواں نوں پیش کرن دے رہنما اصول ہیٹھاں پیش کیتے گئے ہیں:

- ایہہ دعاواں ایک وڈے گروپ دی صورت وچ (نہ تے الگ الگ اور نہ ہی چھوٹے گروپاں وچ بلکہ) اجتماعی طور تے ادا کیتیاں جاون۔ فیر وی ساجھیاں لئی لازمی نہیں کہ اوہ اپنے اپنے گروپاں وچوں باہر نکلن جدوں تک ہر بندے نوں مجموعی گروپ بناون دا کہیا نہ جاوے۔
- بہتر ہوئے گا کہ ایہناں دعاواں توں پہلاں ہر بندے نوں اپنی جگہ تے کھلو جان دی دعوت دتی جائے: ایہو جہیاں دعاواں کرن لئی ساڈا ہوشیاری تے بیداری دی حالت وچ کھڑے ہونا بہت ضروری ہے۔
- ہر دعائیہ سیشن توں پہلاں بائبل دیاں آیتاں سوال و جواب دی شکل وچ پیش کیتیاں جان۔ لیڈر پہلوں سوال، کتابِ مقدس دی آیت اور ایس توں بعد (ٹیڈھی لکھی لکھیا ہویا) جواب پڑھے ۔ ایس توں بعد ہر بندہ اپنی جگہ تے کھلو جائے اور سب دے نال مل کے دعا کرے۔ جدوں پنجویں سبق (کلمۂ شہادت توں آزادی) دے بعد چھیواں سبق (ذمّی معاہدے توں آزادی) وی مکمل ہو جائے تے عام ترتیب دے مطابق ''سچیائی نوں جانو'' حصے دی آیتاں پہلاں ہی پڑھیاں جا چکیاں ہون گئیاں ایس واسطے ایہناں نوں چھیویں سبق وچ دوبارہ دوہران دی ضرورت نئیں۔
- پنجویں سبق وچ کلمۂ شہادت نوں ترک کرن دی دعا، 'مسیح دی پیروی کرن دے عہد دی دعا' توں بعد ادا کیتی جائے اور یہہ دعا وی پنجویں سبق دے اندر موجود ہے ۔ پہلاں مل کے 'مسیح دی پیروی کرن دے عہد دی دعا' زبانی دہرائی جائے اور فیر آزادی دی گواہیاں دا حصہ پڑھیا جاوے۔ ایس توں بعد کوئی بندہ ''سچیائی نوں جانو'' دے حصے وچ پیش کیتیاں ہوئیاں آیتاں

پڑھے۔ فیر ہر بندہ ’کلمۂ شہادت نوں ترک کرن دا اعلان تے دعا‘ دوسریاں دے نال مل کے بولے۔

- ایہہ اجتماعی دعاواں چند ہور طریقیاں نال وی ادا کیتیاں جا سکدیاں ہین:

  - لوک ایہناں دعاواں نوں کتابچے دے اندر وی سِدھا سِدھا پڑھ سکدے ہین۔

  - جے پروجیکڑ استعمال ہو ریا ہے تے ایہناں دعاواں نوں سکرین تے وی وکھایا جا سکدا ہے۔

  - اکثر ایہناں دعاواں نوں پڑھن دا بہترین طریقہ ”میرے پیچھے آکھو“ دے انداز وچ ادا کرنا ہے جس وچ پہلا جملہ لیڈر بولے تے باقی سارے اوہدے پچھے اِک زبان ہو کے اوس جملے نوں بولن۔ ’میرے پیچھے آکھو‘ دا طریقہ خصوصاً اوس ویلے زیادہ ودھیا ہے جدوں سارے ساجھیاں نوں اوہ متن اُچی آواز پڑھن دی لوڑ نہ ہووے۔ ایسے طریقے نال لوکاں نوں دعائیہ لفظاں نوں سمجھن تے ادا کرن وچ آسانی رہندی ہے جس دی بنا تے کہیا جا سکدا ہے کہ ایہہ طریقہ گروہی یکجہیتی دا احساس پیدا کرن وچ بھی مددگار ثابت ہو سکدا ہے۔

- ہر وار جدوں ایہہ دعاواں زبانی دہرائیاں جان تے ایہہ ضروری ہے کہ لوکاں دے اجتماعی دعا وچ شریک ہون توں فوراً بعد لیڈر دی طرفوں دعا وچ شریک ہون والے سب لوکاں لئی ایک خصوصی دعا کرائی جائے تاکہ لعنتاں دا زور ٹُٹے اتے اوہناں دی جگہ زندگیاں وچ برکتاں جاری ہوون۔ لیڈر دی طرفوں فالو اپ دے طور تے ادا کیتی جان والیاں ایہناں دعاواں وچ ہیٹھ دتیاں گئیاں لازمی شامل ہونیاں چاہیدیاں نیں:

  - لیڈر نوں چاہیدا ہے کہ پورے ایمان دے نال ترک کیتے گئےمعاہدیاں دے نال جُڑیاں ساریاں لعنتاں نوں توڑے۔ ایہہ دعا لیڈر ولوں سارے لوکاں واسطے کی جا سکدی ہے تے یا فیر لیڈر سب لوکاں دی رہنمائی کرے کہ اوہ سب اوہدے پیچھے پیچھے ایہہ دعائیہ کلمے بولدے ہوئیاں آپی ایہناں لعنتاں توں آزادی دا اعلان کرن۔ مثال دے طور تے، کلمۂ شہادت نوں ترک کرن دی دعا توں بعد لیڈر کہہ سکدا ہے کہ ”مَیں تہاڈی زندگی اُتوں دینِ اسلام دیاں لیایاں ہوئیاں ساریاں لعنتاں نوں یسوع دے نام وچ توڑ دا ہاں“۔ یا اگر لوک اوہدے پچھے پچھے بول رئے ہین تے وہ اوہ ’میرے پچھے آکھو‘ دے انداز وچ کہے ، ”مَیں اپنی زندگی اُتوں دینِ اسلام دیاں لیایاں ہوئیاں ساریاں لعنتاں یسوع دے نام وچ توڑ

دا ہاں۔ مَیں اپنی زندگی اُتوں دینِ اسلام دیاں لیایاں ہوئیاں ساریاں روحانی تاثیراں دے اثر نوں یسوع دے نام وچ توڑ دا ہاں۔"

- ایس طرح لیڈر، بدروحاں نوں وی نکل جان دا حکم دیوے، یعنی لوکاں کی زندگی وچوں اوہناں نوں کڈے یا لوکاں دی رہنمائی کرے کہ اوہ کجھ ایس طرح بولدیاں ہوئیاں یہ کم آپی کرن: "مَیں اپنے خداوند یسوع مسیح دے نام وچ ساریاں بدروحاں نوں حکم دینا ہاں کہ اوہ یسوع دے اگے سجدہ کر کے ہُن تے ایسے ای ویلے تہاڈی زندگی وچوں نکل جاون۔" (یا جیکر 'میرے پچھے آکھو' دا طریقہ استعمال کیتا جا رئیا ہے تے "میری زندگی وچوں نکل جاون")۔

- فیر لیڈر ایہناں دعاواں وچ شریک ہون والے سب لوکاں واسطے برکت منگے تاکہ جنہاں چیزاں نوں اپنی زندگیاں وچوں ترک کیتا گیا ہے اوہناں دی جگہ خدا زندگیاں وچ اپنی برکتاں نوں جاری کرے جہدی وضاحت دوسرے باب وچ پیش کیتی گئی ہے۔ مثال دے طور تے، ذمّی معاہدے نوں ترک کرن دی دعا توں بعد لیڈر لوکاں دے ہونٹھاں نوں زندگی دے کلام دی برکت دے سکدا ہے تاکہ اوہ دلیری دے نال سچیائی نوں بیان کر سکن اور کلمۂ شہادت نوں ترک کرن دی دعا توں بعد لیڈر لوکاں نوں زندگی، اُمید، جرأت تے خدا دی محبت دی برکت دے سکدا ہے۔

- ایس توں علاوہ، بہتر ہووے گا کہ ایک دعائیہ ٹیم پہلاں توں تیار رکھی جائے جو اجتماعی دعاواں دے بعد وی لوکاں واسطے دعا کرنا جاری رکھے۔ اِک طریقہ ایہہ وی ہو سکدا ہے کہ لوکاں نوں اِک لائن وچ کھڑا کر کے مسح کرن دی خدمت انجام دتی جائے: دعا کرن توں بعد لوکاں نوں دعوت دتی جائے کہ اوہ سامنے آن تاکہ اوہناں نوں تیل نال مسح کیتا جاسکے اور دعائیہ ٹیم دے لوک اوہناں واسطے خصوصی دعا کر سکن۔ بہتر ہووے گا کہ تُسی ایس مقصد لئی اپنی دعائیہ ٹیم نوں پہلاں توں ایس خدمت دا طریقہ چنگی طرح سکھا تے سمجھا دتا جاوے۔

بپتسمہ

لازمی ہے کہ اسلام نوں چھڈ کے مسیح دی پیروی دا عہد کرن والا ہر بندہ پانی دا بپتسمہ حاصل کرن توں پہلاں پنجویں سبق دیاں دعاواں نوں رسمی طور تے ادا کر چکیا ہووے: 'یسوع مسیح دی پیروی کرن دے عہد دا اعلان تے دعا' نالے 'کلمۂ شہادت نوں ترک کرن دا اعلان تے دعا'۔ ایہہ دعاواں ادا کرن توں پہلاں ایہناں دعاواں دا مطلب اور مقصد چنگی طرح سمجھا دتا جائے تاکہ اوہ دعا وچ کہے ہوئے لفظاں

نوں سمجھ سکن اور اپنے اقرار نوں نبھان دے لئی پوری طرح تیار ہو سکن۔ صلاح ایہہ ہے کہ ایس عمل نوں بپتسمے دے لئی تیاری دا حصہ بنا کے انجام دتا جائے۔

حاضریاں

کدے کدے انج وی ہوندا ہے کہ ایہہ دعاواں کردیاں ہوئیاں کجھ لوکاں وچ بدروحاں ظاہر ہونا شروع ہو جاندیاں نیں۔ ہو سکدا ہے کہ کوئی چیکنا چلاؤنا شروع کر دے، ہو سکدا ہے کوئی زمین تے جا پئے، یا کھلوتے کھلوتے زور زور نال کمبنا شروع کر دے۔ ایس لئی اجتماعی دعاواں دے دوران لیڈر لئی کسے وی ایسی صورتحال دا سامنا کرن لئی پوری طرح تیار تے بیدار رہنا بہت ضروری ہے۔ اِک ایسی ٹیم یا ٹیماں تیار رکھیاں جان جو ایسے بندے نوں بڑے آرام دے نال دوسریاں نالوں وکھرا لے جان، اوہناں نوں حوصلہ دین اور فیر بڑے پیار مگر پورے ایمان دے نال اوس بدروح یا بدروحاں کو اوہناں زندگیاں وچوں نکل جان دا حکم دین۔ بہتر ہووے گا کہ ایس دوران لیڈراں وچوں کوئی اِک اپنیاں اکھاں کھلیاں رکھےاور دعا دے دوران ہر بندے دیاں حرکتاں دا پورے دھیان دے نال جائزہ لیندا روے۔

١

اسلام نوں تیاگن دی لوڑ

"مسیح نے سانوں آزاد رہن لئی آزاد کیتا اے۔"
گلتیوں ۵: ۱

سبق دے مقاصد:

الف۔ اسلام وچ پائی جان والیاں معاہدی قوتاں نوں ترک کرن دی فوری ضرورت تھوں آگاہ کرنا۔

ب۔ اسلام دے مسلماناں تے غیر مسلماناں تے اپنا روحانی تسلط قائم کرن دے لئی جارحانہ کاروائی نوں سمجھنا۔

ج۔ شیطان دی حکمرانی تھوں یسوع مسیح دے راج وچ منتقل ہون دے نظرئیے دا تعارف پیش کرنا۔

د۔ قوت دے استعمال نوں اسلامی جہاد دے حتمی جواب دے طور سے مسترد کرنا۔

ہ۔ دانی ایل نبی دی رویا دے مطابق حضرت محمد دی اِک ''کرڑے مونہہ راجے'' نال مشابہت تے غور کرنا اتے اوہدے مفہوم نوں حاصل کرنا کہ اوس راجے نوں آخر تے ''بنا ہتھ لائے'' شکست ہوئی۔

مطالعاتی مقدمہ: تُسی کیہ کرو گے؟

ایس ویلے جدوں تسی مارک ڈیوری ہوراں دی کتاب پڑھ رئے او، تہانوں اِک فون آؤندا ہے جہدے وچ تہانوں دسیا جاندا ہے کہ تہاڈے چاچے دی گڈی نوں اِک معمولی حادثہ پیش آیا ہے اور ایس ویلے او اِک اسپتال دے وچ زیر علاج ہین جو بالکل تہاڈے نیڑے ہی واقع ہے۔ جدوں تُسی اوہناں نوں ملن جاندے او تے ویکھدے ہو پئی اوہناں نوں اِک سانجھے کمرے وچ رکھیا ہویا ہے اتے اوہناں دے نال علی ناں دا اِک کٹر شیعہ مسلمان مُنڈا وی زیر علاج ہے۔ تُسی اپنے چاچے دی صحت یابی لئی دعا منگدے ہو جنہوں ویکھ کے علی بڑے شوق دے نال تہاڈے ولوں ویکھدا تے کہندا ہے کہ ''تسی اِک بوہت ودھیا مسلمان بن سکدے جے اور تہانوں بوہتی دیر وی نئیں لگے گی۔ تسی بس اِک واری حضرت محمد دے نمونے بارے سچیائی ان نوں سکھنا شروع کر دیو تے تسی آپ ویکھو گے کہ تہاڈے حضرت عیسی ہوراں وی اوہناں دے آؤن دے بارے پیشن گوئیاں تے نبوتاں کیتیاں سن۔ ساڈا عظیم نبی جہان دا سب تھوں زیادہ مہربان، پیار کرن والا اتے امن پسند انسان سی۔ مَیں تہانوں دعوت دینا واں کہ تسی بھی اللہ دی سچی راہ تے آ جاؤ۔''

تے تہاڈا اوہنوں کیہہ جواب ہووے گا؟ تسی کیہ کرو گے؟

اِک فوری ضرورت

ہیٹھاں اِک پشلے مسلمان بندے دی گواہی پیش کیتی گئی ہے جنے مسیحی ایمان نوں قبول کیتا اتے اسلام نوں تیاگن تھوں بعد ایک بہت وڈی آزادی کا کجھ ایس طرح اظہار کیتا:

"میری پرورش مغرب دے اِک گھرانے وچ ہوئی۔ اسیں نماز پڑھن لئی مسیت وچ جاندے سی تے عربی زبان دیاں ساری نمازاں رٹ بیٹھے سی۔ پر مَیں اپنے بچپن تھوں ہی زیادہ مذہبی نئیں ساں۔ جدوں مَیں یونیورسٹی وچ داخلہ لیا تے سچیائی دی کھوج وچ نکل پیا جنہیں میری کایا پلٹ دتی۔ اپنی تلاش دے اخیر تے مینوں پتہ لگا کہ یسوع مسیح کون ہے اور اوس نے کس طراں میری زندگی بچائی سی۔

یونیورسٹی کیمپس وچ مَیں اسٹوڈنٹ کرسچن گروپ وچ شامل ہو گیا۔ ہر ہفتے وکھرے وکھرے اسٹوڈنٹ بائبل وچوں واری واری کلام سناندے سی۔ مجھے اجے مسیحیت وچ شامل ہویاں اِک سال تھوں وی گھٹ عرصہ ہویا سی پر اوہناں مینوں پچھیا پئی جے مَیں چاہواں تے کلام سنا سکدا ہاں۔ جس شام میری واری سی مَیں کیمپس دی لائبریری وچ چلا گیا تاں جو کجھ وقت دعا وچ گزار سکاں۔ میرے کلام دا عنوان سی "یسوع نے میرے لئے اپنی جان دتی، کیہ ہن مَیں وی یسوع لئی اپنی جان دے سکدا ہاں؟"

جینج ہی مَیں دعا شروع کیتی میرے نال کچھ بہت ہی عجیب ہون لگا۔ مَیں محسوس کیتا کہ جیویں کوئی میرا گل گھُٹ رئیا ہے، جیویں کوئی میری دھون مروڑ رئیا ہے یاجیویں میرا ساہ گھُٹیا جا رئیا ہے۔ مَیں ڈر گیا کیوں جو ایہہ احساس ودھدا تے شدت اختیار کردا جا رئیا سی۔ تد مینوں اِک آواز سُنائی دتی جس نے مینوں آکھیا کہ "اسلام نوں چھڈ دے! اسلام نوں چھڈ دے!" میرا ایمان ہے کہ اوہ خدا دی آواز سی۔ عین اوسی ویلے میرے دماغ نے اپنا عذر پیش کرنا شروع کیتا کہ "خداوندا، میری تے ہن اسلام وچ کوئی خاص دلچسپی وی نئیں رہی نالے مَیں ہُن اوہدی کسے تعلیم دے عمل نئیں کر رئیا۔"

پر فیر وی میرے ساہ گھُٹے جان دی تکلیف اونج دی اونج ہی رئی تے فیر مَیں بول پیا، "یسوع دے ناں چ مَیں اَج ہی اسلام کو چھڈن دا اقرار تے اعلان کرنا"۔ ایہہ سارا کم بڑی خموشی دے نال ہو رئیا سی کیوں جو ایہہ اِک لائبریری سی۔ اِک دم، میرے گلے اُوتوں سارا دبا لتھ گیا۔ اِک بڑے سکون دا احساس میرے اُتے چھا گیا! مَیں دوبارہ دعا تے عبادت دی تیاری وچ مگن ہو گیا۔ عبادت دے وچ خداوند نے مینوں اپنی بڑی قدرت دے نال استعمال کیتا اور مینوں اج وی یاد ہے کہ میرے پیغام تھوں بعد بہت سارے طلبہ اپنے گوڈیاں بھار ہو کے تے

> متھے زمین تے ٹیکدے ہوئے خداوند کولوں فریاد کر رئیے سی تے بتھیریاں نے اپنی زندگیاں خداوند واسطے وقف کیتیاں"۔

اج دُنیا وچ بہت سارے لوکاں دیاں فوری ضرورتاں وچوں اِک ایہہ وی ہے کہ وہ اسلام نوں تیاگن۔ ایس کتاب وچ ایہو دسیا گیا ہے کہ ایہہ عمل کنا تے کیوں ضروری ہے فیر ایہہ وی کہ ایہہ کم کِسراں انجام دتا جا سکدا ہے۔ ایس وچ مسیحیاں دی مدد اتے رہنمائی لئ اوہ معلومات تے دعاواں وی پیش کیتیاں گئیاں نیں جناں دے راہیں اوہ اسلام دے روحانی اثر تے غلبے تھوں رہائی پا سکدے ہین۔

ایس کتاب دا اصل مدعا ایہہ ہے کہ اسلام دی روحانی طاقت دو سُکھاں (معاہدیاں) دے ذریعے عمل وچ لیائی جاندی ہے جنہاں نوں کلمۂ شہادت تے ذمّی بنن دا معاہدہ آکھیا جاندا ہے۔ کلمۂ شہادت مسلمانوں کو اسلام دا پابند بناندا ہے جد کہ ذمّی معاہدہ غیرمسلماناں نوں اسلامی شریعت دیاں مقرر کردہ شرطاں دا پابند بناندا ہے۔

ایہہ جاننا بہت ضروری ہے کہ:

- کس طرح اِک ایسا منکھ جو پہلوں مسلمان سی پر ہُن اوہنے مسیح دی پیروی دا فیصلہ کر لیا ہے، کلمۂ شہادت نوں تیاگ کے اوہدے نال اپنی سُکھی وفاداری اتے اوہدیاں ساریاں پابندیاں تھوں رہائی پا سکدا ہے۔
- کس طرح اِک مسیحی بندہ ذمّی معاہدے دے راہیں غیرمسلماناں اُتے اسلامی شریعت لاگو کر کے اوہناں نوں زبردستی کمتر بنان دیاں پابندیاں تھوں رہائی پا کے اپنی آزادی دا اعلان کر سکدا ہے۔

مسیحی لوک ایہناں دونواں سُکھاں نوں تیاگن دے ذریعے اپنی حقیقی آزادی دا دعویٰ کر سکدے ہین۔ (ایس مقصد لئ کتاب دے اخیر تے اسلام نوں تیاگن دے حوالے نال کجھ خاص دعاواں وی پیش کیتیاں گئیاں ہین۔)

دو معاہدے

عربی زبان وچ اسلام دے معنی "اطاعت" یا "سونپنا" ہین۔ حضرت محمد دے ایمان دے مطابق دُنیا نوں دو معاہدیاں دی اطاعت دتی گئی ہے۔ اِک، نو مریداں دا اپنے آپ نوں مسلماناں دے حوالے کر دیاں ہوئیاں دینِ اسلام نوں قبول کرنا تے دوسرا غیرمسلم دا مغلوب ہونا ہے یعنی اوہ جو بنا اسلام قبول کیتے اسلام دی تابعداری چ رہنا چاؤندے ہین۔

نومریداں لئی معاہدہ کلمۂ شہادت دا پڑھنا ہے جو مسلماناں دا عقیدہ ہے۔ ایہہ ایس گل دا اقرار ہے کہ اللہ اِک ہے اتے حضرت محمد اوس دے رسول ہین۔

غیر مسلم جو اسلامی سیاسی حاکمیت تھوں مغلوب ہوندے ہیں اوہناں لئی ذمّی ہون دا معاہدہ لازمی ہے۔ ایہہ اسلامی شریعت دا طریق ہے جو مسیحیاں تے دوجے غیر مسیحیاں واسطے ہے جو اسلام قبول نئیں کردے تے ایسراں اوہناں نوں اسلامی شریعت دی پابندی تے مجبور کیتا جاندا ہے۔

دینِ اسلام دا ایہہ تقاضا ہے کہ کل نسلِ انسانی میرے تابع ہو جائے جہدے دو طریقے نیں کلمۂ شہادت کا اقرار تے یا فیر بلامزاحمت ذمّی بننا قبول کرنا۔

بہت سارے مسیحی ایس گل تھوں حیران نہ ہون کہ جہیڑا منکھ اسلامی عقیدیاں نوں چھڈ بیٹھا ہے تاں جو مسیح خداوند دی پیروی کرے اوہنوں ہن اسلام نوں پورے طور نال تیاگن دی لوڑ ہے۔ شاید کجھ لوک حالے ایسے گل نوں سمجھ نہ سکن یعنی اوہ مسیحی جہیڑے کدے مسلمان نئیں رہے پر اوہناں نوں اسلام روحانی اثر دے تھلے رہنا پئے گا جہدے لئی اوہناں نو خاص طور تے ذمّی معاہدے دے خلاف آپی کھلو کے اوہدے خوف تے گھٹیا مقام نوں تیاگنا پئے گا جو دینِ اسلام ولوں غیرمسلم ہون دی وجہ تھوں اوہدے اُتے لاگو ہویا سی۔

ہُن اسیں دونویں حاوی معاہدیاں یعنی کلمۂ شہادت تے ذمّی ہون دے پچھے موجود اصولاں دے بارے سِکھاں گے نالے اسیں تہانوں دعوت دینے آں پئی مسیح ، اوہدی قدرت بھری زندگی تے آزادی دے روحانی ذریعاں تے غور کرو جو اوس نے صلیب دی راہیں ساڈے واسطے مہیا کیتے نیں۔ آخر وچ بائبل دے کجھ اصول وی دسے گئے نیں نالے کجھ دعاواں وی پیش کیتیاں گئیاں نیں تاں جو ایس کتاب نوں پڑھن والے ایس قابل ہو جان کہ وہ خود وی اوس آزادی دا دعویٰ کر سکن جہدا خداوند یسوع نے پہلوں ہی اوہناں واسطے انتظام کیتا ہویا ہے۔

حاکمیت دی ادلا بدلی

بہت سارے اسلامی ماہرینِ الٰہیات ایہہ نظریہ رکھدے اور اوہنوں بڑے پُرزور طریقے نال بیان وی کردے نیں کہ حاکمیت "صرف اللہ دی ہے"۔ ایہدے تھوں اوہناں دی مُراد ہے کہ شریعت انصاف دے دوے سارے قانوناں تے قاعدیاں تھوں اعلیٰ ہے۔

ایس کتاب دا مرکزی خیال وی ایہو ہے کہ خداوند مسیح دے چیلیاں نوں ایہہ حق حاصل ہے اور اوہناں اُتے یقیناً ایہہ فرض وی ہے کہ اوہ ہر دوسری روحانی حاکمیت نوں رد کرن۔

مسیحی سوچ دے مطابق خداوند مسیح دی طرف رجوع لیاؤن دا مطلب ایہہ ہے کہ اوہ اپنی روح تے مسیح دے سوا ہور کسے وی روحانی دعوے نوں مسترد کرکے تیاگ دین۔ پولس رسول کلسیوں دی کلیسیا دے نام اپنے خط وچ بیان کردے ہین کہ مسیح تے ایمان لیانا ایویں ہے جیویں اِک بادشاہی چوں دوجی بادشاہی وچ تبادلہ ہونا۔

"اوسے ای ساہنوں ہنیرے دے ہتھوں چھڈا کے اپنے پیار پُتر دی بادشاہی وچ واڑیا۔ جہدے تھوں ساہنوں رہائی یعنی گناہ دی معافی ملی" (کلسیوں ۱: ۱۳۔ ۱۴)۔

ایس کتاب وچ جو روحانی طریقہ دسیا گیا ہے اوہ اِک بادشاہی چوں دوجی بادشاہی وچ منتقل ہون دے اصول دا اطلاق ہے۔ مسیحی ایماندار اپنی مخلصی دے ذریعے مسیح دی حاکمیت دے تھلے آ جاندا ہے۔ ایس طراں اوہ فیر "تاریکی دے قبضے" وچ نئیں رہندا۔

ایمانداراں دا اپنی ایس آزادی دا دعویٰ کرنا تے ایس آزادی نوں اپنی ملکیت سمجھنا اوہناں دا پیدائشی حق ہے پر ایہہ گل فیر اسلامی دعوے دے خلاف ہے۔ ایس لئی اوہناں نوں ایہہ گل سمجھن دی لوڑ ہے کہ اوہناں دا تبادلہ کتھوں تے کتھے ہویا ہے۔ ایہہ کتاب اپنے پڑھن والیاں نوں ایہو گل سمجھاؤندی تے ایہد اپنی زندگیاں دے اُتے اطلاق کرن دا طریقہ دسدی ہے۔

تلوار حل نہیں

اسلام دی حاکمیت کرن دی خواہش نوں رد کرن دے کئی طریقے نیں۔ ایہناں طریقیاں تے بہت وسیع پیمانے تے عمل کیتا جا سکدا ہے جنہاں وچ سیاسی تے برادری دے کم، انسانی حقوق دی موافقت، ادبی استدلال اتے سچیائی بیان کرن لئی ذرائع ابلاغ وغیرہ دا استعمال وی کیتا جا سکدا ہے۔ کئی برادریاں تے قوماں اُتے ایسے ویلے وی آ جاندے نیں جتھے اوہناں لئی فوجی ردِعمل دی وی ضرورت پیش آ سکدی ہے پر تلوار اسلامی جہاد دا حتمی حل نئیں۔

جدوں حضرت محمد نے اپنے صحابیاں نوں اپنے عقیدے دیاں گلاں نوں ساری دُنیا وچ پھیلاؤن دا حکم دتا تے نال ایہہ ہدایت وی کیتی کہ اوہ غیرمسلماناں نوں تِن گلاں دی پیشکش کرن۔ پہلی گل ایہہ سی کہ اوہ کلمۂ شہادت پڑھ کے مسلمان ہو جان۔ دوسری ایہہ کہ اوہ اسلام دا سیاسی غلبہ من کے تے ذمّی بن جان اتے آخری گل ایہہ سی کہ اوہ تلوار چُکن یعنی اپنی جان بچان دے لئی لڑن۔ یعنی قتل کرن یا قتل ہو جان۔ جیویں عربی زبان وچ لفظ "قتلواء" آیا ہے۔ جیویں قرآن وچ ایہدے لئی جدوجہد دا لفظ استعمال ہویا ہے (ویکھو قرآن ۹: ۲۹؛ ۲: ۱۹۰؛ ۲: ۱۹۳؛ ۲: ۲۱۷؛ ۹: ۱۱۱)۔

مسلماناں دے ہتھوں شکست دے امکان دے علاوہ جہاد دی مزاحمت دا طریقہ شدید روحانی خطرہ لیاؤندا ہے۔ جدوں قدیم زمانے دے مسیحیاں نے اسلامی فتوحات دے خلاف مدافعاتی مزاحمت کیتی۔ اوہ اِک ایسی جدوجہد سی جو ہزار سالاں تھوں وی زیادہ عرصے تھوں جاری سی۔ تسخیرِ نو دی ایہہ جنگ جہیڑی لگ بھگ آٹھ سو سال جاری رئی یعنی جدوں جزیرہ نما آئبیریا دی فتح مکمل ہوئی۔ اوہ

تجربے دی حد تک بدل تے گئے سی پر ہمیشہ دی بہتری لئی نئیں۔ مشکل نال ست سال ہی گزرے سن کہ اوہدے بعد سارا سنز نے ۸۴۶ ء وچ روم نوں ہڑپ کرلیا۔ تے اوہدے اِک صدی بعد عرباں نے حملہ کیتا اور اندلس (جزیرہ نما آئبیریا) کو اپنے قبضے وچ لے لیا۔ ۸۵۳ ء وچ پوپ لئیو چہارم نے بہشت دی یقین دہانی دا اوہناں دے نال وعدہ کیتا جو مسیحی گرجیاں تے شہراں وچ عرباں کے خلاف مدافعت کرن گے۔ ایہدے تھوں تین صدیاں بعد پوپ گریگوری ہفتم نے ایہناں لوکاں دے گناہواں دی معافی دا یقین دلایا جو بزورِ بازو غیر مسیحیاں دے ملکاں وچ دینِ مسیحیت دی وسعت لئی اپنیاں جاناں قربان کرن گے۔ اس طرح مقدس جنگاں یعنی صلیبی جنگاں دا عقیدہ شرو ع ہویا۔ پر اسلام دے خلاف جنگ لڑن دی کوشش دراصل اوہدے اپنے ہی طریقیاں دی نقل کر کے اوہدا مقابلہ کرن تے اوہدی راہ روکن دی اِک کوشش کی کیونکہ آخر ایہہ یسوع نئیں بلکہ حضرت محمد ہی سی جنہیں ایہناں جنگاں وچ شہید ہو جان والیاں لئی بہشت دا وعدہ کیتا سی۔

اسلامی اقتدار دی اصل وجہ نہ تے فوجی ہے اور نہ ہی سیاسی بلکہ روحانی ہے۔ اپنی جنگاں وچ اسلام نے اپنے روحانی جوہر دے عین تقاضے دے مطابق کیتا جہدا اظہار کلمۂ شہادت اور ذمّی معاہدے دی تشکیل دے ذریعے شرعی قانوناں وچ وی کیتا گیا ہے۔ ایسے لئی جو وسائل اسلام دے خلاف لوکاں مقابلے اور آزادی لئی ایتھے مہیا کیتے گئے نیں اوہ سب روحانی نیں۔ ایہناں نوں ایسے طریقے نال مرتب کیتا گیا ہے کہ مسیحی ایماندار صلیب نوں اپنے سامنے رکھدیاں ہوئیاں ایہدی تعلیمات تے عمل کرکے آزادی حاصل کر سکن۔

”نہ انسانی طاقت نال “

دانی ایل دی کتاب وچ اِک خاص نبوتی رویا دا ذکر ملدا ہے جو مسیح تھوں چھ صدیاں اِک ایسے راجے دے بارے پہلوں کیتی گئی سی جہدی حکومت کئی بادشاہتاں دے وچوں اُٹھے گی اتے اوہ اسکندرِ اعظم دے راج تھوں بعد اُبھری۔

”اتے اوہناں دے راج دے چھیکڑتلے سمے جس ویلے اپرادی لوک کنڈھیاں تیک پُج پین گے تاں اِک راجا کرڑے مونہہ اتے بھید دیاں گلاں دے بُجھن والا اُٹھے گا ایہہ وڈا ڈاہڈا ہووے گا پر اوس دا زور اوس دے بَل اُتے ناں ہووے گا اتے او اچرج ڈول نال مار سُٹے گا اتے بھاگاوان ہووے گا اور کم کرے گا اتے زورآوراں نوں اور پوتر لوکاں نوں ناس کر سُٹے گا اتے اپنی سیانپ نال او چترائی نوں اپنے ہتھ وچ بھاگوان کرے گا اتے اپنے من وچ آپ نوں اُچا کرے گا اتے میل دے ویلے بوہتیاں دا ناس کرے گا۔ او شاہزادیاں دے شاہزادے دے ورودھ اُٹھ کھلووے گا پر بنا ہتھ لائے توڑیا جاوے گا“ (دانی ایل ۸: ۲۳۔ ۲۵)۔

ایس راجے دیاں خوبیاں تے اثر و رسوخ بڑے انوکھے طریقے نال حضرت محمد تے اوہدی وراثت دے نال میل کھاندا ہے جس وچ اسلام دا احساسِ برتری، کامیابی دی بھُکھ، دھوکھے دا استعمال، دوجیاں دی طاقت نالے دولت تے قبضہ اور اوہناں نوں اپنی زورآوری قائم کرن لئی استعمال کرنا، جھوٹھے احساسِ تحفظ دا شکار ہوون والی قوماں نوں بار بار ہرانا، خدا دے پُت تے سب دے مصلوب خداوند یسوع دی مخالفت تے مسیحیاں اتے یہودی قوماں نوں برباد کرن دی خواہش جئیاں گلاں شامل ہین۔

کیہہ ایہہ پیشن گوئی حضرت محمد اتے دینِ اسلام ول اشارہ کر دی ہے جو حضرت محمد دی حیاتی اتے وراثت دی اخلاقی تے روحانی بدحالی تھوں پیدا ہویا سی جہدا ذکر مسلم ذرائع وچ وی کیتا گیا ہے؟ ایہہ ورثہ صاف واضح ہے۔ اگر ایہدا اشارہ حضرت محمد ول ہے تے فیر دانی ایل دی ایہہ نبوت ایس "راجے" دی طاقت اُتے اوڑک فتح دی اُمید دیندی ہے مگر ایہدے وچ اِک چتاونی وی ہے کہ اوہ فتح "انسانی طاقت" نال نئیں ہووے گی۔ ایس "کرڑے مونہہ راجے" تے غلبہ پاؤن اتے اوس تھوں آزادی حاصل کرن لئی صرف سیاسی، فوجی اتے معاشی ذریعے کافی نئیں ہون گے۔

ایہہ چتاونی شرطیہ دوجیاں تے حکومت کرن بارے دینِ اسلام دے ہُمے دعوے اُتے صادق آؤندی ہے۔ ایس دعوے سے مگر جو طاقت کم کردی ہے او روحانی ہے اتے مؤثر مقابلے دے ذریعے دائمی آزادی نِری روحانی وسیلے نال ہی حاصل کیتی جا سکدی ہے۔ مقابلے دے دوسرے طریقے جنہاں وچ فوجی طاقت وی شامل ہے، اسلامی بالادستی دے نشاناں نوں ویکھن لئی ضروری ہو سکدے نیں پر اوہ اوہدے اصل مسئلے نوں حل نئیں کر سکدے۔

دینِ اسلام دے ایہناں دعویاں تھوں دائمی تے حتمی آزادی دیاں کنجیاں کیول یسوع اور اوہدی صلیب دی طاقت ہی مہیا کردی ہے۔ ایہہ کتاب وی ایسے عقیدے دی بنیاد تے لکھی گئی ہے۔ ایس دا مقصد ایمانداروں نوں ایس گل لئی تیار کرنا ہے کہ اوہ دینِ اسلام دی انسانی جان اُتے حاوی ہون دی ایس حکمتِ عملی دے دونویں پاسیاں تھوں آزادی حاصل کرن۔

رہنمائے مطالعہ

پہلا سبق

نویں لفظ

سُکھ	شریعت	جزیرہ نما آئبیریا	کلمۂ شہادت
جہاد	اندلس	ذمّی معاہدہ	تسخیرِ نو

نویں ناں

- رومی پوپ لیو چہارم (دَورِ خدمت ۸۴۷ تا ۸۵۵ ء)
- اسکندرِ اعظم (۳۵۶ تا ۳۲۳ ق م)

سبق وچوں بائبل دے حوالہ جات

کلسیوں ۱: ۱۳۔ ۱۴
دانی ایل ۸: ۲۳۔ ۲۵

سبق وچوں قرآن دے حوالہ جات

ق ۲: ۱۹۰، ۱۹۳، ۲۱۷
ق ۹: ۲۹، ۱۱۱

پہلے سبق دے سوال

- چھوٹے گروپ دے ممبر اپنا اپنا تعارف کران اتے اپنے گروپ دا اِک پریذیڈنٹ تے سیکرٹری مقرر کرن۔
- تجزیاتی مطالعے تے بحث کرن۔

اِک فوری ضرورت

۱. سابقہ مسلم دوست جدوں مسیحیاں دے سامنے کلام پیش کرن والا سی تے اوس تھوں پہلاں روح القدس نے اوہنوں کہیڑا کم کرن نوں آکھیا سی؟

۲. ڈُوری صاحب دی نگاہ وچ بتھیرے لوکاں دی سب تھوں فوری ضرورت کیہ ہے؟

۳. اسلام دے دو روحانی معاہدیاں دے عربی وچ کیہ ناں ہین؟

۴. کس قسم دے بندے نوں کلمۂ شہادت نوں تیاگن اتے اوس تھوں رہائی پان دی لوڑ ہوندی ہے؟

۵. کس قسم دے بندے نوں اسلامی شریعت دے قانون دی زبردستی پاسداری دے تحت گھٹیا مقام تھوں آزادی پان لئی کیہ کرن دی لوڑ ہوندی ہے؟

دو معاہدے

۶. دینِ محمدی دی اطاعت وچ ہتھیار سُٹن دیاں کہیڑیاں دو صورتاں ہو سکدیاں ہین؟

۷. کلمۂ شہادت نوں پڑھن تھوں کیہ ظاہر ہوندا ہے؟

۸. ذمّی معاہدہ کیہہ ہے؟

۹. اسلامی تسلط دے روحانی اثر بارے اوہ کہیڑی گل ہے جو بہت سارے مسیحیاں واسطے اچرج ہو سکدی ہے؟

حاکمیت دی ادلا بدلی

۱۰. جد مسلمان گُرو ایہہ کہندے ہین کہ "حاکمیت نری اللہ نوں واجب ہے" تے ایس تھوں اوہناں دی کیہہ مراد ہوندی ہے؟

۱۱. اوہ کہیڑی چیز ہے جو مسیح ول رجوع لیاندے ہوئیاں ہر مسیحی نوں تیاگنی تے رد کرنی چاہیدی ہے؟

۱۲. مسیحیاں نوں کس چیز ولوں منتقل کیتا گیا ہے؟ اوہناں نوں کس چیز ول منتقل کیتا گیا ہے؟

تلوار حل نئیں

۱۳. اسلام دا مقابلہ کرن لئی ڈیوری صاحب نے کہیڑے کہیڑے کماں دی صلاح دتی ہے جو مسیحیاں نوں پورے کرنے چاہیدے ہین؟

۱۴. اوہ کہیڑیاں تِن انتخابی صورتاں ہین جو حضرت محمد دی ہدایت دے مطابق صحابہ کرام مفتوحہ غیر مسلماں دے سامنے پیش کر دے سی؟

۱۵. مسیحی قوماں تے حملے کرن والیاں اسلامی قوتاں دا مقابلہ کرن لئی مسیحیاں نوں کنی ملی جنگ لڑنا پئی اتے مسیحیاں نوں تسخیرِ نو ناں دی جنگی مہم

کدوں تیک لڑنا پئی تاں جو جزیرہ نما آئبیریا دے علاقے نوں جنگ کر کے واپس حاصل کر سکن؟

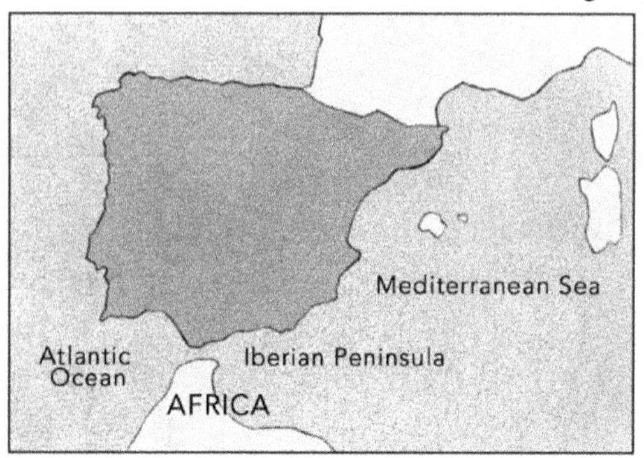

۱۶. ۸۴۶ء چ جدوں مسلماناں نے سلطنتِ روم دا تختہ اُلٹ دتا تے پوپ لیو چوتھے نے عربی حملہ آوراں نال جنگ لڑن والے مسیحیاں دے نال ۸۵۳ء وچ کھیڑا وعدہ کیتا سی؟

۱۷. ڈیوری صاحب دے مطابق اسلام دی طاقت دا اصل سرچشمہ کیہہ ہے؟

"نہ انسانی طاقت نال"

۱۸. ڈیوری صاحب دے مطابق حضرت محمد دا ورثہ کس وڈی ہستی نال مشابہت رکھدا ہے؟

۱۹. غور کرو کہ دینِ اسلام دے اوہ کھیڑے کھیڑے پاسے نیں جو ایہنوں دانی ایل نبی دی کتاب دے مطابق کرڑے مونہہ راجے دے مشابہ ٹھہراندے نیں (ہر جملہ مکمل کرو):

- اسلام وچ ----------- دی سوچ
- اسلام وچ ----------- حاصل کرن دی بھُکھ
- اسلام وچ ----------- دا استعمال

- اسلام دا -------------- دی طاقت اتے دولت تے قبضہ تے استعمال
- اسلام دا -------------- قوماں نوں ہرانا
- اسلام دا -------------- دی مخالفت کرنا
- اسلام دا ---------------- پچھوکڑ ریکارڈ

۲۰. اخیر فتح کیویں ہووے گی؟

۲۱. اوہ کہیڑیاں کنجیاں نیں جو اسلامی حکمتِ عملی دیاں دونویں چیزاں تھوں آزادی دلا سکدیاں ہی؟

۲

صلیب دوآرے رہائی

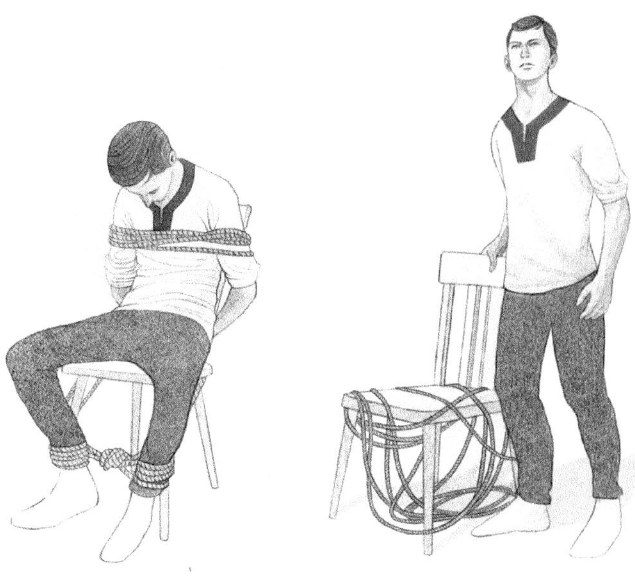

”اوس مینوں گھلیا پئی قیدیاں نوں چھٹکارے دی خبر سناواں۔“
لوقا ۴: ۱۸

سبق دے مقاصد:

الف۔ لوکاں نوں آزاد کرن دے حوالے نال یسوع دے وعدے نوں سمجھنا۔

ب۔ ایس گل نوں سمجھنا کہ اسیں اپنی آزادی دا دعویٰ کرن دا انتخاب کیویں کر سکدے ہاں۔

ج۔ بائبل وچ شیطان دے ناواں دی پچھان کرنا تے اوہناں دے مطلب نوں سمجھنا۔

د۔ ایس حقیقت دا ادراک کرنا کہ شیطان دی طاقت صلیب دے ذریعے چکنا چور ہو چکی ہے اور اسیں ہُن اوہدے قبضے وچوں رہائی پا چکے ہاں۔

ہ۔ ایس گل دی ونڈ کرنا کہ ساڈی جنگ بدی دیاں طاقتاں نال ہے۔

و۔ شیطان دے اوہناں چھ منصوبیاں دی پچھان کرنا جنہاں نوں اوہ ساڈے اُتے الزام لان واسطے استعمال کردا ہے اتے ایہہ وی جاننا کہ اسیں اوہناں منصوبیاں تھوں بچن دے لئی کیویں ہوشیار تے بیدار رہ سکدے ہاں۔

ز۔ پتہ لوانا کہ شیطان کسراں انسانی زندگیاں وچ موجود کھلے بوہیاں تے پیر جمان دیاں تھانواں نوں استعمال کردا ہے۔

ح۔ اوہناں بوہیاں نوں بند کرن اتے پیر جمان دیاں تھانواں نوں ہٹاون دے طریقیاں دی ونڈ کرنا جنہاں نوں شیطان ساڈے خلاف استعمال کر دا ہے۔

ط۔ ایس روحانی اختیار نوں سمجھنا جو یسوع مسیح نے اپنے چیلیاں نوں دتا سی اتے اوس اختیار نوں استعمال کر دیاں ہوئیاں لوکاں نوں رہائی دوان دا ہنر سکھنا۔

ی۔ ”مخصوصیت دے اصول“ نوں سمجھنا اور سکھنا پئی اپنی آزادی دا دعویٰ کرن دی کیہہ اہمیت ہے۔

ک۔ آزادی حاصل کرن چ لوکاں دی مدد کرن دے پنج اُولانگھاں تے غور کرنا۔

مطالعاتی مقدمہ: تسی کیہہ کرو گے؟

تسیں اِک کلیسیا دی یوتھ دے رُکن ہو اور تہانوں اِک نیشنل یوتھ کانفرنس وچ بلایا جاندا ہے جس وچ مسلم پچھوکڑ نال تعلق رکھن والے چند وڈے ایماندار وی شامل ہو رئیے نیں۔ تہانوں کسے اسکول دے ہاسٹل اندر ٹھہرایا گیا ہے جتھے فی کمرے

دے حساب نال چار بسترے لائے گئے نیں۔ تہاڈے کمرے وچ تہاڈے نال دو ہور منڈے وی نیں جنہاں دے ناں حسن اور حسین نیں۔ ایہہ دونویں منڈے جڑواں مسیحی بھرا نیں پر پچھوں اِک مسلمان گھرانے نال تعلق رکھدے نیں۔ سون تھوں پہلاں، تہاڈے کمرے وچ اِک ہور چوتھا جوان وی آ جاندا ہے جس دا ناں پیٹرک ہے اتے او عمر چ وڈا تے نالے یوتھ لیڈر وی ہے اور تہانوں تِناں نوں آن کے آکھدا ہے کہ چلو سون تھوں پہلوں رَل کے اِک چھوٹی جئی دعا کرئیے۔ تُسیں خوشی خوشی من جاندے ہو اور فیر پیٹرک ساری رات دی محافظت لئی دعا منگدا ہے۔ صبح دے کوئی ۴ وجے، حسن چیکاں مار دا اُٹھ جاندا تے روحانی طور سے بڑا گھبرایا ہویا نظر آؤندا ہے۔ تُسی پیٹرک تے حسین دے نال رل کے اوہدے آل دوالے گھیرا پا کے دعا شروع کر دیندے ہو۔ جونہی پیٹرک دعا کردا ہے تے حسن پہلے تھوں وی زیادہ خوفزدہ ہو جاندا ہے۔

پیٹرک حسین نوں آکھدا ہے پئی ”جد دا تسیں اسلام نوں چھڈیا ہے کیہہ تسیں اوہدیاں ساریاں رسماں، قسماں اتے ماضی دے معاہدیاں نوں وی اپنی زندگی وچوں تیاگیا ہے یا نہیں؟“

حسین حیران ہو کے آکھدا ہے کہ ”ایہہ بڑی عجیب گل ہے۔ اسیں تے اسلام وچ رہ کے ایسا کوئی کم نئیں کیتا۔ اسیں تے صرف مسیت جاندے سی تے اوہ وی کلے بندے بندے پر ہُن تے اسی مسیحی ہو چکے آں۔ میرا بھرا حسن بس پریشان رہندا ہے ایس لئے اوہدے نال ایہہ سب ہو رئیا ہے جو کئی دوجے لوکاں نال وی اکثر ہوندا رہندا ہے۔ ایس گل دا مذہب دے نال کوئی تعلق نئیں۔“ پھر حسین آپ دے ول ویکھ کر آکھدا ہے ”کیوں پاء جی تہاڈا ایس بارے کیہہ خیال ہے کیا واقعی کوئی اینج دی گل ایہہ جنہوں اجے وی ساہنوں چھڈن تے تیاگن دی لوڑ ہے؟ کیہہ تہاڈے خیال وچ کوئی بدروح شدروح ساڈا پیچھا کر رئی ہے؟“

تُسی کیہہ کہو گے؟

رضا اِک نوجوان منڈا سی جنہیں اسلام نو چھڈ کے یسوع مسیح دے پچھے چلن دا فیصلہ کیتا۔ شام دی اِک عبادت دے وچ اوہنوں اسلام نوں چھڈن دی اِک خاص دعا منگن دی دعوت دتی گئی۔ اوہنیں خوشی خوشی دعا کرنا شروع کیتی۔ پر دعا کے وچکار جدوں اوہ ایہناں لفظاں اُتے پہنچیا پئی ”مَیں حضرت محمد دے اسوۂ حسنہ نوں تیاگنا ہاں“ تے اوہنوں ایہہ ویکھ کے بڑی حیرانی ہوئی کہ اوہدی زبان چوں لفظ ”محمد“ ادا نئیں ہو رئیا سی۔ اوہنوں بڑا دھچکا لگا کیوں جو اوہدی پرورش اِک مسلمان گھرانے وچ تے ہوئی سی پر اوہنوں اسلام دے طور طریقے بالکل پسند نئیں سن اور اوہ ایک لمے عرصے تھوں اسلامی رسماں تے عمل وی نئیں کر رئیا سی۔ اوہدے مسیحی یار بیلی اوہدے آل دوال کٹھے ہون لگے اور اوہنوں ایہہ لفظ ادا

کرن لئی اُبھارن لگے تاکہ اوہ یسوع دے دِتے ہوئے اختیار دے نال اپنی دعا نوں پورا کر سکے۔ ایہدے بعد اوہنیں ہمت پھڑی تے حضرت محمد دے اسوۂ حسنہ تھوں وی دستبردار ہون دی دعا منگدیاں ہوئیاں اوہدے تھوں وی خلاصی پائی۔

اوس رات دو گلاں نے رضا دی کایا پلٹ دتی۔ پہلی، اوہنوں دوجیاں اُتے خواہ مخواہ غصہ کرن دی عادت تھوں تاحیاتی لئی شفا مل گئی اتے دوجی گل ایہہ پئی وہ اسلام نوں چھڈن والے لوکاں وچ جا کے انجیل دی منادی کرن اتے اوہناں نوں شاگرد بناؤن وچ سرگرم ہو گیا۔ اوس رات جدوں رضا نے دینِ اسلام نوں تیاگ دتا تے اوہنوں خدا ولوں منادی کرن تے شاگرد بناؤن دی خاص برکت تے مسح ملیا جو اوہدی مؤثر خدمت دی اصل کنجی سی۔ اوہنوں انجیل کی منادی لئی آزاد کیتا گیا سی۔

ایہہ پورا باب شیطان دی طاقت تھوں رہائی حاصل کرن بارے ہے۔ ایہہ باب اگلے باباں نوں سمجھن لئی بہت ضروری ہے جنہاں وچ اسیں اسلامی بندشاں دے بارے سکھاں گے۔

ایس سبق وچ جو اصول سکھائے گئے نیں اوہناں دا اطلاق صرف اسلام تے نئیں بلکہ زندگی دے دوجے معاملات تے وی کیتا جا سکدا ہے۔

یسوع سکھاؤنا شروع کر دا ہے

رومیوں دے ناں اپنے خط وچ پولس رسول ”خدا دے بچیاں دی جلال والی آزادی“ دا ذکر کردا ہے (رومیوں ۸: ۲۱)۔ ایہہ ”جلال والی آزادی“ ہر مسیحی دا پیدائشی حق ہے۔ ایہہ اِک عظیم تحفہ اتے قیمتی میراث ہے جو خدا ہر اوس بندے نوں عنایت کرنا چاؤندا ہے جو یسوع تے ایمان لیا کے اوہدی پیروی کردا ہے۔

جد یسوع نے اپنی تعلیمی خدمت دی شروعات کیتی تے اوہدی تعلیم دا پہلا سبق ہی آزادی دے بارے وچ سی۔ اوہدی تعلیم دی شروعات یوحنا دے کولوں بپتسمہ لین تھوں فوراً بعد ہوئی جدوں اوہ جنگل وچ شیطان دے ہتھوں آزمایا گیا سی۔ جدوں یسوع بیابان وچوں واپس آیا تے آن کے سِدھا انجیل دی منادی کرن لگا۔ اوہنے ایہہ کنج کیتا؟ اوہنے اپنی منادی دی شروعات اپنے تعارف نال کیتی۔ اسیں لوقا دی انجیل وچ پڑھدے ہاں پئی یسوع اپنے ماپیاں دے پینڈ ناصرت دے اِک یہودی عبادتخانے وچ جا کھڑیا اتے اوتھے اوہنوں یسعیاہ ۶۱ باب دی تلاوت کرن نوں دِتی گئی:

> ”خداوند دا رُوح میرے اُتے اے اوس ایس کر کےمینوں مسح کیتا پئی غریباں نوں خوشخبری دیاں اوس مینوں گھلیا پئی قیدیاں نوں چھٹکارے دی تے انھیاں نوں سجاکھا ہون دی خبر سناواں۔ تے ماریاں کٹیاں نوں خلاصی دیاں تے خداوند دی منظوری دے ورھے دی خبر سناواں۔ تے کتاب بند کرکے ٹہلئے نوں دِتی تے بہہ گیا۔ تے جِنے عبادت خانے وچ سن ساریاں دی نگاہ اوہدے اُتے لگی ہوئی

سی۔ تد اوہ اوہناں نوں آکھن لگا پئی اج ایہہ نوشتہ تہاڈے سامھنے پورا ہو گیا ہے" (لوقا ۴: ۱۸۔ ۲۱)۔

یسوع لوکاں نوں دس رئیا سی کہ مَیں تہانوں آزاد کران لئی آیا ہاں۔ اوہ اوہناں دے سامھنے کہہ رئیا سی کہ آزادی دا جو وعدہ یسعیاہ نبی نے کیتا سی اوہ "اج" پورا ہو رئیا ہے: ناصرت دے لوکاں دے سامھنے اوہ ہستی کھلوتی سی جو قیدیاں نوں رہائی دوان دی قدرت رکھدی ہے۔ اوہ اوہناں نوں دس رئیا سی پئی مینوں روح القدس ولوں ایسے کم لئی گھلیا اتے مسح کیتا گیا ہے: تائیوں اوہنوں مسیح آکھیا گیا یعنی خدا دا برگزیدہ راجا اتے اوہناں لئی وعدے دا منجی۔

یسوع اوہناں نوں آزادی دا چناؤ کرن دی دعوت دے رئیا سی۔ اوہ اوہناں لئی خوشخبری دا سندیسہ لیایا سی: غریباں لئی اُمید، بندھواں لئی رہائی، انھیاں لئی شفا تے ظلم سہن والیاں لئی آزادی۔

یسوع جتھے جتھے وی گیا اوہ لوکاں نوں آزاد کر دا رئیا اور اوہدی آزادی واقعی حقیقی آزادی سی۔ جدوں اسیں انجیلاں دا مطالعہ کر دے ہاں تے اوتھے لکھیا ہے کہ یسوع تھاں تھاں تے بھلیائی دے کم کردا پھریا یعنی بے آساں نوں آس دتی، بھکھیاں نوں رجایا اتے بدروح گرفتاں نوں اوہناں تھوں آزاد کیتا اور ہر طرح دے روگیاں نوں چنگا کیتا۔

یسوع اج وی آزاد کر دا ہے۔ یسوع نے ہر مسیحی نوں ایسے لئی بلایا ہے کہ اوہ یسوع دی دِتی ہوئی آزادی وچ نہال ہو کے شادمانی دی زندگی گزار سکن۔

جدوں یسوع نے یہودی عبادت خانے وچ ڈنکے دی چوٹ تے ایہہ آکھیا پئی "مَیں خداوند دی منظوری دے ورھے" دا اعلان کرنا آیا ہاں" تے اصل وچ اوہ لوکاں نوں ایہہ کہہ رئیا سی کہ اوہ سمے آ گیا ہے کہ خدا تہانوں اپنی حضوری وچ منظور کرے۔ یسوع اوہناں نوں آکھ رئیا سی پئی خدا بڑی قدرت اور محبت دے نال اُتر کے تہاڈے کول آیا ہے تاں جو سب لوکاں نوں آزاد کرائے اور ایہہ آزادی تسیں وی حاصل کر سکدے ہو۔

کیہہ تُسی ایس گل تے ایمان اتے اُمید رکھدے ہو کہ ایس کتاب دا مطالعہ کرنا وی تہاڈے لئی خدا دے فضل تے آزادی دا شخصی تجربہ کرن دا خاص ویلا ثابت ہو سکدا ہے؟

چناؤ دا ویلا

ذرا سوچو کہ تسیں اِک پنجرے وچ پھس گئے ہو اور پنجرے تے بوہے تے جندرا لگا ہے۔ ہر روز کوئی تہاڈے لئی کھانا اتے پانی پنجرے دے اندر رکھ دیندا ہے۔ تسی اوتھے رہ سکدے ہو پر اِک قیدی بن کے۔ فرض کرو اِک دِن کوئی آؤندا ہے اور پنجرے

دا بوہا کھول دیندا ہے۔ ہُن ایہہ چناؤ تسی کرنا ہے کہ پنجرے دے اندر پئے رہو یا باہر نکل کے پنجرے دے باہر دی زندگی کو ویکھو بھالو۔ نرا پنجرے دا بوہا کھل جانا ای کافی نئیں۔ پنجرے تھوں باہر آؤن دا فیصلہ تسیں آپ کرنا ہے۔ اگر تسیں آزاد ہون دا فیصلہ نئیں کردے تو ایہدا صاف مطلب ایہو ہے کہ تسیں حالے وی اندر ہی بند رہنا چاؤندے ہو۔

پولس رسول نے گلتیوں دے نام اپنے خط وچ ایہو آکھیاں سی پئی "مسیح نے ساہنوں آزاد رہن لئی آزاد کیتا اے۔ سو تگڑے رہو تے فیر غلامی دے جُولے ہیٹھ نا جُپو" (گلتیوں ۵: ۱)۔ یسوع لوکاں نوں آزاد کران آیا سی اور اِک واری جدوں اسیں اوہدی لیاندی ہوئی آزادی نوں سمجھ لینے ہاں تے اوہدے بعد اوہدا چناؤ کرنا ساڈی اپنی مرضی تے ہے۔ کیا اسیں آزاد لوکاں جیہی زندگی گزارن دا چناؤ کراں گے؟

پولس رسول کہہ رئیے نیں پئی اپنی آزادی نوں حاصل کرن لئی ساہنوں جاگن اتے بیدار ہون دی لوڑ ہے۔ آزادی دی حیاتی جین لئی ضروری ہے کہ اسیں ایس گل نوں سمجھئے پئی آزادی دا اصل مطلب کیہہ ہے، فیر اپنی آزادی دا دعویٰ کرئیے اور آزادی وچ چلئیے۔ یسوع دے پچھے چلن لئی ساہنوں سیکھن دی لوڑ ہے کہ اسیں اوہدی آزادی وچ کسراں "قائم رہئیے" اتے "غلامی دے جُولے" تھوں انکار کرئیے۔

ایس تعلیمی مواد نوں تیار کرن دا اصل مقصد وی ایہو ہے پئی ہر بندہ آزاد رہن دا چناؤ کرے اور فیر آزاد لوکاں وانگ زندگی بسر کرے۔

اگلے کجھ حصیاں وچ اسیں شیطان دے کردار تے گل کراں گے پئی اسیں شیطان دی طاقت تھوں چھُٹ کے خدا کی بادشاہی چ کسراں منتقل ہوندے ہاں اتے اسیں روحانی جنگ دے موضوع تے وی گل کراں گے۔

شیطان تے اوہدی بادشاہی

بائبل دسدی ہے پئ ساڈا اِک ویری ایسا ہے جو ساہنوں ہر قدم تے برباد کرنا چاؤندا ہے۔ اوہدے بہت سے مددگار ہین۔ اوہناں وچوں کجھ مددگاراں نوں بدروحاں آکھیا جاندا ہے۔

انساناں دے نال شیطان دے برتاؤ بارے گل کر دیاں ہوئیاں یسوع نے یوحنا ۱۰: ۱۰ وچ اوہنوں "چور" آکھیا ہے۔ "چور بنا چوری کرن تے کوہن تے چَوڑ کرن توں بناں نئیں آؤندا۔ مَیں ایس لئی آیا ہاں پئی اوہناں کول جیون ہوئے تے بہتا چوکھا ہوئے"۔ ایہہ کیسی اُلٹ گل ہے! یسوع بہتا چوکھا جیون لیاؤندا ہے تے شیطان گھاٹا، تباہی اتے موت لیاؤندا ہے۔ یسوع نے ایہہ وی دسیا سی پئی "شیطان مُڈھوں ای خونی سی" (یوحنا ۸: ۴۴)۔

نویں عہد نامے دیاں انجیلاں تے خطوط دے مطابق، شیطان ایس دُنیا تے اِک حقیقی پر محدود طاقت اتے حاکمیت رکھدا ہے۔ اوہدی بادشاہی دا ناں "ہنیری دی بادشاہی" ہے (کلسیوں ۱: ۱۳) اور اوہنوں آپی کہیا گیا ہے:

- "ایس دُنیا دا سردار" (یوحنا ۱۲: ۳۱)
- "ایس جہان دا خدا" (۲۔ کرنتھیوں ۴: ۴)
- "وا دے پتے دا حاکم" (افسیوں ۲: ۲)
- "نافرمان لوکاں وچ اثر کرن والی روح" (افسیوں ۲: ۲)

یوحنا رسول ساہنوں سکھاؤندے نیں پئی شیطان ساری دُنیا تے قبضہ کر کے بیٹھا ہوئیا ہے: "ساہنوں پتہ اے پئی اسی خدا ولوں آں تے ساری دُنیا اوس شریر دے ہتھ وچ پئی ہوئی اے" (۱۔ یوحنا ۵: ۱۹)۔

جیکر اسیں ایس گل نوں سمجھ لئی اے پئی "ساری دُنیا اوس شریر دے ہتھ وچ پئی ہوئی اے" تے فیر ساہنوں ایس دُنیا دی سنسکرتی، وچار دھارے اتے مذہباں دے اندر شیطانی کماں دی موجودگی نوں ویکھ کے حیران نئیں ہونا چاہئیدا۔ حتیٰ کہ شیطان تے کلیسیا دے اندر وی سرگرم ہے۔

ایسے سببوں ساہنوں اسلام دے اندر برائی دی ممکن نشانی، اوہدی عالمی گرفت اتے روحانی طاقت تے غور کرن دی لوڑ ہے پر آؤ پہلاں بدی تھوں رہائی حاصل کرن دے عام اصولاں بارے سیکھئے۔

وڈی ادلا بدلی

ٹیرینٹی کالج آکسفورڈ دے اِک پروفیسر جے ایل ہولڈن نے پولس رسول دے الٰہیاتی نظریۂ حیاتی بارے اِک سرسری تبصرہ لکھیا سی۔ اوہناں نے کہیا کہ پولس رسول:

> "انسان دے بارے وکھرے خیالات رکھدے سی۔ انسان نے نِرا جان بُجھ کے گناہ ہی نئیں کیتا سی بلکہ خدا تھوں دُوری وی اختیار کر لئی سی۔۔۔ اوہ اج وی ابلیسی قوتاں دے گھیرے وچ ہے جو ساری کائنات دے آل دوالے گھمدیاں پھردیاں ہین تاں جو اوس شریعت نوں بنی نوع انسان نوں خدا دی نافرمانی کرن تے اُبھارن لئی بلکہ اپنے ظلم تے جبر دے اِک آلے دے طور تے وی ورتن۔ خدا تھوں انسان دی جدائی کُل نسلِ انسانی وچ سانجھی ہے جہدے وچ صرف یہودی قوم ای نئیں بلکہ غیر قوماں دے سب لوک وی برابر دے شریک ہین۔ آدم دے بچے ہوندیاں ہوئیاں ہر انسان دی ایہو حالت ہے۔" [1]

---

[1] جے ایل ہولڈن، "پالز لیٹرز فرام پرزن"، ص ۱۸۔

ہولڈن صاحب نے پولس رسول دے نظریۂ حیاتی دی وضاحت کر دئیاں ہوئیاں مزید ایہہ وی آکھدے نیں پئی انساناں نوں ابلیس دی اسیری تھوں چھڈان دی لوڑ ہے: ''جتھے تیک ابلیسی تاثیراں دی گل ہے، انسان نوں اوہناں دے قبضے چوں رہائی دی ضرورت ہے''۔ ایس رہائی دی کنجی مسیح دی اوس قدرت وچ پائی جاندی ہے جس دے ذریعے اوہ موت اتے قبر اُتے فتح پا کے مویاں وچوں دوبارہ جی اٹھیا سی۔ گناہ اتے اوہناں شیطانی قوتاں اُتے، جنہاں بنی نوع انسان نوں اپنے ہتھ وچ جکڑیا ہویا ہے، فتح پان دا واحد ایہو راستہ ہے۔

حالاں مسیحی ہوندیاں ہوئیاں اسیں اج وی ''ایس دُنیا دے ہنیرے'' افسیوں ۲: ۱٦ دا افسیوں ۲: ۱۵ نال موازنہ کرو) اندر رہندے آں تے کیہہ ایہدا مطلب ایہہ ہے کہ اسیں وی شیطان دی گرفت تے اوہدے قبضے اندر ہاں؟ نہیں! کیوں جو اسیں یسوع دی بادشاہی وچ منتقل کیتے جا چکے آں۔

جد یسوع نے اِک رویا دی راہیں اپنے آپ نوں پولس تے ظاہر کر کے اوہنوں غیر قوماں ول جان دا حکم دتا تے نال اوہنوں ایہہ وی دسیا پئی تیری ایہو خدمت ہے پئی تُوں لوکاں دیاں اکھیاں کھولیں تاں جو اوہ ''ہنیریوں چانن ول، تے شیطان دے وس توں خدا ول مُڑن'' (اعمال ۲٦: ۱۸)۔ ایہناں لفظاں تھوں ایہہ پتہ چلدا ہے پئی مسیح دی نجات نوں حاصل کرن تھوں پہلاں لوکی شیطان دے اختیار دے تھلے ہوندے ہین پر مسیح دے وسیلے اوہ بدی دے قبضے توں چھُٹ کے مطلب ہنیرے کی حکمرانی چوں نکل کے خدا دی بادشاہی وچ داخل ہو جاندے ہین۔

کلسیوں دے ناں اپنے خط وچ پولس رسول اوہناں واسطے دعا کر دیاں ہوئیاں ایسے گل نوں کجھ ایس طرح بیان کر دے ہین:

> ''تے باپ دا شکر کر دے رہو جس ساہنوں ایس لائق کیتا پئی چانن وچ پاک لوکاں دے ورثے دا حصہ پائیے۔ اوسے ای ساہنوں ہنیرے دے ہتھوں چھڈا کے اپنے پیارے پُتر دی بادشاہی وچ واڑیا جہدے توں سانوں رہائی یعنی گناہ دی معافی ملی'' (کلسیوں ۱: ۱۲۔ ۱۳)۔

جد کوئی بندہ اپنا دیس چھڈ کے کسے ہور ملک نوں جاندا ہے تے اوہ اپنے نویں ملک دی شہریت لین لئی درخواست دیندا ہے پر ایس کم لئی اوہنوں اپنی پہلی شہریت نوں چھڈنا وی پے سکدا ہے۔ مسیح دی نجات وی ایسے طرح کم کردی ہے: جدوں تُسی خدا کی بادشاہی وچ داخل ہوندے او تے تہانوں اوہدے وچ اِک نویں شہریت مل جاندی ہے اور آپ دی پرانی شہریت خودبخود ختم ہو جاندی ہے۔

اپنی وفاداری نوں منتقل کر کے یسوع مسیح دے نال منسلک کرن دا فیصلہ اپنی مرضی نال کرنا چاہیدا ہے۔ ایسے وچ کجھ ایہہ گلاں شامل ہو سکدیاں ہین:

- شیطان اتے اوہدی ساری برائی نوں ترک کر دیو۔

- دوجے سب لوکاں دے نال اپنے ناجائز تعلقات نوں ختم کر دیو جو کسے نہ کسے طرح تہاڈی زندگی اُتے غیر الٰہی اختیار رکھدے ہین۔
- اپنے پیو دادے دے اوہناں سارے غیر الٰہی معاہدیاں دے اثر نوں چھڈ دے اوہناں دے اثر نوں اپنی زندگی دے اُتوں توڑ دیو جو اوہناں تہاڈی جگہ بنھے یا جنہاں تہاڈی زندگی نوں کسے نہ کسے طرح متاثر کیتا ہے۔
- غیر الٰہی وفاداری دے راہیں حاصل ہون والیاں ساریاں روحانی تے غیر الٰہی صلاحیتیاں نوں وی چھڈ دیو۔
- اپنی حیاتی دے سارے حقوق یسوع مسیح دے حوالے کر دیاں ہوئیاں اوہنوں دعوت دیو پئی او اج تھوں لے کے اِک خداوند اتے مالک دے طور سے آپ دے دِل تے راج کرے۔

جنگ

جدوں فٹ بال دے کسی کھڈاری دا تبادلہ کیتا جاندا ہے تے لازمی ایہہ کہ ہُن توں او اپنی نویں ٹیم لئی کھیڈے۔ اوہ ہن توں اپنی پرانی ٹیم لئی کھیڈ نئیں سکدا۔ ایسے طرح جدوں ساہنوں وی خدا دی بادشاہی وچ منتقل کر دتا جاندا ہے تے ساہنوں وی چاہیدا ہے کہ اسی یسوع دی ٹیم ولوں کھیڈئیے اور شیطان دی ٹیم واسطے گول کرنے چھڈ دئیے۔

بائبل دے مطابق خدا تے شیطان دے درمیان اِک روحانی مقابلہ جاری اے۔ ایہہ خدا دے بادشاہی دے خلاف ہوا دی عملداری تے حکومت کرن والیاں قوتاں ولوں بغاوت دی اِک جنگ ہے (مرقس ۱: ۱۵؛ لوقا ۱۰: ۱۸؛ افسیوں ۶: ۱۲)۔ ایہہ دو بادشاہتاں دے درمیان اِک جُدھ ہے جو اسمانی مقاماں وچ اِک دوجے دے خلاف برسرِ پیکار ہین۔ مسیحیاں دا ایمان ہے پئی ایہہ اِک ملی روحانی جنگ ہے جہدی فیصلہ کن لڑائی مسیح پہلوں ای صلیب اُتے جت چکیا ہے اور بے شک ایہدا حتمی نتیجہ ابدی فتح دی شکل وچ سب سے سامنھے آ چکیا ہے۔ فتح مسیح دی ہے اور ہمیشہ اوہدی ہی رئے گی۔

مسیح دے سب چیلے اوہدے سپاہی ہین ایس لئی اوہ اپنی روزمرہ زندگی وچ ہر ویلے ہنیرے دی ایہناں طاقتاں دے خلاف نبرد آزما رہندے ہین۔ مسیح دے مرن اتے جی اٹھن دے کارن ساہنوں ہنیرے دیاں ایہناں فوجاں دے خلاف جنگ لڑن دا اختیار ملیا ہے جہدی بنیاد تے اسیں اوہناں نال لڑدے تے اوہناں دے اُتے غالب آؤندے ہاں۔ ایس جنگ دا میدان لوک، سماج، سنگتاں اتے قوماں ہین۔

ایتھوں تک کہ ایس لڑائی وچ کلیسا وی اِک میدانِ جنگ ہو سکدی ہے اتے ایہدے وسائل نوں وی برائی دے مقاصد لئی استعمال کیتا جا سکدا ہے۔

ایہہ اِک سنگین تے بھاری معاملہ ہے۔ پر پولس رسول بیان کردے ہین پئی ساڈی فتح یقینی ہے ایسے لئی اوہ اپنے خطوط وچ لکھدے ہین پئی ایس ہنیرے دے زمانے دی قوتاں نوں یسوع نے اپنی صلیب اتے گناہواں دی معافی دے وسیلے حاصل کیتی گئی فتح کے دوآرے نہتا، رسوا اتے ہار نال دوچار کر دتا ہے:

"تے اوس تہانوں وی جہیڑے اپنے قصوراں تے جسم دی ناسُنتی دے سببوں موئے ہوئے سو اوہدے نال جوالیا تے سارے ساڈے قصور بخش دتے تے حکماں دی اوہ لیکھ مٹا چھڈی جہیڑی ساڈے ناں تے ساڈے سر سی تے اوہنوں صلیب اُتے کلاں نال جڑھ کے اگوں ہٹا دِتا۔ اوس حکومتاں تے اختیاراں نوں اپنے اوتوں ہٹا کے اوہناں دا کھُلا تماشا بنایا تے صلیب دے سببوں اوہناں اُتے فتح پا لین دی خوشی کیتی" (کلسیوں ۲: ۱۳۔ ۱۵)۔

ایس حوالے وچ رومی لشکر دے جیتن تے جشن مناؤن والے جلوس دی منظر کشی کیتی گئی ہے اور ایہنوں "فتح پا لین دی خوشی" آکھیا گیا ہے۔ دشمن نوں شکست دین توں بعد فاتح جرنیل اپنے لاؤ لشکر سمیت روم شہر نوں واپس آؤندا سی۔ اپنی فتح دی خوشی منان لئی فاتح جرنیل اِک بہت وڈھے جلوس دی قیادت کردیاں ہوئیاں شہرِ روم دیاں گلیاں بازاراں وچوں لنگھدا اتے بیڑیاں وچ بدھیاں ہوئیاں غلاماں تے اسیراں، ہتھیاراں اتے مالِ غنیمت دا کھلم کھلا مظاہرہ کردا سی۔ رومی عوام اوہناں نوں ویکھدی ہوئی اپنے وجیتا ہون والے سپاہیاں دے حق وچ تے ہارے ہوئے سپاہیاں دے خلاف نعرے ماردی ہوندی سی۔

پولس ایتھے رومی فتح دے جلوس دی مثال نوں ورتدیاں ہوئیاں صلیب دے مطلب نوں واضح کر رئیے نیں۔ جد مسیح نے ساڈی خاطر جان دتی تے اوس گناہ دے سارے زور نوں ختم کر دتا۔ اوہنوں ساڈے اُتے لائیاں گئیاں ساریاں تہمتاں نوں صلیب اُتے جڑھ دتا اتے اوہناں اروپاں نوں مٹا کے ساریاں قوتاں دے سامنھے اوہناں نوں صلیب اُتے ٹنگ چھڈیا۔ ایسے سببوں اوہ شیطان اتے اوہدیاں ابلیسی قوتاں جو ساہنوں ہر ویلے برباد کرن دی تاڑ وچ لگیاں رہندیاں سن ساڈے اُتوں اپنا قبضہ تے اختیار کھو بیٹھیاں نیں کیوں جو ہن اوہناں دے کول ساڈے خلاف کوئی الزام باقی نئیں رئیا۔ اوہناں دی حالت روحانی فتح دے جلوس وچ دشمن دے اسیراں ورگی ہو گئی ہے: ہارے ہوئے، نہتے تے لوکاں دے تماشے دا سامان۔

صلیب دے وسیلے ساہنوں ہنیرے دیاں ساریاں طاقتاں تے حکومتاں اُتے فتح حاصل ہو چکی ہے۔ ایس فتح نے بدی دی اوہناں قوتاں کولوں ساری طاقت تے حکمرانی دے سارے حقوق وی کھو لئے نیں جنہاں وچ اوہ سارےمعاہدے وی شامل ہین جہیڑے لوکاں نے جان دیاں بجھدیاں یا لاعلمی وچ ایہناں قوتاں نال کیتے سی۔

ایہہ اِک ڈاہڈا اصول ہے: ساڈے خلاف شیطان جو وی چال تے اروپ استعمال کردا ہے اوہدے لئی صلیب ساڈی فتح تے رہائی دی کنجی مہیا کر دی ہے۔

اگلے دو حصیاں وچ اسیں ویکھاں گے پئی الزام لان والے دے طور تے شیطان دا کیہہ کردار ہے اتے او ساڈے خلاف کیہڑے کیہڑے حربے استعمال کردا ہے۔ ایہدے بعد اسیں اوہناں چھ طریقیاں تے وی غور کراں گے جنہاں دے ذریعے شیطان لوکاں نوں بنھن دی کوشش کردا ہے جیویں گناہ، معاف نہ کرنا، کھروے لفظ بولنا، رُوح دے پھٹ، جھوٹ (غیرالہٰی عقیدے) اتے نسلی گناہ تے اوہناں تھوں پیدا ہون والیاں لعنتاں وغیرہ۔ شیطان دی ہر اِک چال دا اسیں اِک اِک توڑ وی پیش کراں گے: مطلب اوہ طریقہ جہدے ذریعے ہر مسیحی ایماندار اپنی آزادی دا اعلان کردیاں ہوئیاں اپنی زندگی اُتوں ایہناں شیطانی تاثیراں دے اثر نوں ختم کر سکدا ہے۔ اسلام دیاں بیڑیاں تھوں رہائی پان دے طریقیاں اُتے غور کردیاں ہوئیاں ایہہ سارے نکتے ساڈے لئی ہور زیادہ اہمیت دے حامل ہو جان گے۔

الزام لان والا

شیطان ساڈے خلاف بہت ساریاں چالاں استعمال کردا ہے۔ ساڈے لئی ایہناں چالاں نوں جاننا تے سمجھنا بے حد ضروری ہے تاں جو اسیں ایناں دا مقابلہ کرن لئی تیار رہ سکئے۔ ساہنوں ایس آزادی دا اپنی زندگیاں تے اطلاق کرنا اتے ایس آزادی وچ جین دی لوڑ ہے۔ ایسے لئی ایہناں گلاں تے دھیان دینا بے حد ضروری ہے :ایہہ مسیحیاں واسطے بڑے ای فائدے دی گل ہے اوہ شیطان دیاں تدبیراں بارے جانن اتے اوہناں دا مقابلہ کرن لئی ہر ویلے تیار رہن۔

افسیوں ٦: ١٨ وچ پولس رسول لکھدے نیں پئی مسیحیاں نوں ہر ویلے "جاگدے رہنا" چاہیدا ہے۔ ایسے طرح پطرس رسول وی مسیحیاں نوں چتاونی دیندے نیں پئی "تسی ہوش رکھو تے جاگدے رہو تہاڈا ویری ابلیس گرجن والے شیر وانگر لبھدا پھر دا اے پئی کنوں پاڑ کھاواں" (١۔ پطرس ٥: ٨)۔ ساہنوں کہدے تے نظر رکھن دی لوڑ ہے؟ ساہنوں ہوش رکھن دے نال نال شیطان دے اروپاں اُتے وی نظر رکھن دی لوڑ ہے۔

بائبل وچ شیطان نوں "الزام لان والا" آکھیا گیا ہے (مکاشفہ ١٢: ١٠) اتے عبرانی زبان وچ شیطان کا مطلب وی "اروپ لان والا" یا "ویری" ہے۔ ایہہ لفظ شرعی عدالت چ کھڑے قانونی مخالف دے لئی وی استعمال ہوندا سی۔ بائبل وچ شیطان دا ایہہ ناں ایس طرح زبور ١٠٩ وچ وی استعمال ہویا ہے: "درشت اوہدے اُتے لا اتے ویرودھی (شیطان) اوہدے سجے ہتھ اُتے کھڑا رہے۔ اپنے نیاؤں وچ او دوشی نکلے اتے اوہدی پرارتھنا پاپ گنی جاوے" (زبور ١٠٩: ٦۔ ٧)۔ ایسے طرح دا اِک منظر زکریاہ ٣: ١۔ ٣ وچ وی نظر آؤندا ہے جتھے اِک ہستی دے طور تے "شیطان" یشوع سردار کاہن دے سجے ہتھ کھڑا ہو کے خدا دے دوت دے سامنے اوہدے اُتے الزام لاندا ہے۔ ایسے

دی اِک ہور مثال ایوب دی حیاتی وچ وی ملدی ہے جدوں شیطان خدا دے حضور ایوب تے الزام لاؤندا ہے (ایوب ۱: ۹۔ ۱۱) اتے فیر اوہنوں آزماؤن دی اجازت وی منگدا ہے۔

شیطان کدے سامنھے ساڈے اُتے اروپ لاؤندا ہے؟ اسیں جاندے ہاں پئی اوہ خدا دے سامنھے ساڈے اُتے الزام لاؤندا ہے۔ اوہ دوجیاں دے سامنھے وی ساڈے اُتے الزام لاندا ہے اتے دوجیاں دیاں گلاں تے خود ساڈیاں اپنیاں سوچاں تے خیالاں دے راہیں وی ساڈے اُتے الزام لاندا ہے۔ اوہ چاہندا ہے کہ ایہناں الزاماں دے نال ساہنوں دُکھ پہنچے، اسیں اوہناں الزاماں دا یقین کرئیے، اوہناں تھوں ڈرئیے اتے اپنی سرگرمیاں نوں محدود کر لئیے۔

شیطان ساڈے اُتے کیہہ کیہہ الزام عائد کردا ہے؟ اوہ اساڈے اُتے ساڈے گناہواں دا ہی الزام لاندا ہے اتے وہ ساڈیاں کمزوریاں تے حیاتی دے ہر اوس حصے بارے ساڈے اُتے الزام لاندا ہے جنہوں اسیں کسے نہ کسے طور تے اوہدے حوالے کر رکھیا ہے۔

ساہنوں ایہہ گل سمجھن دی لوڑ ہے پئی شیطان ساڈے اُتے الزام لاندا ہے پر اوہدے الزاماں وچ ہمیشہ جھوٹھ دی ملاوٹ ہوندی اے۔ یسوع نے شیطان دے بارے خود ایہہ فرمایا سی:

> ”تُسی اپنے پیو ابلیس توں ہو تے اپنے پیو دیاں خواہشاں نوں پورا کرنا چاہندے اوہ۔ اوہ مُڈھوں ای خونی سی تے سچیائی اُتے کھلوتا نا رہیا کیوں جو اوہدے وچ سچیائی اے نئیں۔ جدوں اوہ جھوٹھ بولدا اے اوہ اپنے ای ولوں بولدا اے کیوں جو اوہ جھوٹھا اے تے جھوٹھ دا پیو اے“ (یوحنا ۸: ۴۴)۔

شیطان دیاں جھوٹھیاں چالاں کیہہ ہین اتے جدوں جدوں اوہ ساڈے اُتے الزام لاندا ہے اوہدوں اوہدوں اسی کیویں مضبوطی نال کھلو کے اوہدا مقابلہ کر سکدے آں؟ جیکر اسیں اوہدیاں چالاں نوں جان لئیے تے ایہدے نال وی ساہنوں بڑی مدد ملے گی۔ مثال دے طور تے، ۱۔ کرنتھیوں وچ پولس رسول مسیحی ایمانداراں نوں معاف کرن دی تلقین کردا ہے۔ معاف کرنا کیوں ضروری ہے؟ پولس رسول کہندے نیں پئی اسیں ایس لئی معاف کر دے آں تاں جو ”شیطان دا ساڈے اُتے داء نہ چلے کیوں جو اسی ایہدیاں فریباں توں ناواقف نئیں“ (۲۔ کرنتھیوں ۲: ۱۱)۔ پولس رسول ساہنوں ایہہ دس رئیے نیں پئی اسی ایہہ پتہ لا سکدے آں کہ شیطان ساڈے خلاف کہیڑا جال بُن رئیا ہے اور کیوں جو اسیں ایہہ جاندے ہاں پئی شیطان دیاں چالاں وچوں اِک چال ایہہ ہے پئی اوہ ساڈے اُتے دوجیاں نوں معاف نہ کرن دا اروپ لاندا ہے، ایس لئی ساہنوں چاہیدا ہے پئی دوجیاں نوں فوراً فوراً معاف کرئیے تاں جو اسیں اوہدے ایہو جئے اروپاں دے گھیرے وچ کدی نہ آئیے۔

شیطان ہور بڑے ڈھنگ وی استعمال کردا ہے۔ اسیں اوہدے چھ ڈھنگاں تے غور کراں گے جنہاں نوں اوہ ایمانداراں تے الزام لان لئی ورتدا ہے اتے فیر ایہہ وی ویکھاں گے پئی اسیں اوہدے خلاف کیویں کھڑے رہ سکدے ہاں۔ اوہ چھ ڈھنگ ایہہ ہین:

- گناہ
- نامعافی
- رُوح دے پھٹ
- گلاں (اتے علامتی کم)
- کودھرمی عقیدے (جھوٹھ)
- نسلی گناہ اتے اوہناں نال جڑیاں ہوئیاں لعنتاں

جیویں اسیں ویکھاں گے پئی روحانی آزادی پان لئی اِک کلیدی قدم اوہناں سارے دعویاں دا ناں لے لے کے اوہناں نوں رد کرنا ہے جہیڑے شیطان نے ساڈے خلاف کیتے ہین۔ بھانویں اوہ الزام کسے حد تک سچیائی دی نیں اُتے قائم ہین یا سراسر جھوٹھے ہین۔

کھلے بوہے اتے پیر جمان دیاں تھانواں

ایہناں چھ اکھاڑیاں اُتے غور کرن توں پہلاں ساہنوں کجھ فائدہ مند ناواں نال واقبی کراؤن دی لوڑ ہے جنہاں نوں شیطان لوکاں دے خلاف استعمال کردا ہے مطلب جنہاں نوں اوہ انساناں اُتے ظلم ڈھاؤن لئی ورت دا ہے۔ ایہناں وچوں دو خاص اکھاڑے "کھلے بوہے" اتے "پیر جمان دیاں تھانواں" ہین۔

کھلا دروازہ اوہ داخلی مقام ہے جتھوں کوئی بندہ اپنی نالائقی، نافرمانی اتے لاپروائی نال شیطان نوں اپنی حیاتی وچ وڑن دا موقع مہیا کردا ہے اتے جس دا بھرپور فائدہ چکدیاں ہوئیاں شیطان اوس منکھ اُتے حملہ کردا اتے اوہنوں دبوچدا ہے۔ آؤ یاد کرئیے پئی یسوع نے شیطان نوں اِک "چور" آکھیا ہے جو ہر ویلے چوری کرن، کوہن اتے چوڑ کرن دے چکر چ لگا رہندا ہے (یوحنا ۱۰: ۱۰)۔ محفوظ گھر اوہ ای ہوندا ہے جہدا کوئی دروازہ اڈیا نہ رہ جاوے بلکہ ہر بوہے اُتے وڈا جندرا لگا روے۔

پیر جمان دیاں تھاں دا مطلب انسانی حیاتی دا اوہ حصہ ہے جہدے اُتے شیطان اپنا دعویٰ جتاندا ہے پئی ایس بندے نے ایہہ مقام میرے حوالے کیتا ہویا ہے مطلب اوہ حصہ جہدے اُتے شیطان نے اپنی ملکیت دا نشان لایا ہویا ہے۔

پولس رسول نے وی ایسا خدشے دا اظہار کیتا ہے پئی ہر مسیحی ایماندار اپنی حیاتی وچ کرودھ پیدا کرن دے ذریعے وی شیطان نوں موقع دے سکدا ہے: "غصے تے ہوؤ

پر گناہ نا کرو۔ دِن ڈُبن تیکر تہاڈی خفگی نہ رہے۔ تے نا ابلیس نوں تھاں دیو" (افسیوں۴: ۲۶۔ ۲۷)۔ پیر جمان لئی یونانی زبان وچ جس لفظ دا ترجمہ"تھاں نا دیو" کیتا گیا ہے اوہ لفظ "ٹاپوز" (topos) ہے جہدا مطلب ہے "آباد جگہ"۔ ٹاپوز دا مطلب ہے کسے نوں "موقع دینا"۔ پولس رسول ایہہ کہہ رئیے نیں پئی جیکر کوئی منکھ غصے دی عادت دا اقرار کر کے اوہنوں چھڈن دی بجائے اوہنوں جپھا ماری رکھدا ہے تے ایہہ فیر اِک گناہ ہے کیوں جو اوس نے اپنی حیاتی دی اِک روحانی تھاں شیطان دے حوالے کیتی ہوئی ہے۔ فیر شیطان ایس تھاں نوں اپنی ملکیت سمجھدیاں ہوئیاں برائی دے مقصد نوں پورا کرن لئ ورت سکدا ہے۔ غصے دی عادت نوں جپھا مار کے رکھن نال اسیں شیطان نوں پیر جمان دی تھاں دینے آں۔

یوحنا ۱۴ باب وچ یسوع نے قانونی حق دی زبان بولدیاں ہوئیاں ایہہ دسیا سی پئی میرے وچ ابلیس دا کجھ نئیں:

"ایدوں پچھوں مَیں تہاڈے نال بہت گلاں نا کراں گا کیوں جو دُنیا دا سردار آؤندا اے تے میرے وچ اوہدا کجھ نئیں اے۔ ایہہ ایس لئی ہوندا اے تاں جو دُنیا جانے پئی مَیں باپ نوں پیار کردا آں تے جیویں باپ نے مینوں حکم دِتا اوسے طرح مَیں کرنا آں" (یوحنا ۱۴: ۳۰۔ ۳۱)۔

ایس حوالے بارے یسوع دی ایس گل دی تفسیر کردیاں ہوئیاں آرچ بشپ جے ایچ برنارڈ کہندے نیں، "شیطان دی میری شخصیت وچ کوئی تھاں نئیں جتھے او اپنا قبضہ جما سکے"[۲]۔ ڈی اے کارسن وی ایہو کہندے نیں پئی ایس حوالے وچ جہیڑا محاورہ استعمال ہویا ہے اوہ اِک قانونی اصطلاح ہے:

"میرے وچ اوہدا کجھ نئیں، ایک محاورہ ہے جہدا مطلب ہے میرے اُتے اوہدا کوئی اختیار نئیں اور عبرانی زبان دا ایہہ محاورہ قانونی کاروائیاں وچ بہت زیادہ استعمال ہوندا سی خاص طور تے اوہدوں جدوں ایہہ کہن دی لوڑ ہووے پئی 'ایہدا میرے اُتے کوئی دعویٰ نئیں' یا 'ایہدا میرے نال کوئی لینا دینا نئیں'۔۔۔ جیکر شیطان نوں یسوع دی حیاتی وچ کوئی قابلِ گرفت گل لبھدی تے فیر ای اوہ اوہدے خلاف کوئی قانونی چارہ جوئی کر سکدا سی"۔ [۳]

یسوع اُتے شیطان کوئی دعویٰ کیوں نہیں کردا؟ ایس لئی کہ یسوع دی ذات وچ کوئی گناہ نئیں۔ اوہنے آکھیا سی، "جیوں باپ نے مینوں حکم دتا اوسے طرح مَیں کرنا آں" (یوحنا ۱۴ :۳۱؛ نالے دیکھو یوحنا ۵: ۱۹)۔ ایہی وجہ ہے کہ یسوع دی ذات وچ ایسی کوئی گل نئیں سی جہدے اُتے شیطان اپنا قانونی حق جتا سکے۔

---

[۲] جے ایچ برنارڈ، "اے کریٹیکل اینڈ ایگزیجیٹیکل کمنٹری آن دی گاسپل ایکارڈنگ ٹو جان" جلد دوم، ص ۵۵۶۔

[۳] ڈی اے کارسن، "دی گاسپل ایکارڈنگ ٹو جان"، ص ۵۰۸ تا ۹۔

یسوع اِک بے گناہ مجرم دے طور تے مصلوب ہویا سی۔ ایہہ گل صلیب دی طاقت دے حوالے نال بڑی خاص ہے۔ کیوں جو یسوع بے گناہ سی ایس لئی شیطان کدے ایہہ دعویٰ نئیں کر سکدا پئی مصلوبیت اِک قانونی تے جائز سزا سی۔ خداوند دے مسیح دی موت دوجیاں دے بدلے اِک بے گناہ دی قربانی دے طور تے پیش کیتی گئی سی نا کہ شیطان دی طرفوں یسوع تے عائد کیتی گئی اِک قانونی سزا دے طور تے۔ جے مسیح نے اپنی حیاتی دی کوئی وی تھاں شیطان دے سپرد کیتی ہوندی تے اوہدی موت گناہ لئی راست سزا ٹھہر دی۔ پر یسوع بے گناہ سی ایس لئی اوہدی موت ساری دُنیا دے گناہواں لئی اِک مؤثر کفارہ بن سکدی سی۔

اسیں اپنی حیاتی دے کھلے بوہیاں اتے پیر جمان دیاں تھانواں بارے کیہہ کر سکدے آں؟ اسیں ایہناں کھلے بوہیاں نوں بند کر سکدے اتے ایہناں پیر جمان دیاں تھانواں نوں ہٹا سکدے آں۔ اپنی روحانی آزادی دا دعویٰ دائر کرن لئ ایہہ اقدامات ناگزیر ہین۔ ساہنوں ایہہ کم بڑے ہی منظم طریقے نال انجام دیندیاں ہوئیاں اپنی حیاتی دے سارے کھلے بوہیاں نوں بند کرنا اتے پیر جمان دی تھانواں نوں ہٹانا چاہیدا ہے۔

پر اسیں ایہہ کم کیویں انجام دے سکدے آں؟ آؤ ایہناں چھئیاں اکھاڑیاں اُتے واری واری غور کرئیے۔ جدوں اسی ایس گل تے غور کراں گے پئی اسلام کس طرح لوکاں نوں بنھدا ہے تے ساہنوں ایہناں گلاں دی ہور زیادہ سمجھ آنا شروع ہو جائے گی۔

گناہ

جے ابلیس دا دروازہ ساڈے کولوں سرزد ہون والے گناہ دے سببوں کھلیا ہویا ہے تے اسیں اپنے گناہواں توں توبہ کرن دے ذریعے ایس کھلے بوہے نوں بند کر سکدے آں جہڑے کھلے ہون دی وجہ توں اساں شیطان نوں ایہہ اجازت دتی ہوئی ہے پئی اوہ ساڈیاں زندگیاں اُتے اپنا حق جتا سکے۔ صلیب دی قدرت ایس سارے عمل دی کنجی ہے۔ مسیح ساڈا نجات دہندہ ہے، جہڑے سامنھے اپنی ایس درخواست نوں پیش کرن دے ذریعے اسیں خدا دی معافی نوں حاصل کر سکدے آں۔ جیویں یوحنا رسول لکھدے نیں پئی ”۔۔۔ یسوع دا خون ساہنوں ساری ناراستی توں پاک کردا ہے“ (۱۔ یوحنا ۱: ۷)۔ جے اسیں گناہ توں پاک ہو جائیے تے فیر گناہ دا ساڈے اُتے کوئی زور نئیں رہندا۔ جیویں پولس رسول اپنے خط وچ لکھدے نیں پئی ”اسی اوہدے خون نال راستباز ٹھہرائے گئے“ (رومیوں ۵: ۹)۔ ایہدا مطلب ایہہ ہے کہ ہن خدا ساہنوں راستباز بندیاں دے طور تے ویکھدا ہے۔ جدوں اسی توبہ کر دے اتے مسیح ول رجوع لیاندے آں تے اسی اوہدے نال دفن ہو جانے آں: ساڈی شناخت مسیح دے نال رل جاندی ہے۔ فیر اسی اینج دے راستباز لوک بن جاندے آں جنہاں دے خلاف شیطان کوئی قانونی چارہ جوئی نئیں کر سکدا۔ اسی اِک ایسے منکھ بن جانے آں

جس وچ شیطان دا کجھ نئیں رہندا کیوں جو ساڈیاں تقصیراں "کجیاں گئیاں"(رومیوں ۴: ۷)۔ اینج اسی اوہدی الزام تراشیاں دے دعویاں تھوں آزاد ہو جانے آں۔

ایس کم دی مشق کیویں کیتی جاندی اے؟ جے کوئی بندہ اپنی مسلسل جھوٹھ بولن دی عادت توں تنگ ہے تے اوہنوں ایہہ گل سمجھن دی لوڑ ہے پئی جھوٹھ بولنا خدا دی نظر وچ اِک غلط کم ہے، اوہدا اقرار کرے، جھوٹھ بولن توں توبہ کرے اور مسیح دے صلیبی کفارے دے وسیلے نال حاصل کیتی گئی معافی تے ایمان لیائے۔ جدوں ایہہ سب ہو جاندا ہے تے فیر جھوٹھ نوں وی رد کردیاں ہوئیاں اپنی حیاتی چوں ترک کیتا جا سکدا ہے۔ جے دوجے پاسے، ایہو بندہ جھوٹھ بولنا پسند کرے، ایہنوں اپنے فائدے دی چیز سمجھے اتے ایہنوں چھڈن دا کوئی ارادہ نہ رکھدا ہوئے تے فیر جھوٹ بولن دی عادت توں آزادی حاصل کرن دی ہر کوشش فضول ہوئے گی اتے شیطان ایس پیر جمان دی تھاں نوں استعمال کر دا ہی روے گا۔

اسی ایس گناہ دے بوہے نوں توبہ کرن، اپنے گناہ نوں ترک کرن اتے مسیح دی صلیب اُتے ایمان لیان دے ذریعے بند کر سکدے آں۔ ایسے طرح اسیں شیطان دے ایس حق توں وی انکار کر دے آں جہدے ذریعے اوہ ساڈیاں گناہواں نوں ساڈے ہی برخلاف استعمال کردا ہے۔

نامعافی

اِک ہور چال جنہوں شیطان ساڈے خلاف استعمال کردا ہے، وہ ساڈی نامعافی ہے۔ معافی اوہ موضوع ہے جہدے تے یسوع نے بہت ساری تعلیم دتی ہے۔ اوہنے آکھیا سی پئی جیکر اسیں دوجیاں دے قصور معاف نئیں کراں گے تے خدا وی ساڈے قصور معاف نئیں کرے گا۔ (مرقس ۱۱: ۲۵۔ ۲۶؛ متی ٦: ۱۴۔ ۱۵)۔

نامعافی ساہنوں کسے دوجے دی غلطی یا کسے تکلیف دہ واقعے نال نتھی کر سکدی ہے۔ ایہہ شیطان نوں پیر رکھن دی تھاں مطلب ساڈے خلاف اِک قانونی جواز فراہم کر سکدی ہے۔ پولس رسول کرنتھیوں دے ناں اپنے دوجے خط وچ ایس بارے کجھ ایسراں لکھدے نیں:

> "جنہوں تُسی معاف کر دے اوہ، اوہنوں مَیں وی معاف کرنا آں کیوں جو جو کجھ مَیں معاف کیتا۔ جے کر مَیں کجھ معاف کیتا اے اوہ مسیح دا قیم مقام ہو کے تہاڈی خاطر معاف کیتا تاں جو شیطان دا ساڈے اُتے کوئی داء نہ چلے کیوں جو اسی ایہدیاں فریباں توں ناواقف نئیں" (۲۔ کرنتھیوں ۲: ۱۰۔ ۱۱)۔

ساڈی نامعافی دے سببوں شیطان کس طرح اپنا داء ساڈے اُتے چلان چ کامیاب ہو جاندا ہے؟ ایہہ ایس لئی ہوندا ہے کہ اوہ ساڈی نامعافی نوں ساڈے ہی خلاف اپنے پیر جمان لئی تھاں دے طور تے استعمال کردا ہے۔ پر جس طرح پولس رسول کہندے ہین کہ اسیں "اوہدے فریباں توں ناواقف نئیں"، ساہنوں چاہیدا ہے پئی معافی دی

مشق کرن دے ذریعے اسیں اپنی زندگی وچوں اوہدے پیر جمان دی تھاں نوں ہٹا دئیے۔

معافی دے تین پاسے ہوندے نیں: دوجیاں نوں معاف کرنا، خدا کولوں معافی پانا اتے کئی وراں خود اپنے آپ کو معاف کرنا۔ صلیب[٤] دا نشان ساہنوں معافی دے ایہناں تِنوں پاسیاں نوں یاد رکھن وچ مدد کردا ہے۔ لیٹے پاسے دا شہتیر ساہنوں دوجیاں نوں معاف کرنا دی یاد دواندا ہے۔ کھڑے پاسے دا شہتیر ساہنوں خدا کولوں معافی حاصل کرن دی یاد دواندا ہے۔ وچکارلا گول کتارہ ساہنوں آپ نوں معاف کرنا یاد دواندا ہے۔

معافی دا مطلب ایہہ ہرگز نئیں پئی اسی دوجے منکھ دےکیتے ہوئے کرماں نوں بھل جائیے یا کوئی پچ پائیے۔ دوجیاں نوں معاف کرن دا مطلب ہے پئی اسیں خدا دے سامنھے اوہناں اُتے الزام لان دے حق توں پچھے ہٹ جائیے۔ اسیں اپنا قصور کرن والے بندے نوں اپنے ہر طرح دے دعوے توں آزاد کر چھڈئیے۔ اسی اوہنوں خدا دے حوالے کر دئیے کہ وہ آپ ہی اوہدا جو چاہے فیصلہ کرے اور ایسراں اسیں اپنا معاملہ خدا تے چھڈ دئیے۔معافی ایک احساس نئیں: ایہہ اک فیصلہ ے۔

معاف کرن دے نال نال خدا توں معافی حاصل کرنا وی بہت ضروری ہے کیوں جو معافی دا اثر اوس ویلے ہور ودھ جاندا ہے جدوں ساہنوں ایہہ پتہ چلے پئی ساہنوں وی معاف کر دتا گیا ہے (افسیوں ۴: ۳۲)۔

ایس کتابچے دے اخیر تے دتے گئے وادھو ذریعے دے حصے وچ "معافی دی دعا" پیش کیتی گئی ہے۔

روح دے پھٹ

روح دے پھٹ وی ابلیس نوں ساڈی حیاتی وچ پیر جمان دی تھاں دے سکدے نیں۔ اصل وچ روح دے پھٹ سریر دے پھٹاں نالوں بوہتے تکلیف دہ ہوندے نیں اتے جدوں اسی جسمانی طور نال زخمی ہونے آں تے ساڈی روح دے چھاننی ہون دا خطرہ زیادہ ودھ جاندا ہے۔ فرض کرو پئی کوئی بندہ کسے بہت گہرے پھٹ یا خوفناک حملے دا شکار ہو جاندا ہے۔ عین ممکن ہے پئی اوہدے بعد اوہ اِک لمے عرصے تک ذہنی یا جسمانی اذیت توں دوچار رہے۔ شیطان ایس خوف نوں استعمال کر دیاں ہوئیاں اوہنوں اپنے قبضے وچ لے کے پہلاں توں کِتے ودھ خوف دا غلام بنان دی کوشش کر سکدا ہے۔

[٤] صلیب راہیں معافی دا مضمون چیسٹر تے بیٹسی کیلسٹرا دی کتاب، "ریسٹورنگ دی فاؤنڈیشن" ص ۹۸ توں لیا گیا ہے۔

اِک واری جدوں مَیں[5] (مطلب ایہناں سبقاں دے لکھیک مارک ڈیوری صاحب) جنوبی افریقہ وچ دینِ اسلام بارے تعلیم دے رہیا ساں تے اوتھوں دی اِک مقامی عورت میرے کول آئی جنہوں کوئی دس ورھے پہلوں مسلمان پچھوکڑ نال تعلق رکھن والے لوکاں ولوں بڑی وڈی مصیبت دا سامنا کرنا پیا۔ اِک مقامی سیمنری دی درخواست تے اوس خاندان نوں ایہہ پیشکش کیتی گئی پئی اسیں تہاڈے دو بندیاں دی رہائش اتے کھان پین دا بندوبست کر سکدے آں اوہ وی نرے او بندے جہیڑے اسلام نوں تیاگن دے دعویدار نیں۔ ایہہ اِک بہت مشکل اتے اذیت ناک ویلے دی شروعات سی۔ اوہدے گھر وچ رہن والے پروہنے بڑے ویرودھی سن جو ہر ویلے اوس عورت اتے اُوہدے گھر والیاں دے ٹھٹھے اڈاندے اتے بہت تنگ کر دے رہندے سن۔ وہ اوہنوں دھکے مار کے کنداں نال پٹخدے، اوس نوں سؤرنی کہہ کے بلاندے، لعن طعن کردے ایتھوں تیکر پئی اوہدے کولوں لنگھدے ہوئے اوہدے مونہہ اُتے تھُکدے سن۔ اوہنوں اپنے گھر دے آل دوالیوں کئی اینج دے ورقے وی ملے جنہاں اُتے عربی زبان وچ گالاں تے بدعاواں لکھیاں ہوئیاں سن۔ ایس خاندان نے اپنے چرچ کولوں مدد منگی پر کسے نے اوہناں دا یقین نہ کیتا۔ آخر اوہناں نے کسے نہ کسے طرح اپنے پہلے ”پروہنیاں“ توں اپنی جان چھڈائی اتے دوسرے لوکاں نوں اپنا گھر کرائے تے دتا۔ اپنی کہانی وچ ایس عورت نے ایہہ وی لکھیا سی پئی ”اوس ویلے ساڈے مالی، روحانی، جذباتی اتے جسمانی حالات اینے خراب ہو چکے سن کہ ساہنوں اپنے آپ تے وی کوئی بھروسہ نئیں سی رئیا اور انج لگدا سی جیویں میرا وجود کسے کم دا نئیں کیوں جو میرے نال پیراں دی مٹی توں وی بُرا سلوک کیتا جاندا سی“۔ اسلامی زنجیراں اتے غلامی بارے میرا کلام سُنن توں بعد اوس عورت نے اپنی حیاتی وچوں ہر قسم دے خوف تے شک نوں دُور کیتا جنہے اوہدا جینا حرام کیتا ہویا سی۔ اسی رل کے اوہدیاں مصیبتاں واسطے دعا کیتی اور ہر طرح دے خوف دے سنگل نوں توڑیا۔ اوہنے عجیب طور نال شفا پائی اتے فیر او آکھن لگی، ”مَیں ایس اسمانی انتظام واسطے خدا دا شکر کردی آں۔۔۔ ہن میرا دِل مطمئن ہے اور مَیں خداوند دی بندی ہوندیاں آپ نوں اوس دی بندگی لئی وقف تے مخصوص کرنی آں۔ خداوند دی وڈیائی ہووے!“ ایس دے بعد اوہنے چٹھی لکھ کے مینوں ایہہ دسیا:

> ”اسیں اج وی خداوند خدا دی عبادت کردے آں اتے اوہنوں پہلاں توں بوہتا پیار کر دے آں، اسیں مسلمان سنسکرتی اتے عقیدیاں بارے بہت کجھ جاندے آں پر ہن ساڈا ایمان مسیحی تعلیم تے عقیدیاں اُتے زیادہ مضبوط ہو گیا ہے جہدے سببوں اسیں ایہہ کہہ سکدے آں پئی اسیں خداوند دی محبت وچ ہو کے اپنے مسلمان بہناں تے بھراواں نوں وی پیار کردے آں اتے اپنی زندگیاں توں ہمیشہ

---

[5] ایس سبق دے لیکھک مارک ڈیوری صاحب ہین۔

ایس محبت دا کھلم کھلا اظہار کردے رہاں گے اتے اوہناں نوں وکھاواں گے پئی یسوع ایہناں سبھناں نال کنا زیادہ پیار کردا ہے۔"

جدوں لوک روح دے پھٹاں دی اذیت نال دوچار ہوندے نیں تے شیطان اوہناں دے کناں وچ اپنے جھوٹھ بھرن دی کوشش کردا ہے۔ جھوٹ کدی سچ نئیں ہو سکدے پر زخماں نال چھاننی بندہ اوہندا دا یقین کر لیندا ہے کیونکہ اوہنوں اپنی تکلیف اصل محسوس ہوندی ہے۔ ایس عورت نال ایہہ جھوٹھ بولیا جا رئیا سی پئی تیری کوئی اوقات نئیں اتے "تیرا وجود کسے کم دا نئیں"۔

ایہناں جھوٹھاں توں رہائی پان لئی ساہنوں ہیٹھاں دتے گئے پنج اقدامات تے عمل کرن دی لوڑ ہوندی ہے:

۱. پہلاں اوس منکھ نوں دعوت دیو پئی اوہ خداوند دے سامنھے اپنا دِل پوری طرح اُنڈیلے یعنی کھل کے اپنی تکلیف دا خداوند دے حضور وچ اظہار کرے۔

۲. فیر دعا کرو پئی یسوع اوہدے زخماں اُتے اپنا ملم لاوے۔

۳. اوس منکھ نوں اے وی کہیا جا سکدا ہے پئی تُوں اپنے سب دکھ دین والیاں نوں معاف کر۔

۴. اوس منکھ نوں ایہہ وی کہیا جا سکدا ہے پئی اوہ خدا اُتے اپنے ایمان دا اقرار کر دیاں ہوئیاں اپنی زندگی وچ موجود ہر خوف اتے صدمے نال جڑے ہر اِک اثر دا انکار کرے۔

۵. فیر اوہ منکھ ایہناں سارے جھوٹھاں دا اقرار کردیاں ہوئیاں اوہناں نوں رد کرے جنہاں دا اوہ اپنی تکلیف باہجوں یقین کردا آیا ہے۔

ایہہ سارے اوہ اقدامات ہین جنہاں دے ذریعے شیطان دے سب حملیاں نوں بڑی کامیابی دے نال روکیا جا سکدا ہے کیوں جو ہن اوہدے پیر جمان دیاں سب تھانواں نوں ہٹایا جا چکیا ہے۔

گلاں

لفظاں وچ بڑی طاقت پائی جاندا ہے۔ اسیں اپنے مونہہ دیاں گلاں دے نال دوجیاں تے اپنے آپ کو اپنی گرفت وچ کر سکدے آں۔ ایسے سببوں شیطان ساڈیاں گلاں نوں ہی ساڈے خلاف استعمال کرن دی کوشش کردا رہندا ہے۔ یسوع نے آکھیاں سی:

"پر مَیں تہانوں آکھنا آں پئی ہر اِک وادھی گل جہیڑی لوک بولن گے عدالت دے دِن اوہ اوہدا حساب دین گے کیوں جو تُوں اپنیاں گلاں توں سچا تے اپنیاں گلاں توں مجرم ٹھیرایا جائیں گا" (متی ۱۲: ۳٦۔ ۳۷)۔

یسوع نے ساہنوں ایہہ وی سکھایا سی پئی ساہنوں اپنے مونہہ وچوں کدے لعنت نئی کرنی چاہئیدی سگوں سب نوں برکت دینی چاہئیدی ہے: "اپنے دشمناں نال پیار کرو۔ جہیڑے تہاڈے نال ویر رکھن اوہناں دا بھلا کرو۔ جہیڑے تہانوں بددعا دین اوہناں نوں دعا دیو۔ جہیڑے تہاڈی پت لاہن اوہناں لئی دعا کرو" (لوقا ٦: ۲۷۔ ۲۸)۔

یسوع نے ساہنوں ایہہ چتاونی وی دتی سی پئی ساڈے مونہہ وچوں کوئی وادھی گل نئیں نکلنی چاہئیدی جس دا اطلاق ساڈی روزمرہ گل بات، قسماں، عہد و پیمان اتے حلفیہ بیاناں تے وی ہندا ہے۔ غور کرو پئی یسوع نے انے چیلیاں نوں سونہہ چُکن توں وی منع کیتا سی:

"پر مَیں تہانوں آکھنا آں پئی کدی وی سونہہ نا چُکنا۔۔۔ پر تہاڈی گل ہاں دی ہاں تے ناں دی ناں ہوئے تاں جو کجھ ایہدے نالوں ودھ اے سو بُرے توں ہوندا اے" (متی ۵: ۳۴۔ ۳۷)۔

تے فیر سونہہ کیوں نئی چکنی چاہیدی؟ یسوع نے دسیا ہے پئی ایہہ "بُرے توں" یعنی ابلیس ولوں ہوندی ہے۔ شیطان چاہندا ہے پئی اسیں جھوٹھی سونہہ چُکئے کیوں جو اوہ ساڈیاں ہی گلاں نوں ساڈے خلاف استعمال کرنا چاہندا ہے تاں جو ساہنوں نقصان پہنچائے۔ ایسے طرح اوہنوں ساڈی زندگیاں وچ پیر جمان دی تھاں اتے ساڈے اُتے اروپ لان دی وجہ مل جائے۔ جے اسی اپنی کہی ہوئی گل دی طاقت نئیں جاندے تے فیر وی شیطان نوں موقع مل جاندا ہے کہ اوہ اہنوں جنج مرضی استعمال کرے۔

جے اسیں پہلوں ہی کسے دے نال گلاں گلاں وچ کوئی ایسی سونہہ چک لئی ہے، کوئی قسم کھا بیٹھے آں (جہدے وچ رسمی کم وی شامل نیں) جہدے سببوں اسیں اک بُری راہ تے چلن دے پابند ہو چکے آں یعنی اک ایسی راہ جہدے اُتے ساہنوں کدے وی نئیں چلنا چاہیدا یا جو ساڈے لئی خدا دی راہ نئیں تے فیر ساہنوں کیہہ کرنا چاہیدا ہے؟

احبار ۵: ۴۔ ۱۰ وچ بنی اسرائیل نوں ایہہ واضح تعلیم دتی گئی سی پئی جے کوئی بندہ "سوچے بنا سونہہ چُک لے" تے اوہنوں اپنی سونہہ تے قائم رہنا پوے تے فیر اوہنوں کیہہ کرنا چاہیدا ہے۔ ایس سونہہ توں آزاد ہون لئ اک طریقہ وی دسیا گیا سی۔ ایہو جئے بندے لئی ضروری ہے کہ اوہ کاہن دے کول خطا دے کفارے دی قربانی لیائے تے فیر اوہ اپنی بنا سوچے سمجھے چُکی گئی سونہہ توں چُھٹ جائے گا۔

خوشی دی خبر ایہہ ہے پئی صلیب دے سببوں اسیں وی اپنی ہر ایسی سونہہ، کودھرمی قسم اتے عہد توں آزاد ہو سکدے آں۔ ایہہ کیسی ودھیا گل ہے پئی بائبل وچ یسوع دے خون بارے ایہہ کہیا گیا ہے پئی اوہ "ہابل دے لہو نالوں چنگیاں گلاں کردا اے":

"سگوں تسی صیون دے پہاڑ۔۔۔ نویں عہد دے وچولے یسوع تے اوس چھڑکے ہوئے لہو دے کول آئے ہو جہیڑا ہابل دے لہو نالوں چنگیاں گلاں کردا اے" (عبرانیوں ۱۲: ۲۲۔ ۲۴)۔

ایس دا مطلب ہے پئی یسوع دا لہو ساڈے مونہہ وچوں نکلیاں ہوئیاں گلاں دے سببوں ساڈے اُتے آن والیاں سبھے لعنتاں نوں ختم کرن دی قدرت رکھدا ہے۔ خاص طور تے یسوع دے لہو دا عہد اوہناں ساریاں عہداں اُتے غالب آندا تے اوہناں نوں ختم کر دا ہے جنہاں نوں اسیں خوف یا موت دے ڈر توں بنھیا سی۔

رسمی کم: لہو نال بنھے ہوئے معاہدیاں توں آزادی

ہُن تیک اسی اوہناں گلاں دی طاقت اُتے بحث کر رئیے آں جو ساہنوں بنھن دی طاقت رکھدیاں نیں۔ عبرانی صحیفیاں دے مطابق دو تِراں دے وچکار لہو دے ذریعے عہد یا معاہدے بنھن دا رواج عام سی۔ ایس عمل وچ گلاں باتاں دے علاوہ اک رسمی کم وی شامل ہوندا سی۔

جدوں خدا نے پیدائش ۱۵ باب وچ ابرہام دے نال اپنا مشہور عہد بنھیا تے اوہدی شروعات اِک قربانی توں ہوئی سی۔ ابرہام نے کجھ مخصوص جانور لئے، اوہناں نوں ذبح کیتا اور اوہناں دے کٹے ہوئے اعضاواں نوں زمین دے رکھ دتا۔ فیر اِک بلدی ہوئی شمع جانوراں دے اوہناں حصیاں دے وچکاروں لنگھی جو خدا کی حضوری اتے اوہدی شراکت دی علامت سی۔ ایس رسم وچ لعنت دے عنصر نوں وی شامل کیتا گیا کہ "جیکر مَیں ایس عہد توں پھراں تے میرا حال وی ایہناں جانوراں ورگا ہووے" یعنی "مینوں وی مار کے اینج ای کٹ دتا جاوے"۔

ایس گل دا اظہار خدا دی اُس تنبیہ توں وی ہوندا ہے جو اوس نے یرمیاہ نبی دی معرفت بیان کیتی سی:

"مَیں اوہناں منکھاں نوں جنہاں میرے نیم نوں اولنگھیا اتے اوس نیم دیاں گلاں نوں قائم نہ رکھیا جہیڑا اوہناں میرے اگے بنھیا سی اوس وچھے وانگ کراں گا جنہوں اوہناں نے کٹ کے دو ٹوٹے کیتا اتے دوہاں ٹوٹیاں دے وچ دی لنگھ گئے۔ ارتھارتھ یہوداہ دے سرداراں نوں، یروشلیم دے سرداراں، کھسرے، جاجک اتے دیس دے سارے لوکاں نوں جہیڑے اوس وچھے دے ٹوٹیاں دے وچ دی لنگھ گئے۔ مَیں اوہناں نوں اوہناں دے ویریاں دے ہتھ وچ اتے اوہناں دی جان

لیویاں دے ہتھ وچ دیاں گا اتے اوہناں دیاں لوتھاں آکاش دیاں پنچھیاں اتے دھرتی دے درندیاں دا کھاجا ہون گئیاں" (یرمیاہ ۳۴: ۱۸۔ ۲۰)۔

مُڈھ دیاں رسماں جیویں جادو ٹونے دیاں رسماں وچ منکھ نوں قربانی دے لہو راہیں بنھیا جاندا ہے۔ ایہناں رسماں وچ موت تک قائم رہن دی سونہہ چُکی جاندی ہے اتے ایس عمل وچ اصلی لہو نئیں بلکہ جانوراں دا لہو علامتی طور تے شامل کیتا جاندا ہے: مثال دے طور تے، اپنی بربادی دیاں لعنتاں بولنا؛ مرن دی نشانی جیویں کوئی ڈوری گلے وچ لٹکائے پھرنا؛ یا رسماں دے دوران علامتی طور تے موت نوں گلے لانا جیویں تابوت دے وچ لیٹ جانا یا دِل اُتے خنجر دا علامتی نشان بنانا۔ (اگے چل کے اسیں دینِ اسلام دے حوالے نال وی ایہو جئی اِک رسم بارے تفصیل نال گل کراں گے۔)

لہو نال بنھے ہوئے معاہدے جنہاں وچ علامتی موت دیاں رسماں شامل ہون، شامل ہون والیاں تِراں یا اوہناں دی آل اولاد اُتے موت نوں جاری کرن دا سبب بن دے ہین۔ ایہہ روحانی طور تے اک نہایت خطرناک عمل ہے کیوں جو ایہہ رسماں روحانی ظلم دے بوہے کھولدیاں ہین۔ پہلوں ایہناں رسماں دی راہیں منکھ نوں معاہدے دی شرطاں وچ بنھیا جاندا ہے اور فیر اوہنوں ذرا جنی کوتاہی اُتے قتل یا ناگہاں موت لئی روحانی اجازت دتی جاندی ہے تاں جو معاہدے وچ قائم کیتیاں گئیاں لعنتاں نوں پورا کیتا جا سکے۔

ایک مسیحی عورت، جہدی برادری نے کئی نسلاں تک اسلامی حکومت دے تھلے زندگی گزاری سی، نوں ڈراؤنے خواب آن لگے جنہاں وچ اوہنوں اپنے مرے ہوئے رشتے دار نظر آندے سی جو اوہنوں اشاریاں نال مُردیاں دی دھرتی تے آن دی دعوت دیندے سی۔ اوہنوں کئی واری خودکشی دے خیال وی بے سبب ای ستاندے سن۔ جدوں میری اوس عورت نال گل بات ہوئی اور مَیں اوہدے واسطے دعا کرن لگا تے اوہنے مینوں دسیا پئی پچھلیاں کئی نسلاں تھوں اوہدے خاندان سے بہت سارے لوکاں نوں ایہو جئے ڈراؤنے سپنے آندے ہوندے سی اتے جنہاں دی وجہ توں اوہ بڑے ای پریشان وی رہندے ہوندے سن۔ ایتھوں مینوں اندازہ ہو گیا پئی کیوں جو ایہدے پیو دادے اسلامی راج دے تھلے رئیے نیں ایس لئی او ذمّی معاہدے دے لحاظ نال پہلاں ای اوہناں دے رحم و کرم تے سن اور موت دا ڈر سدا ای اوہناں دے سر اُتے منڈلاندا رہندا سی اتے ایہو خوف اگلی نسل نوں وی منتقل ہو گیا۔ ایہناں دے وچ اِک ہور وی خاص رسم پائی جاندی سی جہیڑے ایہناں دے پیو دادیاں نوں ہر حال وچ ہر سال ضرور پوری کرنا پیندی سی اتے جو ذمّی معاہدے دی شرطاں دے مطابق مسلماناں نوں محصول دین نال تعلق رکھدی سی۔ ایس رسم دا اک حصہ ایہہ وی سی پئی ایہناں دیاں دھوناں دے اک پاسے علامتی وار کیتا جاندا سی جو ایس گل دا نشان سی پئی جیکر اوہناں نے دینِ اسلام دی اطاعت دے معاہدے دی شرطاں توڑیا تے اوہناں نوں جہنم واصل کر دتا جائے گا۔ (اسیں چھیویں سبق وچ ایس رسم

بارے تفصیل نال گل کراں گے)۔ مَیں ایس عورت دے نال رل کے ایہدے خلاف دعا کیتی، موت دی تاثیر نوں ڈانٹیا اتے قتل دی ایس رسم نال جڑی ایسی لعنت نوں توڑیا۔ ایہناں دعاواں دے بعد ایس رسم دا زور ٹُٹ گیا اور اوس عورت نے اپنے ڈراؤنے خواباں اتے موت دیاں خیالاں توں رہائی پائی۔

کودھرمی عقیدے (جھوٹھ)

شیطان ساڈے خلاف جنے وی فریب استعمال کر دا ہے اوہناں وچوں سب توں وڈا فریب ساڈے ذہناں وچ اپنا جھوٹھ بھرنا ہے۔ جد اسیں ایہناں جھوٹھاں نوں مندے اتے اوہناں دا یقین کردے آں تے فیر اوہ ایہناں ای جھوٹھاں نوں ساڈے خلاف الزام تراشی کرن اتے ساہنوں ایہناں وچ پھسان تے ایہناں دے ذریعے ساہنوں دھوکھا دین لئی ورت دا ہے۔ ایہہ کدی نہ بھولو پئی شیطان ”جھوٹھا سگوں جھوٹھیاں دا پیو ہے“ (یوحنا ۸: ۴۴)۔ (جنوبی افریقہ دی اوس عورت دی کہانی وچ اک جھوٹھ ایہہ سی پئی تیری کوئی اوقات ای نئیں۔)

ہن جد کہ اسیں یسوع دی شگردی وچ اگاں نوں ودھ رئے آں تے ساہنوں ایہہ گل سکھنی چاہئیدی ہے پئی ایہناں جھوٹھاں دی پہچان کیویں کیتی جائے جنہاں نوں اسیں ایس توں پہلاں سچ مندے رئیے آں اور فیر ایہناں توں انکار کیویں کیتا جا سکدا ہے۔ ایہہ جھوٹ یا کودھرمی عقیدے مختلف طریقیاں نال ساڈیاں زندگیاں وچ داخل ہوندے ہین: گلیں باتیں، ساڈیاں سوچاں، خیالاں اتے عقیدیاں دی راہیں، اپنے آپ نال گلاں کرن دے ذریعے یعنی اوہناں گلاں دے راہیں جہیڑیاں اسی اپنے آپ نال کردے آں یا سوچدے آں جدوں کوئی ہور ساڈی گل نئیں سُن رئیا ہوندا۔ کودھرمی عقیدیاں دی مثالاں کجھ ایہہ ہین:

- ”مینوں کوئی پیار نئیں کردا“۔
- ”لوکی نئیں بدل سکدے“۔
- ”مینوں کوئی نئیں بچا سکدا“۔
- ”میری فطرت وچ ای کوئی خرابی اے“۔
- ”جے لوکاں نوں میری اصلیت پتہ چل گئی تے اوہ مینوں ٹھکرا دین گے“۔
- ”خدا مینوں کدے معاف نئیں کرے گا“۔

کجھ جھوٹھ ساڈے معاشرے اتے ساڈی ثقافت دا اٹوٹ حصہ بن چکے نیں جیویں کہ ”عورتاں ہوندیاں ای ماڑیاں نیں“، ”مرداں تے کدے اعتبار نئیں کیتا جا سکدا“۔

میرا تعلق اک انگریز (اینگلو سیکسن) برادری نال ہے اتے ساڈے معاشرے وچ اک جھوٹھ بہت عام سی پئی مرد نوں اپنے جذبیاں دا کدے اظہار نئیں کرنا چاہیدا۔ عام کہاوت ہے پئی "مرد نوں درد نئیں ہوندا"۔ لوک ایہنوں اینج وی کہندے نیں، "مرد وچ لچک نئیں ہوندی"۔ پر ایہہ گل سچ نئیں کیوں جو کئی واری مرد نوں وی درد ہوندا اے!

شگردی وچ اگے ودھن لئی ساہنوں ایہناں جھوٹھاں دا سامنا اتے مقابلہ کرن دا ہنر سیکھنا چاہیدا ہے جو ساڈے معاشرے دا حصہ بن چکے ہین اتے ساہنوں ایہناں دی تھاں اُتے اصل سچیائی دا پرچار وی کرنا چاہیدا ہے۔

یاد رکھو: سب تھوں وڈا جھوٹھ اوہ ہے جو سچ لگے۔ اکثر اینج وی ہوندا اے پئی کوئی غیر الہٰی عقیدہ اینج دا وی ہوندا ہے جس دی سچیائی نوں عقل تسلیم نئیں کردی پر اوہ ساڈے دِل نوں سچ معلوم ہوندا ہے۔

یسوع نے ساہنوں سکھایا سی پئی "جے تُسی میرے کلام وچ رہو گے تد تُسی سچ مچ میرے شاگرد بنو گے۔ تے تُسی سچیائی نوں جانو گے تے سچیائی تہانوں آزاد کرے گی" (یوحنا ۸ ۳۱۔ ۳۲)۔

ایہناں جھوٹھاں دی شناخت کرن وچ روح القدس وی ساڈی مدد کردا ہے خاص طور تے اوہناں جھوٹھاں نوں جہناں نوں اسیں اج تک سچ مندے آئے آں تاں جو اوہناں دا اقرار کر کے فیر اوہناں نوں چھڈ وی دئیے (۱۔ کرنتھیوں ۲: ۱۴۔ ۱۵)۔ جدوں اسی یسوع دی پیروی وچ چلدے ہوئے دنیا دے جھوٹھاں نوں ٹھکراندے ہوئے اگے ودھدے جانے آں تے ساڈی سوچ بحال اتے تبدیل ہوندی جاندی ہے۔ پولس رسول ساہنوں دسدے نیں پئی اسی کس طرح اپنی عقل نوں نواں بنا سکدے آں:

> "تے ایس جہان دی شکل ورگے نا بنو۔ سگوں نویں عقل ہون نال اپنی صورت بدل دے جاؤ تاں جو خدا دی نیک تے چنگی لگن والی تے کامل مرضی تجربے نال معلوم کر دے رہو" (رومیوں ۱۲: ۲)۔

بُری خبر ایہہ آ پئی جھوٹھ وی شیطان نوں ساڈی زندگیاں وچ پیر جمان دی تھاں دیندے نیں۔ چنگی خبر ایہہ آ پئی جھوٹھ دا سچیائی نال مقابلہ کردیاں ہوئیاں اسیں ایہناں تھانواں دا صفایہ کر سکدے ہاں۔ جدوں اسیں سچیائی دا امتیاز کرنا سکھ لیندے آں تے فیر ساڈے لئی ہر اوس جھوٹھ نوں تسلیم، مسترد اور ترک کرنا آسان ہو جاندا ہےجنہوں اسیں پہلوں ای سچ من چکے آں۔

ایس کتابچے دے وادھو ذرائع دے حصے وچ غیر الہٰی عقائد اتےجھوٹھاں دا اپنی زندگی چوں قلع قمع کرن دے حوالے نال اِک دعا وی پیش کیتی گئی ہے۔

نسلی گناہ اتے اوہناں دے باہجوں نازل ہون والیاں لعنتاں

اک ہور چال جنہوں شیطان ساڈے خلاف استعمال کر سکدا ہے ، نسلی گناہ ہے مطلب ساڈے پیو دادے دے گناہ۔ ایہناں دے سببوں وی ساڈے اُتے ایہہ لعنتاں نازل ہو کے ساڈا ناس کر سکدیاں ہین۔

اساں ضرور اپنی حیاتی وچ ایہو جئے کئی خاندان ویکھے ہون گے جنہاں دی نسل وچ کوئی مخصوص گناہ یا بُری عادت دوسری نسل منتقل ہوندی صاف نظر آندی ہے۔ ایس حوالے نال ایک عام کہاوت وی بہت مشہور ہے پئی ”پھل اپنے بوٹے توں کدی دُور نئیں ڈگدا“۔ خانداناں دے اندر روحانی میراث وی منتقل ہوندی ہے جو اوہناں دی اگلیاں پیڑیاں تے وی اثرانداز ہوندی ہے اتے شیطان لئ کئی طرح دے بوہے وی کھول سکدی ہے۔ روحانی ظلم کئی پیڑیاں نوں متاثر کر سکدا ہے جہدے وچ اک نسل اپنے توں اگلی نسل نوں وی اپنے پاپاں دے کارن لعنت دیاں بیڑیاں وچ جکڑ دیندی ہے اتے اوہدے نتیجے وچ نازل ہون والیاں لعنتاں وی اک توں دوجی نسل وچ منتقل ہوندیاں ہین۔

کجھ مسیحی لوک بین النسلی روحانی بندشاں دے نظرئیے نوں قبول کرن توں سرِ دست انکار کر دیندے ہین یا فیر اوہناں نوں غیر منطقی قرار دیندے ہین۔ ہورے اوہناں دا خیال ہے پئی ماپیاں دا بچیاں اُتے کوئی بھیڑا اثر نئیں پیندا۔ مثال دے طور تے، جیکر پیو جھوٹھ بولدا ہے تے اوہدے بچے لازماً اوہدی نقل کرن گے اور اوہ وی ٹکا ٹکا کے جھوٹھ بولن گے یا جے کوئی ماں اپنے بچیاں نوں بددعاواں دیندی ہے تو نتیجتاً اوہدے بچے ضرور ہی احساسِ کمتری دا شکار رہن گے۔ ایہہ اک پڑھی لکھی گل ہے۔ پر ایسے طرح اک روحانی میراث وی ہے جو ماپیاں ولوں اولاد وچ ضرور منتقل ہوندی ہے جو جسمانی عادتاں نالوں اک فرق گل ہے۔

بائبل دا اک پورا نظریۂ حیاتی نیماں، لعنتاں اتے برکتاں دے حوالے نال ایس نظرئیے دا حامی اے۔ بائبل دسدی ہے پئی خدا نے کس طرح اسرائیل دے نال اک بین النسل قبیلے دے طور تے عہد بنھیا سی اور ایسراں اوہناں نوں برکتاں اتے لعنتاں دے اک پورے نظام دا پابند بنایا جس دا اطلاق خود اوہناں اُتے نالے اوہناں دے بعد اوہناں دی نسلاں اُتے وی ہندا سی مطلب برکتاں ہزارویں پیڑھی تک جاندیاں سی اتے لعنتاں تیسری تے چوتھی پیڑھی تک (خروج ۲۰: ۵؛ ۳۴: ۷)۔

کیوں جو خدا نے لوکاں دے نال بین النسلی طور تے برتاؤ کیتا ہے ایس لئی ساڈے واسطے ایس گل نوں سمجھنا ذرا مشکل نئیں پئی شیطان وی نسلِ انسانی دے خلاف بین النسلی حقوق دا دعویٰ کردا پھردا ہے! یاد رکھو پئی شیطان ”الزام لان والا“ ہے جو ”رات دن خدا دے اگے اوہناں اُتے الزام لاندا سی“ (مکاشفہ ۱۲: ۱۰) مطلب ہر شے نوں او ساڈے برخلاف استعمال کردا ہے۔ اوہ ساڈے پیو دادیاں دے گناہواں دا اروپ وی ساڈے اُتے عائد کر دا ہے اتے کر دا رئیے گا۔ مثال دے طور تے، آدم اتے

حوا دے گناہ نال پیڑھی در پیڑھی چلن والے گناہ دا اک ایسا سلسلہ ٹُریا جنہیں اوہناں دی ساری نسل نوں اپنے قبضے وچ لیا ہویا ہے جنہاں وچ پیڑھ دے نال بچہ جننا (پیدائش ۳: ۱٦)؛ عورت اُتے مرد دی حکومت (پیدائش ۳: ۱٦)؛ اپنےمونہہ دے پسینے دی روٹی کھانا (پیدائش ۳: ۱۷۔ ۱۸) اور اخیر تے موت دے راہیں مٹی دے مٹی وچ مل جان (پیدائش ۳: ۱۹) دیاں لعنتاں شامل ہین۔ ایہہ ہے "ہنیرے دے دَور" دا نظام۔ شیطان ایہدے توں چنگی طرح واقف ہے اتے اوہ ایہنوں ساڈے خلاف استعمال کردا ہے۔

بائبل ایہناں گلاں وچ اک تبدیلی دی پیش گوئی کر دی ہے پئی اک وقت ایسا آوے گا جدوں خدا لوکاں کولوں اوہناں دے پیو دادے دے گناہواں دا حساب نئیں لے گا اور ہر انسان اپنے ہی کیتے دا بدلہ پائے گا:

> "تاں وی تسی آکھدے ہو پئی پتر پیو دی بدی کیوں نئیں چُکدا؟ جدوں پتر نے نیاؤں تے دھرم کیتا اتے میریاں ساریاں حکماں دی پالنا کیتی اتے اوہناں تے عمل کیتا تاں جو اوہ نسچے جیوندا رہے گا۔ جہیڑی جان پاپ کردی ہے اوہئی مرے گی۔ پتر پیو دی بدی نا چُکے گا نا پیو پتر دی بدی چکے گا۔ دھرمی دا دھرم اوہدے لئی ہووے گا اتے دوشتی دا دوشت اوہدے اُتے" (حزقی ایل ۱۸: ۱۹۔ ۲۰)۔

ایس لانگے نوں مسیح دے زمانے مطلب مسیح دی بادشاہی بارے پیشن گوئی سمجھنا چاہی دا ہے۔ ایہدا اشارہ شیطان دی عملداری وچ کم کرن والی "ایس ہنیری دُنیا" دے طریقۂ واردات وچ بنیادی تبدیلی پیدا ہون دی طرف بالکل نئیں بلکہ ایہہ اک مختلف جہان دے بارے وچ وعدہ ہے مطلب اوہ دُنیا جو خدا دے پیارے پتر دی بادشاہی دی آمد دے وسیلے اک نویں اسمان اتے اک نویں زمین دی شکل وچ معرضِ وجود چ آئے گی۔ ایہہ اک وعدہ ہے جس دا تعلق صرف ایس عہد نال نئیں جس دے تحت خدا ہر انسان دے نال اوس دے گناہواں دے مطابق برتاؤ کرے گا بلکہ ایس دا تعلق یسوع مسیح دی موت اتے قیامت دے وسیلے نال جاری ہون والی قدرت نال وی ہے جو شیطان دی اوس طاقت نوں چکنا چور کر دے گی جس دے ذریعے اوہ لوکاں نوں اوہناں دے ماپیاں اتے پیو دادیاں دے گناہواں وچ جکڑ کے اپنا اسیر تے غلام بناندا ہے۔

بھانویں ایہہ گل سچ ہے پئی پرانی شریعت مطلب "گناہ اتے موت دی شریعت" دا عہد گناہواں دے اک پیڑھی توں دوجی پیڑھی تک منتقل ہون دی گل کردی ہے پر مسیح نے پرانی شریعت نوں پورا کر کے ساڈے سامنھیوں ہٹا دتا ہے جس دے ذریعے شیطان لوکاں نوں اوہناں دے ماپیاں دے گناہواں وچ جکڑن دے حق دا دعویٰ کردا سی نالے اوہنوں اپنی صلیب دے وسیلے نال منسوخ کر دتا ہے۔ ایہہ ہے اوہ آزادی جس دا دعویٰ کرنا ہر مسیحی دا پورا پورا حق ہے۔

تے فیر اسیں نسلی لعنتاں تھوں اپنی رہائی دا دعویٰ کیویں کر سکدے آں؟ ایس دا جواب بائبل وچ موجود ہے۔ توریت بیان کردی ہے کہ پئی اگلیاں پیڑھیاں جیکر اپنے پیو دادیاں دے گناہواں دے اثر توں رہائی پانا چاہندیاں ہین تے اوہناں نوں چاہیدا ہے پئی اوہ ''اپنی اتے اپنے پیو دادیاں دی بدکاری دا اقرار کرن'' (احبار ۲۶: ۴۰)۔ خدا کہندا ہے پئی فیر مَیں وی ''اوہناں دی خاطر اوہناں دے پیو دادیاں دے عہد نوں یاد کراں گا'' تاں جو اوہناں نوں اتے اوہناں دے دیس نوں شفا دیاں (احبار ۲۶: ۴۵)۔

اسیں وی ایسے طریقے نوں ورت سکدے ہاں۔ ساہنوں بس ایہہ کرنا ہے پئی:

- اپنے اتےاپنے پیو دادیاں دے گناہواں دا اقرار کرئیے،
- ایہناں گناہواں نوں رد اتے ترک کرئیے تے فیر
- ایہناں گناہواں توں پیدا ہون والیاں سب لعنتاں نوں توڑئیے۔

مسیح دی صلیب دی راہیں ساہنوں ایہہ اختیار ملیا ہے۔ صلیب دے وچ ساہنوں ہر طرح دی لعنت توں چھٹکارا دواؤن دی قدرت پائی جاندی ہے: ''مسیح ساڈے لئی لعنتی بن کے تے سانوں مُل لے کے شریعت دی لعنت توں چھڈایا۔۔۔'' (گلتیوں ۳: ۱۳)۔

ایس کتابچے دے اخیر تے وادھو ذرائع دے حصے وچ نسلی گناہ توں رہائی لئی اک خاص دعا پیش کیتی گئی ہے۔

⁂

اگلے حصیاں وچ اسی اوس اختیار اُتے گل کراں گے جو ساہنوں مسیح وچ حاصل ہے اتے اسی ایہہ وی سکھاں گے پئی اسیں اوس اختیار دا اپنے مخصوص حالات اُتے کیویں اطلاق کر سکدے آں۔ فیر اسیں ابلیس دے فریباں اُتے غالب آن دے پنج اقدامات بارے وی گل کراں گے۔

ساڈا شاہی اختیار

مسیح نے خود اپنے شاگرداں نوں ایہہ سکھایا سی پئی تہانوں آسمان اتے زمین دے ماملیاں نوں ''بند کرن'' اتے ''کھولن'' دا اختیار دتا گیا ہے جس دا مطلب ہے پئی روحانی اتے جسمانی دونوں جہاناں دے ماملے ایمانداراں دے اختیار وچ آندے ہین:

> ''مَیں تہانوں سچ آکھنا آں پئی جو کجھ تُسی زمین اُتے بنھو گے سو اسمان وچ بدھا جائے گا۔ تاں جو کجھ تُسی زمین اُسے کھولو گے سو اسمان وچ کھولیا جائے گا'' (متی ۱۸: ۱۸؛ ہور ویکھو ۱۶: ۱۹)۔

حقیقت وچ، شیطان اُتے ساڈے اختیار دے وعدے دا اعلان بائبل دے شروع وچ مطلب پیدائش ۳: ۱۵ وچ ہی ہو گیا سی جتھے خدا نے سپ نوں ایہہ کہیا سی پئی جہیڑا نجات دہندہ عورت دی نسل وچوں آئے گا اوہی "تیری سری نوں پھیوے گا"۔ ایس گل دا ذکر پولس رسول نے بھی کیتا سی: "تسلی دا خدا چھیتی تہاڈے پیراں ہیٹھ شیطان نوں لتاڑے گا" (رومیوں ١٦: ٢٠)۔

جدوں یسوع نے اپنے شاگرداں نوں منادی لئ گھلیا سی، پہلاں بارہ نوں اتے فیر بہتر نوں، تے اوہناں سبھناں نوں اوہنے ایہہ اختیار دتا سی پئی جا کے لوکاں نوں بدروحاں توں آزاد کراؤ (لوقا ۹: ۱)۔ بعدوں، فیر جدوں شاگرد واپس آئے تے اوہناں نے اپنے اختیار بارے بڑے حیران ہو کے دسیا پئی "اے خداوند تیرے ناں اُتے بدروحاں وی ساڈے وس وچ نیں۔ تد اوس اوہناں نوں آکھیا پئی مَیں شیطان نوں بجلی وانگوں اسمانوں ڈگیا ویکھیا" (لوقا ۱۰ ۱۷۔ ۱۸)۔

ایہہ مسیحیاں واسطے بڑی تسلی سے حوصلے والی گل ہے پئی ساڈے کول شیطان دیاں ساریاں چالاں اُتے غالب آن اتے اوہناں نوں تباہ کرن دا وی اختیار ہے۔ ایس دا مطب ہے پئی ایمانداراں کول ایہہ اختیار ہے پئی اوہ ہر طرح دے غیر الٰہی معاہدیاں اتے وعدیاں نوں توڑن اتے منسوخ کرن کیوں جو مسیح دے خون دا عہد برائی دے ارادیاں نال قائم کیتے گئے ہر معاہدے نوں ختم کرن دی قدرت رکھدا ہے۔ ایہہ اک ایسا وعدہ ہے جس دا ذکر زکریاہ دی کتاب وچ وی مسیح بارے کیتیاں گئیاں پیشن گوئیاں وچ موجود ہے:

> "اتے تیری بابت ایہہ گل ہے پئی تیرے عہد دے خون دے سببوں مَیں تیرے اسیراں نوں انھے کھو وچوں کڈھ لیایا" (زکریاہ ۹: ۱۱)۔

مخصوصیت دا اصول

آزادی دی تلاش کردیاں ہوئیاں لازمی ہے پئی اسیں چند ایسے مخصوص اقدامات کرئیے جو غیر الٰہی طور تے کھلے بوہیاں اتے پیر جمان دیاں تھانواں دے برخلاف کام کرن۔ پرانے عہد نامے وچ ایہہ حکم دتا گیا سی پئی بُتاں اتے اوہناں دی پوجا پاٹ دے سارے تھانواں نوں پورے پورے ڈھا دتا جائے۔ بُتاں دی روحانی ملکیت اُتے قبضہ جمان دا اک نمونہ استثنا ۱۲: ۱۔ ۳ وچ پیش کیتا گیا ہے جس وچ خدا نے اپنے لوکاں نوں ایہہ حکم دتا سی پئی ہر طرح دیاں اُچیاں تھانواں (پوجا پاٹ دیاں تھانواں)، جادوگری دیاں تھانواں، جادوگری دیاں چیزاں اتے مذہبیاں دیاں یسیرتاں سمیت ڈھا دتا جائے۔

چنگی اتے بھلی گل ایہو ہے پئی اسیں اپنے گناہواں دے مخصوص ناں لے کے خداوند دے حضور اوہناں دا اقرار کرئیے۔ ایسے طرح جدوں اسیں اپنی روحانی آزادی دا دعویٰ کردے آں تے اوس ویلے وی ساہنوں مخصوص لفظاں دا ورتاوا کرنا چاہیدا ہے۔

تاں فیر خدا دی سچیائی دا نور ساڈی حیاتی دے ہر اس تاریک گوشے وچ چمکے گا جتھے ساہنوں معاف حاصل کرن دی لوڑ ہووے گی۔ جہیڑی جہیڑی تھاں اُتے اسی غیر الہٰی معاہدیاں وچ داخل ہوئے اوہناں اوہناں تھانواں نوں نام بنام، پوری شرطاں اتے نتیجیاں سمیت خداوند دی حضوری وچ پیش کرنا ضروری ہے۔ اس لئی ساہنوں صحیح صحیح ناں لین دی لوڑ ہووے گی۔ عام طور تے ضروری ہوندا ہے پئی اسیں شیطان دے ہر اوس حربے دا ناں لے لے کے اوس دی طاقت دے اثر نوں ختم کر دے جائیے جنہوں اوہ ساڈے خلاف استعمال کردا ہے۔

مخصوصیت دے اصول دا اطلاق اوس ویلے ہوندا ہے جد اسیں اپنے آپ نوں اوہناں غیر الہٰی وعدویاں توں آزاد کران دا انتخاب کر دے آں جو اسیں زبانی کلامی یا عملی طور تے کیتے ہوئے سی۔ مثال دے طور تے، ایک ایسا بندہ جنے آپ نوں لہو دی قربانی دے ذریعے خاموشی دی سونہہ دا پابند بنا رکھیا ہے، اوہنوں چاہیدا ہے پئی سب توں پہلوں اوہ توبہ کرے اور ایسی کسے وی رسم یا شرع وچ شراکت توں انکار کردیاں ہوئیاں اپنی ایس سونہہ نوں توڑ دیوے۔ ایسے طرح جے کوئی منکھ نامعافی دے روئیے توں چھٹکارا حاصل کرن دی کوشش کر رئیا ہے مطلب اوہ بندہ جنے آکھیا سی ”مَیں اپنے جیوندیاں جیوندیاں فلاں بندے نوں کدے معاف نئیں کراں گا“، اوہ اپنی ایس سونہہ توں توبہ کرے، اپنی ایس گل نوں ترک کرے اتے خدا توں معافی منگے۔ جنسی زیادتی دا شکار ہون والا بندہ جنے اپنے نقصان یا موت دے خطرے دی وجہ توں خموش رہن دی سونہہ چُکی ہے، اوہنوں وی ایہو چاہیدا ہے پئی اپنے ایس ظلم توں آزادی حاصل کرن لئی اپنی خموشی دی قسم نوں توڑے۔ مثال دے طور تے، ”مَیں اپنی خموشی نوں چھڈدا آں اتے اپنے نال ہون والی زیادتی دا کھلم کھلا اعلان اتے اقرار کردا آں“۔

اک بی بی جہدا ناں سوزین سی، اوہدے کنے ہی پیارے اگر پچھڑ مر گئے جیویں کہ اوہدا پیو، اوہدی ماں اتے اوہدا شوہر وغیرہ۔ اوہدے دِل وچ ایہہ ڈر بہہ گیا پئی جے اوہ کسے ہور نال پیار کرے گی تے اوہ وی اوہدے کولوں کھُس جائے گا۔ ایہہ سوچ کے اوہنے اپنے آپ ای ایہہ سونہہ چُک لئی پئی ”مَیں ہن دوبارہ کسے نام پیار نئیں کراں گی“۔ ایہدے بعد اوہدی زندگی کَوڑ اتے دوجیاں بارے نفرت نال بھر گئی۔ جہیڑا اوہدے کول آؤندا اوہنوں وڈھ وڈھ کھاندی، گالاں کڈھ دی اتے برا بھلا آکھدی۔ پر جدوں اوہ اسی ورھے دی عمر نوں پہنچی تے اوہنے یسوع نوں قبول کیتا اتے اک چرچ جان لگی۔ اوتھوں اوہنوں اک اُمید مل گئی تے فیر جا کے اوہنے اپنی پنجاہ سالہ سونہہ نوں توڑ کے یسوع نال پیار پایا۔ اپنے ایس خوف توں رہائی پا کے اوہنے فیر کلیسیا دیاں دوجیاں عورتاں نال وی میل ملاپ اتے پیار محبت ودھانا شروع کیتا۔ اوہدی زندگی بدل گئی کیونکہ جو اوہدے اُتوں شیطان دا زور ٹُٹ گیا سی۔

آزادی دے پنج اقدام

شیطان ساڈے خلاف جو حربے استعمال کردا ہے اوہناں دا مقابلہ کرن اتے اوہناں نوں تباہ کرن دے لئی ہیٹھاں پنج کم نمونے دے طور دے پیش کیتے گئے نیں:

۱۔ اقرار اتے توبہ کرو

پہلا قدم ایہہ ہے پئی اپنے ہر گناہ دا اقرار کرو اتے ایس معاملے بارے خدا کی سچیائی دا کھلم کھلا اعلان کرو۔ مثال دے طور تے، جے کر تسی پہلوں کسے غیر الہٰی عقیدے دے پیروکار رئے او تے فیر تہانوں اپنے اوس گناہ دا اقرار کرن دی لوڑ ہے۔ خدا نوں آکھو پئی اوہ تہاڈا ایہہ گناہ معاف کرے اور فیر اوس گناہ توں توبہ کرو۔ تسی ایس صورتحال بارے الہٰی سچیائی دا اعلان وی کر سکدے او۔

۲۔ تعلق ختم کرو

اگلا قدم ہے تعلق ختم کرنا۔ ایس دا مطلب ہے پئی دُنیا دے سامنے ایس گل ادا اعلان کرنا پئی اج توں مَیں ایسی کسے شے نال کوئی واسطہ نا رکھاں گا، نہ اوہدے اُتے ایمان لیاواں گا اور نہ ہی اوہدی ترقی لئی کوئی کم کراں گا۔ مثال دے طور تے، جے تُسی کسی غیر الہٰی رسم دے وچ شریک رئیے ہو پر ہُن اوس رسم نالوں اپنا تعلق ختم کر رئے ہو تے تہانوں اپنے سارے پچھلے راہ و رسم اتے عہد و پیمان دا انکار کر دیاں ہوئیاں اوہدے نال جُڑے ہوئے سارے تعلقات توں وی مکمل طور تے دستبردار ہونا پئے گا۔ جیویں پہلوں دسیا جا چکیا ہے پئی ایسے موقعے تے صحیح ناں لے لے کے ہر ایسی چیز نالوں اپنے تعلق نوں ختم کرن دی لوڑ ہے۔

۳۔ بیڑیاں نوں توڑنا

ایہہ قدم چُکن ویلے اپنے اختیار نوں بروئے کار لیاندے ہوئے روحانی عالم وچ موجود ہر ابلیسی قوت، تاثیر اتے اوہدے اثر نوں توڑ دیو۔ مثال دے طور تے، جے ایس معاملے وچ کسے قسم دی کوئی لعنت شامل ہے تے فیر اعلانیہ طور تے آکھو، ”مَیں ایس لعنت نوں توڑ دا ہاں“۔ یسوع ے چیلیاں نوں ایہہ اختیار دتا گیا ہے پئی یسوع دے ناں وچ ”ویری دی ساری طاقت نوں لتاڑو“ (لوقا ۱۰: ۱۹)۔ ناں لے لے ایہناں سب بیڑیاں نوں توڑ دیو۔

۴۔ باہر کڈو۔

جدوں بدروحاں فائدہ چُک کے تہاڈی زندگی وچ موجود پیر رکھن دیاں تھاںواں یا کھلا دروازہ ویکھ کے اندر وڑھ آندیاں ہین تاں جو اوس بندے دا جینا حرام کر دین تے اک واری سارے کھلے بوہیاں نوں بند کرن اتے پیر جمان دیاں ساریاں تھانواں نوں

ہٹان، اقرار کرن، تعلق ختم کرن اتے بیڑیاں نوں توڑن توں بعد بدروحاں نوں اپنی زندگی وچوں نکل جان دا حکم دیو۔

۵۔ برکت دیو تے معموری منگو

آخری قدم ایہہ ہے پئی اوس بندے واسطے دعا کرو اتے اوہدے لئی خدا توں برکت تے معموری منگو تاں جو خدا اوہنوں ہر طرح دی ودھیا برکت نال مالامال کرے جس وچ مصیبت دے بدلے آرام دیاں برکتاں وی شامل ہون۔ مثال دے طور تے، جے اوہ منکھ موت دے ڈر نال دوچار ہے تے اوہدی حیاتی لئی عمر دی درازی اتے دلیری دی برکت منگو۔

ایہناں پنجاں قدماں اُتے عمل کر کے ہر طرح دی اسیری توں رہائی حاصل کرن دا چارہ کیتا جا سکدا ہے پر ایتھے ساڈی ساری گل دا خاص مقصد صرف دینِ اسلام توں آزادی ہے۔ ہن اگلے سبقاں وچ اسیں سکھاں گے پئی اسلام دیاں بندشاں توں لوکاں نوں آزاد کران لئی اسیں ایہناں پنجاں قدماں دا عملی اطلاق کیویں کر سکدے ہاں۔

رہنمائے مطالعہ

دوجا سبق

نویں لفظ

ترک کرنا	کھلے بوہے	خود نال گلاں
آزادی	پیر دھرن دی تھاں	سچیائی نوں جانو
مسیح	ٹاپوز	رُوح دے پھٹ
شیطان	قانونی حقوق	نسلی گناہ
خدا دی بادشاہی	معافی دی صلیب	روحانی میراث
ایہہ تاریک دَور	سونہہ	بین النسلی
رومی فتح	خونی معاہدہ	مخصوصیت دا اصول
پیر جمان دی تھاں	جزیہ	

نویں ناں

- ریورنڈ جے ایل ہولڈن: ٹرینٹی کالج آکسفورڈ دے اک پروفیسر (پیدائش ۱۹۲۹ء)
- ریورنڈ جے ایچ برنارڈ: آئرش اینگلیکن بشپ (۱۸۶۰ ء توں ۱۹۲۷ء)
- ڈی اے کارسن: نویں عہد نامے دے پروفیسر (پیدائش ۱۹۴۶ء)

سبق وچوں بائبل دے حوالہ جات

رومیوں ۸: ۲۱	مرقس ۱۱: ۲۵۔ ۲۶
یسعیاہ ۶۱: ۱۔ ۲	متی ۶: ۱۴۔ ۱۵
لوقا ۴: ۱۸۔ ۲۱	۲۔ کرنتھیوں ۲: ۱۰۔۱۱
یوحنا ۱۰: ۱۰؛ ۸: ۴۴	افسیوں ۴: ۳۲
کلسیوں ۱: ۱۳	متی ۱۲: ۳۶: ۳۷
یوحنا ۱۲: ۳۱	لوقا ۶: ۲۷۔ ۲۸

۲۔ کرنتھیوں ۴: ۴
افسیوں ۲: ۲
۱۔ یوحنا ۵: ۱۹
افسیوں ۶: ۱۲
فلپیوں ۲: ۱۵
اعمال ۲۶: ۱۸
کلسیوں ۱: ۱۲۔ ۱۳
مرقس ۱: ۱۵
لوقا ۱۰: ۱۸
کلسیوں ۲: ۱۳۔ ۱۵
افسیوں ۶: ۱۸
۱۔ پطرس ۵: ۸
مکاشفہ ۱۲: ۱۰
زبور ۱۰۹: ۶۔ ۷
زکریاہ ۳: ۱۔ ۳
ایوب ۱: ۹۔ ۱۱
۲۔ کرنتھیوں ۲: ۱۱
افسیوں ۴: ۲۶۔ ۲۷
یوحنا ۱۴: ۳۰۔ ۳۱؛ ۵: ۱۹
۱۔ یوحنا ۱: ۷
رومیوں ۵: ۹؛ ۴:

متی ۵: ۳۴، ۳۷
احبار ۵: ۴۔ ۱۰
عبرانیوں ۱۲: ۲۲۔ ۲۴
پیدائش ۱۵
یرمیاہ ۳۴: ۱۸۔ ۲۰
یوحنا ۸: ۳۱۔ ۳۲
۱۔ کرنتھیوں ۲: ۱۴۔ ۱۵
رومیوں ۱۲: ۲
خروج ۲۰: ۵؛ ۳۴: ۷
مکاشفہ ۱۲: ۱۰
پیدائش ۳: ۱۶۔ ۱۹
حزقی ایل ۱۸: ۱۹۔ ۲۰
احبار ۲۶: ۴۰، ۴۵
گلتیوں ۳: ۱۳
متی ۱۸: ۱۸
متی ۱۶: ۱۹
پیدائش ۳: ۱۵
رومیوں ۱۶: ۲۰
لوقا ۱۰: ۱۷۔ ۱۸
زکریاہ ۹: ۱۱
استثنا ۱۲: ۱۔ ۳

دوجے سبق دے سوال

- مطالعاتی مقدمے تے بحث کرو۔

۱. جدوں رضا نے ترکِ اسلام دے حوالے نال دعا کرن دی کوشش کیتی تے اوہ کیہہ ویکھ کے حیران رہ گیا؟

۲. پر فیر کسے نہ کسے طرح دعا کر لین توں بعد رضا دی زندگی وچ کیہہ تبدیلی رونما ہوئی؟

یسوع تعلیم دینا شروع کردا ہے

۳. ہر مسیحی دا پیدائش حق کیہہ ہے؟

۴. یسوع نے کھلے عام تعلیم دین دی شروعات کتھوں کیتی سی؟

۵. اوہ کہیڑا وعدہ سی جس بارے اوہنے آکھیا سی پئی مَیں اوہنوں پورا کرن آیا آں؟

۶. یسوع نے لوکاں نوں کہیڑی کہیڑی چیزاں توں آزاد کیتا سی؟

چناؤ دا ویلا

۷. اک قیدی دی جیل دا دروازہ جندرے بغیر کھلا چھڈ دتا جاندا ہے۔ ایس صورتحال وچ، جے اوہ قیدی اپنی آزادی توں لطف اندوز ہونا چاہندا ہے تے اوہنوں کیہہ کرنا چاہیدا ہے؟ ایہہ گل ساہنوں روحانی آزادی بارے کیہہ سکھاؤندی ہے؟

شیطان تے اوہدی بادشاہی

۸. شیطان دے کجھ ناں دسو اتے اسیں اوہناں توں کیہہ سکھنے آں؟

۹. یوحنا ۱۲: ۳۱ اتے اوہدے نال پیش کیتیاں گئیاں دوجیاں آیتاں دی بنیاد تے دسو پئی ڈُوری صاحب دے مطابق اوہ کہیڑی چیز ہے جو شیطان دے اختیار وچ تے ہے پر محدود شکل وچ؟

۱۰. ڈُوری صاحب نے ساہنوں دینِ اسلام دے بارے کیہہ کیہہ سکھایا اے؟

وڈی منتقلی

۱۱. کلسیوں ۱: ۱۲- ۱۳ اتے جے ایل ہولڈن صاحب دے مطابق، انسانی فطرت کس قوت دے قبضے وچ اے؟

۱۲. اعمال ۲۶: ۱۸ دے مطابق، اوہ کہیڑیاں قوتاں ہین جنہاں توں لوکاں نوں آزاد کیتا جاندا، چھڈایا اتے منتقل کیتا جاندا اے؟

۱۳. پولس رسول دے مطابق، جد خدا ساہنوں بچاندا اے تے فیر ساڈے نال کیہہ ہوندا اے؟

۱۴. وہ کہیڑی گل سی جس لئی پولس کلسیوں دے ایمانداراں نوں شکرگزاری کرن دی تاکید کردا اے؟

۱۵. اپنی مکمل وفاداری نوں یسوع مسیح اُتے منتقل کرن دے پانچ پاسے کہیڑے کہیڑے ہین؟

جنگ

۱۶. مرقس ۱: ۵ اتے پیش کردہ دوجیاں آیتاں دی بنیاد تے دسو پئی مسیحی لوک اپنے آپ نوں کس قسم دی جنگ وچ شریک ویکھدے ہین؟

۱۷. روزمرہ دی کلیسیائی سرگرمیاں وچ برائی دی طاقتاں دی شراکت داری دی چتاونی بارے ڈُوری صاحب نے کہیڑے کہیڑے الفاظ استعمال کیتے نیں؟

۱۸. پولس رسول دے مطابق، اس جنگ دی اوہ کہیڑی گل ہے جو مسیحی ایمانداراں واسطے یقینی ہے؟

۱۹. پولس رسول کس طرح رومی فتح دی مثال نوں استعمال کر دیاں ہوئیاں صلیب دی فتح دا منظر پیش کردے ہین؟

الزام لان والا

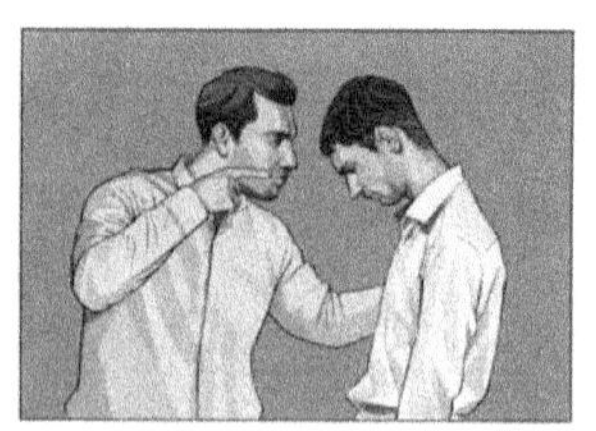

۲۰. عبرانی لفظ شیطان دا کیہہ مطلب ہے؟

۲۱. شیطانی سرگرمیاں دے حوالے نال گل کر دے ہوئیاں پطرس اتے پولس دونویں رسولاں نیں مسیحیاں نوں کس گل توں خبردار رہین دی تلقین کیتی ہے؟

۲۲. شیطان ساڈے اُتے کہیڑے کہیڑے الزام لاندا ہے؟

۲۳. ڈُوری صاحب دے مطابق وہ کہیڑے کہیڑے چھ حربے ہین جنہاں نوں شیطان ساڈے اُتے الزام تراشی کرن لئی استعمال کردا ہے؟

۲۴. روحانی آزادی دی تلاش دا کلیدی قدم کیہہ ہے؟

کھلے بوہے اتے پیر جمان دیاں تھانواں

۲۵. ڈُوری صاحب دے مطابق ہیٹھاں دتیاں گئیاں اصطلاحاں دی تعریف دسو:

- کھلا دروازہ
- پیر جمان دی تھاں

۲۶. جے اسیں اپنے گناہ دا اقرار کر کے اوہنوں ترک کرن توں انکار کر دینے آں تے فیر اسیں کہیڑی کہیڑی شے نوں شیطان دے سپرد کرنے آں؟

۲۷. یسوع نے کہیا پئی ”میرے وچ اوہدا کجھ نئیں“ توں کیہہ مُراد ہے؟

۲۸. یسوع دی زندگی وچ شیطان نوں دعویٰ دائر کرن لئی کوئی شے کیوں نہ مل سکی؟

۲۹. ایہہ گل اینی اہمیت کیوں رکھدی ہے پئی یسوع اک بے گناہ انسان دی موت مویا سی؟

گناہ

۳۰. ساہنوں کھلے بوہیاں اتے پیر دھرن دی تھانواں دے نال کیہہ کرن دی لوڑ ہے؟

۳۱. اسیں اپنی زندگی وچ گناہ دے کھلے بوہے کیویں بند کر سکدے آں؟

نامعافی

۳۲. یسوع دے مطابق، معافی حاصل کرن دی کیہہ شرط ہے؟

۳۳. ساڈی نامعافی دے سببوں شیطان کس طرح اپنا داء ساڈے اُتے چلان وچ کامیاب ہو جاندا ہے؟

۳۴. معافی دے تِن پاسے کہیڑے ہین؟

۳۵. جے اسی معاف کردے آں تے کیہہ ایہدا مطلب ایہہ وی ہے پئی اسیں ایس معاملے نوں بھُل جائیے؟

روح دے پھٹ

۳۶. شیطان روح دے زخماں نوں کس طرح ساڈے خلاف استعمال کردا ہے؟

۳۷. جنوبی افریقہ توں تعلق رکھن والی عورت نے کہیڑی چیز توں شفا پائی اتے اوہنوں اپنی زندگی وچوں کہیڑی شے نوں ختم کرن دی لوڑ پئی؟

۳۸. جے روح دا پھٹ شیطان دے پیر دھرن دی تھاں بن جائے تے فیر ساہنوں کہیڑے پنج اقدام کرن دی لوڑ ہوندی ہے؟

گلاں باتاں

۳۹. متی ۱۲باب دے مطابق، تہانوں قیامت دے دِن عدالت وچ کھلو کے کہیڑی گل دا حساب دینا پئے گا؟

۴۰. شیطان کیوں چاہندا ہے پئی اسیں سونہہ چُکئے؟

۴۱. ساڈے بولے گئے لفظاں دی تباہ کن طاقت نوں منسوخ کرن دی قدرت کدے وچ پائی جاندی ہے؟

رسمی افعال: خونی معاہدیاں توں آزادی

۴۲. پیدائش ۱۵ باب وچ ابرہام نے خدا دے نال لہو دا عہد بدھا سی۔ تُسی اوہدے توں کیہہ مُراد لیندے ہو؟ (ہور ویکھو یرمیاہ ۳۴: ۱۸۔ ۲۰)۔

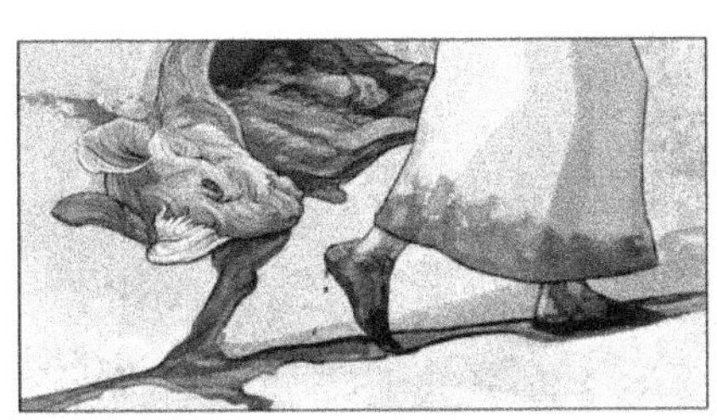

۴۳. خونی معاہدے خطرناک کیوں ہوندے نیں؟

۴۴. دینِ اسلام دے تسلط وچ رہن والے مسیحی جد مسلماناں نوں سالانہ جزیہ دین جاندے ہین تے اوہناں دیاں دھوناں اُتے علامتی وار کرن توں کیہہ ظاہر کیتا جاندا ہے؟

غیر الٰہی عقیدے (جھوٹھ)

۴۵. ساہنوں نقصان پہنچان لئی شیطان جنہاں وڈیاں چالاں نوں استعمال کردا ہے اوہناں وچوں کسے اک دے بارے دسو۔

۴۶. ڈُوری صاحب دے مطابق اوہ کہیڑی چیز ہے جو مسیح دے پکے شاگرد بنن لئی ساہنوں ضرور عمل وچ لیاؤنی چاہیدی ہے؟

۴۷. ڈُوری صاحب دے مطابق اوہ کہیڑا جھوٹھ ہے جو ساڈے معاشرے دا حصہ بن چکیا ہے؟

۴۸. ڈُوری صاحب دے مطابق ”کامل ترین گناہ“ کہیڑا ہے؟

۴۹. اوہ کہیڑے اعمال اتے کس قسم دا ”مقابلہ“ ہے جس دے ذریعے اسیں شیطان دے جھوٹھاں دا دروازہ اپنی زندگی وچوں بند کر سکدے آں؟

نسلی گناہ اتے اوہناں دے نتیجے وچ نازل ہون والیاں لعنتاں

۵۰. ڈُوری صاحب دے نظرئے مطابق وہ کہیڑی چیز ہے جو اک توں دوجی پیڑھی نوں منتقل ہو سکدی ہے، کیہہ نریاں موروثی خصوصیات ای بچیاں وچ منتقل ہوندیاں ہین؟

۵۱. ڈُوری صاحب دی دلیل کے مطابق وہ کہیڑی چیز ہے جو روحانی ظلم دی وضاحت دا پورا احاطہ نئیں کر سکدی پر کجھ مخصوص لوکاں نوں ایہدا سامنا ضرور کرنا پے سکدا ہے؟

۵۲. خدا نے بنی اسرائیل دے نال اک عہد بنھن دے راہیں اوہناں نوں کس نظام دا پابند بنایا سی؟ (ویکھو خروج ۲۰: ۵؛ ۳۴: ۷)

۵۳. بین النسلی وراثت کی اک مثال دے طور تے آدم اور حوا دے گناہ توں کہیڑی کہیڑی لعنت دی شروعات ہوئی سی؟ (ویکھو مکاشفہ ۱۲ ۱۰؛ پیدائش ۳: ۱۶۔ ۱۹)

۵۴. حزقی ایل ۱۸ باب وچ لکھیا ہے پئی پتر اپنے پیو دے پاپاں دی سزا نئیں پاوے گا، ایس بیان اُتے ڈُوری صاحب نے کیہہ جواب پیش کیتا ہے؟

۵۵. نسلی گناہ دے اثرات دا خاتمہ کرن لئی کہیڑے تِن اقدام بروئے کار لیائے جا سکدے نیں؟

⁂

ساڈا شاہی اختیار

۵۶. پیدائش ۳: ۱۵ وچ نسلِ انسانی دے نال کس اختیار دا وعدہ کیتا گیا سی جو متی ۱۸: ۱۸؛ ۱۶: ۱۹ دے مطابق یسوع نے وی اپنے حواریاں نوں سونپیا سی تاں جو زکریاہ ۹: ۱۱ دی نبوت پوری ہو جائے؟

مخصوصیت دا اصول

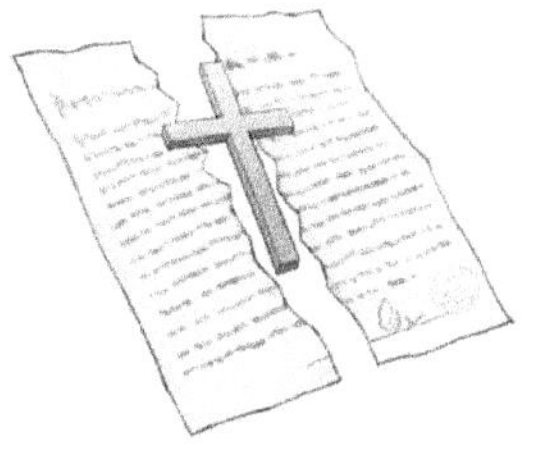

۵۷. پرانے عہد نامے وچ بُتاں دے حوالے نال جو تعلیمات پیش کیتیاں گئیاں نیں اوہ آج دے روحانی مورچیاں دے بارے کس طرح اک عملی نمونہ پیش کردیاں ہین؟ (ویکھو استثنا ۱۲: ۱۔ ۳)

۵۸. اوہ کہیڑی چیز ہے جس وچ ابلیس دے نال ساڈے بدھے ہوئے معاہدیاں نوں توڑن اتے منسوخ کرن دی قدرت پائی جاندی ہے؟

۵۹. ڈُوری صاحب دے مطابق، کھلے بوہیاں نوں بند کرن اتے پیر رکھن دی تھانواں نوں زندگی وچوں ہٹان لئی ساہنوں کہیڑے کہیڑے عملی اقدام کرن دی لوڑ ہے؟

٦٠. سوزین نے من ای من وچ کہیڑی سونہہ چُکی ہوئی سی؟ اوہنوں ایس سونہہ دے کہیڑے نتائج بھگتنے پئے؟ اوہنے ایس سونہہ توں کیویں رہائی پائی؟

آزادی دے پنج اقدام

٦١. آزادی دے پنج اقدام کہیڑے کہیڑے ہین؟ کیا تسیں اوہناں نوں اپنے ذہن نشین کر سکدے ہو؟

٦٢. اپنی آزادی دا دعویٰ دائر کرن لئی ساہنوں کہیڑا اقرار تے اعلان کرن دی لوڑ ہے؟

٦٣. ڈُوری صاحب دے مطابق، اک واری آزادی حاصل کر لینے والے منکھ نوں ساہنوں کہیڑی برکت دی دعا دینی چاہیدی ہے؟

۳

اسلام دی سمجھ

''تُسی سچیائی نوں جانو گے تے سچیائی تہانوں آزاد کرے گی''۔
یوحنا ۸ ۳۱۔ ۳۲

سبق دے مقاصد:

الف۔ مسلمان بنن دے عمل وچ اطاعت دے کردار نوں سمجھنا۔

ب۔ اللہ دی اطاعت دے عمل وچ حضرت محمد دی ذات دے حاکمانہ کردار دی وڈیائی کرنا۔

ج۔ مسلماناں دی رہنمائی لئی شرعی قوانین دی پاسداری دی اہمیت نوں سمجھنا۔

د۔ ویکھنا پئی "جِنّ" اتے "ہارن" دا عمل کس طرح اسلامی عقیدیاں دی صورت گری کردا ہے۔

ہ۔ قرآن دے نقطۂ نظر نال چار قسم دے لوکاں دی وضاحت پیش کرنا۔

و۔ مسیحیاں اتے یہودیاں دے حوالے نال حضرت محمد اتے قرآن دی تعلیم نوں سمجھنا۔

ز۔ مسیحیاں اتے یہودیاں دے حوالے نال مسلماناں دی نماز وچ سب توں زیادہ دہرائے جان والے فقریاں دی شناخت کرنا۔

ح۔ شرعی قانوناں دے سببوں پیدا ہون والے نقصان تے غور کرنا۔

ط۔ واضح کرنا پئی دھوکھا دین دی اسلام وچ کیوں اجازت دتی گئی ہے۔

ی۔ مسیحیاں نوں ایس گل دی ترغیب دینا پئی اوہ اپنے آپ نوں اک ایسے مذہب دے بارے معلومات نال آراستہ کرن جہدا دفاع اوہناں دے ماہر علماء کر دے نیں۔

ک۔ اسلامی یسوع مطلب عیسیٰ اتے تاریخ دے اصلی یسوع دے درمیان فرق واضح کرنا۔

مطالعاتی مقدمہ: تُسی کیہہ کرو گے؟

کافی دعا دے بعد آپ تے آپ دے چرچ دی ٹیم روح القدس دی رہنمائی نوں محسوس کردیاں ہوئیاں اک ایسے نویں علاقے وچ گھر دی کلیسیا دا آغاز کردے او جتھے بہت سارے مسلمان آباد ہین۔ کئی مہینیاں تک اوس گھر دے خاندان اتے آس پڑوس دے چند لوکاں دے نال مل کر ایس گھر دے سربراہ جنہوں "سلامتی دا پتر"(لوقا ۱۰: ٦) آکھیا گیا ہے، دی طرفوں تہانوں اطلاع دتی جاندی ہے پئی ایس گھر وچ خفیہ عبادتاں کران دے سببوں تہانوں اتے ایس گھر دے سربراہ نوں مقامی علاقے دے ناظم نے اپنے دفتر وچ پیش ہون دا حکم دتا ہے۔ جد تسی اوتھے پہنچدے

او تے اوتھے مقامی مسیت دا امام صاحب اتے کئی ہور مسلمان لیڈر پہلاں توں موجود ہوندے نیں۔ تسیں اوہناں نال ہتھ ملاندے او۔ اوسے ویلے تہانوں پتہ لگ جاندا ہے پئی ایہناں سبھناں دی طرفوں تہاڈے اُتے ایہہ اروپ لایا جائے گا پئی تسی اوہناں دے علاقے دے اک گھر وچ چھپ کے ایہو جئیاں عبادتاں کراندے ہو جنہاں وچ اوہناں دے نبی حضرت محمد دی توہین کیتی جاندی ہے۔ آپ اتے تہاڈے میزبان تسیں دونویں ایس الزام توں سختی نال انکار کر دیندے او۔ امام صاحب آکھدے نیں، "تسی مسیحی لوک اللہ نوں نئیں مندے اتے حضرت محمد نوں وی آخری نبی منن توں انکار کر دے او۔ تسیں جہنم وچ جاؤ گے۔ اللہ نے مسلماناں نوں افضل قرار دتا ہے ایس لئی تہاڈے اُتے ساڈی حکمرانی واجب ہے۔ اگر تسی لوک خود نوں دینِ اسلام دے تابع نئیں کردے تے ساہنوں حکم دتا گیا ہے پئی تہاڈے نال جنگ کرئیے ایتھوں تک کہ جدوں عیسیٰ مسیح زمین تے آن گے تے اوہ وی تہاڈے خلاف جنگ لڑن گے۔ ایس لئی تہاڈے حق وچ ایہو بہتر ہے پئی ساڈے علاقے دے کمزور ایمان لوکاں نوں اپنے گھراں وچ بلا بلا کے اوہناں نوں اپنے فاسد دین وچ شامل کرن دا ایہہ سلسلہ ایتھے ای روک دیو اتے اپنیاں عبادتاں وی ایتھے بند کر دیو"۔ تسیں علاقے دے ناظم دے دین بارے کجھ نئیں جاندے پر اوہ بڑے غور دے نال تہاڈے ول ویکھ رئیا ہے جیویں کہہ رئیا ہووے پئی ایس الزام دے جواب وچ تسیں کیہہ صفائی پیش کرنا چاہو گے۔

تے تسی کیہہ کہو گے؟

ایہناں حصیاں وچ اسیں کلمۂ شہادت دا تعارف پیش کراں گے اتے ایہہ وی واضح کراں گے پئی حضرت محمد دے اسوۂ حسنہ دی پیروی کرن دے نال ایہدا کیہہ تعلق ہے۔

مسلمان کیویں بنئیے

اسلام عربی زبان دا لفظ ہے جہدا مطلب ہے "اطاعت"۔ لفظ مسلمان دا مطلب ہے اطاعت گزار۔ یعنی ایسا بندہ جو اللہ دی ذات دے سامنھے جھکدا ہے۔

اطاعت دے معنی کیہہ ہین؟ قرآن دے وچ اللہ تعالیٰ نوں اک مالکِ کُل دے طور تے پیش کیتا گیا ہے جو ہر شے تے کامل اختیار رکھدا ہے۔ ایس مالک لئی متوقع رویہ اوہدے اختیار دے سامنے جھکنا ہے۔

اسلام دے دائرے وچ داخل ہون والا ہر شخص سب توں پہلوں ایہہ اقرار کردا ہے پئی اوہ اللہ اتے اوس دے رسول دے دسے ہوئے طریقیاں دی اطاعت کرے گا۔ ایس

عہد دا اظہار اک اعتراف دی صورت وچ کیتا جاندا ہے جس نوں کلمۂ شہادت آکھیا جاندا ہے۔ ایس اسلامی عقیدے دے مطابق اُچی آواز وچ ایہہ کہیا جاندا ہے:

أشهد أن لا إله إلا الله
وأشهد أن محمدا رسول الله

ترجمہ: مَیں گواہی دیناں پئی اللہ دے سوا کوئی معبود نئیں
اتے مَیں گواہی دیناں پئی محمد اللہ دے رسول ہین۔

جیوں تسی پوری رضامندی دے نال کلمۂ شہادت پڑھدے اوہ تے تسی مسلمان ہو جاندے او۔

حالانکہ ایہہ نرے چند لفظ ہین پر ایہناں دے اثرات بہت وسیع ہین۔ کلمۂ شہادت پڑھنا اصل وچ اک معاہدے دا اعلان ہے پئی آئندہ لئ حضرت محمد میری زندگی دے پیشوا ہون گے۔ مسلمان ہون دا مطلب ہے اک "اطاعت گزار" دی طرح حضرت محمد نوں اللہ دا آخری نبی من کے اوہدی پیروی کرنا پئی ہن توں اوہو میری ساری حیاتی دے رہنما ہون گے۔

حضرت محمد دی رہنمائی دے دو ذریعے ہین جو پورے اسلامی ضابطۂ قانون دا نچوڑ ہین:

- قرآن مجید اللہ تعالیٰ دا الہامی کلام ہے جو حضرت محمد اُتے وحی وچ نازل ہویا۔
- سنت توں مراد حضرت محمد دی زندگی دا عملی نمونہ ہے جس وچ مندرجہ ذیل امور شامل ہین:
  - اوہناں دی تعلیمات: یعنی اوہ گلاں جو حضرت محمد نے لوکاں نوں کرن لئی سکھایاں۔
  - اوہناں دے کم: وہ عمل یا افعال جو حضرت محمد نے خود کر کے وکھائے۔

حضرت محمد دی زندگی دے نمونے مسلماناں لئی دو شکلاں وچ قلمبند ہوئے ہین۔ اک، حدیثاں دا مجموعہ جس وچ اوہناں دے روایتی اقوال درج ہین یعنی حضرت محمد دیاں دسیاں ہوئیاں گلاں جو اوہناں نے کیتیاں یا کہیاں۔ تے دوجی شکل سیرت النبی ہے جس وچ حضرت محمد دے حالاتِ زندگی درج ہین یعنی اوہناں دے زندگی سے سب چیدہ چیدہ واقعات ترتیب وار لکھے ہوئے ہین۔

حضرت محمد دی شخصیت

جو کوئی کلمۂ شہادت نال منسلک ہے اوہدے تے حضرت محمد دے نمونے دے چلنا اتے اوہناں دے کردار دی نقل کرنا فرض ہو جاندا ہے۔ ایس پورے عمل دا آغاز کلمۂ شہادت دے ایس اعتراف توں ہندا ہے پئی حضرت محمد اللہ دے رسول ہین۔ کلمۂ شہادت دے راہیں ایہناں لفظاں نوں بولنا اصل وچ ایس گل دا اقرار ہے پئی تُساں اپنی ساری حیاتی لئی حضرت محمد دی رہنمائی نوں قبول کر کے ہُن توں اوہناں دی پیروی کرن دا فیصلہ کر لیا ہے۔

قرآن وچ حضرت محمد نوں بہترین نمونہ قرار دتا گیا ہے اور ایس نمونے نوں مننا ہر مسلمان تے فرض ہے:

"جویں رسول اللہ دی ذات تہاڈے واہتے اک سوہنا نمونہ ہے خاص کر کے اوس لئی جو اللہ اتے چھیکڑ دن دی آس رکھدا ہے اتے ہر ویلے اللہ نوں یاد کردا ہے" (ق ۳۳: ۲۱)۔

"جس نے پیغمبر دی گل منی سمجھو اوس خد دی منی۔۔۔" (ق ۴: ۸۰)

"کسے مومن مرد نہ عورت نوں کھُل ملدی ہے پئی اللہ اتے رسول نے جد کوئی گل اک پاسے لادتی ہووے اس دے بارے اوہ من من کرنا چاہوے تے جس نے وی اللہ اتے رسول اس دے دی واگ ناہ منی سمجھو کھلم کھلا راہوں ایدھر اودھر ہویا" (ق۳۳: ۳۶)۔

قرآن کہندا ہے پئی جو کوئی حضرت محمد دی پیروی کرے گا اوہ کامیاب اتے مبارک ہوون گے:

"کیوں جے اللہ اتے رسول اس دے دی آکھی منن والے تے کمب اس دی رکھن والے بچ بچا کے اپنے ڈنگ ٹپاون والے لوک ای دندے لگن والے ہین" (ق ۲۴: ۵۲)۔

"جو من ٹُرسی اللہ دی تے پیغمبر دی اوہ اوہناں وچ شامل ہوسی اللہ نےانعام جنہاں تے کیتا ہویا" (ق ۴: ۶۹)۔

حضرت محمد دی ہدایات اتے مثال دی مخالفت بے ایمانی ہے۔ اوہ منکھ حیاتی وچ کدے کامیاب نا ہووے گا بلکہ اوہ اگلے جہان وچ دوزخ دی اگ وچ سڑے گا۔ قرآن وچ ایہو جئے مسلماناں لئی لعنت رکھی گئی ہے:

"پر جہیڑا پیغمبر دی پُٹھ کرے دا، کول ہدایت آ جانے توں پچھے، تے اس راہے ٹُریا جہیڑا مومن لوکاں دا ناہ راستہ اس نوں جان دیاں دے اودھر جدھر مونہہ اُس چکیا ہویا۔ اوہنوں دوزخ دے وچ پاساں۔ جہیڑی ڈاہڈی بھیڑی تھاں ہے" (ق ۴: ۱۱۵)۔

”جو کجھ دے رسول تہانوں اوہ لوو تے جس دے لینے توں روکے اس دے ول ناہ ہتھ ودھاؤ خوف خدا دا دل وچ رکھو تے ایہہ جانو مار اللہ دی ہے وے ڈاہڈی“ (ق ۵۹: ۷)۔

ایتھوں تیک پئی قرآن ایہہ حکم وی دیندا ہے پئی جو کوئی حضرت محمد نوں رد کردا ہے اوس دے خلاف جنگ کرو:

”تے جہیڑے نیں لوک کتابی چڑھ جاؤ اوہناں دے اُتے جے اللہ تے چھیکڑ دے دن نوں ناہ منن اتے حرام اس نوں ناہ جانن اللہ اتے رسول اس دے نے ٹھاک ہے وے جس بارے کیتی تے ناہ منن دین سچیرا یا اوہ جزیہ دینے ول نہ آون ہاراں من کے ، تے ناہ تھلے لگ کے وقت گذارن“ (ق۹: ۲۹)۔

”۔۔۔مَیں ہاں نال تہاڈے ایمانی لوکاں دے جا اندر کھلواؤ مَیں جھبدے ای کفروناں نوں اندروں ای یرکاں دیواں دا آکھ دیئو نیں لاہن اوہنا دے گاٹے پوٹے پوٹے کرن اوہناں نوں۔ کیوں جے اوہناں اللہ اتے رسول اُس دے وی گل نہ منی تے جہیڑا انج پُٹھا ٹُریا اُس نوں اللہ ولوں ڈاہڈی ہے پرتاویں پیندی“ (ق ۸: ۱۲۔ ۱۳)۔

پر کیہ حضرت محمد دا نمونہ پیروی دے لائق ہے؟ حضرت محمد دی حیاتی دیاں کجھ گلاں مثبت نیں، کجھ قابلِ تعریف وی نیں اتے کئی تے بہت ہی سوہنیاں بلکہ دلچسپ نیں پر کجھ گلاں اخلاقی طور تے بہت ای غلط وی نیں۔ اوہناں دے بہت سارے بیانات، واقعاتِ سیرت اتے حدیثاں وچ ایسیاں ایسیاں ہلا دین والیاں گلاں شامل نیں جہناں وچ قتلِ عام، مار کٹائی، زنا بالجبر، عورتاں دے نال بدسلوکی، غلامی، چوری، دھوکہ دہی اتے غیر مسلماں دے خلاف بھڑکاؤن والیاں گلاں شامل ہین۔

جے کر حضرت محمد دی ذات نال وابستہ ایہناں گلاں نوں ثبوت دے طور تے کھول کے بیان کیتا جاوے تے اوہناں گلاں نوں پڑھ کے تُہاڈا دماغ چکرا جائے گا کیونکہ شرعی لحاظ نال اوہ گلاں کسے دے وی قابلِ قبول نئیں۔ قرآن مجید وچ اللہ نے حضرت محمد دے بہترین نمونے اُتے چلن دا حکم دتا ہے جہدے وچ حضرت محمد دی حیاتی دے سارے واقعے خواہ چنگے یا بُرے، مسلماناں دے لئی پیروی دے لائق ہین۔

القرآن۔ حضرت محمد دی ذاتی دستاویز

سارے مسلمان ایس گل نوں مندے ہین پئی قرآن اللہ دی طرفوں انسانی ہدایت لئی الہام ہے جو رسول اللہ حضرت محمد دی راہیں انساناں تک پہنچیا ہے۔ جے تُسی رسول نوں قبو کر دے ہو تے تہاڈے اُتے اوہناں دے پیغام نوں قبول کرنا وی لازم ہے۔ ایس لئی کلمۂ شہادت ہر مسلمان نوں ایس گل دا پابند بناندا ہے پئی اوہ قرآنِ کریم تے ایمان لیائے اتے اوس دی تعلیمات تے عمل کرے۔

قرآن مجید کی تخلیق دے طریقے نوں سمجھن لئی خاص گل ایہہ ہے پئی حضرت محمد اتے قرآن دا اک دوجے نال قریبی تعلق ہے جیہا تعلق جسم اتے ریڑھ دی ہڈی وچ پایا جاندا ہے۔ سنتِ رسول اک جسم دی مانند ہے اور قرآن اوہدی ریڑھ دی ہڈی ہے۔ ایہناں دا اک دوجے دے بغیر قائم رہنا ممکن نئیں اور نا ہی تُسی ایہناں نوں اک دوجے توں بغیر سمجھ ہی سکدے او۔

اسلامی شریعت۔۔۔ مسلمان بنن دی ''راہ''

حضرت محمد دی تعلیمات اتے اوہناں دے نمونے اُتے چلن لئی ہر مسلمان تے لازم ہے پئی اوہ قرآنِ کریم اتے سنتِ رسول دے مطابق اپنی زندگی بسر کرے۔ پر ایہہ خام مواد بہت پیچیدہ اتے مشکل ہے جو زیادہ تر مسلماناں دی سوچ، سمجھ اتے استعمال توں باہر ہے۔ دینِ اسلام دیاں پہلی صدیاں وچ ہی مذہبی علماء نوں ایہہ گل سمجھ آ گئی سی پئی مسلماناں دی اکثریت نوں حضرت محمد دی سنت اتے قرآن دی تعلیمات نوں سمجھن لئی ایہو جئے عالماں دی ضرورت پوے گی جو ایہناں دے راز کھول کے دسن اتے زندگی گذارن دے اسلامی اصول اتے قاعدے مقرر کرن۔ تد فیر مسلمان ماہرینِ فقہ نے رل مل کے اک مجموعی نظام تشکیل دتا جنہوں ''شریعت'' مطلب ''راہ'' یا ''راستپ'' آکھیا جاندا ہے۔

اسلامی شریعت نوں محمدی شریعت وی آکھیا جاسکدا ہے کیوں جو ایہہ زیادہ تر حضرت محمد دے نمونے اتے اوہناں دی تعلیمات اُتے مبنی ہے۔ زندگی گذارن دے بنیادی اصولاں دا ایہہ نظام انفرادی اتے اجتماعی نالے معاشرتی طور طریقیاں لئی کارآمد ہے۔ شریعت دے بغیر دینِ اسلام دا کوئی وجود نئیں۔

کیوں جو حضرت محمد دی سنت شرعی قوانین دی بنیاد ہے ایس لئی ضروری ہے پئی احادیثِ نبوی اتے سیرت النبی وچ لکھیاں ہوئیاں ساریاں گلاں نوں سمجھن توں علاوہ ایہناں نوں عملی جامہ پہناون اُتے خاص توجہ دتی جائے۔ حضرت محمد دی ذات اتے حیات توں لاعلمی شریعت توں لاعلمی دے مترادف ہے۔ ایس لئی اوہ لوک جو اسلامی اصولاں دے مطابق زندگی گذار دے ہین اوہ عام بنیادی انسانی حقوق توں ناواقف رہ جاندے ہین۔ جو کجھ حضرت محمد نے کیتا اوہنوں مدِ نظر رکھدیاں ہوئیاں شرعی قانون سارے مسلماناں نوں ایہہ حکم دیندا ہے پئی اوس ہر گل دی پیروی کیتی جائے اتے جہیڑے ملک وچ شریعت دی بالادستی ہووے اوتھے مسلماناں اتے غیر مسلماناں دیاں زندگیاں برابر متاثر ہوندیاں ہین۔ حضرت محمد دی حیاتی اتے اج دے لوکاں دی حیاتی وچ بھانویں کوئی براہِ راست تعلق نہ ہووے تاں وی شریعت دے قوانین اپنی تھاں طاقتور اتے خاص اہمیت رکھدے ہین۔

شریعت دے بارے اک ہور قابلِ غور گل ایہہ ہے پئی پارلیمنٹ دے بنائے ہوئے قانوناں نوں تے بدلیا جا سکدا ہے پر شریعت دے کسی ضابطے یا قانون نوں الٰہی

حکم منیا جاندا ہے جہدے وچ ترمیم دی رتی برابر کوئی گنجائش نئیں۔ اوہ اٹل اتے کامل حکم ہین۔۔ کجھ گلاں وچ لچک وی ہے پر جیوں جیوں نویں حالات بدلدے رہندے ہین تیوں تیوں اسلامی فقہے دے ماہر علماء اوہناں وچ ایسے جواز اتے راستے لبھدے رہندے ہین جنہاں دی راہیں شریعت دے نفاذ دا تسلسل قائم اتے برقرار رہے پر جو کجھ پہلاں توں لکھیا جا چکیا ہے اوہنوں ہی اعلیٰ، برتر اتے آئیڈیل نظام منیا جاندا ہے۔

⁂

اگلے حصیاں وچ اسیں اسلام دی ایس تعلیم اُتے غور کراں گے جس دے مطابق مسلماناں نوں ایسے لوکاں دے طور تے پیش کیتا گیا ہے جنہاں کامیابی پائی ہے ایس لئی اوہ دوجیاں نالوں افضل ہین۔

"آؤ کامیابی ول"

قرآن دے مطابق درست رہنمائی دا نتیجہ کیہہ ہے؟ اوہ لوک جو اللہ دی اطاعت کردے اتے اوس دی رہنمائی نوں قبول کر دے ہین تے اوہناں دا متوقع نتیجہ ایس حیاتی اتے چھیکڑ دی کامیابی ہے۔ اسلام دی دعوت کامیابی دی دعوت ہے۔

ایس کامیابی دی دعوت دا اعلان اذان یا نماز دی دعوت دی شکل وچ کیتا جاندا ہے جنہوں مسلماناں لئی دِن وچ پنج واری دہرایا جاندا ہے۔

اللہ سب توں وڈا ہے! اللہ سب توں وڈا ہے!
اللہ سب توں وڈا ہے! اللہ سب توں وڈا ہے!
مَیں گواہی دیندا آں پئی اللہ دے سوا کوئی معبود نئیں۔
مَیں گواہی دیندا آں پئی اللہ دے سوا کوئی معبود نئیں۔
مَیں گواہی دیندا آں پئی بیشک محمد اللہ دے رسول ہین۔
مَیں گواہی دیندا آں پئی بیشک محمد اللہ دے رسول ہین۔
آؤ نماز ول۔
آؤ نماز ول۔
آؤ کامیابی ول۔
آؤ کامیابی ول۔
اللہ سب توں وڈا ہے! اللہ سب توں وڈا ہے!
اللہ سب توں وڈا ہے! اللہ سب توں وڈا ہے!
اللہ دے سوا کوئی عبادت دے لائق نئیں۔

قرآن مجید کامیابی تے بہت زور دیندا ہے۔ ایہہ کُل انساناں نوں کامیاب ہون والیاں اتے ہارن والیاں وچ ونڈدا ہے۔ اوہ جو اللہ دی رہنمائی نوں قبول نئیں کردے اوہناں نوں بار بار نقصان اٹھان والے آکھیا گیا ہے۔

”جس کسے اسلام توں وکھرا دین اپنایا اوہ قبول نئیں کیتا جائے گا تے اوہ اگے چل کے گھاٹے دے وچ رہے گا“ (ق۳: ۸۵)۔

”جے تُوں اللہ دے سوا دوجے (معبوداں) دے نال شراکت کیتی تے بے شک تیرا عمل ضائع ہو جائے گا اتے توں نسچے گھاٹے والیاں نال جا رلیں گا“ (ق۳۹: ۶۵)۔

اسلام دے کامیابی اتے ناکامی بارے ایس بیان دا مطلب ہے پئی کئی مسلماناں نوں اوہناں دے مذہب نے ایہہ تعلیم دتی ہے پئی اوہ اپنے آپ نوں غیر مسلمان نالوں افضل سمجھن اتے زیادہ پرہیز گار مسلماناں نوں ایہہ دسیا جاندا ہے پئی اوہ دوجے غیر پرہیزگار مسلماناں نالوں بہتر ہین۔ ایس لئی اسلام وچ ایس قسم دی تفریق معمول دا طرزِ زندگی ہے۔

اک اڈو اڈ دُنیا

قرآن کریم اپنے پورے باب وچ نہ صرف مسلماناں واسطے بہت کجھ کہندا ہے بلکہ دوسرے ایمان دے لوکاں لئی وی بہت کجھ بیان کردا ہے۔ اسلامی قانونی اصطلاح لوکاں دی چار مختلف قسماں دا حوالہ دیندی ہے:

۱۔ صالح مسلمان۔ سب توں پہلے درجے تے فائز بہتر اتے برتر مسلمان۔

۲۔ منافقین۔ دوسری قسم دے لوک منافقین نیں یعنی جو باغی مسلمان ہین۔

۳۔ بت پرست۔ حضرت محمد دے ظہور وچ آن توں پہلاں عرب وچ ایہہ قسم زیادہ سی۔ بت پرستاں لئی مشرکین دا لفظ استعمال کیتا گیا ہے جس دا مطلب ہے ”شریک ٹھہران والا“۔ ایہہ اوہ لوک ہین جو شرک کردے ہین یعنی اوہ ایہہ کہندے ہین پئی اللہ دے نال ہور وی ہستیاں ہین جو اللہ دے برابر ہین اینج اوہ اللہ دی قدرت اتے حاکمیت وچ دوجے معبوداں نوں وی شریک کردے ہین۔

۴۔ اہلِ کتاب۔ ایہہ لوک مشرکین توں نچلے درجے اُتے آندے ہین۔ ایس نچلے درجے وچ مسیحی اتے یہودی لوک شامل ہین۔ ایہناں نوں لازماً مشرکین سمجھیا جاندا ہے کیوں جو قرآن مجید وچ نصرانیاں اتے یہودیاں دونواں نوں شرک کرن والے لوک قرار دتا گیا ہے (ق ۹: ۳۰۔ ۳۱؛ ق ۳: ۶۴)۔

اہل کتاب دا تصور ایہہ ظاہر کردا ہے پئی مسیحیت اتے یہودیت دا اک دوجے نال گہرا تعلق ہے اور ایہہ اسلام دی اپنی ایجاد ہے۔ اسلام نوں اصل مذہب منیا جاندا ہے جس وچوں مسیحی اتے یہودی صدیاں پہلوں نکلے سن۔ قرآن دے مطابق مسیحی اتے یہودی اوس دین دی پیروی کردے ہین جو اصل وچ خدا کی توحید نوں منن والا

سی۔ دوجے لفظاں وچ، ایہہ اسلام وچوں ہی سن۔ پر ایہناں دیاں الہامی کتاباں بدل گئیاں ایس لئی اوہ معتبر نئیں رئیاں۔ ایس لئی یہودیت اور مسیحیت نوں اسلام دیاں ہی وگڑیاں ہوئیاں شکلاں منیا جاندا ہے اتے اوہناں دے پیروکار صراطِ مستقیم یعنی سدھے راہ توں گمراہ ہو چکے ہین۔

قرآن وچ مسیحیاں اتے یہودیاں لئی مثبت اتے منفی دونویں قسماں دے بیانات موجود ہین۔ مثبت اعتبار نال ایہہ ہے پئی کجھ مسیحی اتے یہودی وفادار ہین اور سچیائی تے ایمان رکھدے ہین (ق ۳: ۱۱۳۔ ۱۱۴)۔ پر ایسے سورت وچ ایہہ وی آیا ہے پئی اوہناں دے خلوص دی کسوٹی ایہہ ہے پئی اوہناں وچوں جو مخلص ہون گے اوہ مسلمان ہو جان گے (ق ۳: ۱۹۹)۔

دینِ اسلام دے مطابق، مسیحی اتے یہودی اوس وقت تک اپنی جہالت توں آزاد نئیں سن ہو سکے جد تیک حضرت محمد قرآن لے کے اوہناں کول نہ آئے (ق ۹۸: ۱)۔ اسلام ایہہ تعلیم دیندا ہے پئی حضرت محمد مسیحیاں اتے یہودیاں لئی اللہ دا تحفہ نیں تاں جو اوہناں دیاں غلط فہمیاں دا اُپا کرن۔ ایس واسطے اوہناں نوں چاہیدا ہے پئی اوہ حضرت محمد نوں اللہ دا رسول اتے قرآن نوں اللہ دی آخری کتاب منن (ق ۴: ۴۷؛ ق ۵: ۱۵؛ ق ۵۷: ۲۸۔ ۲۹)۔

بیٹھاں اوہ چار دعوے پیش کیتے گئے ہین جو قرآن کریم اتے سنتِ نبوی وچ غیر مسلماں اور خاص طور تے مسیحیاں اتے یہودیاں دے حوالے نال بیان کیتے گئے ہین:

۱۔ مسلمان ”بہترین اُمت“ اتے دوجیاں نالوں افضل ہین۔ اوہناں دی ذمہ داری ہے پئی اوہ اوہناں نوں غلط اور صحیح دے بارے دسن اتے اوہناں نوں صحیح کم کرن دا حکم دین تے غلط کم کرن توں روکن (ق ۳: ۱۱۰)۔

۲۔ دینِ اسلام دا ہدف دوجے سارے مذہباں اُتے راج کرنا ہے (ق ۴۸: ۲۸)۔

۳۔ سرفرازی پان لئی مسلماناں نوں مسیحیاں اتے یہودیاں (اہلِ کتاب) دے خلاف اوس وقت تک لڑنا ہوئے گا جدوں تک اوہ اوہناں نوں مغلوب اتے مطیع نہ کرلین تاں جو اوہناں نوں مجبور کر سکن پئی اوہ اپنے مسلمان بھراواں نوں جزایہ دین (ق ۹: ۲۹)۔

۴۔ اوہ مسیحی اتے یہودی جو اپنے شرک دے نال وابستہ رہندے نیں اور حضرت محمد اتے اوہناں دے نظریۂ توحید تے ایمان نئیں لیاندے یعنی جو اسلام قبول نئیں کردے اوہ دوزخ وچ جان گے (ق ۵: ۷۲؛ ق ۴: ۴۷۔ ۵۶)۔

بھانویں یہودیاں اتے مسیحیاں نوں کٹھیاں ہی اہلِ کتاب منیا جاندا ہے پر یہودی زیادہ بُرے سمجھے جاندے ہین۔ قرآن اتے سُنت وچ کئی تھانواں تے اوہناں دے خلاف زیادہ سخت الہٰیاتی دعوے کیتے گئے ہین۔ مثال دے طور تے، حضرت محمد نے

کہیا سی پئی چھیکڑ وچ وٹے وی یہودیاں دے قتل لئی مسلماناں نوں مدد لئی بلان گے فیر قرآن وچ ایہہ وی آیا ہے پئی مسیحی لوک "محبت وچ مسلماناں دے نیڑے ہون گے" پر یہودی (اتےدوجے بت پرست لوک) مسلماناں دے بدترین ویری ہون گے (ق ۵: ۸۲)۔

پر اخیر وچ، قرآن دا حتمی فیصلہ مسیحیاں اتے یہودیاں دونواں لئی اکو جیہا منفی تاثر پیش کردا ہے۔ ہر مومن مسلمان اپنی روزمرہ دیاں نمازاں وچ ایس سزا دا کھلم کھلا اعلان وی کردا ہے۔

یہودیاں اتے مسیحیاں دا مسلماناں دیاں روزمرہ نمازاں وچ ذکر

قرآن دی اک بڑی مشہور سورت فاتحہ ہے جس دا مطلب ہے "شروعات"۔ ایہہ سورت روزانہ دی سب فرض نمازاں یعنی پنج وقتی صلوٰۃ دا حصہ ہوندی ہے اور ہر نماز وچ ایہنوں ضرور پڑھیا جاندا ہے۔ ہر مومن مسلمان جنیاں وی نمازاں پڑھدا ہے اوہ ایس سورت نوں دن وچ سترہ وری اتے ورھے وچ پنج ہزار وری پڑھدا ہے۔

سورت فاتحہ دیاں چند شروع دیاں آیتاں دا ترجمہ کجھ ایہہ ہے:

شروع اللہ دے ناں توں
جو ڈاہڈا مہربان اتے ودھ رحم کرن والا ہے۔
ساریاں تعریفاں اللہ ہی دے لئی ہین جہیڑا ساریاں جہاناں دا پالن والا،
ڈاہڈا مہربان اتے ودھ رحم کرن والا،
اتے روزِ عدالت دا مالک ہے۔
اسی تیری عبادت کردے آں
اتے تیرے کولوں ہی مدد منگدے آں۔
ساہنوں سدھا راستہ وکھا۔
اوہناں لوکاں دا راستہ جنہاں اُتے تُوں انعام کیتا ہے۔
اوہناں لوکاں دا نئیں جنہاں اُتے تیرا غضب رہندا ہے
اتے نہ ہی گمراہ ہون والیاں دا۔ (ق ۱: ۱۔ ۷)

ایہہ اوہ دعا ہے جس وچ اللہ کولوں ایہہ درخواست کیتی جاندی ہے پئی اوہ موموناں دی "سدھی راہ" تے رہنمائی کرے۔ ایہہ سدھی راہ ہی اسلام دے پیغام دا مرکزی مضمون اتے اصل روح ہے۔

پر اوہ کون لوک ہین جنہاں نے اللہ دا غضب کمایا ہے یا جو سدھی راہ توں بھٹک گئے ہین؟ ایہہ کون لوک ہین جنہاں لئی مسلمان زندگی بھر لئی اپنیاں روزمرہ دی نمازاں وچ سو سو واری اتے ہزار ہزار واری بددعاواں منگدے ہین؟ حضرت محمد نے ایس سورت دا مطلب دسدیاں ہوئیاں ایہہ آکھیاں سی پئی "اوہ لوک جنہاں غضب کمایا اوہ یہودی ہین اتے جہیڑے گمراہ ہو گئے اوہ مسیحی ہین"۔

ایہہ بڑی عجیب گل ہے پئی اسلام وچ ہر مسلمان دی روزانہ دیاں نماز وچ مسیحیاں اتے یہودیاں نوں یکسر ٹھکرایا جاندا ہے اتے اوہناں نوں گمراہ لوک کہہ کے اوہناں لئی اللہ دے غضب دی دعا منگی جاندی ہے۔

ایس اگلے حصے وچ اسیں اسلامی شریعت دے نتیجے وچ پیدا ہون والے نقصان دا جائزہ لواں گے۔ خاص طور تے اوہ نقصان جہدا حتمی سبب حضرت محمد کا نمونہ اتے تعلیم ہے۔

شریعت نال جُڑے مسائل

جد کسے ملک وچ لمے عرصے تک قائم رہن توں بعد اسلام اوتھے اپنیاں جڑاں پیوست کر لیندا ہے تے فیر اوتھے دی معاشرتی ثقافت نوں شرعی تقاضیاں دے نال ہم آہنگ کرن دی تگ و دو شروع ہو جاندی ہے۔ ایس عمل نوں "اسلامی نظام دا نفاذ" کہیا جاندا ہے۔ کیوں جو حضرت محمد دی زندگی اتے تعلیم وچ بہت سارے عیب اتے داغ پائے جاندے سن ایس لئی اسلامی شریعت دی راہیں بہت ساریاں ناانصافیاں اتے سماجی مسئلے وی پیدا ہو گئے۔ ایس دا مطلب ایہہ ہے پئی دینِ اسلام بھانویں اک پاسے کامیابی دا وعدہ کردا ہے پر ایس دا شرعی نظام معاشرتی درجے اُتے بہت ساریاں مشکلاں دا سبب وی بن دا ہے۔ جے اسیں اج دی دُنیا اُتے نظر دوڑائیے تے اسیں ویکھ سکدے آں پئی بہت سارے اسلامی ملکاں دی حالت بہت پتلی ہے اتے او انتہائی غیر ترقی یافتہ ملکاں دی صف وچ کھلوتے نظر آندے ہین جتھے اسلامی تسلط دی وجہ توں انسانی حقوق دی پامالی توں متعلقہ مسائل دا انبار نظر آندا ہے۔

شرعی نظام دی وجہ توں پیدا ہون والیاں کجھ ناانصافیاں اتے مسائل کجھ ایویں ہین:

- مسلمان معاشریاں وچ عورتاں نوں کمتر درجہ دتا جاندا ہے اتے اوہناں نوں اسلامی قانون دی وجہ توں کئی قسم دی بدسلوکیاں دا سامنا کرنا پیندا ہے۔ ایہدی اک مثال تے اسیں اگے چل کے غور کراں گے: امینا لاول دا مقدمہ۔
- اسلامی نظریۂ جہاد وی دُنیا بھر دے کروڑاں مرداں، عورتاں اتے بچیاں لئی اک بہت وڈا خطرے، جنگ و جدل اتے نقصان دا سبب بنیا ہویا ہے۔
- کجھ جرم ایہو جئے وی نیں جنہاں دیاں مجوزہ شرعی سزاواں انتہائی ظلم و بربریت اتے جابرانہ نظام تے قائم ہین جیویں کہ چوری کرن والے دا ہتھ کٹ دینا اتے اسلام نوں ترک کرن والے مرتد لوکاں نوں جانوں مار دینا۔

- شریعت اج تک انساناں نوں نیک بنان وچ ناکام رئی ہے۔ جد وی کِتے اسلامی انقلاب دے ذریعے ملکاں اُتے قبضہ کیتا گیا ہے اتے کٹر تے بنیاد پرست مسلماناں نے اوتھوں دی باگ ڈور اپنے ہتھاں وچ لئی ہے اوتھے بدعنوانی گھٹ ہون دی بجائے ہور ودھی ہے۔ ایران دی حالیہ تاریخ ساڈے سامنھے ہے: ۱۹۷۸ء چ جدوں ایران وچ انقلاب آیا تے شاہ دا تختہ اُلٹ دتا گیا اتے مسلمان عالماں نے حکومت اُتے قبضہ کر لیا پر اپنے وعدیاں دے اُلٹ اوہناں نے نری کرپشن نوں فروغ دتا۔
- حضرت محمد نے مسلماناں دے مخصوص حالات دے پیش نظر جھوٹھ بولن اتے جھوٹھ نوں فروغ دین دی اجازت وی دتی۔ اسیں ایہدے نتائج اُتے اگے چل کے بحث کراں گے۔
- اسلامی تعلیمات دی وجہ توں اسلامی معاشریاں وچ غیر مسلماں نال تعصبانہ رویہ رکھیا جاندا ہے۔ اج دُنیا وچ مسیحیاں تے سب توں زیادہ ایذارسانی مسلماناں دی طرفوں ہی کیتی جا رئی ہے۔

امینا لاول (**Amina Lawal**) دا مقدمہ

ہن اسیں اک مسمان عورت دی مثال تے غور کراں گے جس دی زندگی اسلامی شریعت دی وجہ توں خطرے وچ پئی۔ ۱۹۹۹ء وچ نائجیریا دے شمالی علاقہ جات دی مسلمان اکثریتی ریاستاںوچ شرعی عدالتاں دا نظام متعارف کرایا گیا۔ تِن سال بعد یعنی ۲۰۰۲ء وچ امینا لاول نوں اک شرعی عدالت دی طرفوں سنگسار کرن دی سزا سنائی گئی کیوں جو طلاق یافتہ ہون دے باوجود اوہنے اک بچے نوں جنم دتا سی۔ اوس نے بچے دے پیو دا ناں وی دسیا پر ڈی این اے ٹیسٹ دے بغیر عدالت بچے دے اصل پیو دی شناخت نہ کر پائی جس دی بنیاد تے مرد نوں باعزت بری کر دتا گیا۔ صرف عورت اُتے ناکاری دا فتویٰ لا کے سنگسار کر دین دی سزا سنائی گئی۔

شرعی منصف نے ملزمہ امینا دے حق وچ صرف ایناں فیصلہ دتا گیا پئی جد تک بچے دا دُدھ نئی چھڈایا جاندا اوہناں تیک اوہنوں سنگسار نہ کیت جاوے۔ ایس سزا دا حکم اتے اطلاق خود حضرت محمد دے نمونے اُتے کیتا گیا جنہاں نے اپنے دَور وچ ایسے طرح زنا کرن والی اک عورت نوں جان توں مارن دا حکم دتا سی پر اوہدے توں پیدا ہون والے بچے دا دُدھ چھڈان اتے بچے دے سخت خوراک کھان دے قابل ہون تیکر اوہدی سزا نوں ملتوی کر دتا گیا سی۔

شرعی قانون دے تحت کسے نوں سنگسار کرن دا حکم کئی سبباں تھوں غلط منیا جاندا ہے:

- ایہہ بہت وڈی زیادتی ہے۔

- ایہہ ظلم ہے پئی کسے نوں وٹے مار مار کے جانوں مار دتا جائے۔
- ایہہ سزا وٹے مارن والے مرداں لئی وی نقصان دہ ہے۔
- ایہدے توں تعصب دی بو آندی ہے کیوں جو ایہدے وچ صرف حاملہ ہو جان والی عورت نوں نشانہ بنایا جاندا ہے جد کہ حاملہ کرن والے مرد نوں بری الذمہ قرار دے دتا جاندا ہے۔
- ایس طرح اوہ نکا بچہ ماں دے بغیر یتیم ہو جاندا ہے۔
- ایس حکم وچ ایس گل نوں وی نظر انداز کر دتا جاندا ہے پئی ہو سکدا ہے ایس عورت نال اجتماعی زیادتی کیتی گئی ہووے۔

امینا دا مقدمہ منظرِ عام تے آندے ای ساری دُنیا وچ غم و غصے دی لہر دوڑ گئی۔ سارے لوکاں نے کم و بیش دس لاکھ احتجاجی خط نائجیرین سفارت خانیاں نوں لکھے۔ ایہہ امینا دی خوش قسمتی سی پئی عدالت وچ اپیل دائر ہو جان دے سببوں اوہدی سزا معطل کر دتی گئی۔ شرعی عدالت توں امینا دی سزا معطل ہو جان دے بعد ایس اسلامی قانون نوں کوئی دوش نئیں دتا گیا جہدے سببوں زناکاری دی سزا سنگساری تجویز کیتی گئی سی بلکہ دوجیاں وجوہات پیش کیتیاں گئیاں مثال دے طور تے اپیل منظور کرن والی عدالت نے ایہہ حکم جاری کیتا پئی امینا نوں سزا دین دا فیصلہ اک جج دی بجائے تِن ججاں تے مشتمل بنچ دی طرفوں جاری کیتا جانا چاہیدا سی۔

قانونی دھوکھا دہی

اسلامی شریعت دی تعلیم دا اک مشکل پہلو ہور وی ہے جہیڑا جھوٹ اتے دھوکھا دہی نال تعلق رکھدا ہے۔ حالانکہ بظاہر ایہہ تسلیم کیتا جاندا ہے پئی اسلام وچ جھوٹھ نوں اک سنگین گناہ سمجھیا جاندا ہے پر اسلامی اربابِ اختیار دے مطاب، کجھ مخصوص حالات وچ جھوٹھ بولن دی کھلی اجازت ہے بلکہ جھوٹھ بولنا لازم ہے اتے ایس تعلیم دی بنیاد حضرت محمد دے نمونے تے قائم ہے۔

کجھ مخصوص حالات اینج دے وی ہین جتھے مسلماناں نوں ضرورت دے مطابق جھوٹھ بولن دی عام اجازت ہے۔ مثلاً صحیح بخاری دے مجموعۂ احادیث دا اک باب ایہو جیہا وی ہے جس وچ ایہہ سرخی لائی گئی ہے پئی ”لوکاں دی صلح کران دے مقصد نال جھوٹھ بولنا کوئی گناہ نئیں“۔ حضرت محمد دے ایس مثالی پہلو دے مطابق حالات دی نزاکت دے پیشِ نظر لوکاں وچ صلح کران دی غرض نال جہدا اثر مثبت ہووے گا، جھوٹھی گل کہن دی اجازت ہے۔

ایک ہور موقعے تے مسلماناں نوں جائز جھوٹھ بولن دی سرِ عام اجازت ہے اور وہ موقع ایہہ ہے پئی جدوں اوہ غیر مسلماں دے گھیرے وچ ہون (ق ۳: ۲۸)۔ ایس آیت توں ”تقیّہ“ دا تصور وی لیا جاندا ہے جس وچ مسلماناں نوں محفوظ رکھن لئی دھوکھے نوں عمل وچ لیایا جاندا ہے۔ مسلمان عالماں دی متفقہ رائے ہے پئی جدوں مسلمان غیر مسلماں دے سیاسی اقتدار وچ رہندے ہون تے اوہناں نوں غیر مسلماں کولوں محفوظ رہن دی خاطر دوستی اتے مہربانی وکھان دی اجازت ہے۔ پر اوہ اپنے ایمان تے سختی نال قائم رہین پر دِلاں وچ کرودھ (دشمنی) رکھن۔ ایس عقیدے دا اک عملی پہلو ایہہ ہے پئی پکے مسلماناں دا دوستانہ برتاؤ ویکھ کے غیر مسلماں دے جابرانہ برتاؤ وچ نمایاں کمی دیکھن وچ آئے، اوہناں دے عقیدیاں نوں پیر دھرن لئی تھاں ملے اتے اوہ سیاسی طور تے اپنا اثر و رسوخ ودھا سکن۔

کجھ مخصوص حالات جنہاں وچ شرعی قانون مسلماناں نوں جھوٹھ بولن دی اجازت دیندا ہے کجھ ایس طرح ہین: جتھے میاں بیوی دے درمیان ازدواجی توازن برقرار رکھنا مقصود ہووے، جد کسے جھگڑے نوں حل کرن لئی جیکر سچ بیان کیتا جائے تے بندے دا آپی قصوروار ٹھہرن دا خطرہ ہووے یا جدوں کسے نے کسے مصلحت دے پیشِ نظر کوئی راز تہاڈے سپرد کیتا ہووے اتے جنگ دے دوران۔ عمومی طور تے دینِ اسلام اخلاقی بہبودی واسطے وی جھوٹھ بولن دی اجازت دیندا ہے پر جس وچ وضاحت درست ثابت ہوندی ہووے۔

کجھ مسلم علماء وکھو وکھ قسماں دے جھوٹھاں دے درمیان اچھی قسم دے جھوٹھاں دی وی ونڈ کڈ دے نیں مثال دے طور تے کسے گل لئی سفید جھوٹھ بولن نالوں گول مول گل کرنا۔ اپنے مفاد لئی جھوٹھ بولن دا عمل سچ بولن دی تعلیم اتے انسانی معاشرے واسطے انتہائی مہلک ثابت ہو سکدا ہے۔ ایہدے نال بندے دا اعتماد ٹُٹ جاندا ہے اتے پریشان وی ودھدی ہے۔ پوری مسلم اُمہ یعنی مسلماناں دی پوری برادری صرف ایہدے سببوں اخلاقی طور تے تباہ ہو چکی ہے۔ ایہدے نال گھراں اتے سیاسی ثقافتاں نوں وی نقصان پہنچدا ہے۔ مثال دے طور تے، جیکر میاں اپنی بیوی دے نال لڑائی جھگڑے توں بچن لئی یا تضادات نوں بہتر کرن لئی جھوٹھ بولدا رئیے گا تے اوہدے اعتماد نوں چنگی بھلی ٹھیس لگے گی۔ معاشرتی معیار تے ایہو جئی تہذیب جہدے وچ دھوکھے نوں جائز سمجھیا جائے اوہدا نتیجہ اعتماد ٹُٹن دی صورت وچ ہی نکلے گا۔ ایس دا مطلب ایہہ ہووے گا پئی کاروبار مہنگے ہو جان گے، لڑائی جھگڑے ودھن گے اتے صلح صفائی کرانی مشکل ہو جائے گی۔

جد کوئی شخص دینِ اسلام نوں خیر باد کہندا ہے تے اوس اُتے ایہہ لازم ہے پئی اوہ خاص طور تے حضرت محمد دے ایس نمونے نوں اپنی زندگی وچوں بالکل ترک کرے۔ اسیں سبق نمبر ۷ وچ دوباری ایسے موضوع تے گل کراں گے۔

ذرا آپی سوچو

جس طرح اسلام وچ علم نوں ترتیب دتا جاندا ہے یا ایس دی حفاظت کیتی جاندی ہے اوہدے توں ایہہ جاننا مشکل ہو جاندا ہے پئی خاص موضوعات دے بارے اسلام حقیقتاً کیہہ سکھاندا ہے۔ جھوٹھ بولن دی روایت ایس مسئلے نوں ہور زیادہ گھمبیر بنا دیندی ہے۔

اسلام دے ابتدائی مخزن طویل اتے پیچیدہ ہین نالے قرآن دے متنی مواخذ اُتے شریعت دی حکمرانی دے عمل نوں سمجھنا چنگی بھلی مہارت دا کم ہے جس لئی کافی لمی چوڑی تربیت چاہی دی ہوندی ہے جو زیادہ تر مسلمان حاصل نئیں کر سکدے۔ ایسا دا مطلب ایہہ ہویا پئی عملی اعتبار نال مسلماناں لئی ایہہ مناسب ہے پئی اوہ ایمان دے معاملات دی رہنمائی وچ اپنے عالمِ دین اُتے بھروسہ تے انحصار کرن۔ بے شک اسلامی فلسفۂ قانون مسلماناں لئی ایہہ ہدایت وی صادر کردا ہے پئی دین دے بارے وچ کسے ایسے بندے کولوں پوچھو جہیڑا تہاڈے توں زیادہ علم رکھدا ہووے اتے اوہدی پیروی کرو۔ جے مسلماناں نوں شرعی قانون دے بارے کوئی وی سوال کرنا ہووے تے اوہناں نوں اوس بندے نوں پچھن دی لوڑ ہے جو دینی معاملات وچ مہارت تے وسیع علم رکھدا ہووے۔

اسلامی مذہبی تعلیم وچ جس طرح موجودہ صدیاں وچ بائبل مقدس دی طرح طریقۂ جمہوریت رائج نئیں۔ اسلام وچ بعض چیزاں ایسیاں وی ہین جنہاں نوں بیان کرن دی لوڑ نہ ہووے تے اوہناں اُتے تبادلۂ خیال کیتا ہی نئیں جاندا۔ یا جنہاں وچ اسلام دے بارے بُرا تاثر پایا جاوے۔ اسلام توں متعلقہ معلومات ضرورت دی بنیاد تے بہم پہنچائی جاندیاں ہین۔ بہت سارے مسلمان ایسے وی موجود ہین جنہاں نوں اوہناں دے اسلامی عالماں نے صرف ایہہ کہہ کے ڈانٹ دتا یا چپ کرا دتا پئی "تہاڈا سوال ای غلط ہے"۔

کسے نوں دینِ اسلام دے ایہناں دعویاں دے سببوں خائف ہون دی لوڑ نئیں جو اسلام، قرآن یا حضرت محمد دی سُنت دے بارے اپنی رائے دین دا حق نئیں رکھدے۔ ایس زمانے وچ جد کہ ابتدائی مواخذاتی متن ایہناں موضوعاں اُتے آسانی نال دستیاب ہین ایس لئی ہر مسیحی، یہودی، لادین اتے مسلمان ایس گل نوں جانن لئی ایس موقعے توں فائدہ چُکدیاں ہوئیاں ایہناں معاملیاں اُتے اپنا نظریہ بیان کرے۔ کوئی وی بندہ یا ہر اوہ منکھ جو اسلام توں متاثر ہووے ایس گل دا پورا پورا حق رکھدا ہے پئی اوہ ساریاں گلاں نوں خود سمجھے اور فیر اوہناں بارے اپنی رائے قائم کرے۔

ایہناں اگلیاں حصیاں وچ اسیں یسوع دے حوالے نال اسلامی نظریات تے بحث کراں گے اتے پوری تفصیل نال ایہہ ویکھاں گے پئی اسلامی یسوع نسلِ انسانی نوں حقیقی آزادی کیوں نا دے سکیا۔

حضرت عیسیٰ، اک اسلامی پیغمبر

موموناں نوں اک اہم سوال ضرور کرنا چاہیدا ہے: کیہہ اوہ یسوع ناصری دی پیروی کرن گے یا محمد مکی دی؟ ایہہ اک نہایت اہم فیصلہ ہے جس دے نتائج افراد اتے اقوام لئی کافی بھاری ہو سکدے نیں۔ ایہہ گل عام ہے پئی مسلمان یسوع نوں وی محمد دی طرح اللہ دا پیغمبر من دے ہین پر اوہ اوہنوں "حضرت عیسیٰ" دا ناں دیندے ہین۔ دینِ اسلام دا ایہہ عقیدہ ہے پئی یسوع دی پیدائش معجزانہ طور تے کنواری مریم توں ہوئی جہدی بنا تے اوہ اوہنوں اکثر "ابنِ مریم" مطلب مریم دا پت وی کہندے نیں۔ قرآنِ کریم میں یسوع کو عیسیٰ المسیح یعنی "مسیح" وی آکھیا گیا ہے پر ایس ناں دا کوئی وی مطلب واضح نئیں کیتا گیا۔

قرآن وچ یسوع دا بطور عیسیٰ ویہہ واری ذکر آیا ہے جد کہ ایہد برعکس حضرت محمد دا ذکر صرف چار واری آیا ہے اتے قرآن وچ یسوع دے دوسرے ناواں دی تعداد ۹۳ ہے۔

دینِ اسلام وچ ایہہ تعلیم وی دتی جاندی ہے پئی ماضی وچ اللہ نے حضرت محمد توں پہلاں وی بہت سارے پیغمبر بھیجے سن۔ پر قرآن ایس گل تے وی زور دیندا ہے پئی عیسیٰ سمیت سارے پیغمبر محض عام انساناں ورگے سی۔

قرآن ایہہ وی دعویٰ کردا ہے پئی پچھلے سارے پیغمبر وی اوہو پیغام لے کر آئے سی جہیڑا پیغام حضرت محمد لیائے سی: اسلام دا پیغام۔ مثال دے طور تے، ایس دا دعویٰ ہے پئی لڑن اتے مارن دا حکم نالے جنگ وچ لڑدیاں ہوئیاں شہید ہون والے موموناں لئی جنگ دا وعدہ ماضی وچ موسیٰ اتے عیسیٰ نال وی کیتا گیا سی (ق۹: ۱۱۱) اتے بعدوں ایہی حکم اور وعدہ حضرت محمد دے ذریعے وی جاری ہویا۔ ایہہ سچ ہے پئی اصل یسوع ناصری نے کدی ایس قسم دا کوئی وعدہ نئیں کیتا سی۔

قرآن وچ، عیسیٰ دے حواریاں نے اعلانیہ کہیا سی پئی "اسیں مسلمان آں" (ق ۳: ۵۲؛ ہور ویکھو ق ۵: ۱۱۱) اتے قرآن بیان کردا ہے پئی ابرہام وی نہ یہودی سن نہ مسیحی بلکہ اوہ وی مسلمان سن (ق ۳: ٦٧)۔ بائبل دے کئی ہور کرداراں بارے وی قرآن وچ ایہو لکھیا ہے پئی اوہ سارے دینِ اسلام دے پیغمبر سن جنہاں وچ ابرہام، اضحاق، یعقوب، اسمعیٰل، موسیٰ، ہارون، داؤد، سلیمان، ایوب، یوناہ اتے یوحنا اصطباغی شامل ہین۔

اسلام ایس گل دی ضرور اجازت دیندا ہے پئی جو مبینہ شریعت "انبیائے اسلام" دے وسیلے نال دُنیا وچ آئی اوہ حضرت محمد دی شریعت ورگی ہرگز نئیں سی۔ پر اسلام

دا ایہہ دعویٰ ہے پئی پہلیاں شریعتاں حضرت محمد دی آمد اُتے منسوخ اتے تبدیل ہو گئیاں سن لہٰذا جدوں یسوع دوبارہ آوے گا تے اوہ حضرت محمد دی شریعت دے مطابق حکومت کرے گا:

"کیوں جو پچھلے سارے نبیاں دیاں شریعتاں حضرت محمد کی رسالت کے ظہور دے نال ہی منسوخ ہو گئیاں ہین ایس لئی یسوع مسیح اسلامی شریعت دے مطابق عدالت کرے گا"۔[٦]

> قرآن ایہہ وی دعویٰ کردا ہے پئی حضرت عیسیٰ نوں وی اللہ دی طرفوں اک کتاب دتی گئی سی جس دا ناں "انجیل" سی جیویں حضرت محمد اُتے قرآن نازل کیتا گیا سی۔ انجیل بارے اسلامی عقیدہ ایہہ ہے پئی ایہدی تعلیمات وی قرآن نال ملدیاں جلدیاں سن پر انجیل دا اصل متن کتھے کھو گیا ہے۔ مسلمان ایہہ عقیدہ رکھدے ہین پئی بائبل دیاں انجیلاں صرف تبدیل شدہ مواد تے مبنی ہین اتے ایہناں وچ اصل انجیل دے متن نوں تروڑ مروڑ کے پیش کیتا گیا ہے۔

پر ایہہ وی دعویٰ کیتا جاندا ہے پئی ایس نال وی کوئی فرق نئیں پیندا کیوں جو اللہ نے حضرت محمد نوں اپنا حتمی اتے آخری کلام دے کے ایس دُنیا وچ گھلیا سی۔

بنیادی طور تے، اسلام دی تعلیم اتے بیشتر مسلماناں دا ایہہ عقیدہ ہے پئی اگر یسوع اج زندہ ہوندے تے اوہ مسیحیاں نوں وی ایہو آکھدے پئی "محمد دی پیروی کرو!" ایس دا مطلب ہے پئی اگر کوئی بندہ ایہہ جاننا چاہندا ہے پئی حضرت عیسیٰ نے کیہہ تعلیم دتی سی اور فیر اوہدے بعد اوہ عیسیٰ دی پیروی کرنا چاہندا ہے تے اوہدے لئی اے لازم ہے پئی اوہ حضرت محمد دی پیروی اختیار کردئیاں ہوئیاں دینِ اسلام دی اطاعت کرے: قرآن بیان کردا ہے پئی ہر سچا مسلمان یا ہر سچا یہودی آخرکار ایس گل تے ایمان لیائے گا پئی حضرت محمد اللہ دے سچے رسول ہین (ق ۳: ۱۹۹)۔

قرآن وچ مسیحیاں نوں ایہہ چتاونی دتی گئی ہے پئی اوہ یسوع نوں "خدا دا پُتر" نہ آکھن یا اوہنوں خدا نہ منن۔ ایس گل تے خاص زور دتا گیا ہے پئی عیسیٰ محض اک انسان (ق ۳: ۵۹) اتے اللہ دے غلام سن (ق ۱۹: ۳۰)۔

دینِ اسلام ایہہ تعلیم وی دیندا ہے پئی دُنیا دا خاتمہ ہون توں پہلاں پہلاں حضرت عیسیٰ آ کے یہودیت اتے مسیحیت دونواں نوں اپنے ہتھاں نال ختم کر دین گے۔ زمانۂ آخرت بارے دتی گئی تعلیم دی مدد نال اسیں اسلامی نقطۂ نظر نوں بآسانی سمجھ سکدے آں: سنن ابی داؤد دی ایس حدیث تے غور کرو:

---

[٦] صحیح مسلم، جلد دوم، ص ۱۱۱، حاشیہ نمبر ۲۸۸۔

”[جدوں حضرت عیسیٰ آن گے] اوہ دینِ اسلام دی حکمرانی لئی جنگ لڑن گے۔ اوہ صلیب نوں توڑ دین گے، سؤر نوں مار دین گے اتے جزیہ ختم کر دین گے۔ اللہ دی طرفوں اسلام دے سوا باقی سارے مذہباں نوں دھرتی توں مٹا دتا جائے گا۔ اوہ دجال نوں قتل کرن گے اتے چالیس سال تک زمین تے قیام کرن توں بعد مر جان گے“۔

ایتھے حضرت محمد فرماندے نیں پئی جدوں حضرت عیسیٰ زمین تے واپس آن گے تے اوہ ”صلیب نوں توڑ دین گے“ مطلب مسیحیت دا خاتمہ کر دین گے اتے ”جزیہ ختم کر دین گے“ مطلب اسلامی حکومت وچ رہن والے مسیحیاں اُتے قانونی صلہ رحمی دے قانون نوں ختم کر دین گے۔ ایہدا مطلب ایہہ ہووے گا پئی مسیحیاں کولوں دینِ مسیحیت دی پیروی کرن دی غرض نال جزیہ ادا کرن دا انتخاب کھو لیا جاوے گا۔ مسلمان علمائے دین ایہدی کجھ ایسراں تفسیر بیان کردے ہین پئی جدوں مسلمان یسوع یعنی حضرت عیسیٰ واپس آن گے تے اوہ مسیحیاں سمیت سارے غیر مسلماں نوں اسلام قبول کرن دا حکم دین گے۔

اصلی یسوع ناصری دی پیروی کرنا

اسیں پہلوں ای بیان کر چکے آں پئی لوکاں نوں ایس گل دا فیصلہ آپے کرنا چاہیدا ہے کہ اوہ کدی پیروی کرن گے: یسوع دی یا محمد دی۔ پر مسلمانوں نوں ایہہ گل سکھائی جاندی ہے پئی دونواں دی پیروی برابر ہے: یسوع دی پیروی کرنا حضرت محمد دی پیروی کرن دے مترادف ہے۔ مسلماناں نوں ایہہ سکھایا جاندا ہے پئی حضرت محمد دی اطاعت اتے محبت، یسوع دی اطاعت اتے محبت دے برابر ہے۔ مسلماناں نے تاریخ دے اصلی یسوع یعنی انجیلاں دے یسوع نوں اک ہور یسوع دے نال بدل لیا ہے جنہوں اوہ حضرت عیسیٰ آکھدے ہین یعنی قرآن دا عیسیٰ۔ شناخت دی ایس ادلا بدلی نے خدا سے منصوبۂ نجات تے پردہ پا دتا ہے اور ایہہ پردہ مسلماناں لئی حقیقی یسوع دی تلاش کرن اتے اوہدے پچھے چلن دی راہ وچ اک وڈی رکاوٹ بن چکیا ہے۔

سچ تے ایہہ ہے پئی تاریخ دے اصلی یسوع دی پہچان ساہنوں چاراں انجیلاں توں ہندی ہے جنہاں نوں خاص طور تے یسوع دی حیاتِ اقدس دی یادگار دے طور سے لکھوایا گیا ہے۔ ایہہ انجیلاں یسوع دی زندگی، اوہدی تعلیمات اتے اوس دی خدمت دیاں مسلمہ، معتبر اتے مستند دستاویزات ہین۔ اسلامی تعلیمات تے یسوع دے لگ بھگ ۶۰۰ سال بعد کٹھیاں کیتیاں گئیاں سی لہٰذا ایہناں تحریراں وچ یسوع ناصری دے حوالے نال جو معلومات فراہم کیتیاں گئیاں ہین اوہناں اُتے ہر گز بھروسہ نئیں کیتا جا سکدا۔

جدوں وی کوئی شخص دینِ اسلام نوں ترک کردا ہے تے اوہدے لئی ایہہ ضروری ہے پئی اوہ نال نال حضرت محمد دے نمونے اتے قرآن دے نقلی یسوع نوں وی ترک کرے۔ یسوع دے اک سچے شاگرد دی حیثیت نال اک حقیقی اتے بہترین زندگی گزارن لئی ضروری ہے پئی تسی آپ وی ایہہ ساریاں گلاں یسوع دے اپنے کلام دی راہیں سکھو اتے جو کجھ اوہدے حواریاں نے انجیلاں وچ گواہی دے طور تے لکھیا ہے اوہدے تے وی ایمان لیاؤ جیویں لوقا دی انجیل وچ لکھیا ہے کہ "تاں جو جہیڑیاں گلاں دی تُوں تعلیم پائی اے اوہناں دی پختیائی تینوں پتا لگ جاوے" (لوقا ۱: ۴)۔

ایہہ گل بہت اہمیت دی حامل ہے جہدے بارے مزید تفصیل دے نال اسیں اگے چل کے ویکھاں گے پئی یسوع مسیح دی زندگی اتے موت بارے جاننا روحانی بندھناں توں آزادی حاصل کرن وچ کلیدی مقام رکھدا ہے۔ ایہہ اصلی یسوع ناصری ہی ہے یعنی انجیلاں والا سچا یسوع جو ساہنوں اصلی، حقیقی اتے سچی آزادی دوا سکدا ہے۔

رہنمائے مطالعہ

تیسرا سبق

نویں لفظ

اسلام	پیغمبر	صلوٰۃ
کلمۂ شہادت	اذان	اسلامی نظام کا نفاذ
قرآن	مشرک	صحیح بخاری
سنتِ نبوی	شرک	تقیہ
حدیث	اہلِ کتاب	مسلم اُمہ
سورت	الفاتحہ	انجیل

نویں ناں

- امینا لاول: نائیجیرین عورت (پیدائش ۱۹۷۲ ء)
- عیسیٰ: قرآن وچ یسوع دا نام

سبق وچوں بائبل دے حوالہ جات

لوقا ۱: ۴

سبق وچوں قرآن دے حوالہ جات

قٓ ۳۳: ۲۱	قٓ ۸: ۱۲۔ ۱۳	قٓ ۴: ۴۷	ق ۱: ۱۔ ۷
قٓ ۴: ۸۰	قٓ ۳: ۸۵	قٓ ۵: ۱۵	قٓ ۳: ۲۸
قٓ ۳۳: ۳۶	قٓ ۳۹:۶۵	قٓ ۵۷: ۲۸۔ ۲۹	قٓ ۹: ۱۱۱
قٓ۲۴: ۵۲	قٓ ۹: ۳۰۔ ۳۱	قٓ۳: ۱۱۰	قٓ ۳: ۵۲
قٓ ۴: ۶۹	قٓ ۳: ۶۴	قٓ ۴۸: ۲۸	قٓ ۵: ۱۱۱
قٓ ۴: ۱۱۵	قٓ ۳: ۱۱۳۔ ۱۱۴	قٓ ۵: ۷۲	قٓ ۳: ۶۷

ق ۵۹: ۷	ق ۳: ۱۹۹	ق ۴: ۴۷۔ ۵۶	ق ۳: ۵۹
ق ۹: ۲۹	ق ۹۸: ۱	ق ۵: ۸۲	ق۱۹: ۳۰

تیسرے سبق دے سوال

- مطالعاتی مقدمے تے بحث کرو۔

مسلمان کیویں بنئے

۱. عربی لفظ "اسلام" دا اصل مطلب کیہہ ہے؟

۲. کلمۂ شہادت پڑھن نال تسی کیہہ بن جاندے ہو؟

۳. کلمۂ شہادت پڑھن نال تسی کس دے بارے ایہہ اعلان کردے ہو پئی اج توں بعد اوہ تہاڈا پیشوا ہووے گا؟

۴. حضرت محمد کولوں رہنمائی حاصل کرنے کے دو ماخذ کہیڑے کہیڑے ہین اتے اوہناں دونواں وچ کیہہ فرق ہے؟

۵. حضرت محمد دا نمونہ کنہاں دو قسماں دی لکھتاں وچ درج ہے؟

حضرت محمد دی شخصیت

٦. اللہ دی اطاعت کرنے لئی مسلماناں تے کس دی اطاعت کرنا فرض ہے؟

جے حضرت محمد دی زندگی دے سارے نمونے اللہ دی طرفوں جائز قرار دتے گئے ہین تے فیر سارے مسلماناں لئی ایس بہترین نمونے تے عمل کرنے دا اطلاق کنہاں کنہاں گلاں تے ہوندا ہے؟

۸. ق ۲۴: ۵۲ دے مطابق فتح کا وعدہ کنہاں لوکاں نال کیتا گیا ہے؟

۹. اللہ اتے اوس دے پیغمبر دی نافرمانی کرن والیاں لئی کس سزا دا وعدہ کیتا گیا ہے؟

۱۰. ق ۹: ۲۹ اتے ق ۸: ۱۲۔ ۱۳ دے مطابق، مسلماناں نوں کنہاں دے خلاف جہاد کرنے کا حکم دتا گیا ہے؟

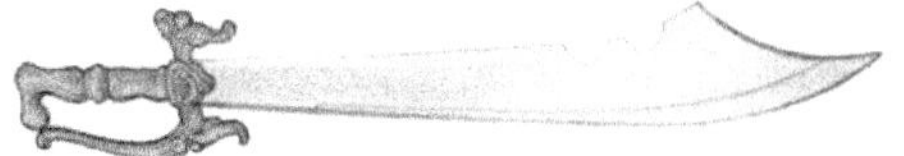

۱۱. ڈُوری صاحب نے حضرت محمد دیاں کجھ قابلِ تعریف صفتاں دا وی ذکر کیتا ہے پر اوہناں وچوں کہیڑیاں ۸ مثالاں حیران کرن والیاں ہین؟

قرآن مجید۔۔ حضرت محمد دی ذاتی دستاویز

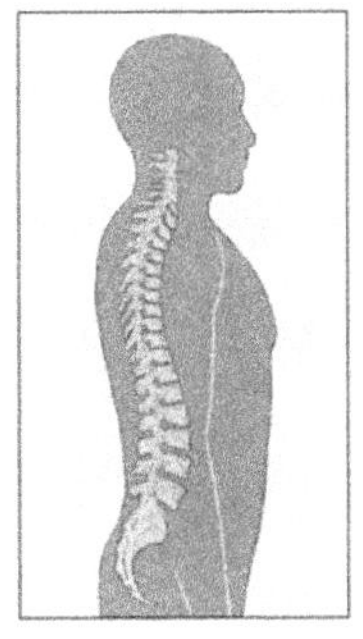

۱۲. جے تسُیں کلمۂ شہادت پڑھدے ہو تے اوہ کہیڑیاں کہیڑیاں چیزاں ہین جنہاں تے ایمان رکھنا اتے جنہاں دی تابعداری کرنا تہاڈے اُتے فرض ہووے گا؟

۱۳. ڈُوری صاحب نے سنتِ نبوی اتے قرآنِ کریم کے درمیان پائے جان والے تعلق نوں واضح کرن لئی کہیڑی مثال پیش کیتی ہے؟

۱۴. اوہ کون ہے جس دے عالمانہ اختیار نوں تسلیم کرنا ساریاں تے فرض ہے پئی اوہ سنت اتے قرآن دی تعلیمات وچوں احکامات دا ایک باضابطہ مجموعہ تشکیل دے سکدا ہے جنہوں "شریعت" آکھیا جاندا ہے؟

۱۵. ڈُوری صاحب دے مطابق، اوہ کہیڑی چیز ہے جس توں بغیر دینِ اسلام دا کوئی وجود نئیں؟

۱۶. شریعت، مقننہ دی راہیں بنائے گئے قانوناں نالوخ فرق کیوں ہوندی ہے؟

" آؤ کامیابی ول"

۱۷. اسلام وچ نماز کے بلاوے نوں کیہہ آکھیا جاندا ہے؟

۱۸. قرآن دا ایہہ بلاوا نسلِ انسانی نوں کنہاں دو قسماں دے لوکاں وچ تقسیم کردا ہے؟

۱۹. اوہ کہیڑے دو طریقے ہین جنہاں دی راہیں دینِ اسلام تفریق اتے احساسِ برتری کی تعلیم نوں عام کردا ہے؟

اک اڈو اڈ دنیا

۲۰. قرآن اتے اسلامی قانون دے مطابق لوکاں نوں کنہاں چار حصیاں وچ تقسیم کیتا جاندا ہے؟

۲۱. جہیڑا بندہ کسے ہستی نوں اللہ دے نال شریک بناندا یا ٹھہراندا ہے اوہنوں حضرت محمد نے کیہہ قرار دتا ہے؟

۲۲. کیوں جو قرآن وچ یہودیت اتے مسیحیت نوں (اہلِ کتاب دا ناں دیندیاں ہوئیاں) ایسیاں قوماں قرار دتا گیا ہے جو پہلوں تے اک خدا تے ایمان رکھدیاں سن پر فیر اوہناں دا عقیدہ بدل گیا۔ اوہناں چار گلاں دا ذکر کرو جنہاں دی بنیاد تے مسلمان آج وی یہودیاں اتے مسیحیاں دی مخالفت کردے نیں:

۱)

۲)

۳)

۴)

۲۳. قرآن وچ یہودیاں اتے مسیحیاں دے حق وچ کہیڑیاں کہیڑیاں مثبت گلاں بیان کیتیاں گئیاں ہین؟

۲۴. اوہ کہیڑے چار الہٰیاتی اعتراض ہین جو مسلماناں ولوں غیر مسلماں اُتے عائد کیتے جاندے ہین اتے یہودیاں تے مسیحیاں نوں کنہاں چار طریقیاں نال دُکھ پہنچایا جاندا ہے؟ اوہناں چاراں دا نال لکھو۔

۱)

۲)

۳)

۴)

۲۵. یہودیاں تے مسیحیاں دے درمیان پائے جان والے تعلق نوں قرآن وچ کس طرح پیش کیتا گیا ہے؟

یہودیاں اتے مسیحیاں دا مسلماناں دی روزمرہ نمازاں وچ ذکر

۲٦. اوہ کہیڑیاں تِن گلاں ہین جو قرآن دی پہلی سورت فاتحہ مطلب "شروعات" نوں خاص بناندی ہے؟

۲۷. ڈُوری صاحب دے مطابق، سورت فاتحہ وچ کنہاں لوکاں دی طرف اشارہ کیتا گیا ہے پئی اوہ گمراہ ہو چکے ہین اتے جنہاں نے اللہ دا غضب کمایا ہے؟

شریعت دے مسئلے

۲۸. شریعت توں پیدا ہون والے مسلیاں دا بنیادی ماخذ کیہہ ہے؟

۲۹. کسے قوم دی تہذیب نوں اسلامی شریعت دے مطابق ڈھالن والے عمل دا ناں کیہہ ہے؟

۳۰. ڈُوری صاحب نے شریعت دے حوالے نال جنہاں چھ مسلیاں دی شناخت کیتی ہے اوہناں دے ناں لکھو:

۱)

۲)

۳)

۴)

۵)

۶)

امینا لاول دا مقدمہ

۳۱. ۱۹۹۹ء وچ نائیجیریا دے ملک چ کس تبدیلی دے نتیجے وچ امینا لاول تے زناکاری دا الزام لایا گیا سی؟

۳۲. شرعی عدالت دے جج نے کہدے نمونے نوں مدِنظر رکھدیاں ہوئیاں امینا لاول نوں سنگسار کرن دا حکم جاری کیتا سی؟

۳۳. ڈُوری صاحب نے اسلام دے قانونِ سنگساری تے کہیڑے کہیڑے چھ اعتراض کیتے ہین:

۱)

۲)

۳)

۴)

۵)

۶)

قانونی دھوکہ دہی

۳۴. ڈُوری صاحب دے مطابق اوہ کہیڑے مختلف حالات ہین جنہاں دے پیشِ نظر مسلماناں نوں جھوٹ بولن دی چھوٹ دتی گئی ہے؟

۳۵. تقیہ توں کیہہ مراد ہے؟

۳۶. ڈُوری صاحب نے عادتاً جھوٹ بولن دے کہیڑے کہیڑے اخلاقی نقصان بیان کیتے ہین؟

ذرا آپی سوچو

۳۷. ایمان توں متعلقہ معاملیاں وچ رہنمائی لئی مسلمان سب توں زیادہ کس تے بھروسہ کردے ہین؟

۳۸. انٹرنیٹ دے ایس جدید دَور وچ جدوں اسلام توں متعلقہ سارے بنیادی ذرائع ساڈی دسترس وچ ہین اوس حساب نال ڈُوری صاحب نے ساہنوں کیہہ کرن دی تلقین کیتی ہے؟

⁂

اسلامی پیغمبر حضرت عیسیٰ

۳۹. لوکاں نوں کہیڑے کہیڑے اہم چناؤ دا سامنا ہے؟

۴۰. اوہ کہیڑا ناں ہے جو قرآن وچ زیادہ واری آیا ہے: محمد یا عیسیٰ (یسوع)؟

۴۱. دینِ اسلام دے مطابق حضرت محمد نے کہیڑی شے نوں منسوخ کر دتا سی؟

۴۲. قرآن دے مطابق، انجیل کیہہ ہے؟

۴۳. حدیثاں دے مطابق، جدوں حضرت عیسیٰ واپس آن گے تے اوہ کیہہ کرن گے؟

اصلی یسوع ناصری دی پیروی کرنا

۴۴. مسلماناں نوں یسوع دی پیروی کرن بارے کیہہ کجھ سکھایا جاندا ہے؟

۴۵. ایس طرح مسلماناں توں کہیڑیاں کہیڑیاں گلاں چھپائیاں جاندیاں ہین؟

۴۶. اسی اصلی یسوع ناصری دے بارے ٹھوس معلومات کس مستند ذرائع توں حاصل کر سکدے آں؟

۴۷. قرآن دے عیسیٰ اتے انجیلاں دے یسوع وچ فرق پتہ کران دی اہمیت نوں سمجھنا تے جاننا کیوں ضروری ہے؟

۴

حضرت محمد دا ٹھکرایا جانا

''اپنے دُشمناں نوں پیار کرو۔ جہیڑے تہاڈے نال ویر رکھن اوہناں دا بھلا کرو۔''

لوقا ٦: ٢٧

سبق دے مقاصد:

الف۔ حضرت محمد دی عرب وچ گزارے گئے ابتدائی اتے دُکھاں نال بھرے ہوئے ۴۰ ورھیاں دے قابلِ تعریف پہلوؤں دی نشاندہی کرنا۔

ب۔ غور کرنا پئی حضرت محمد دی ذات وچ موجود ارتدادِ خودی اتے فقدانِ خودی نے مکے وچ قیامِ اسلام دے لئی کس طرح جزئیاتِ لازم دا کردار ادا کیتا سی۔

ج۔ ایس گل نوں سمجھنا پئی وحی دی شکل وچ نازل ہون والیاں مکی "سورتاں" نوں کس طرح حضرت محمد نوں سچا ثابت کرن لئی اتے اہلِ مکہ دی لعن طعن تے ایذارسانی توں بچان لئی استعمال کیتا گیا۔

د۔ حضرت محمد دی مکی زندگی دے قابلِ تعریف کلیدی کرداراں دی نشاندہی کرنا: اوہناں دے پکے حمایتی اتے اوہناں دے جانی دشمناں وچ نکھیڑا کرنا۔

ہ۔ ایس گل نوں سمجھنا پئی حضرت محمد دا نظریۂ فتنہ بطورِ ایذارسانی یا آزمائش کس طرح اک گھمسان دی لڑائی دے عقیدے وچ بدلیا جس دی شروعات مکی دَور سے آخری دناں توں ہوئی تے مدنی دَور تک جاری رئی۔

و۔ ایس گل نوں ویکھنا پئی کس طرح بدلے اتے انتقام دی اگ حضرت محمد دے الہٰیاتی نظریات اتے بے ایماناں بالخصوص یہودیاں دے نال اوہناں دے برتاؤ تے اثر انداز ہوئی۔

ز۔ ایہہ جاننا پئی حضرت محمد نے اپنے ٹھکرائےجان دا بدلہ کیویں لیا جو بعدوں دینِ اسلام دی عالمی سطح تے مظلومیت اتے جبر دا شکار بنن دی علامت بنیا۔

ح۔ ایس گل نوں سمجھنا پئی حضرت محمد دی ذات وچ جنہیاں برائیاں تے خرابیاں پائیاں جاندیاں سن اوہ اج دے مسلماناں وچ وی صاف ویکھیاں جا سکدیاں نیں خاص طور تے شریعت دی اثر انگیزی دے تناظر وچ اوہناں برائیاں دی نشاندہی کرنا۔

ط۔ اسلام نوں تیاگن والیاں دی حوصلہ افزائی کرنا پئی او حضرت محمد دے کردار اتے اوہناں دے اسوۂ حسنہ دیاں بیڑیاں نوں وی توڑ سُٹن۔

مطالعاتی مقدمہ: تُسی کیہہ کرو گے؟

تہاڈا پیشہ تہاڈے کولوں ایہہ تقاضا کردا ہے پئی تسی اپنیاں مہارتاں وچ مزید بہتری لیان لئی مخصوص سیمیناراں وچ شرکت اختیار کرو۔ ایسی ہی اک ورکشاپ دے دوران تہانوں اک ایسے گروپ وچ بیٹھن دا موقع ملدا ہے جنہاں وچ اک کٹر مسلمان، اک

خبطی قسم دا ملحد، اک نامی کیتھولک اتے تسی شامل ہو۔ ایس ٹیم دے نال مل کے کم کر دیاں ہوئیاں تہانوں اکثر اوہناں دے نال کٹھے بہہ کے کھانا کھان دا موقع وی ملدا رہندا ہے۔ ایسی طرح دے اک کھانے دے دوران مسلمان بندہ ایہہ فیصلہ کردا ہے پئی تہانوں او سارے ظلم دے واقعے گنوائے جو صدیاں توں مسیحیاں ولوں مسلماناں اُتے ڈھائے جا رئے نیں جنہاں وچ اوہ وی ساریاں شر انگیزیاں شامل نیں جنہاں دی اج وی مسلمان ملکاں اُتے یلغار جاری اے۔ فیر اوہ اپنا نقطۂ نظر پیش کردیاں ہوئیاں ایہہ کہندا ہے پئی ”مسلماناں اُتے بڑا ظلم کیتا جاندا ہے ایس لئی اوہ اک مظلوم قوم نیں اور چونکہ ایہہ تمام ظلم ہمیشہ مسیحیاں ولوں ڈھائے جاندے ہین ایس لئی مَیں سمجھنا واں پئی مسیحی بہت ظالم ہوندے نیں“۔ ملحد بندہ وی اوہدی ہاں وچ ہاں ملاندیاں ہوئیاں صلیبی جنگاں دے ناں تے لڑیاں جان والیاں ”مذہبی لڑائیاں“ دے ذریعے مسلماناں اُتے کیتے جان والے تابڑ توڑ حملیاں دی مخالفت کردا ہے۔ کیتھولک بندے دا مونہہ غصے نال لال پیلا ہو جاندا ہے اتے اوہ مدد واسطے تہاڈے ولوں ویکھدا ہے۔

ایسی صورتحال وچ تسی اوس مسلمان اتے ملحد نوں کیہ جواب دیو گے کیوں جو اوہ دونویں وی تہاڈے ول ہی ویکھ رئیے نیں؟

حضرت محمد دینِ اسلام دے اصل روحِ رواں ہین۔ ایس سبق وچ اسی حضرت محمد دی زندگی دے چند اوہناں تلخ تجربات تے مشکلات دا سرسری جائزہ لواں گے جنہاں اُتے اوہناں انتہائی خطرناک طریقے نال اک ضرر رساں قسم دے ردِ عمل دا مظاہرہ کیتا سی۔

خاندانی شروعات

حضرت محمد سن ۵۷۰ء چ عرب دے اک شہر مکے اتے قریش قبیلے وچ پیدا ہوئے۔ اوہناں دے پیو دا ناں عبداللہ بن عبدالمطلب سی جو اوہناں پیدائش توں پہلاں ہی فوت ہو چکے سن۔ ابتدائی زندگی توں ہی اوہناں دی پرورش اک ہور رضاعی خاندان وچ ہوئی سی۔ جدوں اوہناں دی عمر چھ ورھے سی تے اوہناں دی ماں دا وی انتقال ہوگیا۔ ایس توں بعد کجھ عرصے تک اوہناں دے دادے نے اوہناں دے کفالت کیتی پر جدوں اوہ اٹھ سال دے ہوئے تے دادا جی وی اللہ نوں پیارے ہوگئے۔ ایس توں بعد اوہ اپنے چاچے ابو طالب دے نال رہن لگے۔ اوہناں دے کول رہندیاں ہوئیاں محمد نے اپنے چاچے دے اونٹاں تے بھیڈاں دی دیکھ بھال کرنا شروع کر دتی۔ بعد وچ اوہناں نے کہیا پئی ”تاریخ وچ ایسا کوئی نبی نئیں گزریا جنہیں بھیڈاں دی گلہ بانی نہ کیتی ہووے“۔ انج اوہناں نے اپنے حقیر درجے نوں وی قدر و منزلت دا نشان قرار دتا۔

بھانویں اوہناں دے دوجے چاچے چنگے بھلے امیر کبیر سن پر انج لگدا ہے پئی اوہناں نے حضور دی کوئی مدد نہ کیتی۔ قرآن وچ اک ہور چاچے ابو لہب دا عبرتناک ذکر ملدا ہے جہدے ناں دا مطلب "شعلے دا پیو" دسیا گیا ہے پئی کیوں جو اوہنے حضرت محمد دی مخالفت کیتی سی ایس لئی او جہنم دے شعلیاں وچ سڑے گا۔

> "ابولہب دیاں دونویں بانہواں بھجن اتے او آپ وی مرے گا! نا اوہدی دولت کسے کم آؤنی نا اوہدی ساری کمائی۔ لومبیاں والی اگ نیں اوہناں ساڑھ کے سوا کر دیناں اے اتے اوہدی بُڈھی نے وی جہنم دی اگ دا بالن بن جانا اے اتے اوہدی دھون وچ پیڈی رسی پائی جاوے گی" (ق ۱۱۱)۔

ویاہ تے خاندان

حضرت محمد اوس ویلے پنجیھ (۲۵) ورھے دے شیہہ جوان سن اتے اک امیر پر بیوہ عورت حضرت خدیجہ لئی تجارت دا کم کر دے سن جنہیں اوہناں نوں ویاہ دی پیشکش کیتی۔ بی بی خدیجہ حضرت محمد توں عمر وچ وڈی سی۔ ابنِ کثیر دی اک روایت دے مطابق حضرت خدیجہ نوں ایہہ ڈر سی پئی اوہدا پیو ایس ویاہ ولوں نا کر دے گا ایس لئی جدوں اوہ شراب وچ دھت ہویا پیا سی تے ایہناں دونواں نے ویاہ کر لیا۔ جد اوہدے پیو نوں ہوش آئی تے اوہنوں ایہہ گل سُن کے بڑا وٹ چڑھیا۔

عربی تہذیب وچ اک مرد نوں اپنی بیوی دی قیمت ادا کرنی پیندی سی جس دے بعد فیر اوہ اوہدی ملکیت بن دی سی۔ جے اوہدا شوہر مر جاندا سی تے اوہنوں اوس شوہر دی جائیداد دا حصہ سمجھیا جاندا تے اوہدا وارث جے چاہندا تے اوہدے نال شادی وی کر سکدا سی۔ عام رسم دے اُلٹ، بی بی خدیجہ ایک طاقتور اتے امیر کبیر عورت سی۔ حضرت محمد دے حالاتِ زندگی لکھن والے مؤرخ ابنِ اسحٰق نے بی بی خدیجہ نوں اک "پروقار اتے مالدار" عورت دے طور تے پیش کیتا ہے پر محمد صاحب خود خاندانی غریب سن۔ بی بی خدیجہ دا ایس توں پہلاں وی دو واری ویاہ ہوچکیا سی۔ اوس ویلے دے عربی رواج اتے خدیجہ تے محمد دی آپس وچ ساکا چاری حیران کن سی۔

بی بی خدیجہ اتے حضرت محمد چاہندے سی پئی اوہناں دے گھر چھ بچے پیدا ہون (کجھ روایات دے مطابق ست بچے)۔ پر حضرت محمد دے گھر تن (یا چار) مُنڈے پیدا ہوئے پر او سارے بچپن وچ ہی فوت ہو گئے۔ ایس لوئی اوہناں نوں کوئی والی وارث نہ ملیا۔ بے شک ایہہ گل اوہناں دے خاندان لئی بڑی ہی پریشان والی گل سی۔

بہر حال، حضرت محمد دے نجی حالات بہت ہی دکھ بھرے سی جیویں بچپن وچ اوہناں دا اپنا یتیم ہو جانا، اوہناں دے دادے دا مرگ، اپنی غریبی وچ رشتے داراں اُتے انحصار، اوہناں دے سوہرے دا شرابی ہونا، اپنے بچیاں دا جانی نقصان اتے طاقتور

رشتے داراں ولوں سخت مخالفت تے ظلم دی شکار بننا۔ ایس حد تک ٹھکرائے جان دے باوجود وی اوہناں دے چاچے ابو طالب دا اوہناں دی دیکھ بھال کرنا اتے بی بی خدیجہ ورگی امیر عورت نال ویاہ ہونا اوہناں لئی کسے حد تک سکون دیاں گلاں سن جہدے سببوں اوہناں دی غریبی دے دن جاندے رئیے۔

اک نویں مذہب دی بنیاد رکھی جاندی ہے (مکہ)

حضرت محمد دے خاندانی حالات پہلوں ای بڑے مشکل سی پر جدوں اوہناں نے اک نویں مذہب دی بنیاد رکھی تے اوہناں دی مشکلاں ہور ودھنا شروع ہو گئیاں۔

جدوں حضرت محمد چالیہہ ورھے دے ہوئے تے اوہناں نوں اک روح وکھائی دین لگی۔ بعد وچوں پتہ لگیا پئی اوہ جبرائیل فرشتہ سی۔ حضرت محمد ایس روح دے نظر آن تے بہت زیادہ پریشان ہو گئے اتے سوچن لگے پئی کِتے مینوں بدروحاں تے نئیں چمڑ گئیاں۔ ایتھوں تک کہ اہنوں نے ایہہ سوچ کے خود کشی کرن بارے وی سوچیا پئی ”مَیں وڈے پہاڑ دی چوٹی تے جا کے اوتھوں اپنے آپ کو تھلے سُٹ دواں گے تاں جو میرا خاتمہ ہو جائے اتے میری روح نوں سکون ملے“۔ پر اوہناں دی زوجہ بی بی خدیجہ نے اوہناں نوں بڑی تسلی دتی اتے اپنے چچیرے بھرا ورقہ بن نوفل کول لے گئی جنہاں اوہناں نوں دسیا پئ تہاڈے اُتے کسے بدروح دا کوئی سایہ نئی بلکہ تہانوں اللہ ولوں نبی چُنیا گیا ہے۔

بعدوں جدوں فیر کجھ عرصے لئی وحی نازل ہونا بند ہو گئی تے اوہ فیر خود کشی کرن بارے سوچن لگے اتے اوہناں نوں ہر واری اپنے آپ نوں پہاڑ توں تھلے سُٹن دا خیال آندا سی۔ فیر جبرائیل فرشتہ اوہناں تے دوبارہ ظاہر ہویا اور اوہناں نوں یقین دوایا پئی ”اے محمد، تسی حقیقت وچ اللہ دے پیغمبر ہو“۔

انج لگدا ہے پئی حضرت محمد نوں ایس گل دا ڈر سی پئی کِتے اوہناں نوں دھوکھے باز سمجھ کے رد ہی نہ کر دتا جائے پر اللہ دی طرفوں اک سورت نازل ہوئی جہدے وچ حضرت محمد نوں ایہہ یقین دوایا گیا پئی نہ اوہناں نوں پہلوں رد کیتا گیا سی اور نہ ہی اگوں کدی کیتا جاوے گا (ق ۹۳)۔

شروع شروع وچ مسلمان برادری دی ترقی بہت ہولی ہولی ہوندی رئی۔ سارئیاں توں پہلاں بی بی خدیجہ نے اسلام قبول کیتا سی۔ اتے دوجے اوہناں دے نو ورھے دے چچیرے بھرا حضرت علی سن جو حضرت محمد دے نال اک ہی گھر وچ پروان چڑھے سن۔ ایس توں بعد جہیڑے جہیڑے لوک دائرہ اسلام وچ داخل ہوئے اوہناں وچ بوہتے غریب، غلام یا غلامی توں آزاد کیتے ہوئے لوک سن۔

حضرت محمد دا اپنا قبیلہ

شروع وچ تے اوہناں دے پیروکاراں نے نویں مذہب نوں لُکا کے رکھیا پر تن ورھیاں بعد حضرت محمد نوں اللہ دی طرفوں ایہہ پیغام ملیا پئی ہن عوام نوں کھلم کھلا دسیا جائے۔ ایس کر کے اوہناں نے اپنے سارے ٹبر نوں سدھیا تے اپنے سارے رشتے داراں نوں وی اسلام قبول کرن دی دعوت دتی۔

حضرت محمد دا تعلق عرب دے مشہور قبیلے قریش توں سی جہدے لوک شروع وچ تے اوہناں دیاں گلاں من دے رئیے پر فیر جدوں محمد نے اوہناں دے بُتاں دی مخالفت کرنا شروع کیتی تے اوہناں دے تیور بدلن لگے۔ ابنِ اسحق دسدے نیں پئی ایس توں بعد مسلماناں نوں "حقیر اقلیت" کہیا جان لگیا۔ آپس دی مخالفت اینی ودھ گئی کہ وڈی لڑائی شروع ہوگئی۔

ہولی ہولی ایہہ مخالفت بہت ودھ گئی پر حضرت محمد دے چاچے ابو طالب نے اوہناں دی مخالفت کیتی۔ جدوں مکے دے دوجے لوک ایہہ کہندے ہوئے اوہناں دے کول آئے "اے ابو طالب! تہاڈے بھتیجے نے ساڈے بُتاں اُتے لعنت کر کے ساڈے مذہب دی توہین کیتی ہے۔ یا تسی آپ ایہنوں منع کر لو نئی تے اسی فیر اپنے طریقے نال ایہدا علاج کراں گے"۔ حضرت ابو طالب نے اوہناں سبھناں نوں پیار نال سمجھایا تے اوہ واپس چلے گئے۔

بے دین عرباں نیں حضرت محمد دے قبیلے نال معاشی تے معاشرتی تعلق ختم لئے اتے کاروبار تے رشتے ناتے وسب مُکا دتے۔ اپنی غریبی دی وجہ توں مسلمان کمزور ہو گئے۔ ابنِ اسحق قریش دے ہتھوں اوہناں دے سلوک بارے کجھ ایہہ گلاں دسدے نیں پئی:

> "فیر قریش نے رسول دے حواریاں نال اپنا گوڑھا کرودھ وکھایا۔ جہیڑے جہیڑے قبیلے وچ مسلمان سن اوہناں تے حملے کیتے۔ اوہناں نوں قید کیتا۔ اوہناں نوں ماریا کوٹیا۔ اوہناں دے نال کھانا پینا بند کر دتا اتے اوہناں نوں مکے دی تپدی گرمی چ رکھیا تاں جو اوہ اپنا مذہب چھڈ دین۔ کئی تے ایس دُکھوں مذہب ای چھڈ گئے پر کجھ نے برداشت کیتا اتے اللہ نے وی اوہناں دی حفاظت کیتی"۔ [۷]

حضرت محمد نے آپی اپنے آپ نوں ایہناں خطریاں تے توہین آمیز رویاں دا سامنا کرن توں نہ بچایا، اوہناں تے کوڑا سُٹیا گیا بلکہ جدوں اوہ نماز پڑھ رئیے سن اوہناں اُتے جانوراں دا فضلا وی سُٹیا گیا۔

---

[۷] اے گولیوم، ''دی لائف آف محمد''، ص ۱۴۳۔

جدوں ایہہ ایذا رسانی ختم نہ ہوئی تے تراسی (۸۳) مسلمان خاندان پناہ لین لئی مسیحی ملک ابی سینیا وچ ہجرت کرگئے جتھے اوہناں نوں امان ملی۔

⁂

ایہناں اگلیاں حصیاں وچ اسی ویکھاں گے پئ حضرت محمد نے مکہ وچ خود ہی اپنے لوکاں دے ہتھوں ٹھکرائے جان تے کس ردِ عمل دا اظہار کیتا سی۔

اپنی ذات تے شبہ اتے خود نوں درست ثابت کرن دی کوشش

اوہ وقت وی آیا جدوں قریش دی مخالفت دے سببوں حضرت محمد کا اللہ دی ذات اُتے خود اپنا ایمان وی ڈولن لگا۔ اوہناں نے ایہہ شرط پیش کیتی پئی جے حضرت محمد ساڈے بُتاں دی پوجا کرن گے تے فیر اسیں وی اللہ دی عبادت کراں گے۔ پر جدوں اللہ دی طرفوں قرآن ۱۰۹: ٦ دیاں آیتاں نازل ہوئیاں تے حضرت محمد نے ایہہ کہہ کے انکار کر دتا پئی "تمہارا دین تہاڈے لئی اور میرا دین میرے لئی!" پر حضرت محمد وی ضرور جھجھک رئیے ہون گے کیوں جو الطبری بیان کردے ہین پئی جدوں ایہناں دِناں وچ آنحضور اُتے ق ۵۳ نازل ہوئی تے اوہناں وچ مکے دیاں دیویاں لات، عُزیٰ اتے منات دا ذکر آیا جہدی وجہ توں اوہناں نوں "شیطانی آیتاں" دا ناں دتا گیا۔ "ایہہ دیویاں لمی گردن والے لم ٹینگ (بگلے) نیں جنہاں دی شفاعت منظور ہوندی اے"۔

جدوں اوہناں نے ایہہ آیت سُنی تے بے دین قریش خوش ہو گئے اتے مسلماناں دے نال رل کے نماز پڑھن لگے۔ پر جبرائیل فرشتے نے حضرت محمد نوں ملامت کیتی جہدے تے اوہناں نے اعلان کیتا پئی ایہہ آیت مینوں شیطان ولوں ملی سی ایس لئی ایہنوں منسوخ (حذف) کر دتی گئی ہے۔ ایہدے بعد تے قریش حضرت محمد اتے اوہدے چیلیاں دے ہور ویری بن گئے۔

بعدوں حضرت محمد نوں اک ہور ایویں دی آیت ملی جہدے وچ ایہہ دعویٰ کیتا گیا سی پئی میرے توں پہلاں جنے وی نبی آئے اوہناں سب نوں شیطان نے گمراہ کر دتا سی (ق ۲۲: ۵۲)۔ ایس گل وچ وی ساہنوں صاف نظر آندا ہے پئی حضرت محمد خود نوں دوجے نبیاں توں افضل دس رئیے سن۔

ایہوں جہیاں گلاں دے سببوں جدوں اوہناں اُتے عوام نوں دھوکھا دین دا اروپ لگا تے ایس گل دا اوہناں نوں ڈاہڈا صدمہ پہنچیا۔ تد حضرت محمد نوں اللہ دی طرفوں اوہ آیتاں ملیاں جنہاں دے وچ اوہناں تسلی دتی گئی اور اوہناں دیاں گلاں نوں سچا ثابت کیتا گیا پئی اللہ دی نظر وچ اوہناں دا کردار صاف، دل پاک اتے سوچ غلطی خطا توں پاک ہے (ق ۵۳: ۱۔ ۳؛ ق ٦۸: ۱۔ ۴)۔

حدیثاں دیاں کئی روایتاں ایہہ دسدیاں ہین پئی حضرت محمد اپنی نسل، قبیلے، خاندان اتے اپنی جمن بھوں نوں دوجیاں نالوں وادھو اتے افضل سمجھدے سی۔ اپنے ناجائز اولاد ہون دے الزام بارے اوہ آکھدے سی پئی آدم توں لے کے اوہناں دے پیو دادیاں دی سب اولاد شادی دے پاک بندھن راہیں جائز طریقے نال پیدا ہوئی سی۔ وہ بہترین عرب قوم دے بہترین ہاشمی قبیلے دے بہترین بندے سن۔ اوہناں نے ایہہ وی آکھیا پئی "مَیں روحانیت دے لحاظ نال اتے ماپیاں دے لحاظ نال تہاڈے ساریاں وچوں افضل آں۔۔۔ مینوں خاص طور تے چُنیا گیا ہے ایس لئی جو کوئی عربیاں نال محبت رکھدا ہے اور میری وجہ اتے میری راہیں اوہناں نال محد رکھدا ہے۔"

اسلامی فلاح دا نظریہ تے جتن ہارن دی زبان حضرت دے مکے وچ رہن دے ۱۳ ورھیاں دے دوران قرآن وچ شامل ہونا شروع ہوئی سی۔ مثال دے طور تے، حضرت موسیٰ اتے مصر دے بت پرستاں دے وچکار ہون والے جھگڑے دا قرآن وچ بار بار حوالہ دے کے جتن اتے ہارن والیاں دے بارے خاص تعلیم دتی گئی ہے (ق ۲۰: ۶۴، ۶۸؛ ق ۲۶: ۴۰۔ ۴۴)۔ پر ایہہ صرف مکی زمانے دی گل سی جہدے وچ حضرت محمد نے اپنے اتے اپنے مخالفاں دے درمیان کامیابی دی اصطلاح نوں استعمال کیتا۔ اوہناں نے قرآن دی دسویں سورت وچ آپ دسیا سی پئی جہیڑے لوک اللہ دی وحی نوں رد کردے ہین اوہ نقصان چکن والیاں وچوں ہون گے (ق ۱۰: ۹۵)۔

ہور ٹھکرایا جانا اتے نویں حلیف

کجھ دیر لئی تے حالات حد توں زیادہ وگڑ گئے کیوں جو حضرت محمد دی بیوی بی بی خدیجہ اتے اوہناں دا چاچا ابو طالب اک ای سال وچ وفات پا گئے سی۔ ایہہ اوہناں لئی اک بہت وڈا صدمہ سی۔ جدوں قریش دے لوکاں نےویکھیا پئی اوہناں دی حمایت تے حفاظت کرن والے دُنیا توں چلے گئے نیں تے اوہ حضرت محمد اتے اوہناں دے دین دی مخالفت وچ ہور زیادہ دلیر اتے سرگرم ہو گئے۔

عرب معاشرہ آپس وچ الحاق اتے آپسی تعلقات وچ ونڈیا ہویا سی۔ ایہو جئے تعلقات اتے رشتیاں وچ کسے وڈے دا سر تے ہونا بہت وڈی پناہ منیا جاندا سی۔ ایس لئی حضرت محمد اتے اوہناں دے حواریاں نوں جدوں ہور زیادہ لعن طعن اتے مخالفت دا سمنا کرنا پیا تے اوہناں نے متبادل محافظاں دی تلاش شروع کیتی۔ اوہ لوک اوہناں دے ایس قدر جانی دشمن بن گئے سن پئی اک دن جدوں اوہ طائف شہر ول جا رئیے سن تے بہت سارے لوکی اوہناں دے پچھے لگ گئے اتے اوہناں نوں شہر دے وچوں باہر کڈھ کے چھڈیا۔

اسلامی روایت دسدی ہے پئی طائف توں واپسی تے اوہناں دی ادھی رات دے ویلے ملاقات جناں (بدروحاں) نال ہوئی جنہاں نوں اوہناں نے نماز کے دوران قرآن دیاں

آیتاں دا ورد کر دیاں ہوئیاں سُنیا۔ ایہناں آیتاں نے اوہناں جناں نوں ایہنا متاثر کیتا کہ اوہ سارے اوسے ویلے اوہناں تے ایمان لے آئے۔ پھر ایہہ مسلمان بدروحاں دوجے جناں نوں اسلام دی دعوت دین ٹُر گئیاں۔ ایس واقعے دا قرآن وچ دو جگہ ذکر آیا ہے (ق ۴۶: ۲۹۔ ۳۲؛ ق ۷۲: ۱۔ ۱۵)۔

ایہہ واقعہ دو وجوہات دی بنا تے خاص اہمیت رکھدا ہے۔ پہلاں، ایہدا تعلق حضرت محمد دے خود نوں سچا نبی قرار دین دے دعوے نال تعلق رکھدا ہے کیونکہ اوہناں نے بعدوں ایہہ دعویٰ وی کیتا سی پئی حالانکہ طائف دے انساناں نے مینوں ٹھکرا دتا سی پر اوتھوں دے جناں نے مینوں پہچانیا تے منیا پئی توں اللہ دا سچا پیغمبر ہین۔

دوجا، جناں دے خدا پرستی دی راہ اختیار کرن دی تعلیم نوں عام کرن دے نال مسلماناں نے دین اسلام وچ بدروحیاں دے داخلے دی راہ کھول دتی۔ حضرت محمد دی زندگی دے ایس واقعے اتے مسلمان جناں دے حوالے دے سببوں مسلماناں نوں اک گل لبھ گئی پئی اوہ (مسلم) روحانی دنیا دے نال وی رابطہ قائم کر سکدے ہین۔ مسلماناں دے سفلی دُنیا دے نال رابطہ قائم کرن بارے قرآن اتے حدیثاں دونواں وچ کئی حوالے ملدے ہین پئی ہر انسان لئی اک اک ”قرین (qarin)“ مطلب آشنا روح مقرر کیتی گئی ہے (ق ۴۳: ۳۶؛ ق ۵۰: ۲۳، ۲۷)۔

دوجے پاسے مکے وچ حضرت محمد دے حالات کجھ زیادہ چنگے نظر نئیں آئیے سن۔ فیر اوہناں نوں اک ایہو جیہا معاشرہ وی مل گیا جو اوہناں دی محافظت لئی ہر ویلے تیار رہندا سی۔ ایہہ یثرب (اوہ علاقہ جہیڑا بعدوں مدینہ کہوایا) دے عربی سن۔ ایس شہر وچ بہت سارے یہودی رہندے سن۔ مکے وچ سال بہ سال اک میلہ ہوندا سی جتھے آن والے لوکاں دی اک پوری منڈلی نے حضرت محمد اُتے ایمان لیان دے ذریعے اپنی وفاداری اتے اطاعت گزاری دا وعدہ کیتا نالے اپنے ایس وعدے دے نال نال اوہناں نے اپنی پوری زندگی اللہ دی توحید دا پرچار کرن واسطے وقف کرن دا اعلان وی کیتا۔

ایس پہلے معاہدے وچ جنگ کرن بارے کوئی وعدہ وعید نئیں ہویا سی پر اگلے سال دے میلے وچ مدینے دے لوکاں دی اک وڈی جماعت نے اوہناں دی محافظت دا بیڑہ چُک لیا بالکل اوویں ای جیویں حضرت محمد چاہ رئیے سن۔ مدینے دے لوکاں نے جنہاں نوں انصار یعنی مددگار کہیا جاندا سی، رسول دی کامل اطاعت وچ اوہناں ولوں جنگ کرن دی پوری ذمے واری وی اپنے اُتے چُک لئی۔

ایس توں بعد ایہہ فیصلہ ہویا پئی مسلمان سیاسی تحفظ لئی ہجرت کر کے مدینے چلے جان گے۔ حضرت محمد ہجرت کرن والیاں وچوں سب توں آخری بندے سن۔ اوہ ادھی رات نوں پشلی کھڑکی ولوں نکلے۔ جدوں اوہ مدینے پہنچے تے اوتھے اوہناں نے بے روک ٹوک اپنے پیغام دی تبلیغ کرنا شروع کر دتی جہدا نتیجہ ایہہ نکلیا

پئی اک سال دے اندر اندر مدینے سے سارے لوکاں نے اسلام قبول کر لیا۔ اوس ویلے حضرت محمد دی عمر صرف ۵۲ سال توں تھوڑی زیادہ سی۔

مکی ورھیاں دے دوران، حضرت محمد ہوراں نوں اوہناں دے اپنے گھر تے قبیلے والیاں نے ٹھکرا دتا ہویا سی۔ کجھ لوکاں تھوں علاوہ صرف ماڑیاں تے غریب لوک اوہناں تے ایمان لیائے، اوہناں نوں ٹھٹھیاں وچ اُڈایا گیا، دھمکایا گیا، ذلیل تے رسواء کیتا گیا اتے باقیاں نے اُوہناں اُتے ہلا بول کے اوہناں نوں قتل کرن دی وی کوشش کیتی۔

شروع شروع وچ تے حضرت محمد ہوراں نوں آپ ای مخالفت تھوں ڈر دیاں ہوئیاں اپنی نبوتی بلاہٹ دا یقین نئیں سی ہو رئیا۔ اک ویلا اوہ وی آیا جدوں اوہناں نیں بنی قریش دے دیوی دیوتیاں نوں قبول وی کرلیا۔ پر آخر وچ، ساری مخالفت دے باوجود حضرت محمد نے ڈاہڈی ثابت قدمی دا مظاہرہ کیتا تے اینج ہور کنے پکے صحابی اپنے نال رلا لئے۔

کیہہ حضرت محمد مکے وچ واقعی پرسکون رئیے؟

بہت سارے لکھاریاں نے ایہہ دعویٰ کیتا ہے پئی مکے وچ حضور نے جہیڑا دس سال پرچار کیتا سی اوہدے دوران ہر پاس بڑا ای سکون رئیا سی۔ ایک طرح نال ایہہ گل صحیح وی ہے۔ پر حالانکہ ایس پورے دَور وچ اوہناں اُتے کوئی جسمانی تشدد تے نئیں سی ہویا فیر وی اوہناں نوں اپنے آسے پاسے دے کئی لوکاں ولوں مخالفت تے لعن طعن دا سامنا کرنا پیا سی جہدے سببوں ایہہ اعلان کیتا گیا پئی اج جنے لوک حضرت محمد دے دین دی مخالفت کر دے ہین اوہناں نوں آن والی حیاتی وچ کڑی سزا ملے گی۔

قرآن وچ جنیاں مکی آیتاں پائیاں جاندیاں نیں اوہناں دے نزول دا اک مقصد ایہہ وی سی پئی حضرت محمد نوں قریشی عربیاں دے سامنے سچا ثابت کر کے اوہناں دی مخالفت توں بچایا جائے۔ مثال دے طور تے، حضرت محمد نے کہیا پئی جنہیں لوکی مسلماناں اُتے ہسدے ہین اوہ سب اپنی اپنی کرنی دا پھل پان گے۔ جنت وچ مومن نرم گدیاں تے آرام نال بہہ کے شراب پین گے اتے اپنے تھلے جہنم دی اگ وچ ایہناں سارے بے دین لوکاں نوں سڑدیاں ہوئیاں ویکھن گے اتے اوہناں اُتے ہسن گے (ق ۸۳: ۲۹۔ ۳۶)۔

ایہو جہیاں سخت گلاں سُن کے مکے دے لوکاں نوں ہور اگ لگدی سی جہدے سببوں اوہ ہور زیادہ مخالفت کرن لگ جاندے سن۔ کیوں جو ایہو جہیاں گلاں اوہناں لئی ناگوار اور قابلِ نفرت سن۔

حضرت محمد نے صرف آخرت دے دن دی عدالت دا پرچار نئیں سی کیتا بلکہ ابنِ اسحق دسدے نیں پئی ”مکی زمانے دے شروع شروع دیاں دِناں وچ اوہناں نے اوتھوں

دے لوکاں نوں باقاعدہ طور تے دھمکیاں وی دینیاں شروع کردتیاں سن پئی جے تس میرے دین نوں قبول نئیں کرو گے تے تہانوں قتل کر دتا جائے گا۔ حضرت محمد نے ایہدا ایہہ جواز پیش کیتا پئی جے تُسی میری اطاعت نئیں کرو گے مرن توں بعد جہنم دی اگ وچ سُٹے تے جلائے جلاؤ گے ایس لئی جہنمی لوکاں نوں قتل کرنا عین واجب تے جائز ہے"۔

بعدوں فیر حضرت محمد ہوری اپنی جان بچا کے مدینے نوں ٹُر گئے جتھے بنو قریش دا اک ٹولہ اوہناں دے کول آیا تے اوہناں اُتے الزام لایا پئی توں ساہنوں ایہہ دھمکیاں کیوں دینا ایں پئی جے اساں تینوں ٹھکرا دتا تے توں ساہنوں جانوں مار دیویں گا: "محمد نے ساڈے اُتے ایہہ اروپ لایا ہے پئی جے اسیں ایہدے مذہب نوں قبول نئیں کراں گے تے ایہہ ساہنوں جانوں مار دے گا تے فیر جدوں تسیں موئیاں وچوں جی اُٹھو گے تے تہانوں ہمیشہ ہمیشہ لئی نرک وچ سُٹ دتا جاوے گا۔" ایس گل تے حضرت محمد نےمنیا پئی ہاں ایہہ گل ٹھیک ہے اور "مَیں واقعی ایہہ آکھیا سی۔"

ٹھکرائے جان دی کڑی ازمائش اتے ایذا رسانی توں بعد مسلم برادری نوں مدینے وچ جا کے آرام تے سکون ملیا اور اوتھے اللہ دی طرفوں اوہناں نوں ایہہ حکم ملیا پئی وہ اپنے مخالفاں دے خلاف ہتھیار چُکن اتے اوہناں نال جنگ لڑن۔

⁂

ایہناں حصیاں وچ اسی ویکھاں گے پئی حضرت محمد نے کسراں اوہناں لوکاں دے خلاف تشدد دی راہ اختیار کیتی جنہاں نے اوہناں دے پیغام نوں اتے اوہناں دے نبی ہون نوں رد کیتا بلکہ اُلٹا اوہناں نوں ٹھکرایا سی۔

ایذا رسانی توں قتلِ عام تک

عربی دا لفظ "فتنہ(fitna)" مطلب 'کوشش، ایذارسانی، آزمائش' حضرت محمد دے فوجی لیڈر وچ بدلن دے حوالے نال بڑی اہمیت رکھدا ہے۔ لفظ فتانا (fatana) توں لیا گیا ہے جہدا دا مطلب برگشتہ ہونا، آزمانا، ورغلانہ یا آزمائش وچ پانا ہے۔ ایہدا بنیادی مطلب کسے دھات دا آگ وچ آزمایا جانا وی ہے۔ فتنے دے عمل وچ یا تے آزمائش کیتی جا سکدی ہے یا ایسی کوشش جہدے وچ دونویں مثبت یا منفی اثر پیدا ہو سکدا ہے۔ ایہدے وچ کسی نوں مالی اتے دوسرے فائدے پہنچانا یا تشدد کرنا وی شامل ہو سکدا ہے۔

فتنہ ابتدائی مسلم معاشرے وچ بے دیناں لئی روحانی عکاسی دا بنیادی تصور بن گیا سی۔ حضرت محمد دا قریش کے خلاف الزام ایہہ سی پئی اوہ فتنہ پیدا کردے نیں جہدے وچ بے عزتی، بہتان، تکلیف دینا، خارج کرنا، معاشی دباؤ اتے غلط گلاں تے کماں دی ترغیب دینا وی شامل سی تاں جو اوہناں نوں اسلام توں باغی کرن یا اوہدے دعویاں نوں بے معنی بنایا جائے۔

جنگ دے بارے پہلیاں آیتاں جو نازل ہوئیاں سن اوہناں توں صاف ظاہر ہوندا سی پئی جنگ اتے قتل دا اصل مقصد فتنے نوں ختم کرنا سی:

"اللہ دی راہ وچ اوہناں نال لڑو جو تہاڈے نال لڑدے ہین اتے زیادتی نہ کرو۔ اللہ زیادتی کرن والیاں نوں پسند نہیں کردا۔ اوہناں نوں مارو جتھے وی ملن اتے اوہناں نوں کڈھو جتھوں اوہناں تہانوں وی کڈھیا سی۔ اتے فتنہ قتل توں زیادہ سخت ہے۔ اوہناں نال اوس ویلے تک لڑو جد تک فتنہ مکمل ختم نہ ہو جائے ۔ اتے دین اللہ دا ہے تے جے اوہ ہتھیار سُٹ دین (یعنی جدوں اوہ بے دینی اتے اسلام دی مخالفت چھڈ دین) ماسوائے بدکاروں دے تے اوہناں نال فیر ویر نئیں روے گا" (ق ۲: ۱۹۰۔ ۱۹۳)۔

مسلمانوں لئی فتنے دا خیال قتل تھوں زیادہ خطرناک سی نالے ایہہ گل بہت اہم وی ثابت ہوئی۔ ایہو اصطلاح مکے دے لوکاں دے قافلے تے (ق ۲: ۲۱۷) مقدس مہینے دے دوران حملہ کرنے توں بعد وی نازل ہوئی سی(ایہہ او ویلا سی جدوں عراں دی روایت وچ حملہ کرنا منع سی)۔ ایہہ اسلئے ہویا کیوں جو مسلماناں نوں اوہناں دے ایمان توں گمراہ کرنا کافروں دے خون وگان دی نسبت نال کوئی تعلق نئیں رکھتدا سی،۔

قرآن کی سورۃ ۲ وچ اک ہور وی خاص اصطلاح موجود ہے، "اوہناں نال اوس ویلے تک لڑدے رہو جدوں تیک فتنہ ختم نہ ہو جاوے"۔ ایہہ گل جنگِ بدر دے بعد دوسری وار فیر بیان کیتی گئی سی جس ویلے اوہنوں نوں مدینے وچ رہندیاں ہوئیاں ہالے دوسرا سال سی (ق ۸: ۳۹)۔

ایس فتنے دی ہر ایک اصطلاح دو واری نازل ہوئی۔ اتے ایس گل دی تصدیق کیتی گئی پئی لوکاں نوں اسلام وچ داخل ہونے توں روکن یا مسلماناں نوں ایمان چھڈن ورگی کسے وی رکاوٹ کی وجہ تے جہاد کرنا جائز ہے۔ کیوں جو لڑنا اتے دوجیاں نوں مارنا اک قابلِ نفرت عمل ہے پر مسلماناں نوں گھٹیاں سمجھنا یا اوہناں لئی رکاوٹ بننا زیادہ بُری گل ہے۔

بوہتے مسلمان علماء فتنے دا تصور ایتھوں تک بیان کرے ہین پئی اوہناں نے بے ایمانی نوں وی ایہدے وچ شامل کر دتا ہے۔ ایس لئے اس اصطلاح دا ترجمہ ایہہ وی کیتا جا سکدا ہے پئی "بے ایمانی قتل کرن نالوں زیادہ بھیڑا کم ہے"۔

ایہنوں ایویں سمجھ لو پئی فتنہ قتل نالوں زیادہ بھیڑا ہے۔ انج ایہناں کافراں نے جنہاں حضرت محمد کے پیغام کو ٹھکرایا اوہناں نال لڑنا اتے اوہناں نوں قتل کرنا اسلامی دُنیا دا اک باضابطہ قانون بن گیا۔ خواہ اوہ مسلماناں نال نری چھیڑ چھاڑ کردے ہون یا نہ کردے ہون۔ صرف اوہناں دا "بے ایمان " ہونا ای کافی ہے۔ ابنِ کثیر اک عظیم مفسر سن جنہاں اپنے لفظاں وچ ایس اصطلاح نوں بیان کردیاں ہوئیاں دسیا سی پئی۔۔۔ "اوہناں دے قتل کیتے جان نالوں اوہناں دا فتنہ زیادہ قابلِ نفرت سی۔

بے دینی ختم کرنے کرن لئی جنگ دا ایہہ جواز مہیا کیتا گیا اتے انج اسلام نوں دوجے مذہباں تے زیادہ افضل قرار دتا گیا۔ (ق ۲: ۱۹۳؛ ق ۸: ۳۹)۔

"اسی مظلوم آں!"

ایہناں قرآنی آیتاں دے ذریعے حضرت محمد مسلماناں نوں مظلومیت تے زور دیندے ہوئے پائے گئے نیں۔ ایہہ لازمی سی پئی کافر دشمناں نوں مجرم قرار دتا جائے اتے اوہناں اُتے حملے لئی کوئی جواز پیدا کیتا جائے۔ جنی زیادہ سزا دینی مقصود ہووے دشمن تے اوہڈا وڈا جرم لا دتا جاوے۔ کیوں جو حکمِ الہٰی وی آ گیا سی پئی "مسلماناں دے دُکھ قتل نالوں بوہتے خراب ہین"، ایس لئی مسلماناں لئی ایہہ لازم ہو گیا پئ اوہ اپنی مظلومیت نوں اوہناں نالوں جنہاں تے حملہ کیا جاندا سی وڈا سمجھن۔ مسلماناں دی ایہڈی وڈی مظلومیت اوہناں لئی ایمان کے پیمانے دا اک عقیدہ بن گئی۔

ایہی اسلامی علمِ الہٰی دا مصدر ہے جو قرآن اتے حضرت محمد دی سنت وچ وی پایا جاندا ہے۔ جہدے بارے بار بار وضاحت کیتی گئی ہے پئی کجھ مسلمان ایس گل تے زور دیندے ہین پئی اوہناں دی اپنی مظلومیت اوہناں لوکاں توں زیادہ وڈی ہے جنہاں تے حملہ کیا جاندا ہے۔ ایس ذہنیت دا اظہار پروفیسر احمد بن محمد نے جو مذہبی سیاست دے الجیرین پروفیسر ہین، الجزیرہ ٹی وی تے ڈاکٹر وفا سلطان کے نال مناظرے وچ وی کیتا سی۔ ڈاکٹر سلطان نے ایس گل دی طرف اشارہ کیتا پئی مسلماناں نے معصوم لوکاں دا قتلِ عام کیتا سی۔ ڈاکٹر سلطان دیاں ایہناں دلیلاں نوں سُن دے ای احمد بن محمد دے تن بدن وچ اگ لگ گئی اتے اوہناں نے لگے پروگرام وچ چیخ چیخ کے ایہہ کہنا شروع کر دتا:

> "اسی مظلوم آں۔۔۔ ساڈے وچ (مسلماناں وچ) کروڑاں معصوم لوک وی موجود ہین جد کہ تہاڈے وچ اوہناں دا شمار صرف درجناں سینکڑیاں یا زیادہ توں زیادہ ہزاراں وچ ہے"۔

مظلومیت کی ایہہ سوچ آج بھی مسلم برادریاں دے دماغاں نوں پراگندہ کرن لئی استعمال کیتی جاندی ہے تاں جو اوہ اپنے اعمال کی خود ذمہ داری قبول کرن توں انکاری رہن۔

انتقام

جنج ای حضرت محمد دی مدینے وچ فوجی طاقت ودھی اتے اوہناں نوں جنگاں وچ جت حاصل ہون لگی تے اوہناں اپنے دشمناں دے نال جہیڑا متعصبانہ رویہ اختیار کیتا اوہدے توں اوہناں دے جنگی عزائم صاف ظاہر ہو جاندے ہین۔ اوہناں وچوں اک واقعہ عقبہ دا ہے جس وچ اوہناں اُتے اونٹ دا فضلہ اتے اوہدیاں آندراں سُٹیاں

گئیاں سن۔ عقبہ جنگِ بدر وچ پھڑیا گیا۔ اوس نے حضرت محمد دے کولوں زندگی دی بھیک منگدیاں ہوئیاں یہ درخواست کیتی سی پئی ”اے محمد میرے بچیاں دی کفالت کون کرے گا؟“ تے اوہناں نے جواب دتا، ”جہنم!“ اتے فیر عقبہ نوں قتل کر دتا گیا۔ جنگِ بدر دے بعد مکے دے مرن والیاں دے مقتولاں دیاں لاشاں اک کھڈے وچ سُٹیاں گئیاں۔ ادھی رات نوں حضرت محمد اوس کھڈے تے گئے اتے مکی بندیاں دیاں لاشاں باہر کڈھ کے اوہناں اُتے ہور لعن طعن کیتی۔

ایہہ سب واقعات ظاہر کردے ہین پئی حضرت محمد اوہناں لوکاں کولوں ڈاہڈا انتقام لیا کردے سن جنہاں نے اوہناں نو ٹھکرایا سی۔ اوہ تے مُردیاں تک نوں نئیں سن بخشدے۔

اوہ لوک جنہاں نے کدی وی حضرت محمد نوں ٹھکرایا سی اوہناں دے ناں قتل کیتے جان والیاں دی فہرست وچ سب توں اُتے ہوندے سن۔ جدوں اوہناں نے مکے نوں فتح کیتا تے تو اوہناں نے قتل کرن بظاہر حوصلہ شکنی کیتی۔ پر کجھ لوک فیر وی اوہناں دی ہٹ لسٹ تے سن۔ ایس فہرست وچ تن اوہ مرتد بندے وی شامل سن یعنی اوہ اک مرد اتے اک عورت وی جنہاں نے مکے وچ حضرت محمد دی کدی بے عزتی کیتی سی اتے دو غلام کُڑیاں وی سن جنہاں نے اوہناں دے خلاف طنزیہ گانے گائے سن۔

مکے دے لوکاں نوں قتل کرن دی فہرست تیار کرن توں پتہ لگدا ہے پئی حضرت محمد اپنے ٹھکران والیاں بارے شدید ردِعمل دا اظہار کیتا کر دے سن۔ مرتداں توں فتنہ پیدا ہون دا ڈر رہندا سی۔ ایس لئی پئی اوہ ترکِ اسلام دا جیوندا جاگدا ثبوت سن حالانکہ جدوں اوہناں نے جنہاں حضرت محمد دا مذاق اڈایا سی یا اوہناں دی کدے بے عزتی کیتی سی اوہ لوک وی خطرناک سمجھے جاندے سن کیوں جو اوہناں نوں وی دوجیاں نوں گھٹیا ثابت کرن دی پوری پوری طاقت حاصل ہوندی سی۔

غیر مسلماں اُتے اطلاق دیاں صورتاں

غیر مسلماناں دے ہتھوں ٹھکرائے جان دی بنیاد حضرت محمد دے جذباتی نظریۂ حیاتی اتے اوہناں دے اپنے ٹھکرائے جان دے ردِ عمل تے قائم ہے۔

شروع وچ تے حضرت محمد نے اپنی دشمنی دا دائرہ اپنے قبیلے دے بت پرست عرباں تیک محدود رکھیا۔ اسی حضرت محمد دے برتاؤ دا رجحان بت پرست عرباں دی طرف ویکھ سکدے آں جتھے اوہناں دیاں آزمائشاں وچ ٹھوکراں دا احساس ہوندا ہے جو اوہناں نے مسلماناں اُتے روا رکھیاں اتے ایس عقیدے نوں وی فروغ دیندا ہے پئی بے دینی نے ایس فتنے نوں کھڑا کیتا سی۔ اوہی رجحان اہلِ کتاب کے نال حضرت محمد دا وی صاف نظر آندا ہے۔ اسلام نوں ٹھکران دے سببوں اوہناں نوں ہمیشہ لئی لئے مجرم منیا گیا سی۔ ایسے لئی اوہناں نوں کمزور اتے کمتر سمجھیا جاندا سی۔

فتح مکہ توں پہلاں حضرت محمد نے عالمِ کشف وچ اک خواب ڈٹھا سی جس وچ اوہناں نے مکے وچ حج ادا کیتا سی۔ اوس ویلے وقت ایہہ گل ناممکن سی کیوں جو مسلمان مکے والیاں دے نال جنگ کر رئیے سن۔ اس خواب دے بعد اوہناں نے صلح نامے دی تجویز پیش کیتی جس وچ اوہناں نوں حج کرن دی اجازت ملی۔ ایہہ معاہدہ دس سال لئی سی۔ اس قرارداد وچ اک خاص گل ایہہ سی پئی جے مکے دا کوئی بندہ اپنے متولیاں دی اجازت توں بغیر اوہناں دے کول چلا جائے تے اوہ اوہنوں واپس کر دین گے۔ اوہناں وچ غلام اتے عورتاں شامل سن۔پر ایس معاہدے وچ ایہہ گل وی شامل سی پئی ایہناں لوکاں نوں وی ایس گل دی اجازت دتی جاوے پئی اوہ وی اک دوجے نال کوئی وی معاہدہ کر سکدے ہین۔

حضرت محمد نے ایس معاہدے دا آپ کوئی احترام نہ کیتا ایس لئی پئی جدوں مکے دے لوک اوہناں دے کول واپس آئے آئے تاں جو اپنی بیویاں اتے اپنےغلاماں نوں واپس لین دا دعویٰ دائر کرن تے اوہ اوہناں بھگوڑیاں نوں واپس کرن توں انکار کر دیندے سن اتے ایس امر وچ اللہ دے اختیار کا حوالہ دیندے سن۔ پہلا مقدمہ اک عورت تے بنیا جہدا نام امِ کلثوم سی جہدا بھرا اوہنوں لین آیا سی پر حضرت محمد نے اوہنوں واپس دین توں صاف انکار کر دتا سی جیویں ابنِ اسحق ایس گل نوں کجھ ایسراں بیان کردے ہین پئی، ”ایس لئی پئی اللہ نے منع کر دتا سی“ (ہور ویکھو ق ۶۰: ۱۰) ۔

سورت ۶۰ وچ مسلماناں کو ایہہ خاص ہدایت کیتی گئی سی پئی بے ایماناں نوں اپنے دوست نہ بناؤ۔ ایہدے وچ ایہہ وی فرمایا گیا سی پئی جے کر مسلمان چوری چھپیاں مکے والیاں نال محبت کرن تے اوہ گمراہ ہو گئے ہین۔ بے دین لوک ہر حال وچ ایہو خواہش کردے ہین پئی مسلمان وی بے ایمان ہو جان۔ پوری دی پوری سورت ۶۰ صلحٔ حدیبیہ دے نال مکمل طور تے متصادم ہے جس وچ آکھیا گیا ہے پئی ”اسی اک دوجے دے نال دشمنی نہیں وکھاواں گے اتے نہ ہی اسی کوئی راز یا بے ایمانی پالاں گے“ پر بعد وچ جدوں جب مسلماناں نے مکے تے حملہ کرکے اوہنوں فتح کر لیا تے ایہہ سارا عمل صرف ایس بنیاد تے جائز منیا گیا پئی ایہہ لوک قریش سن جنہاں نے نے معاہدے دی خلاف ورزی کیتی سی۔

اس توں بعد اللہ تعالیٰ نے اعلان کیتا پئی بت پرستاں دے نال کوئی وی معاہد ہ نہ کیتا جائے۔۔ اللہ بت پرستاں نوں کدے معاف نہیں کردا“ اتے ”بت پرستاں نوں جتھے ویکھو جانوں مار دیو“ (ق ۹: ۳، ۵)۔

واقعات دی ترتیب توں پتہ چلدا ہے پئی اودوں توں فیر ایہو اسلامی نظریہ پکا ہو گیا پئی غیر مسلم بے دین اتے فطرتاً وعدہ خلاف ہین نالے اوہ اپنے کسے وی معاہدے تے کدی قائم نہیں رہندے (ق ۹: ۷۔ ۸)۔ ایسے دوران حضرت محمد نے اللہ کی ہدایت نال کافروں دے معاہدے نوں توڑن دا حق حاصل کیتا۔ جدوں حضرت محمد

نے اعلیٰ اقتدار دے اختیار دا دعویٰ کیتا سی۔ اپنے معاہدے دی خلاف ورزی دے سببوں ایس پورے عمل نوں ناراستی کی گل متصور نہ کیتا گیا۔

ایہو جئے واقعات توں صاف ظاہر ہوندا ہے پئی حضرت محمد بے ایماناں نوں اس قسم دی لوک سمجھدے سن جو مسلماناں نوں اوہناں دے ایمان توں ورغلان گے (یعنی جو فتنہ برپا کرن گے)۔ ایس طرح اوہناں نال عمومی تعلقات رکھن وچ کافی مشکل پیدا کر دتی کہ جد تک اوہ اسلام نوں قبول نہ کرن اوہناں نال کوئی تعلق نہ رکھیا جائے۔

⁂

ایہناں اگلیاں حصیاں وچ اسیں غور کراں گے پئی کس طرح حضرت محمد نے اپنے کرودھ اتے جبر نوں عربی یہودیاں دے خلاف استعمال کیتا جس دے بڑے ای المناک نتیجے رونما ہوئے۔ حضرت محمد نےعرب نال تعلق رکھن والے یہودیاں دے نال ملن جلن توں بعد اہلِ کتاب دے نال ذمّی معاہدے دے نظام دی بنیاد رکھی جہدے اُتے اسی اپنے اگلے سبق وچ پوری تفصیل نال گل کراں گے۔

یہودیاں بارے حضرت محمد دا ابتدائی نظریہ

شروع وچ حضرت محمد دی یہودیاں دے نال خاص دلچسپی اوہناں دے اپنے ایس دعوے دی بنیاد تے سی پئی اوہ وی یہودی نبیاں دی لڑی وچوں اک نبی نیں۔ مکی دَور کے آخر اتے مدنی دَور کے شروع وچ یہودیاں بارے کئی ایسے حوالہ جات موجود ہین جنہاں وچ اکثر اوہناں نوں اہلِ کتاب قرار دتا گیا ہے۔ جدوں مکے وچ قرآن دے نزول دا یہودیوں بارے ایہہ حوالہ ملدا ہے پئی حالانکہ اوہناں وچوں کجھ ایمان لیائے اتے کجھ ایمان نئیں لیائے سن تے ایس توں ثابت ہوندا ہے پئی حضرت محمد دا پیغام اوہناں سب لئی یکساں طور تے برکت دا باعث سی (ق ۹۸: ۱۔ ۸)۔

مکے وچ قیام کے دوران حضرت محمد دی ملاقات کجھ مسیحیاں نال وی ہوئی سی اتے اوہناں دے نال وی ایہہ تعلق داری بہت ودھیا اتے حوصلہ افزا رئی۔ بی بی خدیجہ دے چاچے دے مُنڈے ورقہ نے حضرت محمد نوں دسیا پئی تسی اللہ دے بھیجے ہوئے نبی جے۔ اک روایت ایہہ وی ہے پئی اپنے سفر کے دوران حضرت محمد دی ملاقات بدھ مت دے اک راہب نال وی ہوئی سی جہدا ناں بحیریٰ سی اتے اوہنے وی اوہناں نوں دسیا سی پئی تسیں اللہ دے بھیجے ہوئے اک نبی او۔ ہورے حضرت محمد نوں ایہہ اُمید سی پئی یہودی وی اوہناں دے پیغام دا مثبت جواب دیندیاں ہوئیاں ایس گل نوں منن گے پئی اوہ اللہ دے طرفوں بھیجیا گیا اک "واضح نشان" ہین (ق ۹۸)۔ بلاشبہ حضرت محمد نے کیہا سی پئی جو کجھ مَیں تہانوں سکھا رہیا ہاں اوہ بالکل اوہی ہے جو یہودی مذہب وچ پہلاں توں موجود سی جیویں کہ نمازاں

پڑھنیاں اتے زکوٰۃ دینا [8] وغیرہ (ق ۹۸: ۵)۔ ایتھوں تک پئی اوہناں نے اپنے صحابہ کرام نوں ملکِ شام ول مونہہ کر کے نماز پڑھن دی ہدایت کیتی یعنی یروشلیم ول جو یہودی دستور دی اک نقل سی۔

جدوں حضرت محمد مدینے وچ آئے تے اک اسلامی روایت وچ درج ہے پئی اوہناں نے اک معاہدہ کیتا جہدے وچ یہودیاں دے آگو بندیاں دی اک جماعت وی شریک سی۔ اس معاہدے وچ مسلماناں دی طرفوں یہودی مذہب نوں تسلیم کیتا گیا پئی ''یہودیاں دا مذہب اپنی تھاں سچیرا ہے تے مسلماناں دا اپنی تھاں'' اتے ایس معاہدے وچ یہودیوں نوں حضرت محمد نوں اللہ دا نبی منن اتے اوہناں دے نال وفاداری نبھان دا حکم دتا گیا۔

مدینے وچ مخالفت

حضرت محمد نے مدینہ دے رہن والے یہودیاں دے سامنے وی اپنے پیغام نوں پیش کیا پر جواب وچ غیر متوقع مزاحمت ہوئی۔ اسلامی روایت وچ ایہنوں حسد بیان کیتا گیا ہے۔ حضرت محمد دے کئی الہامی پیغامات وچ مسیحیت دیاں کئی گلاں وی شامل سن اتے ایس گل وچ کوئی شک نہیں پئی یہودی ربیاں ولوں وی اوہناں دے کلام تے اعتراض اٹھایا گیا اتے کئی واراں ایس گل دی نشان دہی وی کیتی گئی پئی حضرت محمد دیاں تفسیراں وچ کھلا تضاد پایا جاندا سی۔

نبیؑ اسلام نوں یہودی ربیاں دے سوالاں توں بڑی تکلیف پہنچی۔ اتے اوس ویلے اوہناں اُتے قرآن دیاں ہور بہت ساریاں آیتاں یہودیاں نوں جواب دین لئی نازل ہوئیاں۔ جدوں وی حضرت محمد دے سامنے کوئی سوال پیش کیتا جاندا تے اوہ ایس موقعے نوں اپنی صفائی پیش کرن دا ذریعہ بنا لیندے ہندے سن۔ جیویں قرآنی آیتاں وچ وی ایس عمل دی صاف عکاسی ہوندی ہے۔

حضرت محمد نوں ایس کم دا بڑا ول سی پئی اُلٹا یہودیاں نوں ہی دھوکھے باز کہہ کے اپنا پلا بچا لیندے سن پئی تسیں صرف اپنے مطلب دی گل کہندے تے سُننا چاہندے تے دوجیاں دیاں حقیقتاں نوں مننا نئیں چاہندے (ق ۳۶: ۷۶؛ ق ۲: ۷۷)۔ فیر اللہ دی طرفوں وی اوہناں لئی اک ہور جواب دتا گیا پئی یہودیاں نے جان بجھ کے اپنے کلام نوں جھوٹ وچ بدلیا ہے (ق ۲: ۷۵)۔

حضرت محمد دے نال یہودی ربیاں دیاں ایہناں گلاں باتاں بارے اسلامی روایت وچ دسیا گیا ہے پئی اوہناں دیاں گلاں ٹھوس جواب یا اصلی مکالمے نئیں سن بلکہ فتنے دیاں گلاں سن جنہاں دی راہیں اوہ اسلام نوں تباہ اتے مسلماناں دے ایمان نوں کمزور کرن دی کوشش کر رئیے سی۔

---

[8] زکوۃ اسلام دا پنجواں ستون ہے جہدا مطلب ہے سالانہ مذہبی زرِ محصول۔

ٹھکران والیاں دا مخالف علمِ الہٰی بیانیہ

حضرت محمد دے نال یہودیاں دی پریشان کن گفتگو نے اوہناں لئی دشمنی نوں ہوا دتی۔ حالانکہ پشلیاں آیتاں وچ کہیا گیا سی پئی کجھ یہودی با ایمان نیں۔ ہین قرآن ایہہ بیان کردا ہے پئی ساری یہودی نسل لعنتی سی اتے اوہناں وچ صرف کچھ لوک اصلی مومن سی(ق ۴: ۴۶)۔

قرآن دا ایہہ وی دعویٰ ہے پئی ماضی وچ کچھ یہودی اپنے گناہوں دے سببوں بندر اتے سؤر بن گئے سی(ق ۲: ۶۵؛ ق ۵: ۶۰؛ ق ۷: ۱۶۶)۔ اللہ تعالیٰ نے اوہناں نوں نبیوں نوں قتل کرن والے کہیا ہے(ق ۴: ۱۵۵؛ ق ۵: ۷۰)۔ اللہ نے عہد توڑن والیاں یہودیاں دے نال تعلق ختم کرن دا حکم دے کے اوہناں دے دلاں نوں ہور سخت کر دتا تاں جو مسلمان (چند اک دے سوا) اوہناں توں ہمیشہ دھوکھے دی اُمید رکھن (ق ۵: ۱۳)۔ یہودیاں دے معاہدہ توڑن دی وجہ توں اوہناں نوں نقصان اٹھان والے کہیا گیا سی جنہاں نے اصل رہنمائی دی راہ نوں ترک کیتا سی(ق ۲: ۲۷)۔

مدینے وچ آن کے حضرت محمد ایہہ سمجھنا شروع ہو گئے سی پئی اوہناں نوں اصل چ گمراہ یہودیاں دیاں غلطیاں نوں سدھارن لئی بھیجیا گیا ہے (ق ۵: ۱۵)۔ مدنی دَور دے شروع وچ ای حضرت محمد نوں الہامی پیغاماں دے راہیں ایہہ دس دتا گیا سی پئی یہودیت صحیح مذہب ہے (ق ۲: ۶۲)۔ پر ق ۳: ۸۵ دے مطابق ایس آیت نوں حذف کر دتا گیا سی۔ فیر اوہ ایس نتیجے تے پہنچنے پئی اوہ یہودیت نوں جڑوں مکان آئے نیں نال ایہہ وی پئی اسلام آخری مذہب تے قرآن آخری الہامی کتاب ہے۔ جہیڑے جہیڑے لوکی ایس پیغام نوں ٹھکران گے اوہ "نقصان اٹھان والیاں" وچوں ہون گے (ق ۳: ۸۵)۔ ایہہ گل یہودیاں اتے مسیحیاں لئی ناقابلِ قبول سی پئی اوہ اپنے جدی پشتی اتے پرانے مذہب نوں چھڈ کے حضرت محمد تے ایمان لے آن تے مسلمان بن جان۔

قرآن کی ایہناں آیتاں وچ حضرت محمد نے یہودیت دے علمِ الہٰی تے بھرپور حملہ کیتا۔ صاف پتہ چلدا سی پئی کیوں جو یہودیاں نے حضرت محمد دے پیغام نوں رد کیتا سی ایس لئی اوہناں نوں ایس گل دی بہت گہری ٹھیس پہنچی ہوئی سی۔ ہن ایہہ حضرت محمد لئی خود نوں سچا ثابت کرن دا اک سنہری موقع سی جیویں اوہناں نوں مکے دے بت پرستاں دے سامنے اپنے آپ کو سچا ثابت کرن دا موقع ملیا سی۔ پر ہن دی وار حضرت محمد اک پیر ہور آگے ودھ گئے تے اُلٹا جارحانہ ردِ عمل اختیار کرن دا پکا تہیہ کر لیا۔

ٹھکرایا جانا تشدد وچ بدل جاندا ہے

مدینے وچ حضرت محمد نے یہودیاں نوں ڈران لئی اتے بالآخر اوہناں دا قلع قمع کرن دی مہم شروع کر دتی۔ جنگِ بدر وچ بت پرستاں تے فتح دا حوصلہ پا کے اوہ یہودی

قبیلے قینقاع دے کول گئے اتے اوہناں نوں اللہ دے غضب توں ڈرایا دھمکایا۔ پھر قینقاع کے یہودیوں کا محاصرہ کرنے کی ایک وجہ ان کے ہاتھ آ گئی جس کی بنا پر انہیں مدینے سے نکال دیا۔

فیر حضرت محمد ولوں یہودیاں نوں لبھ لبھ کے قتل کرن دا سلسلہ شروع ہو گیا تے نالے اوہناں اپنے پیروکاراں نوں وی ایہہ حکم دتا پئی "جہیڑے جہیڑے یہودی تہاڈے قابو وچ آن اوہناں نوں قتل کر دیو" اتے یہودیاں لئی "اسلیم تسلام" مطلب "اسلام قبول کرو تے بچو" دی اک باقاعدہ مہم چلائی گئی۔

ایدوں بعد حضرت محمد دی سوچ وچ اک وڈی تبدیلی رونما ہوئی پئی غیر مسلمان نوں اپنی ملکیت اتے اپنی زندگی تے حق صرف اودوں ملے گا جدوں اوہ اسلام اتے مسلماناں دی مدد اتے اوہناں دی عزت کرن گے۔ اس توں علاوہ ہر چیز فتنے دے زمرے وچ آئیگی جس توں اوہناں نوں اوہناں دے خلاف جنگ کرنے دا اک بہانہ مل جائے گا۔

حضرت محمد دا یہودیوں کے نال ایہو جیہا برتاؤ کرن دا کم حالے ختم نئیں ہویا سی۔ ایہدے بعد بنو نظیر دی واری سی۔ بنو نظیر دے پورے قبیلے تے ایہہ الزام سی پئی اوہناں نے معاہدہ توڑیا ہے۔ ایس لئی اوہناں تے دھاوا بولیا گیا اتے طویل محاصرے دے بعد اوہناں نوں مدینہ بدر کر دتا گیا۔ اوہناں نوں اپنیاں جائیداداں چھڈنیاں پئیاں جو مسلماناں لئی مالِ غنیمت بن گئیاں۔

اس توں بعد حضرت محمد نے یہودیاں دے آخری قبیلے بنو قریظہ دا وی محاصرہ کر لیا اتے ایہہ کام اوہناں نے جبرائیل فرشتے دے حکم تے کیتا سی۔ جدوں یہودیاں نے غیر مشروط طور تے ہتھیار سُٹ دتے تے یہودی مرداں دے سر مدینے دے بازاروں وچ سرعام قلم کیتے گئے ۔ مختلف اعدادو شمار دے مطابق ایہناں مرداں دی تعداد ٦٠٠ توں ٩٠٠ کے وچکار سی جد کہ یہودی بچیاں اتے عورتاں نوں مالِ غنیمت (غلاموں) دی طرح مسلماناں وچ ونڈ دتا گیا ۔

حضرت محمد عرب دے یہودیاں دا مکمل صفایہ نہیں کر پائے سی۔ مدینے وچوں اوہناں دا وجود ختم کرن توں بعد اوہناں نے نے خیبر تے چڑھائی کر دتی۔ خیبر دے خلاف اپنی مہم دی راہیں اوہناں نے یہودیاں دے سامنے انتخاب دیاں دو صورتاں پیش کیتیاں سی: اسلام قبول کرو یا مرن لئ تیار ہو جاؤ۔ پر، جدوں مسلماناں نے خیبر دے یہودیاں نوں ہرایا تے اوہناں دے سامنے اک تیسرا انتخاب بھی پیش کیتا گیا: مطلب مشروط شکست دے تحت خیبر دے یہودیاں نوں سب توں پہلاں ذمّی بنایا گیا (اگلا سبق ویکھو)۔

حضرت محمد ولوں یہودیاں دا جڑوں خاتمہ کرن دیاں کوششاں دا اختتام ایتھے جا کے ہویا سی۔

ایہہ جاننا بہت ضروری ہے پئی قرآن یہودیاں تے مسیحیاں نوں اک دوجے زمرے وچ رکھدا ہے یعنی ”اہلِ کتاب“۔ قرآن اتے حضرت محمد دی زندگی وچ یہودیاں نوں”اہلِ کتاب“ قرار دے کے اوہناں دے نال جو سلوک کیتا گیا سی اوہی سلوک صدیاں توں مسیحیاں دے نال وی روا رکھیا گیا ہے۔

ٹھکرائے جان تے حضرت محمد دے تن جوابی ردِ عمل

جیویں اسیں ویکھ چکے آں پئی حضرت محمد نوں اپنے دَورِ پیغمبری دے دوران کئی تھانواں تے ٹھکرائے جان دا سامنا کرنا پیا: اپنے خاندانی حالات ولوں، مکے وچ اپنی برادری دے لوکاں ولوں اتے مدینے وچ یہودیاں ولوں۔

فیر اسی ایہہ وی مشاہدہ کر چکے آں پئی اوہناں نے ٹھکرائے جان تے کس قسم کے ردِ عمل کا سلسلہ وار اظہار کیتا سی۔ شروع شروع وچ حضرت محمد نے خود ٹھکرائے جان دے بارے اپنا ردِ عمل ظاہر کیتا جنہاں وچ خودکشی کرن دے خیالات، اس گل دا خوف پئی کِتے اوہ بدروح گرفتہ تے مایوسی دا شکار تے نئیں۔

فیر اوہناں نے ٹھکرائے جان دے خوف تے قابو پان لئی ردِ عمل دے طور تے اپنے آپ نوں سچا ثابت کرن دی تگ و دو شروع کر دتی۔[9] ایس گل لئی اوہناں نے ایہہ کہنا شروع کر دتا پئی اللہ میرے دشمناں نوں جہنم دی سزا دیوے گا؛ فیر اپنی شرمندگی تے پردہ پان لئی ایہہ وی اعلان کیتا پئی پشلے سارے نبیاں نوں شیطان نے کسے نہ کسے موقعے تے گمراہ کیتا اتے اللہ کی طرفوں اوہناں تے ایہو جہیاں آیتاں وی نازل ہوئیاں جنہاں وچ ایہہ آکھیا گئی پئی جہیڑے لوک حضرت محمد دیاں گلاں تے عمل کرن گے اوہ ایس اتے آن والی زندگی وچ کامیابی توں ضرور ہمکنار ہون گے۔

آخرکار، اوہناں اُتے جارحانہ ردِ عمل دے جذبات غالب آن لگے۔ ایہدے نتیجے وچ اوہناں نے ہر اک فتنے دا قلع قمع کرنے لئی جہاد دا عقیدہ رائج کیتا جس وچ غیر مسلماں دے خلاف لڑ کے اوہناں تے غلبہ حاصل کرن تے اکسایا گیا سی۔

ایہدا ردِ عمل ایہہ ہویا پئی حضور خود ٹھکرائے جان دے مرحلے وچوں گزرے، فیر اپنی تصدیق آپ کرن لگے اتے ایہدے بعدوں جارحیت تے اتر آئے۔ حضرت محمد جو آپ وی یتیم سن ہن دوجیاں نوں یتیم بنان لگے ۔ اوہ جو اپنی ذات تے شک کر دے سی ، جنہاں خودکشی کرن دا کئی واری ارادہ کیتا کیوں جو اوہناں نوں ایس گل دا ڈر سی پئی شاید مینوں کوئی بدروح پریشان کر دی ہے مطلب ہن اوہ آپ دوجیاں

[9] ٹھکرائے جان تے اوہدے ردِاعمال بارے مزید معلومات حاصل کرن لئی نوئیل تے فل گبسن دی کتاب ”ایوکٹنگ ڈیمانک سکوئیٹرز اینڈ بریکنگ بانڈیجز“ ویکھو۔

نوں رد کرن لگے ، تلوار دے زور تے اپنا عقیدہ منوان لگے تاں جو دوجے سارے مذہباں اُتے اپنی دھاک بٹھا کے فضیلت حاصل کرن اتے اوہناں دی تھاں لے لین۔

حضرت محمد کے جذباتی نظریۂ حیات وچ، بے ایماناں دی ہار اتے ذلت، اوہناں دے حواریاں دے جذبات نوں تسکین پہنچاندی اتے اوہناں دے غیض و غضب نوں مٹاندی ہے۔ جس ”اسلامی امن“ نوں جنگ دے ذریعے حاصل کیتا گیا سی اوس دا ذکر قرآن وچ وی کیتا گیا ہے:

> ”اتے اوہناں نال لڑو تے اللہ اوہناں تے عذاب سُٹے گا، اوہناں نوں تہاڈے ہتھوں رسوا کرے گا اتے اوہناں دے خلاف تہاڈی مدد کرے گا تے ایمان والیاں دا دل ٹھنڈا کرے گا“ (ق ۹: ۱۴۔ ۱۵)۔

شروع شروع وچ حضرت محمد اتے اوہناں دے پیروکاراں نے اک توں زیادہ دیوتاواں نوں منن والے لوکاں ہتھوں بڑی ایذا پائی پر جدوں اوہناں نے مدینے وچ اقتدار حاصل کیتا تے اوہ ایذارسانی دی طرح اپنی نبوت تے وی رشک کرن لگے اتے بے ایماناں اتے تمسخر اڈان والیاں دا قلع قلع کرن لئی تشدد دے استعمال دی کھلی اجازت بھی دے دتی خواہ اوہ اک توں زیادہ معبوداں نوں ممن والے لوک ہون یا یہودی یا مسیحی۔ تاں جو اوہناں دی اتباعت وچ خاموش یا خائف ہو جان۔ حضرت محمد نے نظریاتی اتے عسکری لائحہ عمل تیار کیتا جس دے تحت اوہناں نے اپنے اتے اوہناں دی امت نوں ٹھکران دا سلسلہ پکا بند ہو گیا۔ اوہناں نے ایہہ دعویٰ کیتا پئی اوہناں دے ایس لائحہ عمل دی کامیابی اوہناں دی نبوت و رسالت دی تصدیق کردی ہے اتے اوہناں نوں ہر الزام توں بری الذمہ وی قرار دیندی ہے۔

اک پاسے جس ویلے ایہہ سب کجھ اس طرح وقوع پذیر ہو رئیا سی دوجے پاسے حضرت محمد اپنے پیروکاروں یعنی مسلماناں تے اپنی گرفت مزید مضبوط توں مضبوط تر کر دے جا رئیے سی۔ حالانکہ ایس توں پہلاں مکے وچ قرآن نے ایہہ دس چھڈیا سی پئی حضرت محمد صرف ”ڈران والے نبی“ بن کے آئے نیں پر ہجرت کر کے مدینے جان توں بعد اوہ مومنوں دے سپہ سالار بن گئے اتے اوہناں دی زندگی نوں ایس طور نال اپنے قابو وچ کیتا پئی اک موقعے تے اوہناں نوں ایہہ اعلان کرنا پے گیا پئی ”اللہ اتے اوہدے نبی نے“ جدوں کوئی وی فیصلہ کر لیا تے فیر موموناں دے کول بلا توقف اوس حکم دی تابعداری کرن دے سوا ہور کوئی چارہ نہیں ہووے گا(ق ۳۳: ۳۶) اتے اللہ دی اطاعت دا رستہ نبی دی اطاعت وچ پوشیدہ ہے (ق ۴: ۸۰)۔

مدنی دَور وچ حضرت محمد نے جنہاں قاعدیاں دے تحت مسلماناں نوں اپنی گرفت وچ کیتا ہویا سی اوہی قاعدے آج وی اسلامی شریعت دے روپ وچ مسلماناں لئی وڈی تنگی دا باعث بنے ہوئے نیں۔ ایہناں شرعی قاعدیاں دی اک مثال حضرت محمد نے آپ متعارف کرائی سی پئی جے کوئی مرد اپنی بیوی نوں تن واری صرف ایہہ کہہ ای دوے پئی ”جا مَیں تہنوں طلاق دینا آں“ تے اوہنوں طلاق ہو جائے گی اتے جے

اوہ دوبارہ ویاہ کرانا چاہے تے اوس عورت لئی لازمی ہووے گا پئی اوہ پہلوں کسے ہور مرد دی بیوی بنے، اوہدے نال مباشرت کرے تے فیر اپنے دوجے شوہر کولوں طلاق لے کے اپنے پہلے شوہر نال دوبارہ ویاہ کرن دے لائق ہووے گی۔ ایہہ شرع مسلمان عورتاں لئی بڑے ہی دکھ اتے اذیت دا باعث بنی ہوئی ہے۔

قرآن مجید توں ساہنوں حضرت محمد دے نبوتی دَور دی کامیابی پتہ لگدا ہے: ایہہ حضرت محمد دی اپنی ذاتی دستاویز ہے یعنی اک ایسی تحریر جہدے توں ساہنوں اوہناں دے ٹھکرائے جان، ٹھکرائے جان دے ردِ عمل وچ اوہناں دا روہ اتے دوجیاں دی زندگیاں نوں اپنے قابو وچ کرن دی خواہش دا ثبوت ملدا ہے۔ اوہ مخصوص پہچان جو غیر مسلماں نوں دتی گئی سی جیویں خاموشی، جرم تے احسان اوہ حضرت محمد دے اپنے ٹھکرائے جان دے ارتقائی عمل دے سببوں سی۔ اتے جنہاں نے اوہناں نوں قبول کرن توں انکار کیتا اوہناں اُتے (حضور ولوں) قبول نہ کرن اتے ٹھکران دے بدلے پرتشدد کاروائیاں دا نفاذ ہویا یعنی اوہ جنہاں نے ایہہ گل منن توں انکار کیتا پئی"مَیں ایمان رکھدا آں پئی اللہ دے سوا کوئی معبود نئیں اتے محمد اوہدے رسول ہین۔"

ایتھے پہنچ کے ٹھکرائے جان دے حوالے نال حضرت محمد دے شخصی تجربات دا جائزہ اختتام پذیر ہوندا ہے جہدے وچ اساں ویکھیا پئی جس جس طرح اوہناں نوں ٹھکرایا گیا اسی طرح اوہناں نے دوجیاں نوں وی ٹھکرایا اتے اپنی سچیائی نوں ثابت کرن دی کامیابی دی تلاش وچ اوہناں نے اپنے دشمناں نوں وی ملیا میٹ کرن توں دریغ نہ کیتا۔

"بہترین نمونہ"

ایس سبق وچ اسیں حضرت محمد دیاں چند کلیدی خصوصیات دے بارے سیکھ رئیے آں۔ اگرچہ اسلام وچ اوہناں نوں نسلِ انسانی دی پیروی لئی بہترین نمونہ قرار دتا گیا ہے پر اساں ویکھیا ہے پئی ٹھکرائے جان دے عمل نے کس کس طرح نال اوہاں دی زندگی نوں گہرے طور نال متاثر کیتا سی۔ اوہناں دے جوابی ردِ عمل وچ اپنی خودی توں انکار، خود نوں سچا ثابت کرن دی تگ و دو ، گرفت اتے جارحیت ورگیاں گلاں شامل سن۔ ٹھکرائے جان دے جواب وچ ایہو جئے ردِ عمل دا اظہار کرنا خود اوہناں لئی نقصان دہ سی پر اوہ نقصان آج وی بہت سارے لوکاں لئی وبالِ جان بنیا ہویا ہے۔

حضرت محمد دی شخصی تاریخ نوں جاننا وی ساڈے لئی بہت ضروری ہے کیوں جو اوہناں دے شخصی مسائل آج اسلامی شریعت اتے اسلامی نظریۂ حیات دے سببوں عالمگیر مسئلیاں دی شکل اختیار کر چکے ہین۔ اس طرح ہر مسلمان روحانی طور تے حضرت محمد دے کردار اتے اوہنان دے نمونے دے بندھ وچ جکڑیاں ہویا ہے۔ ایہہ

بندھن کلمۂ شہادت دا رسمی اقرار کرن دے ذریعے ہور مضبوط ہو جاندا ہے اتے کلمۂ شہادت دے اعلان تے اقرار دے ذریعے ادا کیتیاں جان والیاں دوجیاں رسماں دے ذریعے عمل وچ لیا جاندا ہے۔ ہر مسلمان بچہ پیدا ہوندے ہی اپنے کناں وچ جو پہلی آواز سُندا ہے اوہ ایسے ای کلمۂ شہادت دی آواز ہوندی ہے جو اذان دی صورت وچ اوہناں دے کناں وچ بولی جاندی ہے۔

کلمۂ شہادت ایس گل دا اعلان ہے پئی حضرت محمد اللہ دے رسول ہین نالے ایہہ ایس گل نوں تسلیم کرنا وی ہے پئی قرآن اللہ دا کلام ہے جہیڑا حضرت محمد دے ذریعے جو اللہ دے رسول ہین اساں تک پہنچایا گیا ہے۔ کلمۂ شہادت پڑھن نال مسلمان قرآن دیاں اوہناں ساریاں گلاں تے ایمان دا اقرار کردے ہین جو حضرت محمد دے حوالے نال اوس وچ لکھیاں ہوئیاں نیں جنہاں وچ اوہناں دے نمونے دی پیروی کرن دا فریضہ، حضرت محمد ولوں اوہناں دی پیروی نہ کرن والیاں لئی ڈران دھمکان اتے لعن طعن کرن دیاں ساریاں گلاں دی قبولیت اتے اوہناں دے پیغام نوں رد کرن تے اوہناں دی پیروی کرن توں انکار کرن والیاں دی مخالفت کرن ایتھوں تک پئی اوہناں نال جہاد کرن تک دے فرائض وی شامل ہین۔

اصل وچ، کلمۂ شہادت روحانی دنیا چ تاریکی دے حاکماں اتے قوتاں (افسیوں ٦: ١٢) دے نال اک خاص تعلق دا اعلان وی ہے جو حضرت محمد دے نمونے تے چلن والے ہر مسلمان مومن دی زندگی وچ اک خاص عہد دے طور تے پایا جاندا ہے کیوں جو اوہنے حضرت محمد دے نال اک "روحانی بندھن" قائم کیتا ہویا ہے (ویکھو ستواں سبق)۔ انج اوہدا حضرت محمد دے نال اک روحانی تعلق جڑ جاندا ہے۔ ایس عہد دے ذریعے مسلمان مومنین دیاں زندگیاں تے وی تاریکی دیاں قوتاں تے طاقتاں ولوں عین اوہی اخلاقی اتے روحانی مسئلے مسلط کر دتے جاندے ہین جنہاں دا سامنا اپنے دَور وچ حضرت محمد نوں وی کرنا پیا سی اتے جنہاں دی تعلیم تے عملی صورت اسلامی شریعت وچ وی صاف صاف نظر آندی ہے جس دی اسلامی معاشریاں تے گوڑھی چھاپ وی نظر آندی ہے۔

ہن تک اسی سنتِ نبوی دے کجھ منفی پاسیاں تے غور کر رئیے آں جنہاں دا اظہار ساہنوں بہت سارے مسلماناں دی عملی زندگی وچ وی صاف نظر آندا ہے خاص طور تے اوہ جو کلمۂ شہادت اتے اسلامی شریعت دی سختی دے سببوں اوہدی پابندی تے پاسداری کردے ہین۔ ہیٹھاں اوہناں وچوں کجھ اوہ منفی گلاں دی فہرست پیش کی گئی ہے جہیڑیاں ساہنوں حضرت محمد دے نمونے تے تعلیمات وچ صاف نظر آندیاں ہین:

- تشدد تے جنگ
- قتل و غارت

- غلامی
- بدلہ تے انتقام
- نفرت تے تعصب
- عورتاں توں نفرت
- یہودیاں توں نفرت
- بدسلوکی
- شرمندگی تے دوجیاں نوں شرمندہ کرنا
- خوف و ہراس
- گمراہی
- ٹھوکر کھانا
- مظلومیت
- خود نوں سچا ثابت کرنا
- احساسِ برتری
- خدا دی غلط نمائندگی کرنا
- دوجیاں تے غلبہ
- زبردستی زنا

جدوں جدوں مسلمان کلمۂ شہادت پڑھدے نیں تے اوہ مسیح اتے بائبل دے بارے قرآن تے سنت دے دعویاں دی تصدیق کردے نیں۔ اوہناں وچ ایہہ گلاں شامل ہین:

- مسیح دی صلیبی موت توں انکار
- صلیب توں نفرت
- یسوع نوں خدا کا پتر منن توں انکار (تے جہیڑے اوہدے تے ایمان رکھدے نیں اوہناں اوہناں تے لعن طعن کرنا)
- ایہہ الزام لانا پئی یہودیاں تے مسیحیاں نے اپنی اپنی الہامی کتاباں وچ ردوبدل کیتا ہے۔

- ایہہ دعویٰ کرنا پئی حضرت عیسیٰ آن کے مسیحیت دا خاتمہ کر دین گے تے پوری دنیا نوں حضرت محمد دی شریعت دے تابع ہو جان تے مجبور کرن گے۔

ایہہ سارے اوصاف یقیناً ایک بہت بھاری بوجھ ہین۔ دین اسلام نوں ترک کر کے یسوع مسیح دی پیروی کرن والیاں دیاں مشکلاں وچوں اک ایہہ ہے پئی اوہناں نوں اس گل دا پکا فیصلہ کرنا پیندا اے پئی اوہ اپنی زندگی وچوں ایہناں ساریاں اسلامی قدراں نوں ترک کردیاں ہوئیاں اپنی زندگیاں وچوں اوہناں دا مکمل صفایہ کرن گے دوسری صورت وچ اوہناں دی زندگی وچ اوہناں دا نشان باقی رہ جائے گا۔ ایہہ وی اک سبب ہو سکدا ہے جہدے سببوں بہت سارے مسلماناں نوں مسیح دے ول رجوع لیان لدے بعد وی اپنی مسیحی زندگی وچ مشکلاں تے پریشانیاں دا سامنا کرنا پے سکدا ہے۔

جے اپنی زندگی وچوں حضرت محمد نوں اللہ دا رسول من دے اقرار نوں چھڈیا نہ جاوے تے قرآن دیاں لعنتاں تے آفتاں، حضرت محمد دی خداوند یسوع مسیح دی صلیبی موت تے خداوندیت دی مخالفت ساڈے روحانی عدمِ استحکام دا باعث بن سکدی ہے جو کسے وی ایماندار نوں بڑی آسانی دے نال خوف تے بے یقینی و بے اعتقادی نال دوچار کر سکدی ہے تاں جو اوہ مسیح دی پیروی دا اعتماد کھو دیوے۔ ایہہ عمل کسے وی ایماندار دی شاگردیت تے ڈاہڈی اتے کاری ضرب لان دا ذریعہ بن سکدا ہے۔

جد وی کوئی بندہ اسلام نوں ترک کردا ہے تے اوہنوں چاہیدا ہے پئی اوہ خاص طور تے حضرت محمد دے نمونے تے تعلیم نوں وی رد کردیاں ہوئیاں اپنی زندگی چوں ہمیشہ ہمیشہ لئی ترک کرے اتے نال نال اوہناں ساریاں لعنتاں توں وی دستبردار ہووے جو کلمۂ شہادت نال جڑیاں ہوئیاں نیں۔ یعنی اوس ایمان نوں وی رد کرن دی لوڑ ہے پئی قرآن خدا دا کلام ہے۔ اگلے سبق وچ اسی یسوع مسیح دی زندگی تے صلیب تے غور کردیاں ہوئیاں ایہہ سیکھاں گے پئی اسیں ایہہ کم کسراں انجام سکدے آں فیر حضرت محمد دے نمونے توں مکمل آزادی حاصل کرن دے حوالے نال چند زور آور کنجیاں وی تجویز کیتیاں جان گئیاں۔

رہنمائے مطالعہ

چوتھا سبق

نویں لفظ

شیطانی آیتاں	صلحٔ حدیبیہ
منسوخی	زکوٰۃ
جن	اسلیم تسلام
قَرین	خیبر
ہجرت	ذمّی
فتنہ	اہلِ کتاب

ٹھکرائے جان دے جوابی ردِ عمل: ازخود ٹھکرایا جانا، ازخود تصدیق، جارحیت

نویں ناں

- قریش، مکے وچ حضرت محمد دا خاندانی قبیلہ
- عبداللہ بن عبدالمطلب: حضرت محمد دے والدِ عربی (وفات ۵۷۰ ء)
- ابو طالب: حضرت محمد دا چاچا تے مربی (وفات ٦۲۰ ء)
- ابو لہب: حضرت محمد دا دوجا چاچا تے مخالف (وفات ٦۲۴ ء)
- بی بی خدیجہ: حضرت محمد دی مکی بیوی (وفات ٦۲۰ ء)
- ابنِ کثیر: شامی مؤرخ تے عالم (۱۳۰۱ ء تا ۱۳۷۳ ء)
- ابنِ اسحق : شامی مسلمان تے حضرت محمد دا سوانح نگار(۷۰۴ ء تا ۷٦۸ ء)۔ اوہنے اپنے ہتھ نال حضرت محمد دی جہیڑی سوانح حیات لکھی سی اوہدی تدوین ابنِ ہشام نے کیتی سی (۸۳۳ء)۔

- جبرائیل : ایک فرشتہ جہیڑا مبینہ طور تے حضرت محمد نوں وحی دے ذریعے اللہ دے پیغام دیندا سی
- ورقہ: حضرت محمد دی پہلی بیوی بی بی خدیجہ دا مسیحی کزن ۔

- علی بن ابو طالب: حضرت محمد دا چچیرا بھرا، ابو طالب کا پتر تے حضرت محمد کا دوجا مرید (٦٠١ ء تا ٦٦١ ء)
- ال طبری: نامی گرامی مسلمان مؤرخ تے قرآنی مفسر (٨٣٩ ء تا ٩٢٣ ء)
- لات، عزیٰ تے منات: مکی دیویاں، جنہاں نوں اللہ دیاں دھیاں وی کہیا جاندا سی
- بنو ہاشم: حضرت محمد دے پڑدادے ہاشم دی اولاد
- یثرب: مدینے دا پرانا ناں
- انصار (مددگار) : حضرت محمد دی پیروی کرنے والے اہلِ مدینہ
- ڈاکٹر وفا سلطان: شامی نژاد امریکی ماہرِ نفسیات تے دینِ اسلام دا مشہور نقاد (پیدائش ١٩٥٨ء)
- احمد بن محمد: الجیرین نژاد مذہبی سیاسیات دا پروفیسر

- عقبہ: اک مکی عرب جنے حضرت محمد تے حملہ کیتا سی
- بحیریٰ: ایک مسیحی راہب جہدی دورانِ سفر حضرت محمد نال ملاقات ہوئی
- بنو قنیقاع، بنو نضیر اور بنو قریضہ: مدینے وچ قیام پذیر یہودی قبائل

اس سبق وچ بائبل دے حوالہ جات

افسیوں ٦: ١٢

اس سبق وچ قرآن دے حوالہ جات

ق ١١١	ق۴٦: ٢٩۔ ٣٢	ق ٣٦: ٧٦	ق ٢: ٢٧
ق ٩٣	ق ٧١: ١۔ ١٥	ق٢: ٧٧	ق٥: ١٥
ق١٠٩: ٦	ق٨٣: ٢٩۔ ٣٦	ق٢: ٧٥	ق٢: ٦٢
ق٥٣	ق٢: ١٩٠۔ ٩٣	ق۴: ۴٦	ق٣: ٨٥
ق ٢٢: ٥٢	ق ٢: ٢١٧	ق ٢: ٦٥	ق ٩: ١۴۔ ١٥
ق٥٣: ١۔ ٣	ق٨: ٣٩	ق٥: ٦٠	ق٣٣: ٣٦
ق٦٨: ١۔ ۴	ق٢: ١٩٣	ق٧: ١٦٦	ق ۴: ٨٠
ق٢٠: ٦۴، ٦٩	ق٦٠: ١٠	ق۴: ١٥٥	
ق٢٦: ۴٠۔ ۴۴	ق٩: ٣۔ ٥، ٧۔٨	ق ٥: ٧٠	

ق۱۰: ۹۵ ق ۹۸: ۱ ـ ۸ ق۵: ۱۳

چوتھے سبق دے سوالات

- مطالعاتی مقدمے تے بحث کرو

خاندانی شروعات

۱. حضرت محمد نوں اپنی زندگی دے ابتدائی ورھیاں وچ کھیڑے کھیڑے تِن تکلیف دہ واقعے پیش آئے سن؟

۲. حضرت محمد دا چاچا ابو لہب کس گل لئی مشہور ہین؟

۳. حضرت محمد دی بی بی خدیجہ نال شادی دیاں چھ منفرد گلاں کھیڑیاں ہین؟

۴. حضرت محمد تے بی بی خدیجہ نوں بچوں دی پیدائش کے معاملے وچ کھیڑا دکھ سہنا پیا؟

۵. اوہ کھیڑے کھیڑے دو کردار سن جنہاں نے حضرت محمد دی بڑی دیکھ بھال کیتی سی؟

اک نویں مذہب دی بنیاد رکھی جاندی ہے (مکہ)

۶. جدوں حضرت محمد تے اوہناں دے اپنے بقول جبرائیل فرشتے دی طرفوں وحی نازل ہونا شروع ہوئی تے اوس ویلے اوہناں دی عمر کِنی سی فیر اوہناں نے اوہدے اُتے کس قسم دے ردِ عمل دا اظہار کیتا سی؟

۷. جدوں ورقہ بن نوفل نے حضرت محمد تے وحی دے نزول بارے سنیا تے اوہناں نے کیہہ کہیا سی؟

۸. اوہ کہیڑی گل سی جہدا حضرت محمد کو ہمیشہ ڈر لگا رہندا سی اتے جہدے بارے اللہ نے ہمیشہ اوہناں نوں بڑی تسلی دتی سی؟

۹. دین اسلام تے ایمان لیان ولے پہلے مومن کون کون سن؟

حضرت محمد دا اپنا قبیلہ

۱۰. اوہ کہیڑی وجہ سی جہدے سببوں حضرت محمد دی چھوٹی جئی مسلمان برادری نوں اک حقیر اقلیت بننا پیا؟

۱۱. چاچے ابو طالب نے مسلمان نہ ہون دے باوجود کہیڑا اہم کردار ادا کیتا سی؟

۱۲. ۱۲۔ حضرت محمد تے اوہناں دے دین بارے مکی قبیلے قریش نے کہیڑا نواں منصوبہ تیار کیتا سی؟

۱۳. کئی مسلماناں نے جان بچان لئی کس مسیحی ملک وچ پناہ لئی سی اتے اوہناں دے نال جان والے خانداناں وچ مرداں دی تعداد کِنی سی؟

اپنی ذات تے شبہ اتے خود نوں درست ثابت کرن دی کوشش

۱۴. حضرت محمد نوں کس معاہدے دی پیشکش کیتی گئی سی جہدا ذکر ق ۱۰۹: ٦ وچ وی آیا ہے؟

۱۵. حضرت محمد نے مکے والیاں نوں کہیڑی کہیڑی رعایت دتی سی جہدے تے اوہ بہت خوش وی ہوئے سن پر بعدوں اوہناں نے اوہنوں پلٹ دتا تے ہن اوہنوں شیطانی آیتاں دا ناں دتا جاندا ہے؟

۱۶. حضرت محمد دے ایس پلٹے دے بعد ق ۲۲: ۵۲ وچ اوہدے تے کہیڑا عذر پیش کیتا گیا سی؟

۱۷. حضرت محمد نے اپنی برتری جتان لئی کہنیاں گلاں وچ لاف زنی کیتی سی؟

۱۸. مکی دَور کے آخر چ حضرت محمد نے کس نظرئیے نوں "کامیابی" دا اک نواں نظریہ بنا دتا سی؟

ہور ٹھکرایا جانا اتے نویں حلیف

۱۹. کہیڑی دوہری چوٹ حضرت محمد دی منتظر سی اتے اوہناں نوں نویں احتجاجی کتھوں ملے سن؟

۲۰. جدوں حضرت محمد طائف توں واپس آئے تے اوہ کون سی جنہاں اوہناں نوں نماز پڑھدیاں ویکھ کے اسلام قبول کر لیا سی؟

۲۱. ڈُوری صاحب نے اوہ کہیڑیاں دو وجہ بیان کیتیاں نیں ہیں جو کئی مسلماناں دے روحانی دنیا نال تعلق دے اسباب بیان کردیاں ہین؟

۲۲. مدینے نال تعلق رکھن والے انصار بھراواں نے حضرت محمد نوں کیس گل دی ضمانت دتی سی؟

۲۳. اوہ کہیڑی چیز ہے جو حضرت محمد مکے توں حاصل نئیں کر سکے پر مدینے وچ اوہناں نے پہلے سال ہی حاصل کر لئی سی؟

کیہہ حضرت محمد مکے وچ واقعی پرسکون رئیے؟

۲۴. مکی سورتاں وچ کہیڑے کہیڑے بھیانک اعلان کیتے گئے ہین؟

۲۵. ابنِ اسحق دے مطابق، حضرت محمد نے مکے دے قریشی قبیلے نال کیہہ کرن دا وعدہ کیتا سی؟

ایذا رسانی توں قتلِ عام تک

۲۶. بنو قریش نے اوہ کہیڑی چیز استعمال کیتی سی جہدا الزام حضرت محمد نے اوہناں تے لایا سی تے جہدے بدلے جنگ دے پورے مقصد نوں وی درست ثابت کیتا گیا سی؟

۲۷. حضرت محمد دے مطابق، لوکاں دا قتلِ عام کرن یا پرزور طریقے نال مقدس مہینے نوں پامال کرن توں زیادہ سنگین جرم کہیڑا ہے ؟

۲۸. اوہ کہیڑی چیز ہے جو جہاد نوں ہمیشہ جائز قرار دیندی ہے؟

۲۹. جے کر تُسی"بے ایمانی دا ارتکاب " کردے اوہ تے مسلمان عالماں اتے شامی نژاد ایرانی عالم ابنِ کثیر دے مطابق تسی کہیڑی سزا دے مستحق ٹھہردے او؟

”اسی مظلوم آں!“

۳۰. مسلمان کیوں اپنے ہتھاں نال اپنے دشمن نوں قتل کرن توں اپنی مظلومیت نوں زیادہ برا سمجھدے نیں؟

۳۱. ڈاکٹر وفا سلطان دے نال مناظرے دے دوران پروفیسر احمد بن محمد نے اپنی مظلومیت دا رونا کیوں رونا شروع کر دتا سی؟

انتقام

۳۲. حضرت محمد نے عقبہ نوں کیویں ٹھکانے لایا اتے اوہناں دے ایس روئیے توں کیہہ ظاہر ہوندا ہے؟

۳۳. حضرت محمد نے مکی قیدیاں نوں قتل کران دی جو فہرست تیار کر رکھی سی اوہ کس چیز دی عکاسی کردی ہے؟

غیر مسلماں اُتے اطلاق دیاں صورتاں

۳۴. جدوں اہلِ کتاب نے وی دینِ اسلام کو رد کر دتا تے اوہناں لئی کہیڑی سزا مقرر کتیی گئی سی؟

۳۵. ڈُوری صاحب دے مطابق، کہیڑی گل حضرت محمد دی پوری زندگی تے سب توں زیادہ غالب رہی؟

۳۶. حضرت محمد نے ایہہ کیوں محسوس کیتا پئی اوہ صلحٔ حدیبیہ دی خلاف ورزی کر سکدے ہین؟

۳۷. ق ۹: ۳۔ ۵ وچ مسلماناں نوں بت پرستاں دے نال کیسا سلوک کرن دی تلقین کیتی گئی ہے؟

یہودیاں بارے حضرت محمد دا بنیادی نظریہ

۳۸. قرآن دیاں مکی سورتاں اتے سورت ۹۸ وچ یہودیاں دے بارے وچ کیہ کجھ کیا گیا ہے؟

۳۹. کس گل توں ایہہ پتہ چلدا ہے پئی حضرت محمد نوں ایہہ امید سی پئی یہودی اوہناں دے پیغام تے مثبت ردِعمل دا اظہار کرن گے؟

مدینے وچ مخالفت

۴۰. حضرت محمد نوں مدنی یہودی ربیاں دے نال تبادلے دے ویلے ہر وار نویں قرآنی الہاموں تے کیوں انحصار کرنا پیندا سی؟

۴۱. حضرت محمد نے یہودیاں دے فتنے دا کہناں دو طریقیاں نال جواب دتا سی؟

ٹھکران والیاں دا مخالف علمِ الہٰی بیانیہ

۴۲. ڈُوری صاحب نے حضرت محمد دے یہود مخالف نویں پیغام نوں کس طرح بیان کیتا ہے: ہر سورت وچ "یہودی تھے" دے الفاظ تے مبنی جملیاں تے غور کرو:

۱) ق ۴: ۴٦ ---

۲) ق ۷: ۱٦٦، وغیرہ ---

۳) ق ۵: ۷۰ ---

۴) ق ۵: ۱۳ ---

۵) ق ۲: ۲۷---

۴۳. ہن حضرت محمد کیہہ سمجھن لگ پئے سن پئی اوہناں دے پیغام نے کہنوں منسوخ کر دتا ہے؟

ٹھکرایا جانا تشدد وچ بدل جاندا ہے

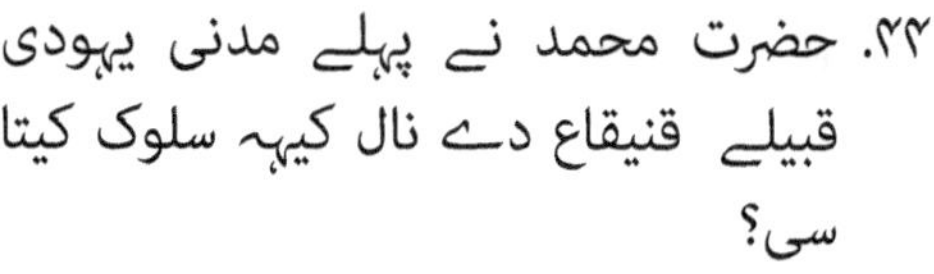

۴۴. حضرت محمد نے پہلے مدنی یہودی قبیلے قنیقاع دے نال کیہہ سلوک کیتا سی؟

۴۵. حضرت محمد نے مدینے دے باقی یہودیاں دے سامنے اسلیم تسلام دا پرچار کیوں کیتا سی؟

۴۶. حضرت محمد نے دوجے مدنی یہودی قبیلے بنو نظیر دے نال کیہہ کیتا سی؟

۴۷. حضرت محمد نے تیجے مدنی یہودی قبیلے بنو قطریظہ دے نال کیہہ برتاؤ کیتا سی؟

۴۸. حضرت محمد نے خیبر نامی یہودی قبیلے دے نال کیہہ کیتا سی؟

۴۹. دینِ اسلام وچ اہلِ کتاب کہناں نوں سمجھیا جاندا ہے؟

ٹھکرائے جان تے حضرت محمد دے تن جوابی ردِ عمل

۵۰. ٹھکرائے جان دیاں مختلف صورتاں دے نتیجے وچ حضرت محمد نے کہیڑے تِن قسم دے جوابی ردِ عمل دا اظہار کیتا سی؟

۵۱. ق ۹: ۱۴۔ ۱۵ دے مطابق، اوہ کہیڑی چیز ہے جو حضرت محمد تے اوہناں دے پیروکاروں دے جذبات نوں "شفا" دے کے اوہناں دے غیظ و غضب نوں ٹھنڈا کر سکدی ہے؟

۵۲. حضرت محمد نے اپنے تے اپنے بھراواں دے ٹھکرائے جان دی روک تھام لئی کیہہ کیتا سی؟

۵۳. مدینے نوں ہجرت کرن دے بعد حضرت محمد دے کردار وچ کہیڑی کہیڑی تبدیلی آئی ؟

۵۴. قرآن دیاں آخری آیتاں وچ اللہ دی اطاعت دی کہیڑی کہیڑی راہ دسی گئی ہے؟

۵۵. غیر مسلماں لئی لازمی قرار دتی گئی خاموشی، شرمندگی تے شکرگزاری دی بنیاد کس چیز تے ہے؟

"بہترین نمونہ"

۵٦. حضرت محمد دے قائم کیتے ہوئے مسئلے آج کس طرح عالمگیر مسئلیاں دا روپ دھار چکے ہین؟

۵۷. اوہ کہیڑے پہلے لفظ سن جو نومولود بچے دے کن وچ بولے جاندے ہین؟

۵۸. کلمۂ شہادت پڑھن ویلے مسلمان لوک کہیڑیاں دو گلاں تے ایمان لیان دا اقرار کردے ہین؟

۵۹. ڈُوری دے مطابق، کلمۂ شہادت پڑھن نال روحانی طاقتاں نوں کس گل دی اجازت دتی جاندی ہے؟

٦٠. جے تسی شخصی طور تے مسلماناں دے نال بالمشافہ ملاقات دا تجربہ رکھدے او تے دو پئی تُسی اوہناں دی شخصیت وچ حضرت محمد دے نمونے دے ہیٹھان دتے گئے جدول دے مطابق ۱۹ وچوں کہیڑیاں کہیڑیاں گلاں دی موجودگی دا مشاہدہ کیتا ہے؟ (کسے اک یا زیادہ تے نشان لاؤ)

- تشدد تے جنگ
- غلامی
- نفرت تے تعصب
- یہودیاں توں نفرت
- شرمندگی تے دوجیاں نوں دوسروں شرمندہ کرنا
- گمراہی
- مظلومیت
- احساسِ برتری
- دوجیاں تے غلبہ
- ایہناں وچوں کوئی نئیں
- قتل و غارت
- بدلہ تے انتقام
- عورتاں توں نفرت
- بدسلوکی
- خوف و ہراس
- ٹھوکر کھانا
- خود نوں سچا ثابت کرنا
- خدا دی غلط نمائندگی کرنا
- زبردستی زنا

٦١. قرآن تے سنتِ نبوی وچ مسیح دے خدا دا پتر ہون دے حوالے نال کس ردِ عمل دا اظہار کیتا گیا ہے؟

۶۲. قرآن تے سنتِ نبوی وچ بائبل دے حوالے نال کس ردِ عمل دا اظہار کیتا گیا ہے؟

۶۳. قرآن تے سنت وچ یسوع (عیسیٰ) دے بارے کیہہ یہہ دسیا گیا ہے پئی اوہ زمین تے آ کے مسیحیاں دے نال کیہہ سلوک کرن گے؟

۶۴. جدوں اسیں حضرت محمد کے نمونے تے اوہندے نال جڑیاں لعنتاں نوں رد تے ترک کردے آں تے ساہنوں اوہدے علاوہ ہور کیہہ کجھ ترک کرن دی ضرورت ہوندی ہے؟

۶۵. حضرت محمد نوں مکمل طور تے ترک کرن توں ناکامی دی صورت وچ کہیڑے کہیڑے چار روحانی نتائج بھگتنا پے سکدے نیں؟

۵

کلمۂ شہادت توں آزادی

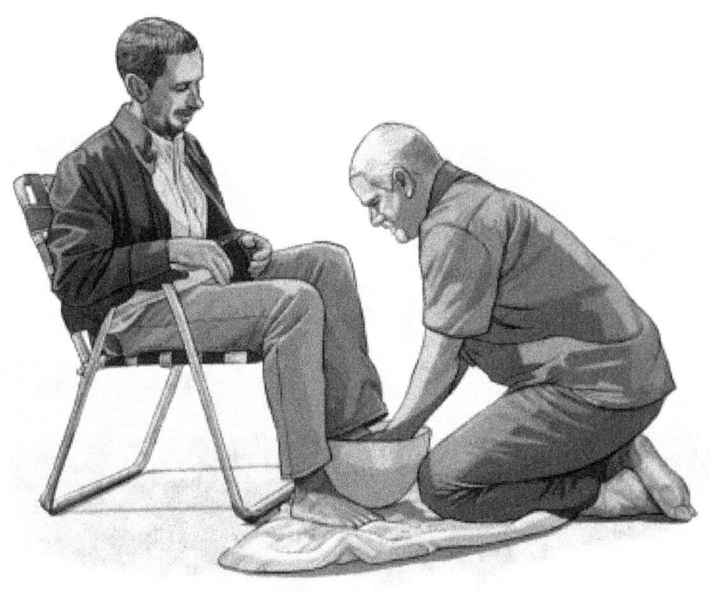

”ایس لئی جے کوئی مسیح وچ اے تے اوہ نواں مخلوق اے“

۲۔ کرنتھیوں ۵: ۱۷

سبق دے مقاصد

الف۔ خداوند یسوع تے حضرت محمد دی شخصیات، حالاتِ زندگی اتے ٹھکرائے جان تے اوہناں دے جوابی ردِ عمل دا اظہار کرن وچ فرق واضح کرنا تے سمجھنا۔

ب۔ ایس گل دا جائزہ لینا پئی خداوند یسوع نوں کس کس طرح نال آزمایا، ٹھکرایا تے حقارت نال ستایا گیا۔

ج۔ ایس گل نوں سمجھنا پئی خداوند یسوع نے اپنےٹھکرائے جان نوں کسراں قبول تے تشدد کو رد کیتا۔

د۔ مسیح خداوند دی اپنے ویریاں نال محبت رکھن دی تعلیم دے گہرے اثر دی تعریف کرنا۔

ہ۔ ایس گل نوں تسلیم کرنا پئ خداوند یسوع نے اپنے شاگرداں تے سارے مسیحیاں نوں پہلاں توں ای ایذا رسانی لئی تیار کیتا ہویا سی۔

و۔ ایس گل نوں سمجھنا پئی خدا نے کس طرح انسانی تے الہٰی ٹھکراؤ دا خداوند یسوع مسیح دی صلیبی موت دی راہیں سب سے سامنے کھلم کھلا اظہار کیتا سی۔

ز۔ ایس گل تے غور کرنا پئی کس طرح قیامت تے صعود کے واقعے خداوند یسوع مسیح دی موت دی تصدیق کردے ہین۔

ح۔ ایس گل نوں جاننا پئی حضرت محمد خداوند یسوع دی صلیب توں کِنی زیادہ نفرت کردے سی.

ط۔ مسیح خداوند دی پیروی کرن دا عہد کرنا تے اقرار کرن دی دعا پڑھنا ۔

ی۔ کلمۂ شہادت نوں ترک کرن دی تیاری دے سلسلے وچ کتابِ مقدس دیاں ۱۵ مخصوص سچیائی ان توں متعلقہ آیتاں تے غور و خوض کرنا۔

ک۔ تعلق ختم کرن دی دعا دے ذریعے کلمۂ شہادت توں روحانی آزادی حاصل کرن دا دعویٰ کرنا۔

مطالعاتی مقدمہ: تُسی کیہہ کرو گے؟

تہانوں نائیجیریا دے اک شہر جوز(Jos) وچ منعقدہ کانفرنس وچ مدعو کیتا گیا ہے جہدا عنوان ”ایمان اور عدل“ رکھیا گیا سی۔ تہاڈے سارے اخراجات انتظامیہ دے ذمے ہون گے اتے اوتھے تسی شعبئہ ابلاغ دے اک رضاکار معاون دے طور تے خدمت انجام دین جا رئیے او۔ کانفرنس وچ شریک ہون والے لوکاں دے پرجوش مباحثے ویکھ کے تسی وی اوہناں دی گل بات وچ دلچسپی لینا شروع کر دیندے او اتے قیادت دی طرفوں تہاڈی حوصلہ افزائی کیتی جاندی ہے پئی تسی وی کسے چھوٹے گروپ دے نال رل کے تعلیمی مجلساں وچ بیٹھو تے اوہناں دی بحث نوں سنو۔ تسی وی خوشی خوشی راضی ہو جاندے او۔

اگلے دن، تہاڈے چھوٹے گروپ وچ ایس موضوع تے بحث چل پیندی ہے پئی”کیہہ مسیحیاں نوں تیسری واری وی اپنی گل پھیر دینی چاہیدی ہے یا نئیں؟“[۱۰] تہاڈے گروپ دے دو لوک پرزور طریقے نال مستقل عدمِ تشدد، مسلسل امن پسندی اتے ہر قسم دے تشدد دی فضا توں دُور رہن دے نظرئیے نوں فروغ دے رئیے نیں۔ تہاڈے گروپ دے کئی دوجے لوک احتجاجاً ایہہ کہہ رہے نیں پئی”ڈر کے نس جانا تے عدمِ تشدد دا راستہ اختیار کرن نال مسلماناں نوں ہور شہ ملے گی پئی اوہ پورے نائیجریا وچوں دوجے ساریاں مذہباں دا مکمل صفایہ کر دین۔“ اوہناں دی دلیل ایہہ سی پئی مسلمان صرف بھرپور مزاحمت ، مکمل حفاظتی انتظامات تے ایک دلیر کلیسیائی قیادت دا احترام کرن گے۔ سچے مسیحی نسدے نئیں بلکہ اپنے گھراں تے پنڈاں دا دفاع کردے نیں“۔

دونویں فریق اپنے اپنے دلائل نوں درست ثابت کرن لئی کتابِ مقدس دا وی خوب استعمال کر رہے نیں۔ اخیر تے، اوہ تہاڈے ول مڑُ دے تے آکھدے نیں پئی، ”جناب، تسی کیہہ کہندے او؟ یسوع نے کہیا سی پئی دوجی گل وی پھیر دیو۔ کیہہ ساہنوں تیجی گل وی پھیر دینی چاہیدی ہے؟“

تُسی کیہہ کہو گے؟

ہن اسی سبق دے ایہناں حصیاں وچ غور کراں گے پئی یسوع نے ٹھکرائے جان دے حالات وچ کس قسم دے ردِ عمل دا مظاہرہ کیتا سی۔ خداوند یسوع دی زندگی وی ٹھکرائے جان دے حوالے نال حضرت محمد دی زندگی توں قطعاً مختلف نئیں سی

[۱۰] دوسرے لفظاں وچ، کیہہ مسیحیاں نوں چاہیدا ہے پئی اپنی دوسری گل وی پھیر دین، پہلی واراں نئیں بلکہ اگلیاں دو تن واراں وی؟

جہڈا نقطۂ عروج صلیبی موت سی۔ حضرت محمد نے ایذارسانی دے جواب وچ انتقام دی طرف قدم ودھایا جد کہ مسیح خداوند دا ردِ عمل اوہناں توں بالکل مختلف سی۔

اک مشکل شروعات

حضرت محمد دی طرح خداوند یسوع مسیح دے خاندانی حالات بھی کجھ بہتر نئیں سی۔ اوہناں دی ولادت تے وی ناجائز اولاد ہون دے الزام دا ڈر اوہناں دے سر تے وی منڈلاندا رئیا (متی ۱: ۱۸۔ ۲۵)۔ اوہ اک سرائے دے اصطبل وچ نہایت غربت دی حالت وچ پیدا ہوئے (لوقا ۲: ۷)۔ اوہناں دی پیدائش توں بعد ہیرودیس بادشاہ نے اوہناں نوں قتل کران دی پوری پوری کوشش کیتی۔ فیر اوہ پناہ گزین بن کے تے مصر نوں چلے گئے (متی ۲: ۱۳۔ ۱۸)۔

یسوع کولوں سوال پُچھے جاندے نیں

جدوں خداوند یسوع مسیح تیہہ ورھیاں دے ہوئے تے اوہناں نے تعلیم دین دی خدمت شروع کیتی۔ اتے اوہناں نوں وی بڑی مخالفت دا سامنا کرنا پیا۔ جیویں حضرت محمد دے نال ہویا سی بالکل اوسے طرح یہودی مذہبی رہنما یسوع نوں پھسان اتے اوہدے اختیار نوں حقیر ثابت کرن لئی اوہدے کولوں اوکھے سوال پوچھن لگے:

> "۔۔۔ تے جد اوہ اوتھوں نکلن لگا تے فقیہ تے فریسی پیڑی طرح اوہدے گل پین لگے تے بتھیریاں گلاں دی بابت اوہدے نال بحث شروع کیتی۔ تے اوہدی سُوہ وچ ایس آس اُتے سن پئی اوہدے منھوں کوئی گل پھڑ لئیے" (لوقا ۱۱: ۵۳۔ ۵۴)۔

اوہناں دے سوال کجھ ایویں سن:

- خداوند یسوع سبت والے دن لوکاں دی مدد کیوں کردے سی؟ ایہہ سوال ایس گل نوں دسن لئی کیتا جاندا سی پئی اوہ شریعت دی حکم عدولی کر رئیے سی (مرقس ۳: ۲؛ متی ۱۲: ۱۰)
- اوہ جو کجھ وی کر رئیے سی اوہ کہدے اختیار نال کر دے سی؟ (مرقس ۱۱: ۲۸؛ متی ۲۱: ۲۳؛ لوقا ۲۰: ۲)
- کیہہ بندے لئی اپنی بیوی نوں طلاق دینا رواہ ہے؟ (مرقس ۱۲: ۱۵؛ متی ۲۲: ۱۷؛ لوقا ۲۰: ۲۲)
- کیہہ قیصر نوں جزیہ دینا روا ہے ؟ (مرقس ۱۲: ۱۵؛ متی ۲۲: ۱۷؛ لوقا ۲۰: ۲۲)

- سب توں وڈا حکم کہیڑا ہے؟ (متی ۲۲: ۳٦)
- مسیح کہدا بیٹا ہے؟ (متی ۲۲: ۴۲)
- خداوند یسوع دی ولدیت کیہہ ہے؟ (یوحنا ۸: ۱۹)
- قیامت دے بارے۔ (متی ۲۲: ۲۳۔ ۲۸؛ لوقا ۲۰: ۲۷۔ ۳۳)
- نشان وکھان دی درخواست۔ (مرقس ۸: ۱۱؛ متی ۱۲: ۳۸؛ ۱٦: ۱)

ایہناں سوالاں دے علاوہ خداوند یسوع تے ہیٹھاں دتے گئے کجھ الزام وی لائے گئے۔

- کہ اوہ بدروح گرفتہ ہین اتے اوہ شیطان کی قوت نال معجزے وکھاندے ہین۔ (مرقس ۳: ۲۲؛ متی ۱۲: ۲۴؛ یوحنا ۸: ۵۲؛ ۱۰: ۲۰)
- اوہناں دے شاگرد سبت دا احترام نہیں کردے (متی ۱۲: ۲) یا اوہ پاکیزہ رسماں دا لحاظ نہیں رکھدے۔ (مرقس ۷: ۲؛ متی ۱۵: ۱۔ ۲؛ لوقا ۱۱: ۳۸)
- اتے اوہناں دی گواہی وچ کوئی سچیائی نہیں ۔ (یوحنا ۸: ۱۳)

ٹھکران والے

جدوں اسی خداوند یسوع دی زندگی تے تعلیم اُتے غور کردے آں تے اسی ویکھنے آں پئی اوہناں نوں کوئی لوکاں تے جماعتاں ولوں ٹھکرائے جان دا تجربہ ہویا۔

- جدوں اوہ حالے محض دُدھ پیندے بچے سن تے ہیرودیس بادشاہ نے اوہناں نوں قتل کران دی کوشش کیتی۔ (متی ۲: ۱٦)
- اوہناں دے اپنے پنڈ دے لوکاں کولوں اوہناں نوں ٹھوکر لگی۔ (مرقس ۳: ٦؛ متی ۱۳: ۵۳۔ ۵۸) اتے اوہ اوہناں نوں پہاڑ دی چوٹی توں تھلے سُٹ کے ختم کرنا چاہندے سی (لوقا ۴: ۲۸۔ ۳۰)
- اوہناں دے اپنے گھر والیاں نے اوہناں اُتے سودائی ہون دا الزام لایا۔ (مرقس ۳: ۲۱)
- اوہناں دے اپنے پیروکاراں نے اوہناں نوں چھڈ دتا سی۔ (یوحنا ٦: ٦۰)
- اک گروہ نے اوہناں نوں سنگسار کرن دی کوشش کی۔ (یوحنا ۱۰: ۳۱)
- مذہبی لیڈراں نے نے اوہناں نوں قتل کرن دی سازش کیتی۔ (یوحنا ۱۱: ۵۰)
- یہوداہ اسکر یوتی نے اوہناں نوں پھڑوا دتا جہیڑا اوہناں دا قریبی شاگرد سی۔ (مرقس ۱۴: ۴۳؛ متی ۲٦: ۱۴۔ ۱٦؛ لوقا ۲۲: ۱۔ ٦؛ یوحنا ۱۸: ۲۔ ۳)

- پطرس نے تِن وار اوہناں دا انکار کیتا جو اوہناں دا سب توں وڈا شاگرد سی۔ (مرقس ۱۴: ۶۶۔ ۷۲؛ متی ۲۶: ۶۹۔ ۷۵؛ لوقا ۲۲: ۵۴۔ ۶۲؛ یوحنا ۱۸: ۲۵۔ ۲۷)

- یروشلیم وچ لوکاں دے اک مجمعے نے اوہناں نوں مصلوب کرن دی فریاد کیتی۔ ایہہ اوہ شہر سی جتھے کجھ دن پہلاں خوشی دے نعریاں نال اوہناں ای لوکاں نے مسیح کو اپنا ہون والا بادشاہ سمجھدیاں ہوئیاں خوش آمدید کہیا سی۔ (مرقس ۱۵: ۱۲۔ ۱۵؛ لوقا ۲۳: ۱۸۔ ۲۳؛ یوحنا ۱۹: ۱۵)

- اوہناں نوں مُکے مارے گئے۔ اوہناں دے مونہہ اُتے تھُکیا گیا اتے مذہبی لیڈراں نے نے اوہناں اُتے کفر دا فتویٰ لایا۔ (مرقس ۱۴: ۶۵؛ متی ۲۶: ۶۷۔ ۶۸)

- رومی محافظاں تے سپاہیاں نے اوہناں نوں ٹھٹھیاں وچ اُڈایا اتے لعن طعن وی کیتا۔ (مرقس ۱۵: ۱۶ ۔ ۲۰؛ متی ۲۷: ۲۷۔ ۳۱؛ لوقا ۲۲: ۶۳۔ ۶۵ ۲۳: ۱۱)

- اوہناں اُتے یہودی تے رومی عدالتاں وچ جھوٹھے الزام لائے گئے تے اوہناں نوں موت دی سزا دوائی گئی۔ (مرقس ۱۴: ۵۳۔ ۶۵؛ متی ۲۶: ۵۷۔ ۶۷؛ یوحنا ۱۸: ۲۸)

- اوہناں نوں رومی حکومت دے حکم تے بڑی ذلت آمیز سزا کے طریق تے مصلوب کیتا گیا کیوں جو یہودی ایس سزا نوں خدا ولوں لعنتی سمجھدے سن۔ (استثنا ۲۱: ۲۳)

- اوہناں نوں دو ڈاکوؤں دے وچکار مصلوب کیتا گیا جتھے اوہناں نوں صلیب اُتے وی اپنی موت کی گھڑی وچ ہر پاسیوں لعن طعن برداشت کرنا پئی۔ (مرقس ۱۵: ۲۱۔ ۳۲؛ متی ۲۷: ۳۲۔ ۳۴؛ لوقا ۲۳: ۳۲۔ ۳۶؛ یوحنا ۱۹: ۲۳۔ ۳۰)

ٹھکرائے جان تے خداوند یسوع دا ردِ عمل

جدوں اسی یسوع سے ٹھکرائے جان تے غور کرنے آں تے اسی ویکھنے آں پئی خداوند یسوع نا تے غاصب بنے اتے نا ہی تشدد تے اترے۔ نا ہی اوہناں نے انتقام لین دا خیال کیتا۔

کئی وراں اوہناں نے الزاماں توں بچن لئی اپنا منہ نہ کھولیا خاص کر جدوں اوہناں تے مصلوب کرن توں پہلوں الزام لائے گئے (متی ۲۷: ۱۴)۔ ابتدائی کلیسیا ایہناں گلاں نوں مسیح دے بارے پیشن گوئیاں سمجھدی سی:

"اوہنوں ستایا گیا پر فیر وی اوہنے برداشت کیتی تے منہ نہ کھولیا۔ جس طرح برہ جنھوں ذبح کرن لئی لے جاندے نیں اتے جس طرح بھیڈ اپنے وال کترن

والیاں دے سامنھے بے زبان رہندی ہے اوسے طرح اوہ وی خاموش رئیا۔" (یسعیاہ ۵۳: ۷)

جدوں لوک اوہناں نوں کہندے سن پئی اپنے آپ نوں ثابت کر تے اوہ اکثر اوہناں دی گل منن توں انکار کر دیندے سن تے اُلٹا اوہناں کولوں کوئی سوال پچھ کے اوہناں نوں اپنی گل وچ پھسا دیندے سی (جیسے کہ متی ۲۱: ۲۴؛ ۲۲: ۱۵۔ ۲۰)۔

خداوند یسوع کدی جھگڑا نئی سن کردے حالاں کئی وار لوکاں نے اوہناں نوں اُکسان تے مشتعل کرن دی وی کوشش کیتی:

"اوہ نہ جھگڑا کرے گا تے نہ اُچی بولے گا تے نہ کوئی اوہدی اواز چُونگاں وچ سُنے گا۔ مِدھے ہوئے کانے نوں اوہ نئیں بھنے گا۔ تے دُھکدھی ہوئی سن نوں نئیں بجھائے گا۔ جد تیکر اوہ نیاں دی فتح نہ کرا دیوے تے اوہدے ناں اُتے غیر قوماں آسرا رکھن گئیاں"۔ (متی ۱۲: ۱۹۔ ۲۰؛ بحوالہ یسعیاہ ۴۲: ۱۔ ۴)

جدوں لوکی لوک خداوند یسوع نوں سنگسار یا قتل کرنا چاہندے سن تے اوہدوں وی اوہ بس اپنی جان بچا کے کسی ہور جگہ تے چلے گئے سی (لوقا ۴: ۳۰) سوائے اوس واقعے دے جدوں اوہناں نوں مصلوب کیتا جانا سی۔ اوس ویلے خداوند یسوع نے اپنی خوشی تے رضامندی نال موت کو اپنے گلے لایا۔

ایس ردِ عمل دی حقیقت ایہہ ہے پئی جدوں خداوند یسوع ٹھکرائے جان دے تجربے دی آزمائش وچ پئے تے اوہ ایہدے تے غالب آئے اتے اپنے ٹھکرائے جان توں دلبرداشتہ نہ ہوئے۔ عبرانیوں دے خط وچ اوہناں دے ردِ عمل دا کجھ تذکرہ ایویں کیتا گیا ہے:

"۔۔۔ کیوں جو ساڈا اجیہا سردار کاہن نئیں جیہڑا ساڈیاں کمزوریاں وچ ساڈا دردی نا ہو سکے سگوں ساریاں گلاں وچ ساڈے وانگر ازمایا گیا تد وی بے گناہ رہیا" (عبرانیوں ۴: ۱۵)۔

انجیلاں وچ ساہنوں خداوند یسوع دی جو تصویر نظر آندی ہے اوہ اک ایسے شخص دی ہے جو اپنے آپ وچ محفوظ تے پرسکون نظر آندا ہے۔ جیہڑا اپنے مخالفاں نوں نیچا نئیں وکھانا چاہندا سی۔ خداوند یسوع نے ٹھکرائے جان دے مقابلے وچ کوئی منفی ردِ عمل نہ وکھایا بلکہ اپنے شاگرداں نوں وی ٹھکرائے جان تے کسے قسم دا ردِ عمل ظاہر نہ کرن دی تاکید کیتی۔ ایس روحانی عمل دیاں کجھ کلیدی گلاں ایس سبق وچ آگے چل کے تفصیل دے نال بیان کیتیاں گئیاں نیں۔

ٹھکرائے جان دیاں دو کہانیاں

حیرانگی دی گل ایہہ ہے پئپی خداوند یسوع تے حضرت محمد جو دنیا کے دو وڈے مذہباں دے بانی ہین، دونواں نے ہی سخت ٹھکرائے جان دا شخصی تجربہ کیتا۔ اتے ایہہ تجربے اوہناں دی ولادت تے بچپن توں ہی شروع ہو گئے سی جہدے وچ اوہناں

دے اپنے خاندان دے لوک تے مذہبی رہنما وی شامل سن۔ دونواں نوں ہی پاگل تے دیوانہ کہیا گیا یا بدروح گرفتہ سمجھیا گیا۔ دونواں دی ہی تضحیک کیتی گئی تے چنگا ماڑا کہیا گیا ۔ دونواں نوں دھوکھا دتا گیا۔ دونواں نوں ہی جانوں مارن دیاں دھمکیاں دتیاں گئیاں۔

پر دونواں دی بہت زیادہ مشابہت دے باوجود بہت وڈا فرق وی صاف نظر آندا ہے۔ ایہو فرق اوہناں دی زندگیاں تے اثر انداز ہویا تے اوہدے اتے ہی ایہہ دونویں مذہب وی قائم ہین۔ حضرت محمد دی سوانح حیات عام انسانی منفی ردِ عمل نال بھری ہوئی ہے جس وچ خود ارتداد، شخصی تصدیق تے تشدد پسندی صاف نمایاں ہے۔ پر یسوع حضرت محمد توں بالکل مختلف سی۔ اوہ اوہناں وانگر دوجیاں دے ٹھکرائے جان تے خفگی وچ نئیں آئے سی بلکہ اوہناں نے اوہنوں قبول کیتا سی۔ ایس لئی مسیحی ایمان دے مطابق اوہ ٹھکرائے جان دی قوت تے غالب آئے اتے اوہدے توں اُٹھن والی درد دی شفا بنے۔ جے حضرت محمد دی زندگی شریعت دیاں روحانی وراثت دی بندشاں توں رہائی دی کنجی ہے تے خداوند یسوع کی زندگی اوہناں مسیحیاں لئی آزادی دی اوس نالوں معتبر تے ودھیا کنجی پیش کردی ہے جنہاں نے خود شریعت دے ہیٹھ زندگی گزار کے ہر دکھ اپنے اُتے سہیا۔

⁂

ایہناں اگلے حصیاں وچ اسی ویکھاں گے پئی یسوع نے کسراں مسیح تے نجات دہندہ دے طور تے اپنے مشن نوں مدِنظر رکھدیاں ہوئیاں ٹھکرائے جان دی اہمیت نوں سمجھیا تے کیویں اوہناں دی زندگی تے صلیب ساہنوں ٹھکرائے جان دے کوڑے اثرات توں آزادی دواندی ہے۔

ٹھوکر نوں قبول کرو

خداوند یسوع نے واضح کیتا سی پئی خدا دے مسیح ہون لئی ٹھکرایا جانا اوہناں دی خدمت دا لازمی حصہ ہے۔ خدا دا ایہو منصوبہ سی پئی اوہناں دی کامیابی وچ ٹھکرائے جان نوں اک خاص الخاص قدم قرار دتا جائے:

> "جس پتھر نوں راجاں نیں ناپسند کیتا اوہو ای گٹھ دا سِرا بنیا۔ ایہہ خداوند دے ولوں ہویا تے ساڈی نظر وچ اچرج اے" (مرقس ۱۲: ۱۰؛ بحوالہ زبور ۱۱۸: ۲۲۔ ۲۳؛ ہور ویکھو متی ۲۱: ۴۲)

خداوند یسوع دی پہچان اوہناں دے ٹھکرائے جان توں بنی (۱۔ پطرس ۲: ۲۱ تے اعمال ۸: ۳۲۔ ۳۵) اوہنوں پہلوں ای یسعیاہ نبی نے بندیاں دا ماریا کُٹیا تے ستایا ہویا خادم آکھیا سی۔ جہدے مار کھان نال لوکی اپنے گناہوں توں رہائی تے نجات پان گے۔

”وہ بندیاں وچ حقیر و مردود۔ مردِ غمناک تے رنج دا آشنا سی۔ لوک اوہدے توں گویا روپوش سی۔ اوہدی تحقیر کیتی گئی تے اساں اوہدی کجھ قدر نہ جانی۔ تاں وی اوہنے ساڈیاں مشقتاں اپنےاُتے چُک لیا تے ساڈے دُکھاں نوں برداشت کیتا۔ پر اساں اوہنوں خدا دا ماریا کُٹیا تے ستایا ہویا سمجھیا۔ حالانکہ اوہ ساڈی غلطیاں دے سببوں گھائل کیتا گیا تے ساڈی بدکرداری لئی کچلیا گیا۔ ساڈی ہی سلامتی لئی اوہدے تے سیاست ہوئی تاں جو اوہدے مار کھان نال اسی شفا پائیے“ (یسعیاہ ۵۳: ۳۔ ۵)۔

صلیب اوہدے منصوبے دا مرکزی حصہ سی۔ تے خداوند یسوع نے ایس حقیقت نوں خود وی کئی واری بیان کیتا سی پئی اوہناں نوں صلیبی موت دا مزہ چکھنا ہے۔

”فیر اوہ اوہناں نوں سکھالن لگا پئی ضرور اے۔ پئی ابنِ آدم بہت دُکھ جھلے تے اوہ بزرگاں تے سردار کاہناں تے فقیہاں توں رد کیتا جائے تے جانوں ماریا جائے تے تِناں دناں پچھوں جی اُٹھے۔۔۔“ (مرقس ۸: ۳۱۔ ۳۲؛ ہور ویکھو مرقس ۱۰: ۳۲۔ ۳۴؛ متی ۱۶: ۲۱؛ ۲۰: ۱۷۔ ۱۹؛ ۲۶: ۲؛ لوقا ۱۸: ۳۱؛ یوحنا ۱۲: ۲۳)

تشدد نوں چھڈو

خداوند یسو ع نے ایہہ گل بار بار تے کھلم کھلی کہی سی۔ تے ہمیشہ اپنے مقصد دے حصول لئی طاقت دے استعمال دی مذمت کیتی حالانکہ اوہناں دی اپنی جان خطرے وچ سی۔

”تد یسوع اوہنوں آکھیا اپنی تلوار میان کر کیوں جو جہیڑے تلوار کھچ دے نیں تلوار نال مارے جان گے“ (متی ۲۶: ۵۲)۔

جدوں خداوند یسوع مصلوب ہون لئی جا رہے سی تے اوہدوں وی اوہناں نے اپنے مشن نوں ثابت کرن لئی طاقت دے استعمال توں منع کیتا سی جہدے سببوں اوہناں نے موت تک گوارا کیتی۔

یسوع نے کہیا ”میری بادشاہی ایس دنیا دی نئیں۔ جے کر میری بادشاہی ایس دنیا دی ہوندی تے میرے خادم لڑ دے تاں جو مَیں یہودیاں دے ہتھ وچ نہ دتا جاواں۔ پر میری بادشاہی ایتھوں دی نئیں“ (یوحنا ۱۸: ۳۶)۔

اک ہور حوالے وچ تلوار دا ذکر آیا ہے جس وچ خداوند یسوع نے کلیسیا تے آن والیاں مصیبتاں دا ذکر کیتا سی۔ اوہناں نے کہیا سی:

”ایہہ نہ سمجھو پئی مَیں زمین تے امن کران آیا ہاں۔ مَیں امن کران نئیں سگوں تلوار چلان آیا ہاں“ (متی ۱۰: ۳۴)۔

کئی واری ایس گل نوں اک ثبوت دے طور تے لیا جاندا ہے پئی خداوند یسوع نے آپی تشدد نوں جائز قرار دتا سی۔ پر حقیقت ایہہ ہے پئی ایس گل دا اشارہ خاندانی تفرقے (جدائی) ول ہے جدوں مسیحیاں نوں مسیح تے ایمان دے سببوں رد کیتا جائے گا۔ ایس گل دا ذکر مقدس لوقا دی انجیل وچ وی موجود ہے جتھے تلوار دی بجائے ”جدائی“ دا لفظ آیا ہے (لوقا ۱۲: ۵۱)۔ ایس لئی ایہہ لفظ تلوار تشبیہاً جدائی لئی استعمال ہویا ہے۔ جیویں گھر کا کوئی فرد دوجے نالوں جدا ہو جاندا ہے۔ کھلے لفظاں وچ ایہدا مطلب ایہہ وی ہو سکدا ہے پئی خداوند یسوع آن والی ایذارسانی دی گل کر رئیے ہین۔ ایہہ لفظ تلوار دراصل مسیحیاں دی ایذارسانی دے بارے وچ ہے۔ ایہدا اک مطلب ایہہ وی ہے پئی تلوار مسیحیاں دی گواہی دے خلاف چُکی جائیگی نہ کہ مسیحی کسے دے خلاف تلوار چُکن گے۔

تشدد نوں چھڈنا خداوند یسوع دے بارے لوکاں دی عمومی توقع دے خلاف گل سی کیوں جو سمجھیا ایہو جاندا سی پئی جدوں مسیح خداوند اپنے لوکاں نوں بچان آئے گا تے اوہ انج ہی کرےگا۔ لوکاں نوں ایہہ اُمید سی پئی اوہناں (یہودیوں) دی نجات فوجی تے سیاسی دے علاوہ روحانی وی ہووے گی۔ خداوند یسوع نے فوجی راستے نوں تے بالکل ہی رد کر چھڈیا بلکہ اپنیاں گلاں توں وی ایہو دسیا پئی میری بادشاہی سیاسی نہیں جہدا مطلب ایہہ سی پئی میری بادشاہی اوہ نئیں جہیڑی تسی سمجھ رئیے او یعنی ایس دنیا دی نئیں۔ اوہناں نے لوکاں نوں ایہہ وی آکھیا پئی جو قیصر دا ہے اوہ قیصر نوں دیو تے جو خدا دا ہے اوہ خدا نوں دیو (متی ۲۲: ۲۱)۔ اوہناں نے ایس گل بارے وی دسیا پئی خدا کی بادشاہی ظاہرا نئیں ہووے گی بلکہ اوہ بادشاہی اوہدے اپنے لوکاں دے وچکار ہووے گی (لوقا ۱۷: ۲۱)۔

جدوں شاگرد آپس وچ ایس گل دی بحث کر رئیے سن پئی خدا کی بادشاہی وچ اوہنں دی سیاسی حیثیت کیہہ ہووے گی تے اوہدوں وی خداوند یسوع نے نے اپنے شاگردوں نوں ایہو گل دسی سی پئی خدا کی بادشاہی سیاسی بادشاہت وانگوں نئیں ہووے گی جیویں دُنیا دے بادشاہ دوجے انساناں اُتے راج کر دے نیں۔ اتے ایہہ وی دسیا پئی وڈے بنن لئی تہانوں پہلوں چھوٹا بننا پئے گا (متی ۲۰: ۱۶، ۲۷)۔ اوہناں (خداوند مسیح) نے ایہہ وی فرمایا پئی میرےشاگرداں نوں خدمت لین والے نہیں بلکہ خدمت کرن والے بننا ہوئے گا (مرقس ۱۰: ۴۳؛ متی ۱۰: ۲۷)۔

ابتدائی کلیسیا نے خداوند یسوع دی تشدد دے خلاف تعلیم نوں دل توں قبول کیتا۔ مثال دے طور پر پہلی صدی سے کئی مسیحیاں نے بدنام پیشیاں تے کم کرن توں انکار کر دتا سی جیویں سپاہی بننا تے فیر وی اگر کوئی مسیحی سپاہی بن جاندا سی تے اوہنوں کسے وی انسان نوں قتل کرن توں منع کیتا جاندا سی۔

اپنے ویریاں نال پیار کرو

ٹھکران دا پرتشدد ردِ عمل ، دوجیاں نوں رد کرن تے ٹھکران دی بنا تے ویر ودھاندا ہے۔ خداوند یسوع نے سکھایا سی پئی:

- انتقام نہ لوو بلکہ برائی دے بدلے نیکی کرو ۔ (متی ۵: ۳۸۔ ۴۲)
- دوجیاں دی عیب جوئی نہ کرو۔ (متی ۷: ۱۔ ۵)
- ویریاں نال نفرت دی بجائے پیار کرو۔ (متی ۵: ۴۳)
- حلیم لوکی زمین دے وارث ہوں گے ۔ (متی ۵: ۵)
- اتے صلح کران والے خدا دے پتر کہوان گے ۔ (متی ۵: ۹)

ایہہ تعلیم محض لفظی نئیں سی پئی جنہوں شاگرداں نے سُنیا تے بھُل گئے۔ خداوند یسوع دے حواریاں نے اپنے خطاں وچ جو نویں عہد نامے وچ محفوظ ہین صاف دسیا ہے پئی ایہناں اصولاں نے بڑیاں بڑیاں آزمائشاں تے مصبتاں وچ اوہناں دی مدد تے رہنمائی کیتی ہے۔

> "اسی ایس ویلے تیکر بھکھے تریہائے تے ننگے آں تے ہُورے کھاندے تے آوارہ آں۔ تے اپنے ہتھاں نال محنت کرنے آں لوک بُرا آکھدے نیں اسی دعا دینے آں۔ اوہ دُکھ دیندے نیں اسی سہنے آں۔ اوہ بدنام کر دے نیں اسی ترلے کرنے آں۔ اسی اج تیکر دُنیا دے گُوڑے تے سبھناں دی میل آں" (۱۔ کرنتھیوں ۴: ۱۱۔ ۱۳؛ مزید دیکھیں ۱۔ پطرس ۳: ۱۰؛ ططس ۳: ۱۔ ۲؛ رومیوں ۱۲: ۱۴۔ ۲۱)۔

شاگرداں نے خداوند یسوع دی مثال نوں ایمانداراں دے سامنے رکھیا سی(۱۔ پطرس ۲: ۲۱۔ ۲۵)۔ اتے متی ۵: ۴۴ کی آیت "اپنے دشمنوں نال پیار کرو" ابتدائی کلیسیا وچ سب توں زیادہ بولی جان والی آیت بن گئی سی۔

خود نوں ایذا رسانی لئی تیار رکھو

خداوند یسوع نے اپنے حواریاں نوں ایہہ سکھایا سی پئی ایذارسانی لازمی اے، تہانوں کوڑے مارے جان گے، تہاڈے نال عداوت رکھی جائے گی، تہانوں پھڑوایا جائے گا تے تہانوں موت دے گھاٹ وی اتاریا جائے گا (مرقس ۱۳: ۹۔ ۱۳؛ لوقا ۲۱: ۱۲۔ ۱۹؛ متی ۱۰: ۱۷۔ ۲۳)۔

خداوند یسوع نے اپنے شاگرداں دی تربیت کرن دے دوران اوہناں نوں خبردار کیتا سی پئی جدوں اوہناں نوں زندگی وچ ٹھکرائے جان دا تجربہ ہووے گا تے تو اوہ اوہناں دے پیغام نوں دوجیاں دوسروں تیک کیویں لے کے جان گے۔ ایہہ حضرت محمد دے نمونے تے تعلیم دے بالکل الٹ گل سی۔ اوہناں نے اپنے مسلماناں نوں

دُکھ تکلیف اٹھان دے جواب وچ تشدد تے قتل و غارت کرن دی حوصلہ افزائی کیتی۔ خداوند یسوع نے اپنے شاگرداں نوں سکھایا پئی تُسی اوتھوں جاندیاں ہوئیاں صرف اپنے پیراں دی مٹی جھاڑ دینا۔ دوجے لفظاں وچ اوہ اوتھوں آگے ودھ جان تے اپنے مخالفاں دا کوئی نقصان نہ کرن(مرقس ٦: ١١؛ متی ١٠: ١٤)۔ مطلب خفگی دی حالت وچ اوتھوں نئیں جانا بلکہ اوہناں لئی فیر وی سلامتی چاہنی اے جہیڑی بعد چوں تہاڈے اُتے ای واپس مُڑ آئے گی۔ (متی ١٠: ١٣۔ ١٤)۔

خداوند یسوع نے خود ایہدا عملی نمونہ وی دتا سی۔ جدوں سامریہ دے اک پنڈ دے لوکاں نے اوہنوں جی آیاں نوں نہ آکھیا۔ اوہناں دے شاگرداں نے خداوند نوں آکھیا پئی تسی آسما ن توں ایہناں اُتے آگ سُٹو۔ پر خداوند یسوع نے الٹا اوہناں نوں ڈانٹیا تے چپ چاپ اوتھوں چلے گئے (لوقا ٩: ٥٤۔ ٥٦)۔

خداوند یسوع نے اپنے شاگرداں نوں سکھایا سی پئی جدوں تہاڈے اُتے ایذارسانی آوے تے کسے دوجی جگہ بچ جانا (متی ١٠: ٢٣)۔ تسی کوئی فکر نہ کرنا کیوں جو روح القدس بولن وچ آپ تہاڈی مدد کرے گا (متی ١٠: ١٩۔ ٢٠؛ لوقا ١٢: ١١۔ ١٢، ٢١: ١٤۔ ١٥) اتے نہ ہی گھبرانا (متی ١٠: ٢٦، ٣١)۔

خداوند یسوع دے بے مثال تعلیم ایہو سی پئی اوہناں دے پیروکار جدوں وی ستائے جان تے اپنے ستائے جان تے خوش ہون ایس لئی پئی نبیاں دے نال وی انج ای ہویا سی۔

> ”دھن ہو تسی جد ابنِ آدم دے سبب بندے تہاڈے نال ویر رکھن گے تے تہانوں باہر کڈھ دین گے تے ملامت کرن گے تے تہاڈا ناں بُرا جانن گے۔ اوس دن خوشی کرنا تے چھالاں مارنا ایس لئی پئی اسمان اُتے تہاڈا بڑا اجر اے۔ کیوں جو نبیاں نال اوہناں دے وڈھے ایسے طرح کر دے سن“ (لوقا ٦: ٢٢۔ ٢٣؛ متی ٥: ١١۔ ١٢)۔

ایس گل دے بہت سارے ثبوت موجود نیں پئی ابتدائی کلیسیا نے خداوند دے نال لگاؤ رکھن دے سببوں ایس پیغام نوں اپنے دل دے نال اپنایا۔

> ”۔۔۔ تے جے راستبازی دی خاطر دُکھ سہو تے تُسی مبارک ہو۔ نا اوہناں دے ڈراں توں ڈرو تے نا گھابرو“ (١۔ پطرس ٣: ١٤؛ مزید دیکھیں ٢۔ کرنتھیوں ١: ٥؛ فلپیوں ٢: ١٧۔ ١٨؛ ١۔ پطرس ٤: ١٢۔ ١٤)

خداوند یسوع نے ایس امید کے نال اپنے شاگرداں دی حوصلہ افزائی کیتی پئی ستائے جان والیاں نوں ہمیشہ دی حیاتی دی نعمت ملے گی۔ چنگیاں چنگیاں برکتاں حالے ملنیاں باقی نیں۔ بہترین برکتاں اجے باقی نیں پر آئندہ زندگی وچ ایس وعدے نوں حاصل کرن لئی اوہناں نوں ایس زندگی وچ وفادار رہنا ہووے گا (مرقس ١٠: ٢٩۔ ٣٠؛ ١٣: ١٣)۔

صلح

جیویں مسیحی سمجھدے نیں انسانی مسئلہ دی جڑ گناہ اے جہیڑی انساناں نوں خدا تے آپس وچ اک دوجے توں جدا کردا ہے۔ گناہ دا مسئلہ صرف نافرمانی نئیں۔ ایہہ خدا دے نال تعلق وچ اک دراڑ ہے۔ جدوں آدم تے حوا نے خدا دی حکم عدولی کیتی تے اوہناں نوں (باغِ عدن یعنی خدا دی حضوری چوں) باہر کڈھ دتا گیا۔ اوہناں نے خدا تے بھروسہ رکھن دی بجائے سپ دی گل نوں سُنیا۔ اوہ خدا توں منحرف ہو گئے ۔ اوہناں خدا دے حکم نوں تے خدا دے نال اپنے تعلق نوں رد کر دتا۔ ایہدا نتیجہ ایہہ نکلیاں پئی خدا نے وی اوہناں نوں چھڈ دتا اتے اوہناں نوں اپنی حضوری وچوں وی بے دخل کر دتا۔ اوہ گناہ وچ ڈگن دے سببوں لعنتاں دا شکار بن گئے۔

اسرائیل دی تاریخ وچ بزرگ موسیٰ دے ذریعے خدا نے اوہناں نال اک عہد کیتا تاں جو خدا تے انساناں دے وچکار دوبارہ میل ملاپ قائم ہو سکے۔ لیکن اوہدے لوکاں نے خدا دے حکماں توں منہ موڑ لیا تے اپنی اپنی راہ تے ٹُر پئے۔ اپنی نافرمانی وچ اوہناں نے خدا نال رشتہ توڑ دتا تے لعنت دے تھلے آ گئے۔ پر فیر وی خدا نے اوہناں نوں بالکل رد نہ کیتا بلکہ اوہناں دی بحالی دا وی اک منصوبہ تیار کیتا۔خدا دے کول دنیا دی نجات لئی اک پورا منصوبہ تیار سی۔

بھانویں لوکاں نے خدا نوں چھڈ دتا سی پر خدا نے اوہناں نوں نئیں سی چھڈیا۔ خدا دا دل اپنے لوکاں لئی جنہاں نوں اوہنے اپنی صورت تے شبیہ تے پیدا کیتا سی، دھڑکدا سی۔ ایس لئی اوہنیں اوہناں دے نال میل ملاپ (صلح) لئی اپنے بنائے ہوئے اک منصوبے تے کم شروع کر دتا۔ خداوند یسوع دا تجسم تے مصلوبیت، ساری انسانیت دے نال خدا دے شفائیہ تعلق دی بحالی واسطے خدا دے اوس منصوبے دی تکمیل سی۔

نسلِ انسانی ولوں خدا نوں رد کرن ورگے وڈے مسئلے تے اوہدی سزا دا حل کڈھن دی اکو کنجی صلیب ہے۔ صلیب تے رد کیتے گئے خداوند یسوع دی فرمانبرداری ہی ٹھکرائے جان (رد کیتے جان دے گناہ) تے غالب آن دی کلید ہے۔ ٹھکرائے جان دی طاقت اوس ردِعمل وچ پوشیدہ ہے جو سارے انساناں دے دِلاں وچ پیدا ہوندی ہے۔ حملہ کرن والیاں دی نفرت نوں برداشت کرنا تے اپنی جان نوں ساری دنیا دے گناہوں دی خاطر قربانی دے طور تے پیش کرن نال خداوند یسوع نے ٹھکرائے جان دی دی طاقت نوں اپنی عظیم محبت دے نال ہرایا۔ جس محبت دا خداوند یسوع نے مظاہرہ کیتا اوہ خدا دی دنیا دے نال لازوال محبت دے سوا ہور کجھ نئیں سی:

"کیوں جو خدا نے دُنیا نال اجیہا پیار کیتا پئی اوس اپنا اکلوتا پُتر بخشیا تاں جو جہیڑا اوہدے اُتے ایمان لیاوے اوہ ہلاک نہ ہووے سگوں اوہنوں سدا دی زندگی ملے" (یوحنا ۳: ۱۶)۔

خداوند یسوع نے صلیب اتے جان دے کے ساریاں انساناں دی اوس سزا نوں جو خدا نوں رد کرن دے سببوں اوہناں نوں ملن والی سی اپنے اُتے چُک لیا۔ خدا نوں ٹھکران دی سزا موت سی جنہوں خداوند یسوع نے اپنے اُتے برداشت کیتا تاں جو اوہ سب لوکی جو اوہدے تے ایمان لیاندے نین اوس معافی تے ہمیشہ کی زندگی نوں حاصل کر سکن۔ ایس طرح خداوند یسوع نے آپے سزا نوں اپنے اُتے پورا کر کے ٹھکران دی طاقت دا خاتمہ کیتا۔

توریت وچ جانوراں دی قربانی دا استعارہ یعنی خون بہایا جانا گناہ دے کفارہ دی اک تصویر سی۔ صلیب تے خداوند یسوع دی موت نوں مسیحی لوک اپنے گناہواں دا کفارہ من دے ہین۔ ایہدا اظہار یسعیاہ دے دکھ اٹھان والے خادم دے گیت وچ کجھ انج کیتا گیا ہے:

"۔۔۔ پر اوہ ساڈے اپراداں لئی گھایل کیتا گیا ساڈیاں بدیاں دے کارن کچلیا گیا ساڈی شانتی لئی اوس اُتے تاڑنا ہوئی اتے اوس دے مار کھان توں اسی نروئے کیتے گئے۔۔۔پر یہوواہ نوں بھایا کہ اوس نوں کُچلے اتے سوگ وچ پاوے۔ جد توُں اوس دی جان نوں دوش دی بلی ٹھہراویں تاں اوہ اپنی انس نوں ویکھے گا اوہ اپنے دِن لمے کرے گا اتے یہوواہ دی بھونی اوس دے ہتھ وچ سفل ہووے گی۔۔۔ایس لئی مَیں اوس نوں وڈیاں دے نال حصہ ونڈ دیا گاں اتے بلونتاں دے نال اوہ لُٹ ونڈے گا کیوں جو اوس اپنی جان موت لئی ڈول دتی اتے اپرادیاں نال گنیا گیا۔ا وس بہتیاں دے پاپ چُکے اتے اپرادیاں دی سفارش کیتی" (یسعیاہ ۵۳: ۵، ۱۰، ۱۲)۔

پولس رسول نے رومیوں کے ناں اپنے خط وچ وی ایہہ گل واضح کیتی سی پئی کس طرح خداوند یسوع دی قربانی ٹھکرائے جان دی لعنت دا خاتمہ کردی ہے بلکہ اوہدے بدلے ساہنوں خدا دے نال میل ملاپ (صلح) دا حق دیندی ہے:

"کیوں جو جے اسی ویری ہو کے خدا نال اوہدے پُتر دی موت دی راہیں ملائے گئے تے ہُن جد میل ہو گیا اسی اوہدی زندگی وچ ضرور ای بچائے جاواں گے۔ تے نِرا ایہو نئیں سگوں اسی خدا وچ فخر وی کرنے آں۔ اپنے خداوند یسوع مسیح دی خاطر جہدی راہیں ہُن اسی ملائے گئے آں" (رومیوں ۵: ۱۰۔ ۱۱)۔

ایہہ میل ٹھکرائے جان دی ہر لعنت تے غالب آندا ہے جو تیسرے فریقین ولوں وی اٹھائی جا سکدی ہے یعنی انسان، فرشتے یا بدروحاں ولوں (رومیوں ۸: ۳۸):

"خدا دے چُنیاں ہویاں نوں کہیڑا الزام دے گا؟ ایہہ خدا ای جہیڑا سَتی بناندا اے۔۔۔(کوئی چیز نئیں جہیڑی) سانوں خدا دی اوس محبت توں جہیڑی یسوع مسیح ساڈے خداوند وچ اے وکھ کر سکے گی" (رومیوں ۸: ۳۳، ۳۹)۔

صرف ایہو نئی، بلکہ مسیحیاں نوں میل ملاپ دی اک خاص خدمت سونپی گئی ہے۔ دوجیاں نوں صلح سلامتی پیش کرن اتے صلیب کا پیغام دسن دی خدمت جدے ذریعے ٹھکرائے جان دا سارا زور مُک جاندا ہے۔

"تے ساریاں شیواں خدا ولوں نے جس مسیح دی راہیں اپنے نال ساڈا میل کر لیا تے میل دی خدمت ساڈے سپرد کیتی۔ مطلب ایہہ اے پئی خدا نے مسیح وچ ہو کے اپنے نال دُنیا دا میل کر لیا تے اوہناں دیاں تقصیراں نوں اوہناں دے ذمے نا لایا تے اوس میل دا سنیہا سانوں سونپ دتا اے۔ سو اسی مسیح دے ایلچی آں۔ جیویں خدا ساڈی راہیں منت کردا اے اسی مسیح ولوں منت کرنے آں پئی خدا نال میل کرلو" (رومیوں ۵: ۱۸۔ ۲۰)۔

قیامت

حضرت محمد تے نازل ہون والی 'وحی' تے اوہناں دے بہت سارے صرف اپنے آپ نوں یا اپنے دین نوں سچا ثابت کرن دی خواہش تے مبنی سن۔ اوہناں نے اپنے عقیدے نوں طاقت دے زور نال دشمناں کو قبول کرنے تے مجبور کیتا۔ اس طرح اوہناں نے لوکاں نوں اپنے تابع کرن دی کوشش کیتی اتے اوہناں اُتے اپنا اختیار مسلط کیتا۔ فیر اوہناں نوں ذمّی بنن تے مجبور کیتا۔ اوہناں دے کول تیسرا انتخاب صرف موت سی۔

خداوند یسوع دے مشن بارے مسیحیاں دا ایہہ خیال ہے پئی خداوند مسیح نے بذاتِ خود کسے کولوں کوئی انتقام نئیں سی لیا۔ دکھ سہن لئی مسیح کا کردار ایہہ سی پئی اوہ آپ انکسار بنے تے اوہناں دے ٹھکرائے جان دی لعنت نوں اپنے اُتے چُکے۔ خداوند یسوع نے مویاں وچوں زندہ ہون اتے آسمان تے جان دی راہیں موت تے اوہدے سارے زور نوں ہرایا:

"۔۔۔ پئی نا اوہدی جان پاتال وچ چھڈی گئی تے نا اوہدا جسم گلیا سڑیا۔ ایسے یسوع نوں خدا جوالیا جہدے اسی سارے گواہ ہاں۔ سو جد اوہ خدا دے سجے پاسے اُچا کیتا گیا تے اوس باپ کولوں پاک رُوح دا وعدہ پایا تاں اوس ایہہ جو تُسی ویکھدے تے سُندے ہو بخش دتا۔۔۔ خدا نے اوسے یسوع نوں جنہوں تُساں صلیب دتا خداوند تے مسیح وی کیتا " (اعمال ۲: ۳۱۔ ۳۶)۔

پولس رسول نے فلپیوں دے ناں اپنے خط دی اک مشہور آیت وچ وی ایسے سچیائی نوں بیان کیتا ہے پئی یسوع نے کیویں "فروتنی " وکھائی تے اپنی رضامندی نال دُکھ اٹھان والے خادم دا کردار قبول کیتا۔ اوہ ایتھوں تک فرمانبردار رئیا پئی اوس نے موت بلکہ صلیبی موت وی گوارا کیتی۔ پر فیر خدا نے وی اوہنوں روحانی اعلیٰ اختیار دی

آخری حد تک سربلند کیتا۔ ایہہ فتح مسیح نوں اپنی کوشش نال نئیں سی ملی بلکہ خدا نے پہلوں صلیب تے اوہدی وڈی قربانی دے سببوں گناہ دی قیمت چکائی:

"اوہو جیہا ای سبھا رکھو جیہا یسوع مسیح دا سی۔ اوہ بھانویں خدا دی صورت وچ سی پر اوہنے خدا دے برابر ہون نوں اپنے قبضے وچ رکھن دی شے نا جانیا۔ سگوں اپنے آپ نوں خالی کر دتا تے ٹہلئے دی صورت مَل لئی تے بندیاں وانگر ہو گیا تے انسانی شکل وچ ظاہر ہو کے اپنے آپ نوں نیویاں کر دتا تے ایتھوں تیکر تابعدار ہویا پئی موت سگوں صلیبی دی موت جھل لئی۔ ایس کر کے خدا اوہنوں بہت اُچا کیتا تے اوہنوں ایہہ ناں دتا جہیڑا ساریاں ناںواں نالوں اعلیٰ اے تاں جو یسوع دے ناں اُتے سارے گوڈے ٹیکن ---" (فلپیوں ۲: ۴۔ ۱۰)۔

صلیب دی شاگردیت

مسیحیاں دے خداوند یسوع دے پچھے چلن توں مراد ایہہ آ پئی اوہ اوہدی موت تے قیامت دے نال اپنی مشابہت رکھن۔ خداوند یسوع تے اوہدے شاگرد بار بار ایسے ضرورت دا اعادہ کردے ہین پئی اوہ مسیح کے نال مرن یعنی پرانی زندگی دا چال چلن مُک جائے تے اوہناں دا جنم نواں ہووے۔ مطلب اوہ نویں زندگی وچ ایسراں جیون جو خداوند یسوع دی محبت تے میل ملاپ دے چال چلن دے مطابق ہووے۔ اوہ اپنے لئے نہ جین بلکہ خدا لئی زندگی گزارن۔ دُکھ درد دے تجربے نوں ایویں لیا جاندا ہے جیویں مسیح کے نال دُکھ اٹھانا۔ جو اوہناں آزمائشاں نوں ظاہر کردا ہے جنہاں توں اوہ سب گزر رہے سن۔ اوہ اوس زندگی کی راہ ہے جو شکست دا نئیں بلکہ فتح دا ثبوت ہے۔ اوہناں سب وچ خدا ہووے گا جو دنیا دیاں ظالم طاقتاں نوں ہرا کے اپنے وفادار ایمانداراں نوں ہر اک الزام توں بری کرے گا:

"---جے کوئی میرے پچھے آؤنا چاہے اوہ اپنا انکار کرے تے اپنی صلیب چُک کے میرے مگر ٹُر پئے کیوں جو جہیڑا اپنی جان بچانی چاہے سو اوہنوں گوائے گا پر جہیڑا میرے لئی تے انجیل دے لئی اپنی جان گنواوے سو اوہنوں بچاوے گا "(مرقس ۸: ۳۴۔ ۳۵؛ ہور ویکھوا۔ یوحنا ۳: ۱۴، ۱۶؛ ۲۔ کرنتھیوں ۵: ۱۴۔ ۱۵؛ عبرانیوں ۱۲: ۱۔ ۲)۔

حضرت محمد مخالفِ صلیب

ہن تک اسی جو کچھ سیکھیا تے سمجھیا ہے اوہدی روشنی وچ اسی ہم کہہ سکدے آں پئی اسی اک روحانی دُنیا وچ رہنے آں ایس لئی ایہہ گل کسے وی طور نال ساڈے لئی حیرانی دا باعث نئیں پئی حضرت محمد صلیباں کولوں اینی نفرت کیوں کردے سن۔ اک حدیث توں روایت ہے پئی جے حضرت محمد نوں کدی اپنے گھر وچ کوئی

ایہو جئی شے دس جاندی سی جہدے اُتے صلیب دا نشان ہوندا تے اوہ اوہنوں فوراً توڑ دیندے سن۔[11]

جیویں اساں تیسرے سبق وچ ویکھیا سی، حضرت محمد دی صلیب نال نفرت ایس حد تک سی پئی اوہ ایہہ تعلیم دیندے سی پئی جدوں حضرت عیسیٰ زمین تے واپس آن گے تے اوہ اسلام دے نبی بن کے آن گے تے صلیباں نوں توڑ دین گے اتے مسیحیت نوں وی صفحۂ ہستی توں مٹا دین گے۔

اج وی حضرت محمد دی صلیب نال دشمنی بہت سارے مسلماناں وچ اونویں پائی جاندی ہے۔ اج وی دنیا دے بہت سارے حصیاں وچ مسلماناں ولوں مسیحی صلیباں نال نفرت کیتی جاندی ہے، اوہدے تے پابندی لائی جاندی ہے اتے اوہنوں توڑ کے چکنا چور کر دتا جاندا ہے۔

اک وار انج وی ہویا پئی آرچ بشپ آف کنٹربری جارج کیری نوں جدوں ۱۹۹۵ء وچ کسی مجبوری دے تحت اپنا جہاز سعودی عرب وچ لانا پیا تے اوہناں نوں زبردستی ایس گل تے بات آمادہ کیتا گیا پئی اوہ اپنی گردن دے دوالیوں صلیب نوں لا دین۔ ایس واقعے نوں ڈیوڈ اسکڈ مور نے ایپیسکاپل نیوز سروس وچ کجھ ایسراں دسیا سی:

> "بشپ کیری دی پرواز نوں مجبوراً سعودی عرب وچ اترنا پیا۔ بحیرہ احمر دے ساحلی ملک سعودی عرب دے شہر جدہ پہنچن توں بعد بشپ کیری نوں اپنے سارے مذہبی امتیازی نشان لان نوں آکھیا گیا جنہاں وچ پاسبانی چوغہ اتے اسقفی صلیب وی شامل سی"۔

بھانیوں مسلمان صلیب نوں رد کردے نیں پر مسیحیاں لئی ایہہ آزادی دا نشان ہے۔

ایہناں حصیاں وچ اسی یسوع مسیح دی پیروی دا عہد کرن دی دعا، آزادی حاصل کرن دیاں کجھ گواہیوں تے دینِ اسلام دی طاقت اتے کلمۂ شہادت دے عہد توں رہائی پان دی کی دعا تے غور کراں گے۔ ایہہ دعاواں خاص طور تے اوہناں لوکاں لئی پیش کیتیاں گئیاں نیں جو اسلام نوں ترک کرکے یسوع ناصری دے پچھے چلن دا فیصلہ کر رئیے نیں فیر ایہہ اوہناں اوہناں لوکاں لئی وی ہین جو پہلاں ای یسوع دی پیروی کرن دا فیصلہ کر چکے ہین اتے ہن اوہ ایس گل دے خواہش مند ہین پئی اوہ اسلام دے سارے اثر و رسوخ توں مکمل آزادی حاصل کرن۔

[11] ڈبلیو موئر، "دی لائف آف محمد"، جلد سوم، ص ۶۱، حاشیہ نمبر ۴۷۔

یسوع دے پچھے چلو

تہانوں دعوت دتی جاندی ہے پئی ایس اس دعا نوں اُچی آواز نال پڑھن دے ذریعے مسیح دی پیروی کرن دا عہد کرو۔ ایس دعا نوں پڑھن توں پہلاں پوری توجہ دے نال ایہدا سرسری جائزہ لوو تاں جو تہانوں پتہ چل جائے پئی تسی کیہہ کہہ رئیے او۔

ایس دعا تے غور کردیاں ہوئیاں، مہربانی کر کے ایس گل دا ضرور خیال رکھو پئی ایدے وچ کہیڑیاں کہیڑیاں گلاں شامل نیں:

۱۔ دو اقرار:

- مَیں گنہگار آں تے اپنے آپ کو خود بچا نئیں سکدا
- خدا اک ہی ہے یعنی خالق خدا جنے اپنے بیٹے یسوع نوں بھیجیا تاں جو میرے گناہواں دی خاطر اپنی جان دیوے۔

۲۔ رجوع لانا (توبہ کرنا) : اپنے گناہواں توں تے ہر قسم دی بدی توں۔

۳۔ درخواست کرنا: معافی ، آزادی، ہمیشہ دی زندگی اتے روح القدس لئی۔

۴۔ وفاداری دا تبادلہ: ہن توں مسیح میری زندگی دا مالک تے خداوند ہووے گا۔

۵۔ وعدہ تے تقدیس: کہ مَیں اپنی زندگی مسیح اتے اوہدی خدمت لئی وقف کرنا آں۔

٦۔ اعلان: مسیح وچ اپنی نویں شناخت دا اقرار۔

خداوند یسوع مسیح دی پیروی دے عہد دا اعلان اتے دعا

مَیں خدائے واحد، خالق، قادرِ مطلق باپ تے ایمان رکھدا ہاں۔

مَیں باقی سارے نام نہاد "معبوداں" نوں رد کردا ہاں۔

مَیں اقرار کردا ہاں پئی مَیں خدا دی ذات اتے دوجے لوکاں دے خلاف گناہ کیتا ہے۔ فیر مَیں خدا دی نافرمانی تے اوہدی پاک ذات تے اوہدے آئین دے خلاف بغاوت کیتی ہے۔

مَیں اپنے گناہ توں آپ خود نئیں بچ سکدا۔

میرا ایمان ہے پئی یسوع ہی مسیح ہے جو خد ا دا پُتر ہے۔ اوہنے میری خاطر صلیب تے اپنی جان دتی تے میرے گناہواں دی سزا نوں اپنے اُتے چُکیا۔ اوہ میرے لئے مویاں وچوں جی اٹھیا۔

مَیں اپنے گناہوں توں توبہ کرنا آں۔ مَیں مسیح دی معافی دی بخشش لئی جہیڑی اوہنے صلیب اُتوں جاری کیتی ہے حاصل کرن دی درخواست کرنا آں۔ مَیں اوس معافی دی بخشش نوں حاصل کرنا آں۔

مَیں خدا نوں اپنا اسمانی پیو مننا آں اتے ہمیشہ لئی اوہدا ہی بن کے رہنا چاہندا ہاں۔ مَیں ہمیشہ دی زندگی وچ چلاں گا۔

مَیں اپنی حیاتی دا اختیار خداوند یسوع نوں دیناں تے اوہدے کولوں درخواست کرنا آں پئی اوہ میری زندگی تے میرا خداوند بن کے اج توں ہی حکومت کرنا شروع کرے۔

مَیں دوجے سارے روحانی رابطیاں نوں چھڈنا آں۔ خاص کر کے کلمۂ شہادت تے اوہدے سارے تقاضیاں نوں ترک کرنا آں۔

مَیں شیطان تے اوہدی ساری بدی نوں رد کرنا آں۔ مَیں سارے غیر الہٰی معاہدیاں نوں توڑدا ہاں جو مَیں کدے بدروحاں تے ابلیسی تاثیراں نال کیتے سن۔

مَیں اپنے دوجے سارے غیر الہٰی رابطیاں نوں وی ترک کرنا اہاں جو اج تک میرے اُتے حاوی رہے۔

مَیں اوہناں سارے غیر الہٰی معاہدیاں نوں وی میرے پیو دادیاں نے میرے لئی کیتے سن ترک کردا ہاں جنہاں دا کسے وی سببوں میرے اُتے کوئی وی اثر سی۔

مَیں اوہناں ساریاں جسمانی تے روحانی صلاحیتاں نوں ترک کرنا ہاں جو مسیح دے وسیلے خدا دے ولوں نئیں بلکہ ابلیس دے ولوں ملیاں ہین۔ مَیں اپنے لئے خدا توں موعودہ روح القدس دی نعمت منگدا ہاں۔

اے خدا باپ مینوں آزادی عطا فرما تے مینوں اینج دا بدل دے پئی مَیں صرف تیرا جلال ظاہر کر سکاں۔ میرے اندر روح القدس دا پھل پیدا کر تاں جو مَیں تیری تعظیم کر سکاں تے دوجیاں نال تیرے وانگوں پیار کر سکاں۔

مَیں انسانی گواہاں اتے روحانی اختیار والیاں دے سامنے اعلان کرنا واں پئی مَیں خداوند یسوع مسیح دے وسیلے اپنے آپ نوں خدا دے لئی وقف کرنا ہاں۔

مَیں اپنے اسمانی شہری ہون دا اعلان کرنا آں۔ خدا میرا رکھوالا اے۔ مَیں روح القدس کی مدد نال خداوند یسوع دے پچھے چلن دا عہد کرنا ہاں تاں جو اوہ میری زندگی دا مالک بنیا روے۔

آمین۔

آزادی دیاں گواہیاں

ہیٹھاں کجھ ایسے لوکاں دیاں گواہیاں پیشِ کیتیاں گئیاں نیں جنہاں نے ایس سبق وچ پیش کردہ دعاواں دے ذریعے رہائی حاصل کیتی ہے۔

شاگردیت دا اک کورس

شمالی امریکہ وچ مشنری خدمت دا اک ادارہ ہے جو مسلم پسِ منظر رکھن والے ایمانداراں دی جنہاں نے خداوند یسوع نوں اپنا خداوند تے منجی قبول کر لیا ہے، باقاعدہ خدمت تے روحانی زندگی کامیابی دے نال گزارن دی اک ودھیا تے گہری تربیت فراہم کردا ہے۔ نصاب بنان والے کوارڈینیٹراں نوں پتہ لگا پئی ایس کورس وچ شامل ہون والے لوکاں نوں شاگرد بنان وچ مسلسل مشکلات دا سامنا کرنا پے رئیا ہے۔ تے فیر اوہناں نے جدوں ایس کتاب وچ کلمۂ شہادت نوں ترک کرن دیاں دعاواں بارے پتہ لگا تے اوہناں ایہہ متفقہ فیصلہ کیتا پئی اسی ایہناں دعاواں نوں نہ صرف اپنے نصاب وچ شامل کراں گے بلکہ ایہدے وچ شریک لوکاں نوں ایس گل دی دعوت وی دواں گے پئی آن کے ساڈے نال رل کے ایہناں دعاواں نو پڑھن تے دوجیاں نوں وی اسلام دیاں بندشاں توں رہائی پان وچ مدد کرن۔ ایہہ کم جدوں عمل وچ لیاندا گیا تے ایہنوں سب نے بہت سراہیا اتے شرکاء کا ردِ عمل وی بڑی تسلی تے خوشی کا باعث ہویا۔ اوہناں نے باقاعدہ فیر پوچھیا ”ساہنوں پہلاں کسی نے کیوں نہیں دسیا پئی کہ ساہنوں اسلام نوں چھڈن توں بعد اوہدے وچ رہ کے کیتے ہوئے سارے معاہدیاں تے وعدیاں نوں وی ترک کرن دی لوڑ ہے ورنہ اسی ایہہ کم بہت پہلاں ای کر لیندے“۔ ہن ایہہ تربیتی کورس اسلام نوں دِلوں ترک کرن دا اک اہم حصہ بن گیا ہویا ہے۔

مشرقِ وسطیٰ نال تعلق رکھن والے دو مسیحی جنہاں نے کلمۂ شہادت نوں چھڈ دتا

ہیٹھاں مشرق وسطیٰ توں تعلق رکھن والے دو مسیحیاں دیاں گواہیاں پیش کیتیاں گئیاں نیں جنہاں نے کلمۂ شہادت نوں ترک کرکے مکمل آزادی حاصل کیتی سی:

> ”مَیں اپنے آپ نوں واقعی بہت آزاد محسو س کرنا ہاں ایویں جیویں کوئی بہت وڈا بوجھ جو پہلوں میری دھون دے نبال بدھا ہویا سی ہن ٹُٹ کے کھل چکیا ہے۔ ایس دعا وچ واقعی بڑی طاقت ہے۔ مینوں محسوس ہو رئیا ہے جیویں پہلوں مَیں کسی جانور دی طرح اک پنجرے وچ بند سی پر ہن مَیں آزاد ہاں۔ مَیں ایس آزادی نوں واقعی محسوس کر سکدا ہاں۔“

> ”مینوں ایس دعا دی بہت زیادہ ضرورت سی تےمینوں انج لگدا ہے پئی جیویں خدا نوں پہلوں ای پتہ سی پئی میرے دماغ وچ کیہہ چل رئیا سی۔۔۔ مَیں ایس دعا نوں بار بار پڑھیا تے ہر وار مینوں اک عجیب جئی خوشی تے تسلی محسوس

ہوندی سی جنہوں مَیں اپنے لفظاں وچ بیان نہیں کر سکدا۔ ایویں جیویں اک بہت وڈا تے بھاری بوجھ میرے کندھیاں توں اُتر گیا ہووے۔ ایہہ آزادی دا بڑا ہی عجیب احساس ہے!"

سچیائی نوں جانو

کلمۂ شہادت (یا ذمّی معاہدے) توں آزادی لئی خود نوں تیار کرن دا پہلا قدم ایہہ ہے پئی خدا دے کلام دیاں چند مخصوص آیتاں پڑھو۔ ایہہ اک اہم سچیائی دی تصدیق ہے جو ایہناں دعاواں وچ پائی جاندا ہے۔ صلاح ایہہ ہے پئی تسی ایہناں دعاواں نوں کسے دوجے بندے دے نال رل کے پڑھو تاں جو اوہ ایہناں دعاواں نوں کرن دے معاملے وچ تہاڈا گواہ ہووے۔ ایس عمل نوں " سچیائی نوں جاننا" کہیا جا سکدا ہے۔

یوحنا دے پہلے خط اتے یوحنا دی انجیل وچوں لئیاں ہوئیاں ایہناں آیتاں وچوں کتابِ مقدس دی ایس سچیائی نوں سمجھن دی کوشش کرو پئی ایہہ کلام ساہنوں خدا تےایمان رکھن اتے دعا کرن دے حوالے نال کیہہ سکھاندا ہے؟

جہیڑی محبت خدا دی ساڈے نال اے اوہنوں اساں جانیا اے تے اوہدے اُتے ساڈا ایمان اے۔ خدا محبت اے تے جہیڑا محبت وچ رہندا اے اوہ خدا وچ رہندا اے۔ تے خدا اوہدے وچ رہندا اے" (۱۔ یوحنا ۴: ۱۶)۔

یسوع نے کہا: "خدا دنیا نوں اجیہا پیار کیتا پئی اوس اپنا اکلوتا پُتر بخشیا تاں جو جہیڑا اوہدے اُتے ایمان لیاوے اوہ ہلاک نا ہووے سگوں اوہنوں سدا دی زندگی ملے" (یوحنا ۳: ۱۶)۔

ایہناں آیتاں وچوں اسی سیکھدے آں پئی خدا دی محبت ٹھکران دی لعنت اُتے غالب آندی ہے۔

ہیٹھاں دو ہور آیتاں دتیاں گئیاں نیں اوہناں نوں پڑھ کے دسو پئی ایہہ آیتاں ساہنوں کس الہٰی سچیائی نوں قبول کر کے اتے اوہدے لئی دعا کرنا سکھاندیاں نیں؟

"کیوں جو سانوں ڈرن والی روح نئیں سگوں طاقت تے پیار تے سُرت دی روح دتی اے" (۲۔تیمتھیس ۱: ۷)۔

کیوں جو تہانوں تے غلامی دی روح نئیں ملی پئی فیر ڈر جاؤ سگوں پُتریلا ہون دا روح ملیا جہدے وچ اسی ابا یعنی اے باپ آکھ کے سدنیں آں۔ روح آپ ای ساڈے روح نال رل کے گواہی دیندا اے پئی اسی خدا دے بچے آں تے جد بچے ہوئے تے وارث وی یعنی وارث خدا دے تے ورثے وچ مسیح نال شریک ایس شرط اُتے پئی اسی اوہدے نال دُکھ وی بھوگئیے پئی اوہدے نال سانوں وی جلال ملے" (رومیوں ۸: ۱۵۔ ۱۷)۔

ایہناں آیتاں دی راہیں ساہنوں پتہ لگدا ہے پئی ساڈی میراث دہشت نہیں بلکہ خدا وچ ہے۔

ہیٹھ لکھیاں دو آیتاں ساہنوں کہیڑی سچیائی تے ایمان لیا کے اوہدے لئی دعا کرنا سکھاندیاں نیں؟

یسوع نے کہا: "تُسی سچیائی نوں جانو گے تے سچیائی تہانوں آزاد کرے گی" (یوحنا ۸: ۳۲)۔

"مسیح نےساہنوں آزاد رہن لئی ازاد کیتا اے۔ سو تگڑے رہو تے فیر غلامی دے جوئے ہیٹھ نہ جُپو" (گلتیوں ۵: ۱)۔

ایہہ آیتاں ساہنوں سکھاندی نیں پئی ساہنوں آزادی دی زندگی جین لئی بلایا گیا ہے۔

ہیٹھاں جہیڑیاں دو آیتاں دتیاں گئیاں نیں اوہ ساہنوں سچیائی تے ایمان لیا کے ایمان لیا کے اوہدے لئی دعا کرنا سکھاندیاں نیں؟

"تسی نئی جان دے پئی تہاڈا بدن پاک روح دی ہیکل اے جہیڑا تہاڈے وچ وسدا اے۔ تے تہانوں خدا ولوں ملیا اے۔ تے تسی اپنے نئیں کیوں جو مُل لئے گئے ہو۔ سو اپنے بدن نال خدا دا جلال ظاہر کرو" (۱۔ کرنتھیوں ٦: ۱۹۔ ۲۰)۔

"تے اوہناں برے دے خون۔۔۔ دے سبب اوہنوں جت لیا" (مکاشفہ ۱۲: ۱۱)۔

ایہہ آیتاں ساہنوں سکھاندیاں نیں پئی ساڈے بدن خدا دی ملکیت ہین کسے ہور دی نئیں: ساڈی قیمت پہلاں ای یسوع دے خون نال ادا کیتی جا چکی ہے۔

ایہہ آیت ساہنوں بائبل دی کہیڑی سچیائی دا دعویٰ کرنے اتے اوہدے لئی دعا کرنا سکھاندی ہے؟

"۔۔۔ نہ کوئی یہودی رئیا نہ یونانی ۔ نہ غلام نہ آزاد۔ نہ کوئی مرد نہ عورت کیوں جو تسی سارے مسیح یسوع وچ اک ہو" (گلتیوں ۳: ۲۸)۔

ایہہ آیت سانوں ایہہ سکھاندی ہے پئی سارے مرد تے عورتاں خدا دی نظر وچ برابر ہین اتے کوئی دوجے نالوں ودھ کے نئیں۔

ہیٹھ جو تِن اقتباسات پیش کیتے گئے نیں اوہ ساہنوں کس الہٰی سچیائی تے ایمان لیاؤن اتے اوہدے لئی دعا کرنا سکھاندے نیں؟

"پر خدا دا ایہہ شکر اے جہیڑا مسیح وچ سانوں سدا قیدیاں وانگوں گشت کراندا اے تے اپنے علم دی خوشبوئی ساڈی راہیں ہر تھاں پھیلاندا اے۔ کیوں جو اسی خدا دے اگے نجات لین والیاں تے ہلاک ہون والیاں دوہاں دے لئ مسیح دی خوشبوئی آں۔ کئیاں واسطے تے مرن دے لئی موت دی بو تے کئیاں واسطے جیون دے لئی زندگی دی بو آں" (۲۔ کرنتھیوں ۲: ۱۴۔ ۱٦)۔

”تے مَیں اوہناں نوں اوہ جلال دتا اے جہیڑا توں مینوں دتا اے۔ تاں جو اوہ اک ہون جیویں اسی اک آں۔ مَیں اوہناں وچ تے تُوں میرے وچ تاں جو کامل ہو کے اک ہو جان۔ تے دُنیا جانے پئی تُوں مینوں گھلیا۔ تے جس طرح تُو مینوں پیار کیتا اوسے طرح توُں اوہناں نوں وی پیار کیتا“ (یوحنا ۱۷: ۲۲۔ ۲۳)۔

[یسوع نے کہیا] :”تے اوس ساریاں نوں آکھیا جے کوئی چاہے پئی میرے مگر آئے تے اپنے آپ دا انکار کرے۔ تے نت دہاڑے اپنی صلیب چُک کے میرے مگر لگ پئے“ (لوقا ۹: ۲۳)۔

ایہہ آیتاں سانوں دسدیاں ہین پئ ساڈی امتیازی خصوصیات شرمندگی یا احساسِ کمتری نئیں بلکہ مسیح دی فتح، مسیح دی محبت دی یگانگت تے صلیب ہین۔

ہیٹھاں دتیاں ہوئیاں آیتاں ساہنوں کتابِ مقدس دی کس سچیائی نوں قبول کرن اتے اوس لئی دعا کرنا سکھاؤندیاں نیں؟

”[یسوع نے کہا]: ”تد وی مَیں تہانوں ٹھیک آکھنا آں پئی میرا ٹُر جانا تہاڈے واسطے چنگا اے کیوں جو جے مَیں نا جاواں تے مددگار تہاڈے کول نئیں آوے گا پر جے مَیں جاواں گے اوہنوں تہاڈے کول گھلاں گا تے اوہ آ کے دُنیا نوں گناہ تے نیکی تے عدالت دی بابت قصور وار بنائے گا“ (یوحنا ۱۶: ۷۔ ۸)۔

[یسوع نے کہا]: ”پر جد اوہ آوے گا جہیڑا سچیائی دا روح اے تد اوہ تہانوں ساری سچیائی دے راہ پائے گا۔۔“ (یوحنا ۱۶: ۱۳)۔

ایہہ آیات سانوں سکھاندیاں نیں پئی روح القدس دی قدرت ساڈے اندر موجود ہے جہیڑی سچیائی نوں ظاہر کردی ہے۔

ہیٹھ دی آیت ساہنوں کس گل تے ایمان لیان اتے اوہدے لئی دعا کرنا سکھاندی ہے؟

”۔۔تے ایمان دے بانی تے کامل کرن والے یسوع نوں ویکھدے رہئیے جس اوس خوشی دی سبب جہیڑی اوہدے اگے پئی ہوئی سی بے عزتی دی پرواہ نا کیتی تے صلیب دا دُکھ جھل کے خدا دے تخت دے سجے پاسے جا بیٹھا“ (عبرانیوں ۱۲: ۲)۔

ایہہ آیت ساہنوں سکھاندی ہے پئی ساہنوں مسیح دی پیروی وچ چلن اتے شرمندگی تے غالب آن دا اختیار حاصل ہے۔

ہیٹھاں دتی ہوئی آیت ساہنوں کتابِ مقدس دی کس سچیائی نوں قبول کرن اتے اوس لئی دعا کرنا سکھاؤندی اے؟

”سو تو ضرور ای اپنی احتیاط رکھیں تے ایس گل دی بڑی حفاظت کریں تاں ایہہ نہ ہووے پئی تو اوہ گلاں جو توُں اپنی اکھیں ویکھیاں نیں بھُل جائیں تے اوہ

زندگی بھر لئی تیرے دل وچوں جاندیاں رہین بلکہ تو اوہناں نوں اپنے پُتراں تے پوتریاں نوں سکھانا" (استثنا ۴: ۹)۔

ایہہ آیت ساہنوں سکھاندی ہے پئی ساہنوں ایہہ حق حاصل ہے پر اوہدے نال اک ذمہ داری وی ساڈے اُتے لاگو ہندی ہے پئی خود نوں اتے اپنی اواد نوں روحانی معاملیاں دی تعلیم دئیے۔

ہیٹھاں دتیاں ہوئیاں آیتاں ساہنوں ہمیں کتابِ مقدس دی کس سچیائی نوں قبول کرن اتے اوس لئی دعا کرنا سکھاؤندیاں نیں؟

"موت تے زندگی زبان دے قابو وچ نیں اتے جو ایہنوں دوست رکھدے نیں اوہ ایس دا پھل کھاندے نیں " (امثال ۱۸: ۱۲)۔

"تے ہن اے خداوند ایہناں دیاں دھمکیاں نوں ویکھ تے اپنے بندیاں نوں ایہہ ہمت دے پئی بڑی دلیری نال تیرا کلام سناون" (اعمال ۴: ۲۹)۔

"بدکاری توں خوش نئیں ہندی سگوں سچیائی توں خوش ہوندی اے" (۱۔ کرنتھیوں ۱۳: ٦)۔

"جہیڑا مندا اے پئی یسوع خدا دا پُتر اے خدا اوہدے وچ تے اوہ خدا وچ رہندا اے" (۱۔ یوحنا ۴: ۱۵)۔

"ایس لئی اپنی دلیری نوں نا چھڈو جہدا بڑا اجر ہے۔۔۔" (عبرانیوں ۱۰: ۳۵)۔

یہ آیتاں ساہنوں سکھاندیاں نیں پئی مسیح وچ ساڈے کول ایہہ اختیار ہے پئی اسیں محبت تے دلیری دے نال سچیائی دی منادی کرئیے۔

ہیٹھاں دتیاں ہوئیاں آیتاں ساہنوں ہمیں کتابِ مقدس دی کس سچیائی نوں قبول کرن اتے اوس لئی دعا کرنا سکھاؤندیاں نیں؟

"۔۔۔خدا دی گواہی اودوں وڈی اے تے خدا دی گواہی ایہہ اے پئی اوس اپنے پُتر دے حق وچ گواہی دتی اے" (۱۔ یوحنا ۵: ۹)۔

" اوہناں۔۔۔ اپنی گواہی دے کلام دے سبب اوہنوں جت لیا" (مکاشفہ ۱۲: ۱۱)۔

ایہہ آیتاں ساہنوں سکھاندیاں نیں پئی اسی سچیائی دے کلام تے مکمل بھروسہ رکھ سکدے آں۔

ہیٹھاں دتیاں ہوئیاں آیتاں ساہنوں ہمیں کتابِ مقدس دی کس سچیائی نوں قبول کرن اتے اوس لئی دعا کرنا سکھاؤندیاں نیں؟

”باقی خداوند تے اوہدی بڑی قدرت دی طاقت وچ تگڑے رہو۔ خداوند دے سارے ہتھیار لا لوو پئی تسی ابلیس دیاں چالاکیاں اگے کھلون جوگے ہوؤ“ (افسیوں ٦: ١٠۔ ١١)۔

”کیوں جو اسی بھانویں جسم وچ زندگی کٹنے آں پر جسم دے سببوں لڑ دے نئیں۔ ایس لئی پئی ساڈی لڑائی دے ہتھیار جسمانی نئیں سگوں خدا دے اگے قلعیاں نوں ڈھاہ سُٹن جوگے نیں۔ سو اسی وہماں تے ہر اُچی شے نوں جس خدا دی پہچان دے برخلاف سر چُکیا ہویا اے ڈھاہ دینے آں تے ہر اک خیال نوں قید کر کے مسیح دا تابعدار بنا دینے آں“ (٢۔ کرنتھیوں ١٠: ٣۔ ٥)۔

ایہہ آیتاں ساہنوں سکھاندیاں نیں پئی اسی دفاع دے بغیر تے نہتے نئیں آں بلکہ اسی مسیح وچ روحانی طور تے اوہدے ہتھیاراں نال مسلح تے لیس آں۔

ہیٹھاں دتی ہوئی آیت ساہنوں کتابِ مقدس دی کس سچیائی نوں قبول کرن اتے اوس لئی دعا کرنا سکھاؤندی اے؟

”میرے بھراؤ جدوں تسی کئی طرح دیاں ازمایشاں وچ پوو ایہہ جان کے بڑی خوشی دی گل سمجھناں پئی تہاڈے ایمان دی ازمایش صبر پیدا کر دی اے“ (یعقوب ١: ٢۔ ٣ ہور ویکھو فلپیوں ١: ٢٩)۔

ایہہ آیت ساہنوں سکھاندی ہے پئی ساہنوں مسیح دے ناں توں دکھ اٹھان نوں اپنی خوشی تے فخر کا باعث سمجھنا چاہیدا ہے۔

ہیٹھاں دتیاں ہوئیاں آیتاں ساہنوں ہمیں کتابِ مقدس دی کس سچیائی نوں قبول کرن اتے اوس لئی دعا کرنا سکھاؤندیاں نیں؟

[یسوع نے کہا]: ” --- ہُن ایس دُنیا دا سردار باہر کڈھیا جائے گا۔ تے مَیں جے زمین اُتوں اُچا کیتا جاواں تے ساریاں نوں اپنے ول کھچاں گا“ (یوحنا ١٢: ٣١۔ ٣٢)۔

ایہہ آیتاں ساہنوں ایہہ سکھاندیاں نیں پئی صلیب شیطان دی طاقت نوں چکنا چور کر کے ساہنوں مسیح وچ رہائی دلاندی ہے۔

ہیٹھاں دتیاں ہوئیاں آیتاں ساہنوں ہمیں کتابِ مقدس دی کس سچیائی نوں قبول کرن اتے اوس لئی دعا کرنا سکھاؤندیاں نیں؟

تے اوس تہانوں وی جہیڑے اپنے قصوراں تے جسم دی نا سُنتی دے سببوں موئے ہوئے سو اوہدے نال جوالیا تے سارے ساڈے قصور بخش دتے تے حکماں دی اوہ اُلیکھ مٹا چھڈی جہیڑی سادے ناں تے ساڈے سِر سی تے اوہنوں صلیب اُتے کِلاں نال جڑھ کے اگوں ہٹا دتا۔ اوس حکومتاں تے اختیاراں نوں اپنے اُتوں

ہٹا کے اوہناں دا کھُلا تماشا بنایا تے صلیب دے سببوں اوہناں اُتے فتح پا لین دی خوشی کیتی" (کلسیوں ۲: ۱۳۔ ۱۵)۔

ایہہ آیتاں ساہنوں سکھاندیاں نیں پئی صلیب سارے غیر الہٰی عہداں نوں منسوخ اتے اوہناں دی ساری طاقت نوں نیست و نابود کردی ہے۔

دعا کرن توں پہلاں ایہہ گل ضرور سمجھ لینی چاہئیدی ہے پئی تہاڈیاں دعاواں پرزور تے پراثر نیں۔ خدا دے نال متفق ہو جاؤ کیوں جو اوہ تہانوں مکمل آزادی تے رہائی دینا چاہندا ہے۔ پورے دل نال ایس سچیائی نوں تسلیم کرو پئی مسیح نے تہانوں قبول کر لیا ہے اتے ہن اوہ تہانوں شیطان دے ہتھوں چھڈانا تے آزاد کرانا چاہندا ہے۔ اوہدا مقابلہ کرن دا عزم کرو اتے اسلام دے سارے معاہدیاں تے جھوٹھاں نوں رد کردیو۔

ایہہ کلمۂ شہادت نوں ترک کرن دی دعا ہے۔ ایہنوں کھڑے ہو کے پڑھیا جاوے۔

کلمۂ شہادت نوں چھڈن دا اعلان اتے اوہدے اثر نوں توڑن دی دعا

مَیں جھوٹی اتے بے معنی اطاعت نوں ترک کردا ہاں جس دی حضرت محمد نے تعلیم دتی اتے جس دا اوہناں نے عملی مظاہرہ کیتا سی۔

مَیں حضرت محمد دے خدا دا رسول ہون دے جھوٹھے دعوے نوں رد تے ترک کردا آں۔

مَیں اس دعوے نوں وی رد کر دا ہاں پئی کہ قرآن خدا دا کلام ہے۔

مَیں کلمۂ شہادت اتے اوس دی تلاوت نوں رد تے ترک کردا ہاں۔

مَیں سورہ فاتحہ نوں ترک کردا ہاں۔ مَیں ایس دعوے نوں وی رد کردا ہاں پئی یہودی خدا دے غضب دی زد وچ ہین اتے مسیحی گمراہ ہو چکے ہین۔

مَیں یہودیاں توں نفرت نوں ترک کردا ہاں اتے ایس دعوے نوں وی رد کردا ہاں پئی اوہناں نے بائبل نوں بدل دتا ہے۔

مَیں ایس دعوے نوں پئی خدا نے یہودیاں نوں رد کر دتا ہے رد کردا ہاں اتے ایہہ وی اعلان کردا ہاں پئی ایہہ دعویٰ جھوٹھا ہے۔

مَیں قرآن دی تلاوت نوں ترک کردا ہاں اتے اپنی زندگی اُتوں اوہدے سارے اختیار نوں رد کردا ہاں۔

مَیں ہر طرح دی جھوٹھی پرستش تے عبادت نوں جو حضرت محمد دے نمونے تے ہے ترک کردا ہاں۔

مَیں خد ا دے بارے اوہ ساریاں جھوٹھیاں تعلیماں جو محمد لے کے آئے سن اتے جس طرح اللہ نوں قرآن دے وچ وکھایا گیا ہے، ایہناں ساریاں گلاں رد کردا ہاں۔

[شیعہ پسِ منظر نال تعلق رکھن والے لوکاں لئی: مَیں علی تے اوہناں دے ۱۲ خلیفیاں دے نال اپنے ہر بندھن نوں رد تے ترک کردا ہاں۔ مَیں حسین تے اسلامی شہیدوں دے ماتم نوں اپنی زندگی چوں ترک کردا ہاں۔]

مَیں اپنے جنم توں پہلاں توں لے کے بعد تک اپنے تے اپنے پیو دادیاں ولوں اسلام دی وفاداری دا حلف چُکن توں دستبردار ہونا آں۔

مَیں خاص طور تے حضرت محمد دے نمونے نوں رد کرنا اتے اوہدے توں دستبردار ہونا آں۔ مَیں تشدد، خوفزدہ کرن، نفرت پھیلان، دکھ پہنچان والے جذبے، دھوکھے، برتری، زبردستی زنا، عورتوں نال بدسلوکی، چوری اتے سارے اوہناں گناہواں نوں جو محمد نے کیتے، رد کردا تے اوہناں نوں چھڈدا ہاں۔

مَیں شرمندگی نوں رد کردا ہاں تے اوہدے توں دستبردار ہوندا ہاں۔ مَیں دعویٰ کردا ہاں پئی مسیح یسو ع وچ کوئی سزا دا حکم نہیں اتے مسیح دا خون مینوں ساری ناراستی توں پاک کردا ہے۔

مَیں ایس سارے خوف نوں جو اسلام پیدا کردا ہے رد تے ترک کردا ہاں۔ مَیں خوفزدہ ہون لئی خدا توں معافی دا خواستگار ہاں۔ مَیں ساریاں گلاں وچ خدا اتے اپنے خداوند یسوع مسیح دے باپ تے بھروسہ رکھن دا فیصلہ کردا ہاں۔

مَیں کسی بلکہ اوہناں ساریاں غیر الہٰی کماں لئی جو مَیں حضرت محمد نوں اللہ دا رسول مندیاں ہوئیاں اتے اوہناں نوں اپنا نمونہ بنا کے انجام دتے ہین، اوہناں توں معافی منگدا ہاں۔

مَیں ایس کفر دی ، جس وچ ایہہ دعویٰ کیتا گیا ہے پئی جدوں خداوند یسوع دنیا وچ واپس آن گے تے اوہ دنیا دے لوکاں نوں زبردستی حضرت محمد دی شریعت تے چلن لئی مجبور کرن گے ، مذمت کردا اتے اوہنوں رد کردا ہاں۔

مَیں صرف تے صرف خداوند یسوع دے پچھے چلاں گا۔

مَیں اقرار کردا ہاں پئی خداوند یسوع خدا دے بیٹے ہین۔ اوہناں نے میرے گناہواں دے لئی صلیب تے جان دتی اتے میری نجات دے لئی مویاں وچوں جی اٹھے۔ مَیں خداوند یسوع دی کی صلیب دے لئی خدا کا شکر ادا کردا ہاں اتے اپنی صلیب چُک کے اوہدے پچھے چلن دا فیصلہ کردا ہاں۔

مَیں اقرار کردا ہاں پئی مسیح سب دے خداوند نیں۔ وہ اسمان اتے زمین تے سلطنت کردے نیں۔ اوہ میری زندگی دے مالک نیں۔ مَیں اقرار کردا ہاں پئی اوہ زندیاں تے مویاں دی عدالت کرن لئی آن گے۔ مَیں مسیح نال جڑیا ہوئیاں آں اتے مَیں ایہہ وی

اعلان کردا ہاں پئی آسمان یا زمین تے کوئی دوجا ناں نئیں جہدے وسیلے نال نجات ملے۔

مَیں خدا باپ کولوں درخواست کردا ہاں پئی مینوں اک نواں دِل عطا کر۔ مسیح خداوند دا دل۔ تاں جو مَیں جو کجھ وی کراں یا کہواں اوہدے وچ اوہ آپ میری رہنمائی کرے۔

مَیں ہر جھوٹھی عبادت نوں رد کردا ہاں اتے اپنے بدن نوں زندہ خدا باپ، بیٹے تے روح القدس لئی وقف کردا ہاں۔

آمین ۔

رہنمائے مطالعہ

پانچواں سبق

چونکہ ایس سبق دے درس وچ خداوند یسوع تے بائبل مقدس نوں موضوع بنایا گیا ہے ایس لئی قرآنی حوالہ جات ، نویں لفظ تے نویں ناں پیش نہیں کیتے گئے۔

سوالات توں ضبعد بائبل دیاں متعلقہ آیتاں وی شامل کر دتیاں گئیاں ہین۔

پانچویں سبق دے سوال

- مطالعاتی مقدمے تے بحث کرو۔

اک مشکل شروعات

۱. خداوند یسوع تے حضرت محمد دیاں زندگیاں وچ کہیڑی گل مشترک ہے؟

۲. اوہ کہیڑے چار عوامل نیں جنہاں دی بنیاد تے اسی کہہ سکدے آں پئی خداوند یسوع دی زندگی دی شروعات بہت ہی مشکل سی؟

۱)

۲)

۳)

۴)

یسوع کولوں سوال پچھے جاندے نیں

۳. فریسیاں نے کنہاں کنہاں سوالوں دے ذریعے خداوند یسوع تے حملے کیتے سن؟

- مرقس ۳: ۲، وغیرہ سوال جیویں کہ ---
- مرقس ۱۱: ۲۸ ، وغیرہ سوال جیویں کہ ---
- مرقس ۱۰: ۲ ، وغیرہ سوال جیویں کہ ---
- مرقس ۱۲: ۱۵ ، وغیرہ سوال جیویں کہ ---
- متی ۲۲: ۳٦ ، سوال جیویں کہ ---
- متی ۲۲: ۴۲ ، سوال جیویں کہ ---
- یوحنا ۸: ۱۹ ، سوال جیویں کہ ---
- متی ۲۲: ۲۳۔ ۲۸، ، وغیرہ سوال جیویں کہ ---
- مرقس ۸: ۱۱ ، وغیرہ سوال جیویں کہ ---
- مرقس ۳: ۲۲ ، وغیرہ سوال جیویں کہ ---
- متی ۱۲: ۲ ، وغیرہ سوال جیویں کہ ---
- یوحنا ۸: ۱۳ ، سوال جیویں کہ ---

ٹھکران والے

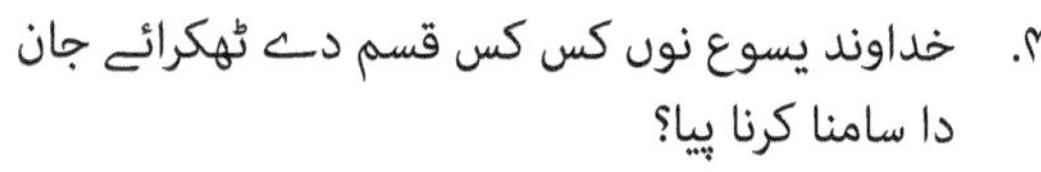

۴. خداوند یسوع نوں کس کس قسم دے ٹھکرائے جان دا سامنا کرنا پیا؟

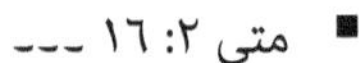

- متی ۲: ۱٦ ---
- مرقس ٦: ۳، وغیرہ ---
- مرقس ۳: ۲۱ ---
- یوحنا ٦: ٦٦ ---
- یوحنا ۱۰: ۳۱ ---

- یوحنا ۱۱: ۵۰ ---
- مرقس ۱۴: ۴۳- ۴۵---
- مرقس ۱۴: ٦٦- ۷۲ ---
- مرقس ۱۵: ۱۲- ۱۵، وغیرہ ---
- مرقس ۱۴: ٦۵ ، وغیرہ ---
- مرقس ۱۵: ١٦- ۲۰ ، وغیرہ
- مرقس ۱۴: ۵۳- ٦۵ ، وغیرہ ---
- استثنا ۲۱: ۳۲ ، ---
- مرقس ۱۵: ۲۱- ۳۲ ، وغیرہ ---

ٹھکرائے جان تے خداوند یسوع دا ردِ عمل

۵. ڈُوری صاحب نے اوہ کہیڑیاں چھ حیران کن چیزاں دا ذکر کیتا ہے جنہاں توں پتہ چلدا ہے پئی خداوند یسوع نے اپنے ٹھکرائے جان تے کہیڑے ردِ عمل دا اظہار کیتا سی (بمطابق متی ۲۷: ۱۴؛ یسعیاہ ۵۳: ۷؛ متی ۲۱: ۲۴؛ متی ۲۲: ۱۵- ۲۰؛ متی ۱۲: ۱۹- ۲۰؛ یسعیاہ ۴۲: ۱- ۴؛ لوقا ۴: ۳۰)

(۱

(۲

(۳

(۴

(۵

(٦

۶. ٹھکرائے جان دی ازمائش تے خداوند یسوع نے کس طرح وکھرے انداز وچ جوابی ردِ عمل دا اظہار کیتا سی؟

۷. خداوند یسوع نے اپنے مخلفاں تے حملہ کرن یا اوہناں نوں نیست و نابود کر دین دی ضرورت کیوں نہ محسوس کیتی؟

ٹھوکر نوں قبول کرو

۸. خدا کےمنصوبے دے مطابق، خدا دے مسیح دی حیثیت نال خداوند یسوع دی خدمت دا کیہڑا حصہ بے حد لازمی سی؟ (بمطابق مرقس ۱۲: ۱۰، وغیرہ اتے یسعیاہ ۵۲: ۳۔ ۵)

۹. خدا دے منصوبے دا مرکزی حصہ کیہ سی؟ (بمطابق مرقس ۸: ۳۱۔ ۳۲، وغیرہ)

تشدد نوں چھڈو

۱۰. متی ۲۶: ۵۲ تے یوحنا ۱۸: ۳۶ دے مطابق خداوند یسوع نے کس چیز نوں مسترد کیتا؟

۱۱. متی ۱۰: ۳۴ وچ "تلوار چلوان" توں ڈُوری صاحب کیہ مطلب مراد لیندے نیں؟

۱۲. مسیح دے بارے وچ لوکاں دے اوہ کیہڑے نظریات سن جنہاں نوں یسوع نے رد کر دتا سی اتے ایس گل تے اوہدے کجھ شاگرد مایوس وی ہوئے ؟ (بمطابق متی ۲۲: ۲۱؛ لوقا ۱۷: ۲۱؛ متی ۲۰: ۱۶؛ مرقس ۱۰: ۴۳؛ متی ۲۰: ۲۶۔ ۲۷)

۱۳. ابتدائی کلیسیا نے دائرۂ مسیحیت وچ شامل ہون والے سپاہیاں تے ایس تعلیم دا کیویں اطلاق کیتا سی؟

اپنے ویریاں نال پیار کرو

۱۴. ۱۴۔ خداوند یسوع نے دوجیاں دے نال برتاؤ دے بارے کیہہ تعلیم دتی سی؟

۱) متی ۵: ۳۸۔ ۴۲، برائی کے بدلے بارے ---

۲) متی ۷: ۱۔ ۵، عیب جوئی بارے ---

۳) متی ۵: ۴۴، ویریاں بارے ---

۴) متی ۵: ۵ ، حلیمی بارے ---

۵) متی ۵: ۹، صلح کرانے والیاں بارے ---

٦) ۱۔ کرنتھیوں ۴: ۱۱، وغیرہ وچ ایذارسانی بارے---

۷) ۱۔ پطرس ۲: ۲۱۔ ۲۵، ساڈے نمونے بارے ---

خود نوں ایذا رسانی لئی تیار رکھو

۱۵. خداوند یسوع نے اپنے شاگرداں نوں کہیڑی چیز دے بارے سکھایا سی پئی اوہ بہت لازمی ہے؟ (بمطابق مرقس ۱۳: ۔ ۱۳، وغیرہ)

۱٦. جتھے حضرت محمد نے اپنے حواریاں نوں ایہہ سکھایا پئی اپنے ستان والیاں دے نال تشدد نال پیش آؤ اوتھے خداوند یسوع نے اپنے شاگرداں نوں کیہہ تعلیم دتی سی؟ (بمطابق مرقس ٦: ۱۱؛ متی ۱۰: ۱۳۔ ۱۴)

۱۷. خداوند یسوع نے تلخ مزاجی دے بغیر اگے ودھن بڑھنے دا نمونہ کدوں پیش کیتا سی؟ (بمطابق لوقا ۹: ۵۴۔ ۵۶)

۱۸. اوہ کہیڑیاں تِن گلاں نیں جو پرتشدد ایذارسانی دے حوالے نال اوہنے اپنے شاگرداں نوں سکھایاں سن؟

۱)

۲)

۳)

۱۹. خداوند یسوع نے اپنے شاگرداں نوں ایذارسانی دے حوالے نال جو تعلیم دتی سی اوہدا چوتھا امتیازی اصول کیہہ سی؟ (بمطابق لوقا ٦: ۲۲۔ ۲۳، وغیرہ)

۲۰. ستائے جان والے شاگرداں نوں کہیڑا پنجواں اصول سکھایا گیا سی؟ (بمطابق ۱۔ پطرس ۳: ۱۴، وغیرہ)

 صلح

۲۱. ڈُوری صاحب نے بیان کیتا ہے پئی آدم تے حوا دے نسلِ انسانی تے تِن نتائج برآمد ہوئے سن۔ کہیڑے کہیڑے؟

۲۲. نسلِ انسانی دی بحالی اتے خدا تے انسان دے تعلق دی شفا لئی خدا کے منصوبے کی تکمیل کیہہ ہے؟

۲۳. ٹھوکر تے غالب آن دی کنجی کہیڑی ہے؟

۲۴. خداوند یسو ع نے ٹھکرائے جان دی طاقت نوں کیویں ہرایا ؟ (بمطابق یوحنا ۳: ۱۶)

۲۵. خداوند یسو ع دی صلیبی موت پرانے عہد نامے دی کہیڑی شے دی علامت اتے کہیڑی نبوت ول اشارہ کردی ہے؟

۲۶. مسیح خداوند دی قربانی ساہنوں کہیڑی شے عنایت کردی ہےجس سے ذریعے اسی ٹھکرائے جان دی لعنت دا خاتمہ کر سکدے آں؟

۲۷. رومیوں ۸ دے مطابق، میل ملاپ (صلح) ہور کنہاں چیزاں تے غالب آندا ہے؟

۲۸. ۲۔ کرنتھیوں ۵ دے مطابق، اوہ کہیڑی نعمت ہے جو خدا نے ساڈے سپرد کر رکھی ہے تاں جو اسی ٹھکرائے جان دی طاقت نوں نیست و نابود کر سکئے۔

قیامت

۲۹. حضرت محمد اپنے ویریاں نال کیہو جیہا سلوک کرنا چاہندے سی؟

۳۰. اعمال ۲: ۳۱۔ ۳٦ دے مطابق، مسیح خداوند دی تعلیم کیویں درست ثابت ہوئی؟

۳۱. فلپیوں ۲: ۴۔ ۱۰ وچوں ڈُوری صاحب نے بصیرت دیاں جہیڑیاں گلاں اخذ کیتیاں نیں ہے اوہناں دے مطابق خدا نے مسیح خداوند نوں فروتنی اختیار کرن اتے صلیب دا دُکھ اتھان تے کہیڑ انعام دتا سی؟

صلیب کی شاگردیت

۳۲. جدوں مسیح خداوند دے شاگرد "اپنی اپنی صلیب چُکدے ہین " تے اوہ اپنے دُکھاں دے تجربیاں توں کہیڑا مطلب اخذ کر دے ہین؟ (بمطابق مرقس ۸: ۳۴۔ ۳۵، وغیرہ)

حضرت محمد مخالفِ صلیب

۳۳. حضرت محمد نوں صلیباں توں کنی نفرت سی؟

۳۴. اسلام دے مطابق، اک واری جدوں حضرت عیسیٰ (خداوند یسو ع دا اسلامی ناں) زمین تے واپس آن گے تے اوہ انتخاب دی کہیڑی صورت نوں مبینہ طور تے ختم کر دین گے؟

۳۵. سعودی عرب پہنچ کے انگریز آرچ بشپ جارج کیری دے سامنے کہیڑا شرمناک مطالبہ رکھیا گیا سی؟

دعائیہ حصے دے لئی برائے مہربانی ہیٹھاں دتے ہوئے اقدامات تے عمل کرو:

۱۔ سب توں پہلاں سارے شرکاء مل کے "خداوند یسوع مسیح دی پیروی دے عہد دا اعلان" کرو تے لکھی ہوئی دعا پڑھو۔

۲۔ فیرا گواہیاں تے " سچیائی نوں جاننا" کی سرخی تھلے دتیاں گئیاں آیتاں نوں سارے لوکاں دے سامنے پیش کیتا جائے۔

۳۔ اوہدے بعد، سارے شرکاء اپنی اپنی جگہ تے کھڑے ہو جان تے مل کے "کلمۂ شہادت نوں ترک کرن دا اعلان" کرن اتے "اوہدے اثر نوں توڑن دی دعا " پڑھن۔

۴۔ ہور ہدایات دے بارے ہور تفصیل جانن دے لئی "رہنمائے قائدین " والا حصہ ویکھو۔

٦

ذمّی معاہدے توں آزادی

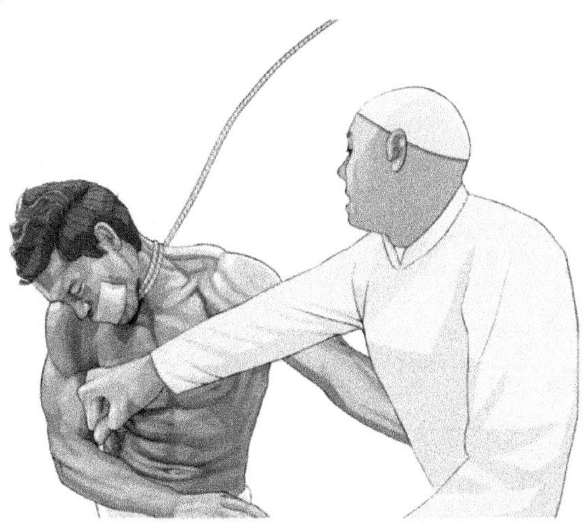

جہیڑا ہابل دے لہو نالوں چنگیاں گلاں کردا اے۔

عبرانیوں ١٢: ٢۴

سبق دے مقاصد

الف۔ مفتوحہ لوکاں تے مسلماناں دی طرفوں نافذ کردہ ذمّی معاہدے دی الہٰیاتی بنیاد نوں سمجھنا۔

ب۔ مسلماناں دی طرفوں مغلوب لوک وں دے سامنے تِن چناؤ پیش کرن تے غور کرنا اتے "تیسرے چناؤ" دے اثر نوں جاننا۔

ج۔ غیرمسلماں لئی ذمّی معاہدے دے اثرات دی وضاحت کرنا۔

د۔ اسلامی لکھتاں اتے چشم دید گواہاں نوں ذمّی معاہدے دے ذریعے مطیع بنان دی مثالاں تے غو رکرنا۔

ہ۔ سر قلم کرن دی سالانہ رسم دے نفسیاتی تے روحانی اثر دا جائزہ لینا۔

و۔ مثالاں دے ذریعے ذمّی بنان دی رسم دا اج دے مغرب ولوں واپسی دے عمل تے غور کرنا۔

ز۔ ایس گل نوں سمجھنا پئی کیوں مخصوص لوک وں نوں ذمّی معاہدے نوں ترک کرن دی لوڑ ہے۔

ح۔ مختصراً بیان کرنا پئی خداوند یسوع اتے حضرت محمد نے ٹھکرائے جان تے کس قسم کے ردِ عمل کا مظاہرہ کیتا سی۔

ط۔ ایس گل نوں سمجھنا پئی ذمّی معاہدے نوں ترک کرن دیاں دعاواں کجھ مسیحیاں لئی کیوں ضروری ہوندیاں ہین۔

ی۔ ذمّی معاہدے دے منفی اثرات دی فہرست تیار کرنا۔

ک۔ کلمہ شہادت نوں تر ک کرن دی تیاری دے حوالے نال ۱۵ مخصوص سچیائی ان نال کتابِ مقدس دیاں متعلقہ آیتاں تے غور کرنا۔

ل۔ تعلق ختم کرن دی دعا پڑھن دے ذریعے ذمّی معاہدے توں روحانی آزادی دا دعویٰ کرنا جہدے وچ اعتراف دی دعا اتے اقرار دے ۳۵ بیانات وی شامل ہین۔

مطالعاتی مقدمہ: تُسی کیہہ کرو گے؟

تہانوں تے تہاڈے کجھ دوستاں نوں اک تفریحی مقام تے منعقدہ دعائیہ کانفرنس وچ شرکت لئی مدعو کیتا جاندا ہے۔ تسی اوتھے بڑے شوق نال جاندے او تے اوتھے تہاڈی بہت سارے دوجے لوکاں نال وی ملاقات ہوندی اے اتے اوتھے مسلم پسِ منظر نال تعلق رکھن والے بہت سارے مسیحیاں نال مل کے تہاڈا اپنا دل وی جوش نال بھر جاندا ہے۔

جدوں پہلی شام دا سیشن ختم ہوندا ہے تے تہانوں کہیا جاندا ہے پئی ۱۰ توں ۱۲ لوکاں تے مشتمل کسی گروپ وچ شامل ہو کے اپنیاں اپنیاں ضرورتاں دے بارے دسو تے ۳۰ منٹ تک دعا وچ وی ٹھہرو۔ تہاڈے گروپ وچ مسلم پسِ منظر توں تعلق رکھن والے بہت سارے ایماندار لوک وی شریک ہین۔ اوہناں وچوں کجھ تے اپنا دل کھول کے بیان کردے نیں پئی اوہ دوجے مسیحیاں دے نال جمع ہو کے واقعی بہت خوش نیں۔ پر اوس گروپ وچ کجھ مسیحی انج دے وی نیں جو ایہہ دسنا شروع کر دیندے نیں پئی ساہنوں ایہناں مسلماناں ولوں کِنی اذیت، خوف، شرمندگی اتے ایتھوں تک کہ نفرت دا سامنا رہندا ہے کیوں جو اوہ ساہنوں کم تر تے کافر سمجھدے نیں اور ساہنوں ایہناں نے اپنے ہی پنڈ دے وچ اچھوت بنایا ہویا ہے۔ ایہدے جواب وچ کجھ سابق مسلمان کہندے نیں پئ "ویکھو، ساہنوں ایہہ گل سُن کے بہت افسوس ہویا ہے پر تسی سارے اوہناں مسلماناں نوں بس معاف کر دیو کیوں جو اوہ نئیں جاندے پئی کیہہ کر دے نیں۔"

تسی ویکھ سکدے او پئی اپنی اذیت دے بارے دسن والے ساتھیاں نوں ایس جواب توں بڑی ٹھوکر لگدی اے۔ اوہ تے اوہناں دے گروپ دے دوجے لوک وی تہاڈے ول مُڑ دے تے پوچھدے نیں پئی "کیہہ ایہہ گل ٹھیک ہے پئی ایہہ معاملہ صرف اینا کہن دے نال پئی جاؤ اسی تہانوں معاف کرنے آں، حل ہو جاوے گا بلکہ ایہہ ایہدے توں کِتے زیادہ گھمبیر ہے۔ اساں تے اوہناں نوں معاف کر دتا ہے پر ساڈی فیر وی تسلی نئیں ہوندی بلکہ کسے وی مسلمان نوں ویکھ کے ساہنوں خوف آن لگدا ہے۔" تسی ویکھ سکدے ہو پئی ایہہ آخری گل سن کے باقی سارے سابقہ مسلمان وی بہت زیادہ پریشان ہو جاندے نیں۔

تسی کیہہ کہو گے تے کیہ کرو گے؟

ایس سبق وچ اسی اسلامی راج دے ماتحت زندگی گزارن والے غیر مسلماں لئی اسلامی حکمتِ عملی اتے برتاؤ تے غور کراں گے۔ ایہہ لوک جنہاں وچ مسیحی تے یہودی شامل ہین، دین اسلام کی رُو نال "ذمّی" کہواندے نیں۔

ذمّی معاہدہ

۲۰۰۶ء وچ جدوں پوپ بینی ڈکٹ نے ریجنسبرگ وچ اپنا مشہور واعظ سنایا تے اوہدے وچ اوہناں نے بائزنٹائن شہنشاہ مینوایل دوم پیلیولوک س دا حوالہ دتا جنہاں نے حضرت محمد دے حکم بارے ایہہ کہیا سی پئی "مَیں جس دین دی تعلیم دتی اے اوہنوں تلوار نال پھیلاؤ"۔

پوپ صاحب دے ایس حوالے دا ساری دُنیا دے مسلماناں نے بہت برا منایا تے بہت شدید ردِ عمل دا اظہار کیتا۔ ایہناں وچوں اک بہت دلچسپ ردِ عمل سعودی عرب کے مفتئ اعظم شیخ عبدالعزیز الشیخ ولوں ویکھن چ آیا جنہاں نے اک باقاعدہ پریس ریلیز جاری کر کے ایہہ بیان دتا پئی اسلام تشدد نال نئیں سی پھیلیا۔ اوہناں نے جواز پیش کیتا پئی اسلام تے ایہہ الزام غلط ہے کیوں جو کافروں لئی اک تیجا چناؤ وی سی۔ پہلا چناؤ، اسلام قبول کرنی سی۔ دوجا چناؤ تلوار سی پر تیجا چناؤ جنج اوہناں نے بیان کیتا:

"ہتھیار سُٹ دیو تے جزیہ ادا کرو۔ تاں فیر تہانوں ایس دھرتی تے رہن دی اجازت ہووے گی پئی اوہ مسلماناں دی امان وچ قائم رہندیاں ہوئیاں اپنے دین دی پیروی کرن"۔

مفتئ اعظم نے اپنے پڑھن والیاں نوں حضرت محمد دے نمونے دا حوالہ وی دتا۔ اوہناں نے آکھیا: "جو لوک قرآن تے سنت نوں پڑھدے نیں اوہ اس حقیقت نوں چنگی طرح سمجھ سکدے نیں۔"

اوہ تِن چناؤ جنہاں دا مفتی صاحب نے حوالہ دتا سی ایہہ سن:

۱۔ اسلام قبول کر لو؛

۲۔ تلوار، یعنی قتل کرو یا قتل ہو جاؤ؛ یا

۳۔ اسلامی حکومت دے سامنے گوڈے ٹیک دیو۔

پہلے دو چناؤ دا تعلق واپس حضرت محمد ول ہی مُڑ جاندا ہے جنہاں نے کہیا سی پئی:

"مینوں اللہ ولوں ایہہ حکم ملیا ہے پئی مَیں اوہناں لوکاں دے خلاف ایس ویلے تک لڑاں جدوں تک اوہ ایس گل دی تصدیق نہ کر لیں پئی اللہ دے سوا کوئی

عبادت دے لائق نئیں اتے محمد اوہدے رسول ہین۔ ۔۔جیکر اوہ ایہہ سب کجھ کردے نیں تے اوہناں دیاں جاناں تے مال میرے توں محفوظ رہین گے۔"

ایہناں دو صورتاں دے علاوہ پئی یاں تے تسی اسلام قبو کرلو نئیں تے تلوار نال مرن لئی تیار ہو جاؤ، حضرت محمد نے اوہناں اگے اک تیسری صورت وی رکھی پئی اپنے ہتھیار سُٹ دیو تے جزیہ دیا کرو:

اللہ دے ناں تے اتے اوہدی راہ وچ جنگ کرو۔
جو لوک اللہ تے ایمان نہیں رکھتے اوہناں دے خلاف جہاد کرو۔
جدوں تسی اپنے ویریاں نال ملدے او جنہاں دے معبوداں دی تعداد کثیر تعداد وچ ہے تے اوہناں نوں تِن طریقیاں دے مطابق اسلام قبول کرن دی دعوت دیو۔
اگر اوہ ایہناں وچوں کسی اک نوں من لین تے تے فیر تسی ون من جانا تے اوہناں نوں کوئی نقصان نہ پہنچانا۔
اوہناں نوں اسلام قبول کرنے کی دعوت دیو۔ جےکر اوہ مثبت جواب دین تے اوہناں نوں فوراً قبول کر لو تے فیر اوہناں دے نال جنگ کرن توں باز رہو۔
پر جے اوہ اسلام قبول کرنے توں انکار کر دین تے تسی اوہناں دے کولوں جزیے دا مطالبہ کرو۔
جے اوہ رضامندی دے نال جزیہ دین تے اوہناں کولوں جزیہ لوو تے اوہناں تے ہتھ نہ پاؤ۔
جے اوہ جزیہ دین تے راضی نہ ہون تے فیر اللہ دا ناں لے کے اوہناں نال جنگ کرو۔

جزیہ دینے کی شرط کی بنیاد قرآن کی ایک آیت پر رکھی گئی ہے:

"لڑو اوہناں نال جنہاں کتاب دتی گئی سی اوہدوں تک جد تک اوہ اپنے ہتھ نال جزیہ نہ دین تے ذلیل نہ کیتے جان (حقیر یا کمتر قرار نہ دتے جان)" (ق ۹: ۲۹)۔

وہ قوماں جنہاں نے اسلامی حکومت اگے ہتھیار سُٹے اوہناں نے اسلامی قانون دے مطابق ذمّی معاہدے نوں قبول کیتا۔ ایہہ ہتھیار سُٹن دا معاہدہ ہے جس وچ اوس برداری لئی دو کم کرنے پین گے:

۱) غیر مسلم برداری ہر سال مسلماناں نوں جزیہ ادا کرے گی۔ ۲) ایہہ ہاری ہوئی اتے گھٹیا حالت وچ اوہناں دے ماتحت روے گی۔

مسلمان مفسر ابنِ کثیر نے قِ ۹: ۲۹ دے حوالے نال اپنی تفسیر وچ لکھیا ہے پئی"مسلماناں نوں اس گل دی ہر گز اجازت نئیں پئی اوہ ذمّی لوکاں دی تعظیم کرن یا مسلماناں نالوں اُچا مقام حاصل کرن کیوں جو اوہ قابلِ رحم، حقیر تے کم تر لوک

نیں۔" اوہ فیر ایہہ وی بیان کردے نیں پئی اس ذلت آمیز حالت نوں شرعی قوانین دے ذریعے یقینی بنایا جاندا سی تاں جو اس گل دی ضمانت دتی جاوے پئی اوہ "شرمندگی، تنزلی تے رسوائی دی زندگی بسر کرن گے۔" ذمّی معاہدے نوں قبول کرن دے عوض غیر مسلماں نوں اپنے دین کے مطابق زندگی گزارن دی اجازت ہووے گی۔ اوہ غیر مسلم جہیڑے ایہناں شرطاں دے ماتحت زندگی گزارن تے راضی ہو جاون اوہناں نوں ذمّی آکھیا جاندا ہے۔

ذمّی نظام قرآن مجید دے دو الٰہیاتی اصولاں دے سیاسی منشور تے مبنی ہے:

۱۔ اسلام دا شملہ دوجے مذہباں نالوں اُچا ہونا چاہیدا ہے:

ایہہ اوہی ہے جنے اپنے رسول نوں ہدایت تے سچے دین دے نال بھیجیا ہے پئی اوہنوں سب بے دیناں اُتے غالب کرے ۔ (قٓ ۴۸: ۲۸)

۲۔ کہ مسلماناں نوں ہمیشہ اقتدار دی حالت وچ رہنا چاہیدا ہے تاں جو ہر درست تے غلط معاملے اُتے اسلامی شریعت دا راج ہووے۔

تسی بہتر اوہ اوہناں امتاں نالوں لوکاں وچ اج تک ظاہر ہویاں ہین کیوں جو بھلائی دا حکم دیندے او اتے برائی توں منع کر دے او نالے اللہ تے ایمان رکھدے او۔ (قٓ ۳: ۱۱۰)

جزیہ

اسلامی شرعی قانون مطلب ذمّی معاہدہ غیر مسلم لوکاں نال ایہو جیہا برتاؤ کرن دی تاکید کردا ہے پئی جیویں اگر مسلماناں نے اوہناں نوں چھڈیا نہ ہوندا تے اوہناں دیاں زندگیاں صفحۂ ہستی توں مٹ جاندیاں۔ ایہہ گل مسلماناں توں وی پہلاں دے اوس زمانے ول اشارہ کردی ہے جدوں جے کوئی قوم کسے دوجی قوم نوں اپنی مفتوح بنا لیندی سی اتے اپنیاں کجھ شرطاں منوا کے اوہناں نوں زندہ رہن دیندی سی تے مفتوح قوم اپنی ساری زندگی اوہناں دی احسان مند رہندی سی۔ ایس احسان نوں منن لئی سالانہ جزیہ دتا جاندا جو اوہناں دے سر دی قیمت سمجھ کے ادا کیتا تے لیا جاندا سی اور مفتوح قوم دے ہر بالغ مرد تے فرض ہوندا سی۔ اسلامی معتبر ذرائع دے مطابق ایس جزئیے نوں ذمیاں ولوں اپنی جان دے فدیے دے طور تے ادا کیتا تے لیا جاندا سی۔ جزیے دا مطلب ہے "تاوان، عوضانہ یا خراج"۔ مسلم لغت نگار جزیے دی تعریف کجھ ایویں یوں بیان کردے ہین:

" ۔۔۔ زرِ محصول جو مسلمان حکومت ولوں آزاد غیر مسلماں کولوں لئی جاندی ہے جس دے تحت اوہ ذمّی معاہدے دی تصدیق کردے ہین اتے جہدے تحت

اوہناں محافظت دا یقین دوایا جاندا ہے پئی ہن تہانوں قتل نئیں کیتا جاوے گا پر تہانوں اوہدا ہرجانہ دینا پئے گا"۔ [۱۲]

انیویں (۱۹) صدی دے ایک الجیرین مفسر محمد ابنِ یوسف اطفایش نے ق ۹: ۲۹ وچ پیش کردہ اصول دی کجھ ایویں وضاحت کیتی ہے:

"ایہہ کہیا گیا سی: ایہہ (جزیہ) اوہناں دی جان دا صدقہ ہے۔ ایہہ وی کہیا گیا سی جزیہ (فلاں شخص) نوں قتل نہ کرن دا فدیہ ہے۔ ایہدا مقصد ایہہ ہے پئی اوہنوں قتل کرن یا غلام بنان دی بجائے اوہدا فدیہ واجب ہے۔ اتے ایہہ مسلماناں دے فائدے لئی ہے"۔

یا فیر جیویں ولیم ایٹن نے اوس توں اک صدی پہلاں اپنی چھوٹی جیہی کتاب "تُرک سلطنت دا سرسری جائزہ" وچ ایہدی تشریح کجھ ایسراں بیان کیتی ہے جو ۱۷۹۸ ء وچ شائع ہوئی سی:

"ایس اصول دے حقیقی الفاظ جنہاں دے ذریعے مسیحی رعایا نوں جزیہ ادا کرنا دا پابند بنایا گیا سی ایہہ نظریہ پیش کردے ہین پئی ایہہ رقم ہر سال اوہناں (مسیحیوں) دے سر نوں سلامت رکھن دی اجازت لئی اک فدیہ ہووے گی"۔

عدمِ ادائیگی کی سزا

اسلامی قانون وچ ذمّی معاہدے نوں نہ منن دی سخت سزا ہے۔ جے کوئی ذمّی جزیہ ادا نہیں کردا یا ایس قانون دی خلاف ورزی کردا ہے تے اوہدی ایہہ سزا ہووے گی پئی اوہدے خلاف جہاد کیتا جاوے گا۔ مطلب جنگ کرن دی کھلی اجازت ہووے گی۔ ذمّیاں دی جائیداد لُٹی جاوے گی۔ اوہناں دیاں عورتاں نوں غلام بنایا جاوے گا اتے اوہناں دی عصمت دری کیتی جاوے گی۔ مرداں نوں قتل کیتا جاوے گا (یا تلوار کی نوک تے اسلام قبول کرنے تے مجبور کیتا جائے گا)۔

ذمّی معاہدے دی اک مشہور مثال "میثاقِ عمر" دے ناں توں مشہور ہے جہدے وچ ایک شق ایہہ وی شامل سی پئی شامی مسیحی اپنے اُتے جہاد کی ایہہ سزا تجویز کردے ہین:

"ایہہ اوہ شرطاں ہین جو اسی اپنے تے اپنے مذہب دے پیروکاراں دی محافظت لئی تجویز کردے ہاں۔ جے اسی اوہناں وعدیاں وچوں جو ساڈے فائدے لئی ہین کسے اک وی وعدے دی خلاف ورزی کراں گے تے ساڈا ذمّی معاہدہ ٹُٹ جائے گا۔ تہانوں کھلی اجازت ہووے گی پئی فیر ساڈے نال جو چاہو سلوک کرو"۔

---

[۱۲] ایڈورڈ ڈبلیو لین، "اریبک انگلش لیکسیکون"۔

ایہی گل ابنِ قدامہ نے وی کہی سی پئی ذمّی معاہدہ پورا نہ کرن دی صورت وچ ذمیوں دی زندگی اتے اوہناں دی املاک ضبط کیتیاں جا سکدیاں ہین:

> "ایک زیرِ محافظت بندے نوں جو محافظت دے معاہدے دی خلاف ورزی کردا ہے خواہ اوہ جزیے دی ادائیگی توں انکار کرے یا معاشرے دے اصولاں نوں اپنائے (یعنی اوہناں نوں منے)۔ اوہ اپنی شخصیت اتے اپنا اثاثہ حلال (جائز۔۔۔ خوشی خوشی پیش کرتا ہے تاکہ اسے قتل کیا جائے یا مسلمان اس پر قبضہ کر لیں) بنا لیندا ہے"۔

بہت ساریاں ذمّی برادریاں دی تاریخ، تاریخی ظالمانہ صدمات جیویں کہ قتلِ عام، عصمت دری، لوٹ مار وغیرہ نال بھری ہے۔ اوہناں دے سببوں وی غیرمسلماں نوں مسلسل خوف تے ذلت دا شکار ہونا پیندا سی۔ ایہناں وجوہات دی بنا تے ساری ذمّی برادری نفسیاتی تے روحانی غلامی دا شکار ہوئی۔ ایہدیاں دو مثالاں ہیٹھاں پیش کیتیاں گئیاں ہین:

- ۱۰۶۶ ء وچ گریناڈا دے ۳،۰۰۰ دے لگ بھگ یہودیوں نوں موت دے گھاٹ اتار دتا گیا۔ ایس واقعے دا پسِ منظر ایہہ سی پئی اک یہودی بنام سموئیل ہیناجد (Samuel haNagid) مسلمان سلطان کے ماتحت گریناڈا دا وزیر اعظم بن گیا۔ اوہدے بعد اوہدے پُتر جوزف ہیناجد نے اوہدا عہدہ سنبھال لیا۔ ایہہ گل یہودیاں دی ترقی تے کامیابی دے حوالے نال ذمّی معاہدے دیاں شرطاں دی کھلم کھلی خلاف ورزی سی جس دے مطابق کہیا گیا سی پئی کوئی غیر مسلم مسلماناں تے مختار نہیں بن سکدا۔ چنانچہ شدت پسند مذہبی جماعتاں ولوں یہودیاں دے خلاف اک اشتعال انگیز مہم چلائی گئی جہدے وچ ذمّی قانوناں نوں جواز بنا کے بڑی خونریزی کیتی گئی۔ شمالی افریقہ توں تعلق رکھن والے اک مفتی المغیلی نے بعدوں اپنی اک تحریر وچ لکھیا پئی جدوں کدی یہودی لوک کسے اسلامی سلطنت وچ نمایاں عہدے تے فائز ہوندے سی تے تو اوہ "اپنے معاہدے (ذمّی) دے خلاف بغاوت دا ارتکاب کردے سی جہدے سببوں اوہ معاہدہ مزید اوہناں دا محافظ نہیں رہ سکدا سی"۔ دوجے لفظاں وچ، اوہناں دا خون حلال ہو جاندی سی۔
- ۱۸۶۰ ء وچ ۵،۰۰۰ توں وی زیادہ دمشقی مسیحیاں نوں قتل کر دتا گیا۔ ایس واقعے دا پسِ منظر ایہہ سی پئی خلافتِ عثمانیہ دے سلطان نے ذمّی قوانین نوں سرکاری طور تے منسوخ کرن دا اعلان کر دتا۔ ایہہ عمل یورپی طاقتوں دی طرفوں سیاسی دباؤ دے نتیجے وچ وقوع پذیر ہویا سی۔ دمشق دیاں خطیباں نے اسلامی قانون وچ ایس ترمیم دے خلاف علمِ بغاوت بلند کر دتا اتے ذمّی قوانین دے منسوخ ہوندے ای مسیحیاں دی محافظت دیاں شرطاں

وی منسوخ قرار پائیاں۔ جہدے نتیجے وچ قدیم جہادی دستور العمل دی پیروی کردیاں ہوئیاں بڑی خونریزی کیتی گئی: مرداں نوں قتل کر دتا گیا، عورتوں تے بچیاں نوں غلام بنا لیا گیا، غلام عورتوں دی عصمت دری کیتی گئی اتے اوہناں دیاں جائیداداں وی لُٹ لئیاں گئیاں۔ کجھ لوکاں نے اسلام قبول کر کے اپنیاں جانا بچائیاں۔“

اک پریشان کن رسم

جزیہ مطلب محصول ہر سال ادا کرنا ہر بالغ مرد تے فرض سی جہدے بعد اک مخصوص رسم وی ادا کیتی جاندی سی۔ ویویہہ (۲۰) صدی تک ساری دنیا دے ذمّی مرداں نوں ایس رسم وچوں ضروری ہی گزرنا پیندا سی۔

جزئیے دی ادائیگی اک باقاعدی رسم دے ذریعے انجام دتی جاندی سی۔ ایس رسم وچ جزیہ دین والے فرد دی دھون اُتے اک یا دو مُکّے مارے جاندے سن یا دوجی صورت وچ اوہناں دی دھون دے دوالے اک رسہ بنھ کے اوہناں نوں زمین تے گھسیٹیا جاندا سی۔ جہدے توں ایہہ ظاہر کیتا جاندا سی پئی ایہہ ذمّی اپنی جان دے بدلے ایہہ زر محصول (جزیہ) ادا کر رئیا ہے تاں جو موت تے غلامی توں محفوظ رہ سکے۔ ایس رسم دا مطلب موت توں بچن دا طریقہ سی جس دے تحت سالانہ جزیہ وصول کیتا جاندا سی۔

ایس سزا دی رسم دیاں درجناں مثالاں موجود ہین جو مراکش توں لے کے بخارا تک اتے نویں صدی توں لے کے بیسویں صدی تک نافذ العمل رہیاں اتے اوہناں دا ذکر مسلم اتے غیر مسلم دونواں ذریعاں توں ملدا ہے۔ کئی مسلم ملکاں وچ ہُن تک وی ایہہ رسم جاری رہی جیویں کہ یمن تے افغانستان وچ یعنی ۱۹۴۰توں 1950 تک مطلب اودوں جدوں تک یہودیاں دا اپنے ملک اسرائیل لئی خروج نہ ہویا۔ موجودہ زمانے وچ وی ایس شریعت نوں واپس نافذ دے حق وچ کئی واری آوازاں بلند ہوندیاں رہئیاں ہین۔

سر قلم کرن دی علامت دے طور تے، جزئیے دی ادائیگی اک ”خونی معاہدہ“ یا ”خونی سونہہ“ سمجھی جاندی سی۔ جہدے وچ حصہ لین والا اپنی سزا دے بدلے اپنی موت توں رہائی دی التجا کردا ہے۔ خدانخواستہ جے کر اوہ اپنے معاہدے دیاں شرطاں پوریاں کرن وچ ناکام رہندا ہے تے اوہدا سر قلم کرنا لازمی ہو جاوے گا۔ صدیاں توں خفیہ برادریاں یا پراسرار گروہاں وچ ایہو جہیاں کئی رسماں تے قسماں استعمال ہوندیاں رئیاں نیں ایس لئی پئی ایہناں نوں ہمیشہ توں نفسیاتی اتے روحانی قوت تے اختیار دا ذریعہ سمجھیا جاندا رہیا ہے جہدے ذریعے لوکاں نوں محکوم تے مطیع کیتا جاندا سی۔

جزیہ ادا کرنے دی رسم وی اک ایہو جئی مماثلت رکھدی ہے۔ ایہ شریک ذمّی کولوں رضاکارانہ طور تے ایس گل دا تقاضا کردی ہے پئی جے تُوں ذمّی معاہدے دی خلاف ورزی کریں گا تے ایسے معاہدے دے تحت جتھے پابندی کرن تے تیری جان بچی روے گی تے پابندی نہ کرن دی صورت وچ اپنی جان گنوا دیں گا۔ ایہہ تے گویا خود اپنے آپ تے لعنت بھیجنا ہویا۔ جس دا صاف صاف ایہہ مطلب ہے پئی "جے مَیں معاہدے دی کوئی وی شرط توڑاں گا تے تہانوں میرا سر قلم کرن دا پورا حق ہووے گا۔" جے کوئی ذمّی ایس معاہدے دی خلاف ورزی کرے گا تے اوہ گویا اپنے خلاف آپی موت دے پروانے تے دستخط کرے گا۔ اور ایہہ عمل عوامی رسم دے مطابق انجام دتی جاوے گی پئی جے اوہنوں قتل کیتا جاوے تے اوہ اپنی مرضی تے رضا دے مطابق ہووے گا۔

ایس حصے وچ اسی ذمّی نظام دے غیر مسلماں اُتے نفسیاتی اثرات دا جائزہ لاں گے۔

حقیر شکرانہ

بنیادی طور تے، کلاسیکی اسلامی قانون دے مطابق غیر مسلم ایسے لوکاں نوں کہیا جاندا سی جنہاں دی زندگی مسلمان فاتحین دے رحم و کرم تے ہوندی سی۔ اوہناں کولوں ایہہ توقع کیتی جاندی سی پئی اوہ آپ ہی ادنیٰ اتے شکرگزاری دی حالت وچ رہن گے۔ ایس معاملے وچ اسلامی مفسراں نے بہت واضح ہدایات بیان کیتاں سن۔

بہت سے شرعی قوانین ایسراں مرتب کیتے گئے سن پئی جنہاں دے ذریعے غیر مسلماں نوں ہر طرح نال ادنیٰ تے عاجز رکھیا جاوے۔ مثلاً:

- شرعی عدالتاں وچ ذمّی دی گواہی قبول نہیں کیتی جاندی سی۔ ایس طرح اوہناں نوں ہر قسم دے ظلم لئی عاجز کیتا گیا۔
- ذمیاں دے گھراں نوں مسلماناں دے گھراں توں نیویں ہونا چاہیدا ہے۔
- ذمیاں نوں گھوڑیاں تے سواری دی قطعاً اجازت نئیں سی۔ اتے اور نہ ہی مسلماناں دے سامنے اپنے سر نوں اُچا کر سکدے سن۔
- ذمیاں نوں عوامی شاہراہاں تے مسلماناں دے رستے وچوں ہٹنا اتے اطراف وچ کھڑے ہو کے پہلاں اوہناں نوں لنگھن دا موقع دینا پیندا سی۔
- ذمی اپنا دفاع نئیں کر سکدے سن۔ جہدے سببوں اوہ مسلماناں دے تشدد سامنے بے بس ہوندے سن۔

- ذمیاں نوں عوام وچ اپنے کسے مذہبی نشان یا رسم نوں وکھان یا ادا کرن دی اجازت نئیں سی۔
- نویں گرجا گھر تعمیر کرن اتے خستہ حال گرجا گھراں دی مرمت نہیں کرائی جا سکدی سی۔
- اسلام تے تنقید کرن دی اجازت نئیں سی۔
- ذمیاں نوں وکھرے رنگ تے ڈیزائن دا لباس پانا پیندا سی تے اوہ مسلماناں ورگے کپڑے نئیں پا سکدے سی۔
- مسلمان مرد ذمی عورتاں دے نال شادیاں کر سکدے سی اتے اوہناں دے بچے مسلماناں دے طور تے پرورش پاندے سی؛ پر کسے مسلمان عورت لئی کسے ذمی مرد نال ویاہ کرن تے پابندی سی۔
- ایہدے علاوہ ہور بہت سارے قوانین سن جنہاں دے تحت غیرمسلم برادریاں نوں ذلیل و خوار کیتا جاندا سی اتے اوہناں نوں الگ وکھایا تے رکھیا جاندا سی۔

ایہو جئے قوانین ، معاشرتی تے قانونی لحاظ نال (غیر مسلماں) نوں"ادنیٰ تے حقیر" وکھاندے جیویں قرآن وچ حکم دتا گیا ہے (ق ۹: ۲۹)۔

ذمی معاہدے نون ایویں ترتیب دتا گیا ہے تاں جو غیر مسلماں نوں ذلیل تے رسوا کر کے اوہنان اُتے اپنی دھاک بٹھائی جائے۔ اٹھارہویں صدی وچ مراکش دے اک مفسر علامہ ابنِ عجیبہ نے ایس معاہدے دا مقصد ذمّیاں دی روح نوں قتل کر دے برابر بیان کیتا سی:

> "(ذمی) نوں اپنی جان، قسمت تے خواہشاں نوں موت دے گھاٹ اتارنے دا حکم دتا جاندا ہے۔ ایس توں ودھ کے اوہنوں اپنی جان نال محبت، اپنی شخسیت اتے عزتِ نفس نوں قتل کرنا پیندا ہے۔ ذمّی نوں ایس حد تک جھکا دتا جاندا ہے پئی اوہنوں اپنے آپ توں وی گھن آنی شروع ہوجاوے یعنی اوہدے اُتے ایہناں بوجھ لدیا جاوے پئی جنوں اوہ برداشت ای نہ کر سکے جدوں تک اوہ پوری طرح تابع نہ ہو جاوے۔ ایتھوں تک پئی اوہ ہر ظلم برداشت کرن لگے۔ اوہ ہر گل وچ اپنے حاکماں دا شکرگزار روے۔ اوہدے لئی غریبی امیری اک برابر ہوجاوے۔ تعریف تے بے عزتی وچ وی اوہنوں کوئی فرق نہ لگے۔ روکنا تے جھکنا اوہدے لئی اک برابر ہوجاوے۔ ایسے طرح نفع نقصان وی اوہدے لئی اکو جیہا ہووے۔ جدوں سب کچھ اک جیہا ہو جائے گا تے اوہدی روح خوشی خوشی جھکے گی تے زندگی بھر اپنے مالکاں دی مطیع روے گی۔"

احساسِ کمتری دی نفسیات

ذمّی دی اصطلاح ساریاں شرطاں نوں بیان کرن لئی استعمال کیتی جاندی ہے جنہاں دی بنیاد تے ذمّی معاہدہ تیار کیتا جاندا ہے۔ شہوت پرستی تے نسل پرستی دی طرح "ذمّی ہونا" وی نا صرف قانونی تے معاشرتی نظام دی عکاسی کردا ہے بلکہ ایہہ اک پوری گھٹیا نفسیات ہے۔ مطلب دوجیاں دی خدمت لئی رضامندی جنہوں غالب برادری اپنی عزتِ نفس دی خاطر اپنان دی کوشش کردی ہے۔

قرونِ وسطیٰ دے اک عظیم آئیبرین یہودی عالم میمونائیڈس بیان کردے نیں، " ایس معاہدے دے ذریعے ساڈے وچوں ہر بڈھے تے جوان دونواں نوں اپنی اپنی ذلت چُکن لئی ایہدے تے رضامندی ظاہر کرنا پئی۔۔۔" فیر ویویں (۲۰) صدی دے شروع وچ اک سربین ماہرِ ارضیات جووِن سوجک بیان کر دے نیں پئی ترکوں تے البانوی مسلماناں دے تشدد توں ڈردیاں بالکن دے مسیحیاں دی آبادی نے مخصوص نفسیاتی تاثر لیا۔

> اوہ ایویں دے انسان بن گئے جیویں کوئی بہت ای گھٹیا تے حقیر جماعت ہووے جہدا صرف ایہہ کم سی پئی اوہ صرف سر سُٹ کے اپنے مالکاں دی مرضی پوری کر دے جان تے اوہناں نوں خوش کرن لئی ہر جائز ناجائز کم کرن تے مجبور ہون۔ ایہہ ایہو جئے لوک بن گئے سن جنہاں دے مونہہ وچ ایویں جیویں زبان ہی نئیں سی۔ گم سم، نہتے، بے ہمتے، گھٹیا تے نیچ ذات کمی کمین۔ ایہہ سب ایس لئی ہویا پئی ایہہ اوہناں لئی سخت سزا توں بچن تے زندہ رہن لئی ضروری سی۔
>
> سارے مسیحیاں دے احساسِ خوف و ہراس توں صاف ظاہر ہوندا ہے پئی ایہہ مسلماناں دے ظلم و تشدد دا اثر سی۔ مَیں خود وی مقدونیہ دے لوکاں کولوں سُنیا ہے پئی، "اسی ایتھوں تک ڈرے ہوئے آں پئی اپنے خواباں وچ وی ترکاں تے البانیاں دا ناں سُن کے نس پینے آں۔"

مسلماناں دی برتری ذمّیاں دی کمتری دے سببوں ہور پھلدی پھولدی جاندی سی کیوں جو اوہناں دی ہر چیز تے اوہناں دا تسلط سی۔ ایک ایرانی نومرید مسیحی نے دسیا پئی، "مسیحیت آج وی ایتھے ماڑی جماعت دا مذہب سمجھی جاندی ہے ۔ اسلام آقاؤاں تے مالکاں دا جد کہ مسیحیت غلاماں تے کمیاں دا دین ہے۔ "

ذمّی ہون دا حیاتی نظریہ مسلماناں لئی اک مہلک مرض دی طرح ہے جیویں ایہہ غیر مسلماں لئی ذلت دا باعث ہے۔ مسلمان خود نوں وی نقصان پہنچاندے نیں جدوں اوہ ایہو جئے حالات پیدا کردے نیں جتھے خود اوہناں نوں وی سیکھن دا موقع نہیں ملدا کیوں جو اوہناں دے سامنے اپنے برابر دا کوئی جوڑ ای نئیں ہوندا۔ معاشی محافظت پوری قوم دی کمزور تقابلی اہلیت دا بٹھہ بٹھان وچ اہم کردار ادا کردی ہے۔

ایسے لئی ذمّیاں دی مذہبی محافظت دا مطلب ایہو ہو سکدا ہے پئی مسلمان جعلی احساسِ برتری تے بھروسہ کرن لگدے نیں۔ جہدے سببوں فیر اوہ آخرکار اپنے کمزور ہو جاندے نیں پئی اپنی تے اپنے اردگرد دی دُنیا دے مقابلے وچ کھلون دی ہمت تے اہلیت ختم ہو جاندی ہے جیویں ساہنوں اج وی اپنی دُنیا وچ کئی تھانواں تے ایہو منظر نظر آندا ہے۔

ذمّی بنانے دا نظام نسل در نسل دونواں پاسے اک ڈونگھا باطنی رخنہ پیدا کردا ہے۔ جیویں نسل پرستی دا روگ اک صدی توں وی زیادہ عرصے توں امریکہ تے دوجے ملکاں وچ جاری رہیا جد تک کہ نسلی غلامی دا خاتمہ نہ کیتا گیا ۔ سو ذمی بنان دا نظام مسلماناں اتے دوجیاں قوماں دے وچکار تعلقات وچ اثر و رسوخ ودھان لئی اج وی کئی تھانواں تے جاری ہے پر جزیے دا رواج ہن ماضی دا حصہ بن گیا ہے۔

ذمی نفسیات اوہناں معاشریاں تے وی اثر انداز ہو سکدی ہے جہیڑے کدی کبھی شرعی قانون دے ماتحت رئیے ای نئیں۔ ایہہ علمی تحقیق نوں معذور کر کے اتے سیاسی ترقی دے عمل وچ رکاوٹ دا باعث بن کے پورے معاشرے کو ناقابلِ تلافی نقصان پہنچا سکدی ہے۔ مثال دے طور تے، مغربی سیاستداناں دی اک لمی چوڑی فہرست ایسی ہے جنہاں نے اسلام دی تعریف وچ زمین اسمان دے قلابے ملا دتے اتے ایہنوں"امن دا دین" قرار دتا ہے فیر نال ای اسلام لئی ممنونیت دا وی اظہار کیتا ہے۔ تعریف و تحسین دے ایہو جئے انداز اسلامی راج تے ذمیاں ورگے ردِ عمل نوں ظاہر کردے ہین۔

مذہبی ایذارسانی تے ذمی معاہدے دی دہرائی

انیویں تے ویویں صدیاں وچ کئی یورپی قوتاں نے عالمِ اسلام نوں مجبور کیتا پئی اوہ ذمی نظام نوں ختم کرن۔ پر پشلی صدی توں عالمی سطح تے شریعت دا ہولی ہولی احیا ہو ریا ہے۔ جہدے نال نال مسیحیاں تے غیر مسلماں دے خلاف مذہبی تعصب، خوف و ہراس تے مذہبی امتیاز وی ودھ رئیا ہے۔ ایہدی اک مثال پاکستان ہے جس دی بنیاد اک سیکولر آئین تے رکھی گئی سی پر اوہنے بعدوں اپنے آپ نوں اک اسلامی ریاست قرار دیندیاں ہوئیاں شرعی عدالتاں دوبارہ متعارف کرائیاں تے قانونِ کفر یا توہینِ مذہب نوں دوبارہ نافذ کر دتا جو غیر مسلماں دے خلاف صریحاً تعصب دی علامت ہے۔ شرعی نظام دی بحالی دا رجحان پاکستانی مسیحیاں لئی ودھدی ہوئی ایذارسانی لئی راہ ہموار کر رئیا ہے۔

اج دی دنیا وچ، جتھے جتھے شرعی نظام نوں دوبارہ نافذ کیتا جا رئیا ہے اوتھے مسیحیاں تے دوجے غیر مسلماں دی زندگی بد توں بدتر ہوندی جا رئی ہے۔ اج ہر اوہناں پنجاں وچوں چار ملک اسلامی ہیں جتھے مسیحیاں دے خلاف ایذارسانی اپنے عروج تے ہے فیر ایہو جہیاں تھانواں تے مسیحیاں دے خلاف ایذارسانی دے

مخصوص نمونے وی عین اوہی نیں جو ذمی معاہدیاں دے تحت عمل وچ لیائے جاندے سن یعنی عبادت گاہوں دیاں عمارتاں تعمیر کرن تے پابندیاں عائد کیتیاں جا رئیاں نیں جو شرعی نظام اتے ذمی قوانین دے اعادے دی نشانیاں ہین۔

ایس حصے وچ اسی ذمی معاہدے نوں ترک کرن دیاں وجوہات تے اوہدے مضر روحانی اثرات تے غور کراں گے ۔

اک روحانی حل

حضرت محمد دی زندگی دی تشکیل اوہناں دے ٹھکرائے جان دے سببوں ہوئی سی جنہے اوہناں دی روح نوں گھائل کر دتا، اوہناں نوں شدید ٹھوکر لگی تے اوہناں دے اندر مظلوم ذہنیت نے جنم لیا۔ ایسے سببوں اوہناں دے مزاج تے متشدد رویہ غالب آیا۔ اوہناں نے جہاد دا نعرہ لایا جہدے نال اوہناں نوں اپنی ناخوشگوار روحانی کیفیت دے بدلے دوجیاں نوں ذلیل کر کے سکون ملیا۔ ذلت آمیز ذمی نظام ایسے روئیے دا شاخسانہ ہے۔

ایہدے برعکس، خداوند یسو ع نوں وی رد کیتا گیا پر اوہناں نے ٹھوکر کھان توں انکار کیتا۔ اوہناں نے تشدد توں کنارہ کیتا۔ دوجیاں تے غلبہ حاصل کرن توں گریز کیتا تے مظلومیت دا سہارا لینا قبول نہ کیتا۔ اوہناں نے صلیب تے جان دین اتے مویاں وچوں زندہ ہون دے ذریعے اپنے ٹھکرائے جان نوں اتے تاریکی دیاں فوجاں نوں ہرایا۔ مسیحیاں دے کول ذمی وراثت توں آزادی دا واحد راستہ صلیب ول رجوع لیانا ہے۔

ذمی معاہدے توں آزادی دیاں گواہیاں

ہیٹھاں چند اوہو جئے لوکاں دیاں گواہیاں پیش کیتیاں گئیاں نیں جنہاں نے ذمی معاہدے نوں چھڈن دی دعا کر کے رہائی حاصل کیتی۔

بین النسلی خوف

اک عورت جہدے نال رَل کے مَیں دعا کیتی۔ اوہ اپنی زندگی وچ کئی گلاں توں خوفزدہ سی۔ اوہدے پیو دادے کوئی سو ورھے پہلوں شام دے شہر دمشق وچ بطورِ ذمی رہندے سن۔ جتھے ۱۸۶۰ء وچ مسیحیاں دی بڑی وڈی نسل کشی ہوئی سی۔ جدوں اساں ذمی بنن دے عہد نوں ترک کرن دی دعا کیتی تے فیر اوہدا ڈر تے خوف ختم ہو گیا۔ اتے اوس عورت نوں اوہدے روزمرہ خوف دے ختم ہو جان دے نال بہت زیادہ ذہنی تے جسمانی سکون نصیب ہویا۔

نسلی کشی دی میراث توں آزادی

اک بندہ جہدا تعلق آرمینیہ دے پسِ منظر توں سی اتے اوہدے پیو دادے اپنے یونانی ناواں دے سببوں نسل کشی توں مساں بچے تے سمرنا توں ہوندے ہوئے مصر چلے گئے سن۔ اک صدی دا بہترین حصہ اوتھے گزارن توں بعد جدوں اوہناں بارے پتہ لگا تے اپنے پناہ گزینی دَور دے وچ ای اوہدا پتر روزمرہ زندگی وچ ایس ظلم دے خوف دا شکار رہن لگا۔ اوہ اپنی ایس گھبراہٹ دے سببوں گھروں باہر ای نئیں سی نکلدا اتے سارا سارا دِن بوہے تے کھڑکیاں چیک کردا رہِندا سی پئی چنگی طرح بند نیں یا نئیں۔ پر جدوں اوہنے ایس خوف نوں جو نسل در نسل اوہناں دے نال نال ٹریا آ رئیا سی چھڈیا تے اوہدی زندگی دے وچ سکون آ گیا۔ فیر اساں اوہدے نال رل کے اوہدی مکمل رہائی لئی دعا کیتی تے اوہنے وی دعا دے بعد اپنی روحانی شفا تے آزادی کا واضح اظہار کیتا۔

مسلماناں دے درمیان مؤثر خدمت دی اثر انگیزی وچ نمایاں اضافہ

نیوزی لینڈ توں تعلق رکھن والی اک عورت نے مینوں دسیا پئی ذمی معاہدے نوں چھڈن دے بعد کس طرح مسلماناں دے درمیان اوہدی خدمت وچ نمایاں تبدیلی پیدا ہوئی۔

> "تہاڈے سیمینار وچ ذمی معاہدے نوں چھڈن دی دعا کرن دے بعد میری زندگی تے بہت گہرا اثر پیا کیوں جو مَیں نہ صرف اک شخصی تعلق وچ موجود خوف تے ڈر توں آزادی پائی بلکہ مسلماناں دے درمیان اپنی بشارتی خدمت دی اثر انگیزی وچ وی نمایاں اضافہ ڈٹھا۔ مَیں ۱۹۸۹ء توں مسلماناں دے وچکار بشارتی خدمت انجام دے رئی آں۔۔۔ساڈی ٹیم دی اک ہور رکن وی تہاڈے ایس سیمینار وچ موجود سی تے اوہنے وی ذمی معاہدے نوں ترک کرن دے بعد مشرقِ وسطیٰ دیاں عورتاں دے درمیان اک مؤثر خدمت دی شروعات کیتی ہے۔"

خوف توں دلیری تک: بشارتی تربیت

عربی زبان بولن والے مسیحیاں دے اک گروپ نے ایس کتاب وچ پیش کیتیاں ہوئیاں دعاواں نوں اوہناں مسلماناں دے درمیان جو یورپی ملکاں وچ سیاحت دے لئی گئے ہوئے سن، بشارت دین لئی تیاری دے طور تے استعمال کیتا۔ بھانویں ایہہ ٹیم اک آزاد ملک وچ سی پر فیر وی اوہناں نے ایس گل دا اعتراف کیتا پئی اوہ اپنا ایمان دسن توں خوف محسوس کر رہے سن۔ ایسے بحث وچ اوہناں نے اپنے خوف توں شفا پان لئی اپنے ارادے دا اظہار کیتا۔ تد فیر اک لیڈر نے دسیا پئی: "تہاڈے دلوں دا خوف اوس معاہدے دی وجہ توں ہے جہیڑا تہاڈی طرفوں اوہناں دے نال کیتا گیا سی"۔ ذمی معاہدے دی وضاحت تے تبادلہ خیال کرن دے بعد لوکاں نے مل کے آزاد ہون

دیاں دعاواں کیتیاں اتے ذمی معاہدے نوں وی ترک کیتا۔ پروگرام دے آخری دن ایس گل دا جائزہ لیا گیا:

"ایس کم دے نتائج حیرت انگیز سی۔ اوتھے جنے لوک موجود سی اوہناں سب نے بڑی خوشی تے جوش دے نال دسیا پئی ایہہ اہم تربیتی کورس ساڈے لئی بڑی برکت تے حقیقی آزادی دا سبب بنیا ہے۔ خاص کر ایس موقعے لئی پئی اوہناں نے دعا دے نال خداوند یسوع دے خون دے وسیلے ، ذمی معاہدے نوں چھڈ دتا ہے۔"

اک کاپٹک مسیحی نے آزادی اتے مسلماناں نوں بشارت دین دی قوت پائی

اک کاپٹک مسیحی وکیل نے اپنی گواہی کجھ ایس طرح پیش کیتی:

"مَیں اک اسلامی ملک وچ قانون دی ڈگری حاصل کرن لئی شریعت نوں لازمی مضمون دے طور تے چار ورھے پڑھیا۔ مَیں شریعت دے ماتحت زندگی گزارن والے مسیحیاں دی ذلت دا تفصیلی مطالعہ کیتا جھدے وچ ذمی معاہدے دی ہر اک گل شامل سی۔ پر میرے کردار تے ایس تعلیم دے شخصی اثرات میری سوچ وچ رکاوٹ دا سبب بن رئیے سن۔ مَیں اک سچی تے کٹر مسیحی ساں تے اپنے پورے دل نال خداوند یسوع نال پیار کر دی ساں پر بار بار اپنے مسلمان دوستاں دے سامنھے مسیح نوں اپنے خداوند دے طور تے پیش کرن وچ ناکام رہنی ساں تاں جو میرے ولوں اوہناں دے جذبات نوں کوئی ٹھیس نہ لگے۔

جدوں مَیں تہاڈے ذمی ہون بارے منعقد کیتے ہوئے سیمینار وچ شریک ہوئی تے فیر مینوں اپنی اصل روحانی حالت دا پتہ لگا اتے میرے دل دی اصل پریشانی میرے اُتے ظاہر ہوئی۔ مَیں اوہناں کئی ویلیاں نوں یاد کیتا جدوں جدوں مَیں مسلماناں دی اپنے پیو دادے دے ملک دے مفتوحہ علاقیاں وچ اسلام دی فوقیت نوں قبول کیتا اتے اوہدا دفاع کیتا۔ مَیں من دی آں پئی مَیں کئی ورھیاں تک اپنے ذمی ہون دی ذلت نوں سہندی رئی تے بڑی شرمندگی دی زندگی گزاردی رئی۔

اوسے رات، جدوں مَیں اپنے گھر واپس گئی تے اپنی اک کول رہن والی مسلمان سہیلی نوں سدیا۔ مَیں اوہنوں دسیا پئی خداوند یسوع تینوں پیار کردا ہے اتے اوہنے تیری خاطر صلیب تے اپنی جان دتی ہے۔ اودوں توں لے کے مسلماناں دے درمیان میری خدمت بہت زیادہ مؤثر ہو گئی ہے اتے مَیں ویکھیا ہے پئی اوہناں وچوں بتھیریاں نے خداوند یسوع نوں اپنا مالک تے نجات دہندہ قبول کر لیا ہے۔"

ذمی معاہدے نوں ترک کرن دیاں وجوہات

ہو سکدا ہے پئی تسی کجھ ہور وجوہات دے سببوں ایس سبق دے اخیر تے دتے گئے اعلانات تے دعاواں نوں خداوند دے حضور وچ پیش کرنا چاہو پر کجھ وجوہات ایہو جیہیاں وی ہو سکدیاں ہین:

- تسی یا تہاڈے پیو دادے غیر مسلم دی حیثیت نال کسے اسلامی حکومت دے ماتحت رئیے ہون اتے اوہناں نے ذمی معاہدے نوں قبول کیتا ہووے یا جہاد تے ذمی ہون دے دیاں شرطاں توں متاثر ہوئے ہون۔ جیویں شاید جہاد دے سببوں ڈردے ہون۔

- تہاڈی شخصی یا خاندانی کہانی کئی بُرے صدمیاں یا واقعیاں دے سببوں متاثر ہوئی ہووے جیویں کہ ذمی ہوندے ہوئیاں جہاد دیاں سختیاں تے مشکلاں نوں سہن دا کوئی واقعہ۔ ہو سکدا ہے پئی تساں اپنی پوری زندگی وچ ایہو جئے حالات یا واقعات نہ سُنے ہون جہیڑے تہاڈے توں پہلاں تہاڈے خاندان دی کہانی دا حصہ رئیے ہون۔

- ہو سکدا ہے پئی تہانوں یا تہاڈے پیو دادے نوں اسلامی جہاد دی راہیں کئی وار ڈرایا یا دھمکایا گیا ہووے تے بھانویں اسلامی حکومت وچ رہن دے سببوں تہاڈے ماضی وچ کوئی ایہو جئی کہانی موجود ہووے جہیڑی اج تہاڈے لئی خوف دا سبب ہووے پر ہن تُسی اوس خوف و ہراس توں آزاد ہونا چاہندے او۔

- ہو سکدا ہے پئی تسی یا تہاڈے پیو دادے کسے زمانے وچ مسلمان بن کے رئیے ہون تے ہن تُسی ذمی معاہدے دے ذریعے اوہناں دے اپنا ایمان بدلن اتے اوہدے عملاں وچ شریک ہون توں اپنی جان چھڈانا چاہندے او۔

ایہہ دعاواں ایس طرح تیار کیتیاں گئیاں ہین پئی ایہناں دی طاقت تے قوت دے نال ہر اک ذمی معاہدہ تے اوہدا سارا اثر ایسا جڑوں مُک جاندا ہے پئی فیر اوہدا تہاڈی ساری زندگی اُتے کوئی اثر باقی نئیں رہندا۔ ایہہ دعاواں ایس طور تے بنائیاں گئیاں نیں پئی ایہناں دی راہیں ساریاں قسماں دیاں او لعنتاں جہیڑیاں تہاڈے یا تہاڈے پیو دادیاں دے خلاف، اسلامی حکومت وچ رہندیاں ہوئیاں کسے وی ذمی معاہدے دے سببوں تہاڈے خاندان اُتے موجود ہین ہمیشہ ہمیشہ لئی توڑیاں جاندیاں نیں۔ تسی ایہناں دعاواں نوں ماضی وچ کم علمی دے اقرار دے طور تے وی پیش کر سکدے او اتے کیوں جو ہن تہاڈی ایہہ خواہش ہے پئی تسی خدا دے کلام دی سچیائی دے نال ڈٹ کے کھلو سکو۔ ایہہ دعاواں ذمی ہون دے منفی روحانی اثرات دے خلاف بنائیاں گئیاں ہین جیویں کجھ اثرات ہیٹھاں بیان کیتے گئے ہین:

- سٹ
- خوف
- ڈر
- شرمندگی
- احساسِ جرم
- احساسِ کمتری
- اپنے آپ توں نفرت اتے ازخود ٹھوکر لگنا
- دوجیاں توں نفرت
- ذہنی دباؤ
- گمراہی
- ذلت
- گوشہ نشینی تے تنہائی
- خاموشی

ہن اسی ذمی معاہدے نوں چھڈن دی اک دعا تے غور کراں گے۔ ایہہ دعا اوہناں مسیحیاں نوں آزادی دوان لئی تیار کیتی گئی ہے جو اج کسے اسلامی حکومت دے ماتحت ذمی بن کے زندگی گزار رئیے نیں یا جنہاں دے پیو دادے کسے ویلے اسلامی راج دے ماتحت زندگی گزاردے رئیے نیں۔

سچیائی نوں جانو

جیکر تُساں حالے تیک پچھلے سبق تے عمل نئیں کیتا تے ذمی معاہدے نوں ترک کرن دی دعا منگن توں پہلاں پنجویں سبق دے حصے جہدا عنوان ہے " سچیائی نوں جانو" دے ہیٹھاں دتیاں گئیاں آیتاں نوں پڑھو۔

ذمی معاہدے نوں چھڈن دی ایہہ دعا سارے حاضرین کٹھے کھلو کے اُچی آواز نال پڑھن۔

ذمی معاہدے نوں ترک کرن اتے اوہدی طاقت نوں توڑن دا اعلان تے دعا

دعائیہ اعتراف

اے محبت نال بھرے ہوئے خدا! مَیں اقرار کردا ہاں پئی مَیں گناہ کیتا ہے اور تیرے توں دُور ہو گیا ہاں۔ مَیں توبہ کرنا دا ہاں تے یسوع مسیح نوں اپنا خداوند تے نجات دہندہ قبول کردا ہاں۔ میرے گناہ معاف کر۔ جے مَیں کدے وی دوجیاں نوں ذلیل کیتا یا اوہناں نوں کمتر سمجھیا ہے تے تُو میرے ایس گھمنڈ لئی وی مینوں معاف فرما۔ جے مَیں کسی دے نال کوئی وی بُرا سلوک کیتا ہے تا اوہنوں حقیر جانیا ہے تے میرا ایہہ پاپ وی مینوں معاف کر دے۔ مَیں ایہناں سب گلاں نوں اپنی زندگی وچوں خداوند یسوع مسیح کے ناں وچ ترک کردا ہاں۔

ساڈے خداوند یسوع مسیح کے خدا تے پیو! مَیں ایس معافی دی نعمت لئی تہاڈا شکر کرنا ہاں جو مسیح نے صلیب اُتے میرے لئی مہیا کیتی سی۔ مَیں ایمان رکھدا ہاں پئی تُساں مینوں قبول کر لیا ہے۔ مَیں تیرا شکر کردا ہاں پئی صلیب دی راہیں ساڈا اک دوجے نال اتے دوجے انساناں نال وی میل ملاپ ہو گیا ہے۔ مَیں اج ہی اعلان کردا ہاں پئی مَیں تہاڈ پتر اتے خدا دی بادشاہی دا وارث بن گیا ہاں۔

اعلان تے ترکِ تعلقات

اے آسمانی پتا! مَیں تہاڈے نال اتفاق کردا ہاں پئی مَیں ہن کسے خوف تھلے نئیں بلکہ تہاڈی محبت دے نال تہاڈ پتر بن گیا ہاں۔ مَیں اسلام دیاں اوہناں ساریاں گلاں نوں جو حضرت محمد نے سکھائیاں ہین رد کردا اتے اوہناں نالوں اپنا تعلق ختم کردا ہاں۔ مَیں قرآن دے اللہ دے سامنھے جھکن دا انکار کرنا ہاں اتے ایہہ وی اعلان کردا ہاں پئی مَیں صرف خداوند یسوع مسیح کے خدا دی عبادت کراں گا۔

اوہ سارے معاہدے جھیڑے میرے پیو دادیاں نے اسلامی حکومت دے ماتحت ہوندیاں تسلیم کیتے سن اوہناں سب نوں اج مَیں ترک تے منسوخ کردا ہاں۔

مَیں مکمل طور تے ذمی معاہدے نوں اتے اوہدیاں ساریاں شرطاں نوں وی مسترد کردا ہاں۔ مَیں جزئیے دی ادائیگی دے ویلے گردن تے مکے مارنے دی رسم اتے ایہہ جس وی گل نوں ظاہر کردی ہے اوہدے سارے اثر نوں ترک کردا ہاں۔ خاص کر سر قلم کرن اتے موت دی لعنت دی مشابہت نوں وی ہمیشہ ہمیشہ لئی چھڈدا ہاں۔

مَیں اعلان کردا ہاں پئی ہر اک ذمی معاہدے نوں میرے یسوع نے صلیب اُتے کلاں دے نال جڑ دتا ہے۔ اوہنے ذمی ہون دے ہر معاہدے دا برملا تماشا بنایا ہے اتے اوہدا ہن میرے اُتے کوئی اثر نئیں رہیا اتے نہ ہی اوہدا میرے اُتے ہن کوئی حق رئیا ہے۔ مَیں اعلان کردا ہاں پئی مینوں ذمی معاہدے دے روحانی اصولاں دا پوری طرح

پتہ لگ گیا ہے۔ مَیں اوہناں ساریاں معاہدیاں دے زور نوں ختم کردا اتے اوہناں دیاں ساریاں بندشاں نوں یسوع دےناں تے توڑدا ہاں۔ اوہ سب معاہدے ہار چکے نیں اتے مسیح یسوع دی صلیب نے اوہناں نوں شرمندہ تے رسوا کیتا ہے۔

مَیں اسلام دے ہر اک جھوٹھے احسان نوں ترک کردا ہاں۔

مَیں دھوکھے اتے جھوٹھ نوں چھڈدا ہاں۔

مَیں ذمی یا اسلام دے اگے خاموش رہن دے سارے معاہدیاں نوں وی ترک کردا ہاں۔

مَیں بولاں گا تے ہن چپ نہ رواں گا۔

مَیں اعلان کردا ہاں پئی "سچیائی مینوں آزاد کریگی" ۱۳۔ مَیں خداوند یسوع مسیح وچ آزادی دی حیاتی جین دا انتخاب کردا ہاں۔

مَیں اوہناں سب لعنتاں نوں جو اسلام دے ناں تے میرے اتے میرے خاندان دے خلاف کہیاں ہوئیاں سبھے گلاں نوں وی ترک کردا ہاں۔ مَیں اپنے پیو دادیاں دے خلاف کہیاں ہوئیاں ساریاں لعنتاں نوں وی ترک تے منسوخ کردا ہاں۔

مَیں موت دی لعنت نوں چھڈدا تے توڑدا ہاں۔ اے موت تیرا میرے اُتے ہن کوئی زور نئیں چلنا۔

مَیں خداوند یسوع دیاں برکتاں تے اپنی روحانی میراث دا اعلان کردا ہاں۔

مَیں شرمندگی تے ڈر نوں ترک کردا ہاں اتے مسیح یسوع وچ دلیر ہون دا اعلان کردا ہاں۔

مَیں چالاکی تے ہر اک روحانی قبضے نوں خیر باد کہندا ہاں۔

مَیں برائی تے تشدد نوں چھڈد ہاں۔

مَیں اپنی زندگی وچوں خوف نوں ترک کردا ہاں۔ مَیں ٹھکرائے جان دے خوف نوں ترک کردا ہاں۔ مَیں اپنی جائیداد اتے ہر اک اثاثے دے کھو جان دے اثر نوں ترک کردا ہاں۔ مَیں غریبی دے خوف نوں ترک کردا ہاں۔ مَیں غلام بنائےجان دے خوف نوں توڑدا تے اوہدے ہر اک اثر نوں ترک کردا ہاں۔ مَیں زور زبردستی نال کیتے گئے زنا دے خوف نوں ترک کردا ہاں۔ مَیں تنہائی دے ڈر نوں وی ترک کردا ہاں۔ مَیں اپنا خاندان کھوئے جان دے خوف نوں وی ترک کردا ہاں۔ مَیں قتل ہون اتے موت دے خوف نوں وی ترک کردا ہاں۔

مَیں اسلام تے مسلماناں دے ڈر نوں ترک کردا ہاں۔

---

[۱۳] یوحنا ۸: ۳۲

مَیں عوامی تے سیاسی کاروائیاں وچ شامل ہون دے ڈر نوں ترک کردا ہاں۔

مَیں اعلان کردا ہاں پئی یسوع مسیح ساریاں لوکاں دا مالک، نجات دہندہ تے خداوند ہے۔

مَیں خداوند یسوع نوں اپنی زندگی دے ہر حصے دا مالک تسلیم کردا ہاں۔ خداوند یسوع میرے گھر ، میرے شہر اتے میری قوم دے خداوند نیں۔ ایس دھرتی تے خداوند یسوع سب لوکاں دا اصل تے حقیقی مالک اے۔ مَیں خداوند یسوع نوں اپنا شخصی نجات دہندہ دے طور تے قبول کردا ہاں۔

مَیں احساسِ کمتری نوں ترک کردا ہاں۔ مَیں دعویٰ کردا ہاں پئی مسیح نے مینوں قبول کر لیا ہے۔ مَیں صرف اوہدی خدمت کراں گا۔

مَیں شرمندگی نوں ترک کردا ہاں۔ مَیں دعویٰ کردا ہاں پئی صلیب دی راہیں میرے سارے پاپ دھل گئے ہین۔ میری زندگی وچ شرمندگی دا ہن کوئی حصہ بخرہ نئیں رئیا۔ مَیں خداوند یسوع دے جلال وچ اوہدے نال حکومت کراں گا۔

اے خداوند مینوں تے میرے پیو دادیاں نوں مسلماناں توں نفرت کرن لئی معاف فرما۔ مَیں مسلماناں تے دوجے سارے لوکاں دے خلاف اپنی نفرت نوں ترک کردا ہاں اتے ایہہ اعلان کردا ہاں پئی مسیح دی محبت ساری دُنیا دے مسلماناں تے دوجے سب لوکاں لئی وی عام ہے۔

مَیں کلیسیا دے گناہواں لئی اتے کلیسیا دے رہنماواں دی غلط اطاعت توں وی توبہ کردا ہاں۔

میں جدائی نوں چھڈدا ہاں۔ مَیں ایس گل دا وی دعوٰی کردا ہاں پئی مینوں معافی مل چکی ہے اتے مسیح دی بدولت خدا نے مینوں قبول کر لیا ہے۔ خدا کے نال میرا میل ملاپ ہو گیا ہے۔ خدا دے تخت دے سامنے کسے قسم دی کوئی قوت جو اسمان وچ ہے یا زمین تے میرے خلاف کوئی کم نئیں کر سکدی کیوں جو لشکراں دا رب میرے نال ہے۔

مَیں اپنے خدا باپ تے اپنے واحد منجی یسوع مسیح اتے روح القدس دی جو میری جان دا منبع ہے، تمجید تے شکرگزاری کردا ہاں۔

میں وعدہ کردا ہاں پئی مَیں خداوند یسوع مسیح دا زندہ گواہ بناں گا۔ میں صلیب توں شرمندہ نہیں ہوواں گا اتے نہ ہی اوہدے مویاں وچوں جی اٹھن دا پیغام سنانا توں شرماواں گا۔

مَیں ایس گا دا وی دعویٰ کردا ہاں پئی مَیں زندہ خدا دا پتر آں جو ابرہام، اضحاق تے یعقوب دا خدا ہے۔ مَیں خدا اتے اوہدے مسیح دی فتح دا اقرار کردا ہاں۔ مَیں ایس

گل دا وی دعویٰ کردا ہاں پئی اوہدے سامنے سامنے ہر گوڈا جھکے گا اتے خدا باپ دے جلال لئی ہر اک زبان اقرار کرے گی پئی یسوع ہی خداوند ہے۔

مَیں اوہناں سب مسلماناں لئی جو ذمی نظام وچ شریک ہین معافی دا اعلان کردا ہاں۔

اے اسمانی پتا! مہربانی کر کے مینوں ذمی بنن توں، ذمی بنان دی روح توں اتے ہر غیر الہٰی تسلط توں جو کسے وی ذمی معاہدے نال جڑیا ہے، رہائی دے۔

ہن مَیں دعا کردا ہاں پئی مینوں اپنے روح القدس نال معمور کر تے میرے اُتے خداوند یسوع مسیح دی بادشاہی دیاں ساریاں برکتاں نوں نازل فرما۔ مینوں اپنے فضل نال ایہہ عنایت کر پئی مَیں تیرے کلام دیاں سچیائیاں نوں واضح طور تے سمجھ کے زندگی دے ہر حصے وچ اوہناں نوں کثرت دے نال استعمال کراں۔ مینوں اپنے وعدے دے مطابق امید تے زندگی دا کلام عطا فرما۔ میرے ہونٹھاں دی تقدیس کر تاں جو مَیں دوجیاں نال اختیار اتے مسیح دے ناں کی قوت نال گل بات کر سکاں۔ مینوں مسیح دا وفادار گواہ بنن دی دلیری عطا فرما۔ میرے دل نوں مسلماناں لئی گہری محبت دے نال بھر دے تاں جو مَیں اوہناں نوں وی مسیح دی محبت بارے ساریاں گلاں دس سکاں۔ مَیں ایہہ ساریاں گلاں اپنے خداوند یسوع مسیح جو میرا مالک تے منجی ہے، دے ناں تے منگدا ہاں۔

آمین۔

رہنمائے مطالعہ

چھٹا سبق

نویں لفظ

ذمی	جزیہ	ذمی بنانا
ذمی معاہدہ	واجب	سر قلم کرن دی رسم
ریجنسبرگ	جہاد	سچیائی کو جانیں
”تین چناؤ“	میثاقِ عمر	
مفتیٔ اعظم	حلال	

نویں ناں

- پوپ بینڈکٹ سولہویں (پید۔ ۱۹۲۷ء)؛ جرمن نژاد جوزف راٹزنگر، ۲۰۰۵ ء تا ۲۰۱۳ ء تک پوپ رہے۔
- بیزنٹائن شہنشاہ مینوایل دوم پیلیولوک س (۱۳۵۰ ء تا ۱۴۲۵ ء ؛ حکمران رہے ۱۳۹۵ ء تا ۱۴۲۵ ء)
- شیخ عبدالعزیز الشیخ : ۱۹۹۹ء توں سعودی عرب دے مفتیٔ اعظم (پیدائش ۱۹۴۳ء)
- ابنِ کثیر: شامی مؤرخ اور عالم (۱۳۰۱ ء تا ۱۳۷۳ ء)
- محمد ابنِ یوسف اطفایش: الجیرین مسلمان عالم (۱۸۱۸ء تا ۱۹۱۴ء)
- ولیم ایٹن: ترکی تے روس وچ رہن والے برطانوی محقق ، ۱۷۹۸ء وچ اپنی کتاب Survey of the Turkish Empire شائع کیتی۔
- ابنِ قدامہ: فلسطینی سنی عالم اور صوفی درویش (۱۱۴۷ء تا ۱۲۲۳ء)
- سموئیل ہیناجد (۹۹۳ ء تا ۱۰۵۵ ، ۵٦ ء) اور جوزف ہیناجد (۱۰۳۵ ء تا ۱۰٦٦ ء): گریناڈا وچ یہودی وزرائے اعظم
- محمد المغیلی: الجیرین عالم (ق۱۴۰۰ ء تا ق ۱۵۰۵ء)
- ابن عجیبہ: مراکشی سنی صوفی عالم (۱۷۴۷ ء تا ۱۸۰۹ ء)
- میمونائیڈس: آئبیرین سیفارڈک یہودی عالم (۱۱۳۸ ء تا ۱۲۰۴ ء)

- جوون سوجک: سائیبرین ماہرِ ارضیات تے ماہرِ نسلیات (۱۸۶۵ ء تا ۱۹۲۷ ء)

ایس سبق وچ قرآن دے حوالہ جات

ق ۹: ۲۹ ق ۴۸: ۲۸ ق ۳: ۱۱۰

چھیویں سبق دے سوالات

- مطالعاتی مقدمے تے بحث کرو۔

ذمّی معاہدہ

۱. بیزنٹائن شہنشاہ مینوایل دوئم پیلیولوک س دے اوہ کہیڑے مشہور لفظ سن جنہاں دا پوپ بینڈکٹ سولہویں نے ۲۰۰۶ ء میں اپنے مشہور واعظ وچ نرا حوالہ دتا سی تے اوہدے سببوں ساری دنیا وچ ہنگامے پھُٹ پئے سی اتے ۱۰۰ نالوں بوہتیاں موتاں ہوئیاں سن؟

۲. مفتئ اعظم شیخ عبدالعزیز الشیخ نے پوپ بینڈکٹ دی کس طرح اصلاح کیتی؟

۳. چناؤ دیاں اوہ کہیڑیاں تِن صورتاں ہین جو دینِ اسلام ولوں مفتوحہ غیر مسلماں اگے پیش کیتیاں جاندیاں ہین؟

۴. ڈُوری صاحب نے صحیح بخاری دی اک خاص حدیث دا حوالہ دتا ہے (”مینوں اللہ نے ایہہ حکم دتا ہے پئی۔۔۔“)، اس حوالے دے مطابق اللہ دا اوہ حکم کیہہ ہے؟

۵. ایہدے بعد ڈُوری صاحب نے صحیح مسلم وچوں وی اک حدیث دا حوالہ دتا ہے: اللہ دے ناں تے اتے اوہدی راہ تے جنگ کرو۔ جہیڑے لوک اللہ تے ایمان نئیں رکھدے اوہناں دے خلاف جہاد کرو۔۔۔")۔ وہ کہیڑے تِن انتخابات ہین جو اسلام دی طرفوں مغلوب بے ایماناں دے سامنے چناؤ لئی رکھے جاندے ہین؟

٦. ق ۹: ۲۹ دے مطابق مفتوحہ غیر مسلماں توں کنہاں دو گلاں دا تقاضا کیتا جاندا ہے؟

۷. ۷۔ فرمانبرداری دے عہد توں متعلقہ میثاق دا ناں کیہہ ہے؟

۸. ایس میثاق دے ماتحت زندگی گزارن دا عہد قبول کرن والے غیر مسلماں نوں کیہہ کہیا جاندا ہے؟

۹. قرآن دے دو کہیڑے اصول ذمی نظام دی حمایت کردے ہین؟

جزیہ

۱۰. ذمیاں دے اُتے اوہ کہیڑا سالانہ جزیہ محصول عائد کیتا جاندا ہے جنہوں مسلم علماء دی طرفوں اوہناں دی جان بخشی دا فدیہ قرار دتا گیا ہے؟

۱۱. امام اطفایش دے مطابق، قتل تے غلامی دی تھاں محصولِ جزیہ دی ادائیگی کنہاں دے فائدے لئی ہے؟

۱۲. ولیم ایٹن دے مطابق ، جزیہ کس عوضانے دے طور تے دتا جاندا ہے؟

عدمِ ادائیگی کی سزا

۱۳. جے ذمی لوک اپنے ذمی عہد دی پاسداری کر دیاں ہوئیاں جزیے دی بروقت ادائیگی نئیں کرتے تے کہیڑی سزا اوہناں دی منتظر ہوندی ہے؟

۱۴. میثاقِ عمر دے مطابق ذمی لوک اپنے اُتے کہیڑی لعنت منگدے ہین؟

۱۵. امام ابنِ قدامہ دی ایس گل توں کیہہ مراد ہے پئی نافرمانی دا ارتکاب کرن والے ذمی شخص تے اوہدے مال تے کہیڑی شے حلال 'جائز' ہو جاندی ہے؟

۱۶. تاریخ وچ ذمی برادریاں دے نال کہیڑے کہیڑے المناک واقعات پیش آ چکے ہین؟

۱۷. ۱۰۶۶ء وچ گریناڈا دے یہودیاں نوں کیوں قتل کیتا گیا سی؟

۱۸. ۱۸۶۰ء وچ دمشقی مسیحیاں نوں کیوں موت دے گھاٹ اتاریا گیا سی؟ کجھ نے جان بچان لئی کہیڑا کم کیتا سی؟

اک پریشان کن رسم

۱۹. ڈُوری صاحب دے مطابق اوہ کہیڑی رسم سی جو اک ہزار ورھے تک مراکش توں لے کے بخارا تیک پھیل گئی سی؟

۲۰. ایس رسم توں کیہہ مراد لئی جاندی ہے؟

۲۱. ایس رسم وچوں گزرن والا ذمی شخص کس لعنت نوں اپنے اُتے مقرر کردا ہے؟

۲۲. جزیہ محصول دی ادائیگی دا عہد بنھن والے لوک اپنے خلاف کس سزا دا چناؤ کردے ہین؟

۲۳. جزیہ محصول ادا کرنے والا ذمی بندہ اپنے اُتے کس سزا دا اعلان کردا ہے؟

حقیر شکرانہ

۲۴. ڈُوری صاحب دے مطابق، اوہ کہیڑے دو روئیے ہین جو غیر مسلماں نوں مسلماناں دے حوالے نال اپنانا چاہیدا ہے؟

۲۵. شرعی قوانین دی رُو نال غیر مسلماں نوں کمتر وکھان دیاں مثالوں تے غور کرو:

- ذمیاں دی گواہی ----
- ذمیاں دے گھر---
- ذمی لوک گھوڑے ---
- ذمیاں نوں عام شاہراہواں تے چلن دی ---
- ذمی لوک اپنا دفاع ---
- ذمی لوک اپنا مذہبی نشان---
- ذمیاں دے گرجا گھر---
- ذمی لوک اسلام تے تنقید ---
- ذمیاں دا لباس ---
- ذمیاں دیاں شادیاں ---

۲٦. سورۃ ۹: ۲۹ وچ مسلم حکومت دے ماتحت رہن والے غیر مسلماں نوں کھیڑا حکم دتا گیا ہے؟

۲۷. ابنِ عجیبہ نے ”تیسرے انتخاب“ نوں کس طرح بیان کیتا سی؟

احساسِ کمتری دی نفسیات

۲۸. اصطلاح ”ذمی بنانا“ توں کیہہ مراد ہے؟

۲۹. قرونِ وسطیٰ نال تعلق رکھن والے آئبیرین یہودی عالم میمونائیڈس دے مطابق، ذمی معاہدہ ذمیوں نوں کس گل دا پابند بناندا سی؟

۳۰. سیربین ماہر ارضیات جوون سوجک دے مطابق، تُرکاں ولوں بالکن عوام تے پرتشدد ذمی معاہدہ زبردستی نافذ کرن نال کھیڑے نفسیاتی مسئلے پیدا ہوئے؟

۳۱. اک ایرانی نومرید مسیحی دے مطابق جس دی مارک ڈُوری صاحب نال ملاقات وی ہوئی سی، مسلمان لوک مسیحیت دے مقابلے وچ اپنے دین نوں کیہہ سمجھدے ہین؟

۳۲. ذمی معاہدہ آپی مسلماناں لئی کسراں نقصان دہ ہے؟

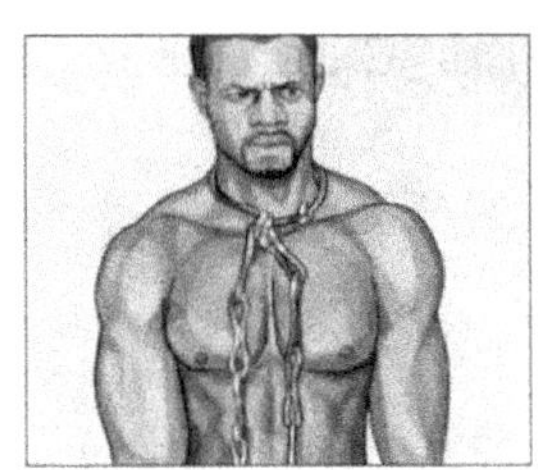

۳۳. ریاستہائے متحدہ امریکہ دے کس تاریخی واقعے دا ڈُوری صاحب نے ذمی معاہدے دے نال موازنہ کیتا ہے؟

۳۴. ڈُوری صاحب دے مطابق، اوہ کہیڑی شے ہے جو علم و تحقیق دی راہ وچ روڑے اٹکا رئی ہے؟

مذہبی ایذارسانی تے ذمی معاہدے دی دہرائی

۳۵. اوہ کہیڑے عوامل سن جنہاں دے سببوں اسلامی دنیا انیویہہ تے ویویہہ صدی وچ ذمی نظام نوں توڑن تے مجبور ہوئی؟

۳۶. ڈُوری صاحب دے مطابق، اوہ کیہہ چیز ہے جو پاکستانی مسیحیاں لئی اتے دوجے ملکاں وچ رہن والے مسیحیاں لئی ایذارسانی وچ اضافے دا سبب بنی ہوئی ہے؟

اک روحانی حل

۳۷. ڈُوری صاحب نے حضرت محمد دی زندگی تے ٹھکرائے جان دے گہرے اثرات دے کہیڑے پنج روحانی نتیجے بیان کیتے ہین؟

۳۸. کہیڑی وجہ حضرت محمد ولوں جہاد دا اعلان کرن دی بنیاد بنی؟

۳۹. جدوں مسیح خداوند نوں ٹھکرایا گیا تے اوہناں نے کہیڑے چار کم کرن توں منع کر دتا سی؟

ذمی معاہدے توں آزادی دیاں گواہیاں

۴۰. ڈُوری صاحب دیاں پیش کردہ پنج گواہیاں وچ کہیڑی گل مشترک ہے؟

ذمی معاہدے نوں ترک کرن دیاں وجوہات

۴۱. اوہ لوک جو آپ یا جنہاں دے پیو دادے کسے زمانے وچ ذمی معاہدے دے پابند رئیے، جے اج اوس معاہدے توں آزادی حاصل کرن دی دعا کرنا یا کرانا چاہندے ہین تے اوہناں نوں کنہاں تِن قسم دے اثرات دا سامنا کرنا پئے سکدا ہے؟

۴۲. ذمی معاہدے توں آزادی لئی پیش کردہ دعاواں کہیڑے دو کم کر سکدیاں ہین؟

۴۳. ذمی معاہدے دے نتیجے وچ پیدا ہون والے ۱۳ روحانی اثرات دی فہرست ویکھو۔خدا دے کلام دیاں سچیائیاں تے مبنی دعاواں اوہناں اثرات نوں کسراں زائل کرن گئیاں؟

دعائیہ حصے لئی مہربانی کر کے ہیٹھاں دتے گئے اقدامات تے عمل کرو:

۱۔ سارے شرکا ء پنجویں سبق وچ "سچیائی نوں جانو" دے عنوان تھلے پیش کیتیاں گئیاں آیتاں نوں جے اوس سبق دا مطالعہ کرن دے ویلے نئیں پڑھیا گیا سی تے ہن اُچی آواز نال پڑھو۔

۲۔ ایہدے بعد، سارے شرکاء اپنی اپنی تھاں تے کھڑے ہو جان تے رل کے " ذمی معاہدے نوں ترک کرن دا اعلان" کرن اتے"اوہدے اثر نوں توڑن دی دعا " پڑھو۔

۳۔ ہدایات دے بارے مزید تفصیل جانن لئی"رہنمائے قائدین " والا حصہ ویکھو۔

۷

جھوٹھ، جھوٹھی برتری تے لعنتاں

”موت تے زندگی زبان دے قابو وچ ہین اتے جو اوہنوں دوست رکھدے ہین اوہدا پھل کھاندے ہین۔“

امثال ۱۸: ۲۱

سبق دے مقاصد

الف۔ دینِ اسلام وچ جھوٹھ بولن تے دوجیاں نوں دھوکھا دین دی اجازت تے غور کرنا تے اوہنوں رد کرنا۔

ب۔ اسلامی گمراہی نوں ترک کرن دی تیاری دے دوران کتابِ مقدس وچوں ویہہ متعلقہ آیتاں دیاں سچیائی اں تے غور کرنا۔

ج۔ گمراہی نوں ترک کرن دی دعا دے ذریعے روحانی آزادی دا دعویٰ کرنا جہدے وچ ۸ وکھو وکھرے اعلان تے اعتراف وی شامل ہون گے۔

د۔ اسلام وچ اک بندے دی دوجے بندے اُتے برتری دی جستجو تے غور کرنا تے اوہنوں رد کرنا۔

ہ۔ اسلامی برتری توں کنارہ کرن دی تیاری کرن دے دوران کتابِ مقدس دیاں متعلقہ آیتاں دیاں سچیائی اں تے غور کرنا۔

و۔ مصنوعی برتر ی نوں ترک کرن دی دعا دے ذریعے روحانی آزادی دا دعویٰ کرنا جہدے وچ ۱۱ وکھو وکھرے اعلان تے اعتراف وی شامل ہون گے۔

ز۔ مسیتاں وچ وڈے وڈے اجتماعواں دے دوران کافراں تے لعنت بھیجن دی اسلامی رسم تے غور کرنا ۔

ح۔ اسلام وچ لعن طعن دے حوالے نال مختلف رویاں دی نشاندہی کرنا۔

ط۔ لعن طعن کرن دی رسم وچ شریک ہون والے لوکاں دی جذباتی حالت تے ”کیفیت“ دی نشاندہی کرنا۔

ی۔ لعنت بھیجن دی رسم نوں ترک کرن دی تیاری دے دوران کتابِ مقدس دیاں چھ متعلقہ آیتاں دی سچیائی اں تے غور کرنا۔

ک۔ لعنت بھیجن دی رسم نوں ترک کرن دی دعا دے ذریعے روحانی آزادی دا دعویٰ کرنا جہدے وچ ۱۹ وکھو وکھرے اعلان تے اعتراف وی شامل ہون گے۔

مطالعاتی مقدمہ: تُسی کیہہ کرو گے؟

تُسی اک چرچ دی منی بس تے تِن ہم خدمت مسیحی ساتھیاں الیگزینڈر، سموئیل تے پیٹر دے نال سفر کر رئیے او۔تُسی سارے اک ایہو جئی کانفرنس وچ شرکت کرن جا رئیے او جتھے مسلماناں نوں شاگرد بنان دے موضوع تے گل کیتی جائے گی۔ کلیسیا، خاندان تے سیاست دے بارے گل بات کرن دے بعد پیٹر پوچھدا ہے پئی ایہہ جو بہت سارے مسلمان لوک مسیح خداوند دے بارے خواب ویکھنا شروع ہو گئے نیں اتے عسکریت پسند اسلام دے عروج بارے تُسی سارے کیہہ کہندے جے۔ کیہہ ایہدا مطلب ایہہ ہے پئی اسی اخیر زمانے وچ رہ رئیے آں؟ کیہہ دائرۂ مسیحیت وچ داخل ہون والے مسلمان شاگردیت دے اک خصوصی راہ تے چلن دے اوسے طرح حقدار ہین جیویں کہ یہودی لوک خداوند یسوع نوں مسیح من دے ہین؟

الیگزینڈر بڑے طنزیہ انداز وچ کہندا ہے، ”واقعی یار، نو مرید مسلماناں نوں دوجیاں نالوں جیویں کہ یہودیاں یا بدھ متاں نالوں وکھری شاگردیت دی کیوں ضرورت ہوندی ہے؟ تاریخی کلیسیا نے کدوں مختلف مذہبی پسِ منظر نال تعلق رکھن والیاں لئی وکھری شاگردیت دی تعلیم پیش کیتی سی؟ کیہہ اسی ہم سارے وی اوہو بائبل استعمال نئیں کردے اتے اوسے عقیدے نوں نئیں مندے؟ ایس گل دا کیہہ ثبوت ہے پئی مسلمان وکھرے طریقے نال ’نویں سریوں پیدا ہوندے ہین‘ اتے اوہناں نوں بپتسمے یا شاگردیت دے حوالے نال اک خاص تعلیم دی ضرورت ہوندی ہے؟“

سموئیل جواب وچ کہندا ہے پئی ”خداوند یسوع نے وعدہ کیتا سی پئی ہر اک گوڈا جھکے گا تے مَیں ایمان رکھنا واں پئی ایہدے وچ اوہ سارے لکھاں مسلمان وی شامل ہین جو ایس ویلے مسیح دے کول آ رئیے نیں اتے ساہنوں اک خاص توجہ دے نال اوہناں دا خیر مقدم کرنا چاہیدا ہے، اوہناں نوں خصوصی گھریلو کلیسیاواں وچ جگہ دینی چاہیدی ہے جیویں اسی یہودیاں دے نال کردے آں۔ پولس تے پطرس دونواں نے یہودیاں وچ بشارت دی خدمت انجام دین لئی، غیر قوماں وچ بشارت دی خدمت نالوں کجھ وکھرا انداز اختیار کیتا سی۔ ساہنوں وی مسلماناں دے نال ’یہودی بھراواں‘ دی طرح پیش آنا چاہیدا ہے اتے اوہناں لئی شاگردیت دی اک خصوصی تعلیم دا طریقہ اپنانا چاہیدا ہے جو اوہناں دیاں روحانی ضرورتاں دے عین مطابق ہووے۔“

فیر پیٹر ایس گل نوں اگے ودھاندیاں ہوئیاں ایہہ کہندا ہے پئی”پر سموئیل بھائی، سارے رسولاں نے نویں عہد نامے دی کلیسیا نوں شاگرد بنان ویلے اکو جیہے عقیدیاں نوں استعمال کیتا سی۔ کیہہ سارے رسولی خط یہودیاں تے غیر قوماں دونواں نوں اک جیہے طریقے نال مخاطب کر کے نئیں لکھے گئے سن؟ مسیح خداوند دے کول پاس آن والے مسلماناں دی وی اوہی ضرورت ہے جو باقی سب دی ہے: بپتسمے دی

تیاری دا کورس، واعظ، سنڈے اسکول دی تعلیم تے بائبل اسٹڈی۔ دراصل جے اسی اوہناں دے نال خصوصی برتاؤ روا رکھاں گے تے اوہ ساڈیاں موجودہ کلیسیاواں دے اندر گھل مل نئیں سکن گے۔ ‘‘

ایہدے بعد سموئیل تہانوں مخاطب کر کے کہندا ہے، ’’سابقہ مسلماناں لئ شاگردیت دے بارے تہاڈی کیہہ رائے ہے، جناب ؟‘‘

تے فیر تُسی کیہہ جواب دیو گے؟

جھوٹھ بولن توں آزادی

ایس سبق وچ اسی جھوٹھ بولنے دے حوالے نال دینِ اسلام دے عقیدے تے غور کراں گے تے اسی جھوٹھ بولن دے عقیدے نوں ترک کرن دا فیصلہ وی کراں گے۔

سچیائی بہت قیمتی ہے

پاسٹر ڈامنک جنہاں نوں انڈونیشیا وچ جھوٹھے مقدمے وچ پھسا کے قید وچ سُٹیا گیا سی پئی اوہناں نے اسلامی جہاد دے خلاف کوئی گل کیتی ہے۔ اوہناں نے سچیائی بارے کجھ خاص گلاں دسیاں سن پئی:

’’۔۔۔ بھانویں سچیائی مشکل تے کوڑی ہے پر ساڈے کول ہور کوئی چارہ وی نہیں۔ ساہنوں اوہدے لئی وڈی توں وڈی قیمت ادا کرنی پیندی ہے۔ ایہدا متبادل صرف ایہہ ہے پئی سچیائی نوں فیر خیرباد کہہ دتا جاوے۔ سچیائی پسند لوکاں نوں اوہدی خاطر سخت جنگ کرنی پیندی ہے تاں جو اوہ مردِ آہن بن سکن تے ایہدے نال نال اوہ اک ایہو جیہا بندہ وی بنن جہدا دل پاک تے شفاف ہووے (شیشے وانگوں)۔ لوئے ورگا ارادہ مضبوط ہوندا ہے جنہوں جھکایا نئیں جا سکدا۔ اوہ سچیائی تے ثابت قدمی نال قائم رہندا ہے۔ شیشے ورگا دل اپنے چھپے مفادات تے شخصی ایجنڈے توں پاک ہوندا ہے۔ شیشے وانگر سچیائی پسند بندہ حساس ہندا ہے تے دُنیا دے غیر منصفانہ جھوٹھ دے سببوں بڑی آسانی نال ٹُٹ جاندا ہے۔ ایہہ دلبرداشتہ یا کمزور ہون دی نشانی نئیں بلکہ ایہہ طاقت تے قوت دا نشان ہے۔ ایہو جیہا بندہ اپنے ارادے دا پکا ہندا ہے تے اوہ جھوٹھ دے خلاف تے ماحول دے کذب دے خلاف منہ کھولدا تے رولا پاندا ہے۔ اوہدا دل نہ تے رُکدا ہے تے نہ ہی خاموش ہندا ہے۔ اوہدا دل ہر ویلے بےانصافی دے خلاف لڑن لئی تیار رہندا ہے۔ ‘‘

حقیقت تے ایہہ ہے پئی خدا سچا اے تے ساڈے لئی بنیادی گل ایہہ پئی اسی اوہدے نال اپنے تعلقات نوں سدھا تے پکا رکھیئے۔ ساڈا خدا شخصی تعلق قائم کرن والا ایہو جیہا خدا ہے جو ہر انسان دے نال اک خاص تعلق قائم کرنا چاہندا ہے۔

شرعی ثقافت

قرآن تے اسلامی تعلیمات دے مطابق کجھ حالات وچ جھوٹھ بولنا جائز ہے: جیویں اسی سبق ۳ وچ وی ویکھ چکے آں پئی اسلام وچ کس کس طرح جھوٹھ بولن دی اجازت بلکہ کئی حالاتاں وچ تے لازمی قرار دتا گیا ہے۔

ایتھوں تک پئی قرآن وچ اللہ دے بارے وی ایہہ لکھیا ہویا ہے پئی اوہ فریب دیندا ہے مطلب لوکاں نوں گمراہ کردا ہے:

"اللہ جنہوں چاہے گمراہ کردا ہے تے جنہوں چاہے راہ وکھاندا ہے اتے اوہی عزت تے حکمت والا ہے" (ق ۱۴: ۴)۔

جھوٹھ دیاں کئی قسماں نیں جنہاں دی شرعی قانون اجازت دیندا ہے جنہاں وچ ہیٹھاں دتیاں گئیاں قِسماں شامل ہین:

- جنگ وچ جھوٹھ بولنا۔
- شوہراں دا بیویاں دے نال جھوٹھ بولنا۔
- اپنے تحفظ لئی جھوٹھ بولنا۔
- اُمہ دے دفاع لئی جھوٹھ بولنا۔
- ذاتی تحفظ دا جھوٹھ (تقیّہ) اوہ ہے پئی جدوں کوئی مسلمان ایہہ سمجھے پئی کہ ایس ویلے اوہدی جان ڈاہڈے خطرے وچ ہے: اس معاملے وچ تے ہر مسلمان نوں ایتھوں تیک وی اجازت ہے پئی اوہ اپنے ایمان توں وی انکار کر سکدا ہے (ق ۱۶: ۱۰۶)۔

ایہہ اوہ مذہبی اقدار ہین جنہاں نے اسلامی ثقافتوں تے بہت ڈاہڈا اثر پایا ہویا ہے۔

سچیائی نوں جانو

اسلام دے برعکس، کسے مسیحی نوں اپنے ایمان دا انکار کرن دی قطعاً اجازت نئیں:

"جہیڑا کوئی بندیاں دے اگے میرا اقرار کرے گا مَیں وی اوہدا اپنے باپ دے اگے جہیڑا اسمان اُتے اے اقرار کراں گا۔ پر جہیڑا کوئی بندیاں دے اگے میرا انکار کرے گا مَیں وی اپنے باپ دے اگے جہیڑا اسمان اُتے اے اوہدا انکار کراں گا" (متی ۱۰: ۳۲۔ ۳۳)۔

یسوع نے کہا "پر تہاڈی گل ہاں دی ہاں تے ناں دی ناں ہوئے۔۔" (متی ۵: ۳۷)۔

پیدائش ۱۷ باب دے مطابق، خدا نے ابرہام نال کہیڑا عہد بنھیا سی؟

"مَیں اپنے تے تیرے وچکار اتے تیرے بعد تیری نسل دے درمیان اوہناں دی سب پُشتاں لئی اپنا عہد جو ابدی عہد ہووے گا بنھاں گا تاں جو تیرا اتے تیرے بعد تیری نسل دا خدا رہواں۔ اور مَیں تینوں اتے تیرے بعد تیری نسل نوں کنعان دا سارا ملک جہدے وچ توں پردیسی ہیں ایہو جیہا دواں گا پئی اوہ اوہناں دی پکی ملکیت ہو جاوے۔ نالے مَیں اوہناں دا خدا ہوواں گا" (پیدائش ۱۷: ۷۔ ۸)

زبور ۸۹ دے مطابق خدا نے داؤد دے نال کہیڑا عہد بنھیا سی؟

"مَیں اپنے برگزیدے بندے نال اک عہد بنھاں گا۔ مَیں اپنے بندے داؤد نال سونہہ چُکی ہے پئی مَیں تیری نسل نوں ہمیشہ لئی قائم کراں گا اتے تیرے تخت نوں پشت در پشت بنائی رکھاں گا" (زبور ۸۹: ۳ ۔ ۴) ۔

اُتلے دونواں حوالیاں توں ساہنوں پتہ لگدا ہے پئی خدا اپنے لوکاں دے نال وفاداری دا عہد بنھدا ہے۔

اینہاں اگلیاں آیتاں وچ تسی خدا دیاں کہیڑیاں دو تعلقاتی صفتاں نوں ویکھ سکدے او؟

"خدا انسان نہیں پئی جھوٹھ بولے اتے نہ اوہ آدمزاد ہے پئی اپنا ارادہ بدلے ۔ کیہہ جو کچھ اوہنے آکھیا ہے اوہ نہ کرے؟ یا جو اوہنے فرمایا ہے اوہنوں پورا نہ کرے؟" (گنتی ۲۳: ۱۹) ۔

"خداوند دا شکر کرو کیونکہ اوہ بھلا ہے تے اوہدی شفقت ابدی ہے" (زبور ۱۳۶: ۱) ۔

[یہودیاں بارے گل کردے ہوئے] " --- پر چُنن ولوں وڈیاں دے سبب پیارے نیں کیوں جو خدا دیاں نعمتاں تے اوہدا بلاوا مُڑن والیاں گلاں نئیں" (رومیوں ۱۱: ۲۸۔ ۲۹)۔

"--- خدا دے چُنیاں ہویاں دے ایمان تے اوس سچیائی دی پچھان لئی جہیڑی دینداری سیتی اے۔ اوس سدا دی زندگی دی آس وچ جہدا وعدہ مُڈھ تھیں خدا کیتا سی۔ جہیڑا جھوٹھ نئیں مار سکدا پر اپنے ویلے سِر اپنے کلام نوں اوس سنیہے وچ اُگھیڑیا---" (ططس ۱: ۱۔ ۲)۔

"جس ماریاں جد خدا چاہندا سی پئی وعدے دے وارثاں اُتے ہور وی صفائی نال ظاہر کرے پئی میرا ارادہ بدل نئیں سکدا اوس وچکار سونہہ رکھی تاں جو دو نا بدلن والیاں شیواں دے سبب جنہاں دی بابت خدا دا جھوٹھ بولنا ممکن نئیں ساڈی چنگی طرح دِل دی تسلی ہو جائے۔ جہیڑے پناہ لین نوں ایس لئی دوڑنے آں پئی اوس آس کیتی ہوئی شے نوں جہیڑی اگے رکھی ہوئی اے ہتھ وچ

لے لئے۔ اوس شے دی آس ساڈی جان دا اجیہا لنگر اے جہیڑا ثابت تے قیم رہندا اے۔۔۔" (عبرانیوں ٦: ١٧۔ ١٩)

"خدا دی سچیائی دوی سونہہ پئی ساڈے اوس کلام وچ جہیڑا تہاڈے نال کیتا جاندا اے ہاں تے نئیں دونویں ای نئیں ہوندے۔ کیوں جو خدا دا پُتر یسوع مسیح ۔۔۔ہاں تے نئیں دونویں نئیں سن۔ سگوں اوہدے وچ ہاں ای ہاں ہوئی"(٢۔ کرنتھیوں ١: ١٨۔ ٢٠) ۔

خدا لاتبدیل اے تے اپنے تعلقاں وچ وفادار ۔ اوہ اپنے کلام نوں ہیشہ پورا کردا ہے۔

احبار دی کتاب دے مطابق، خدا اپنے لوکاں توں کیہہ چاہندا ہے؟

"خداوند نےموسیٰ نوں کہیا بنی اسرائیل دی ساری جماعت نوں کہہ پئی تُسی پاک رہو کیوں جو مَیں جو خداوند تہاڈا خدا ہاں پاک ہاں" (احبار ١٩: ١۔ ٢) ۔

بائبل دا سچا خدا چاہندا ہے پئی اسی اوہدے وانگوں پاک بنئے۔

اگلیاں تِناں آیتاں دے مطابق، اسی اپنی زندگیاں توں خدا دی پاکیزگی نوں کیویں ظاہر کر سکدے ہاں؟

"۔۔۔ کیوں جو تیری شفقت میری اکھاں دے سامنھے ہے تے مَیں تیری سچیائی[١٤] دی راہ تے چلدا رئیا واں" (زبور ٢٦: ٣) ۔

"مَیں اپنی روح تیرے ہتھاں وچ سونپدا ہاں۔ اے خداوند! سچیائی دے خدا ! توئیں میرا فدیہ دتا اے" (زبور ٣١: ٥)۔

"اے خداوند! تو میرے تے رحم کرن وچ دریغ نہ کر۔ تیری شفقت تے سچیائی برابر میری حفاظت کرن" (زبور ٤٠: ١١)۔

اسی خدا دی پاکیزگی اک طریقے نال ظاہر کر سکدے آں پئی اسی سچے بنیئے۔ سچیائی نال زندہ رئیے کیوں جو خدا سچا ہے۔ شیطان ساڈے دلاں وچ جھوٹھ پانا چاہندا ہے پر خدا دی سچیائی ساہنوں بچاندی ہے۔

داؤد دے ایس زبور دے مطابق سچیائی ساڈے نال کیہہ کردی ہے؟

"ویکھ! مَیں بدی وچ صورت پھڑی تے گناہ دی حالت وچ ماں دے پیٹ چ پیا۔ ویکھ توں باطن دی سچیائی پسند کرنا ایں تے باطن ہی وچ توں مینوں دانائی سکھائیں گا۔ زوفے نال مینوں صاف کر تے مَیں پاک ہوواں گا۔ مینوں دھو تے مَیں برف توں بوہتا چٹا ہوواں گا"(زبور ٥١: ٥۔ ٧) ۔

ایہہ زبور دسدا ہے پئی سچیائی ساہنوں پاک صاف کردی ہے۔

---

[١٤] ایتھے جس لفظ دا ترجمہ "سچائی" کیتا گیا ہے اوہدی تھاں تے لفظ "وفاداری" وی استعمال کیتا جا سکدا ہے۔

ایس آیت دے مطابق، یسوع دی زندگی کس شے نال معمور سی؟

" تے کلام نے جسم لیا تے فضل تے سچیائی نال بھرپور ہو کے ساڈے کول ڈیرہ کیتا۔ تے اساں اُسدا اجیہا جلال ویکھیا جیویں باپ دے اکلوتے دا جلال" (یوحنا ۱: ۱۴) ۔

خداوند یسوع سچیائی نال معمور سی۔

ساہنوں کہدے وچ رہن لئی بلایا گیا ہے؟

"پر اوہ جہیڑا حق کردا اے چانن دے کول ایس لئی آؤندا اے پئی اوہدے کم ظاہر ہون پئی خدا وچ کیتے گئے نیں" (یوحنا ۳: ۲۱) ۔

اسی ایس لئے بلائے گئے آں پئی سچیائی وچ چلئے تے سچیائی وچ زندگی گزارئیے۔

اگلیاں دو آیتاں دے مطابق، اوہ کہیڑی اک شے ہے جس دے ذریعے اسی خدا نوں جان سکدے ہاں؟

"خدا روح اے تے جہیڑے اوہدی بندگی کردے نیں اوہناں نوں چاہیدا اے پئی روح تے سچیائی نال اوہدی بندگی کرن" (یوحنا ۴: ۲۴) ۔

"یسوع اوہنوں آکھیا مَیں ای راہ تے سچیائی تے زندگی آں۔ میرے بناں کوئی باپ دے کول نئیں آؤندا" (یوحنا ۱۴: ٦) ۔

خداوند یسوع ساہنوں دس رئیے نیں پئی اسیں صرف سچیائی دی راہیں خدا دے کول آ سکدے ہاں۔ (انجیلاں وچ خداوند یسوع نے "مَیں تہانوں سچ آکھدا ہاں" ۷۸ واری بولیا ہے۔)

پولس رسول دے ایس اقتباس دے مطابق، اوہ کہیڑی شے ہے جو مسیح خداوند دی پیروی دے نال میل نئیں کھاندی؟

"یعنی ایہہ سمجھ کے پئی شریعت راست لوکاں لئی مقرر نئیں ہوئی سگوں بے شریعت تے گھبے لوکاں تے بے دینا تے گناہیاں تے پلیتاں تے بے ایمان تے ماں پیو دے قتل کرن والیاں تے خونیاں تے زناہیاں تے مُنڈے بازاں تے بردہ فروشاں تے جھوٹھیاں تے جھوٹھی سونہہ کھان والیاں تے جو کجھ وی ہور ٹھیک تعلیم دے اُلٹ ہوئے۔ ایہہ مبارک خدا دے جلال دی اوس خوشخبری دے سببوں اے جہیڑی میرے سپرد ہوئی اے" (۱۔ تیمتھیس ۱: ۹۔ ۱۱) ۔

پولس رسول ایتھے جھوٹھ بولن اتے مسیح دے پچھے چلن وچ فرق دی گل کر رئیے نیں۔

گمراہی نوں ترک کرن دی ایہہ دعا سارے حاضرین کھڑے ہو کے اُچی آواز نال پڑھن۔

گمراہی نوں تر ک کرن دا اعلان تے دعا

اے خدا باپ مَیں تیرا شکر کرنا پئی توں سچیائی دا خدا ایں۔ توں اپنا نور ہنیری رات وچ چمکاناں ایں۔ اج توں مَیں ہنیرے وچ زندگی نہ گزارن دا بلکہ تیرے نور میں چلن دا فیصلہ کرنا ہاں۔

مہربانی کر کے میرے اوہ سارڑے جھوٹھ جہیڑے مَیں اج تک بولے نیں مینوں معاف کر دے۔ مَیں کئی واری صحیح گل نوں جاندیاں بجھدیاں ہوئیاں وی پچھے سُٹ کے اتے اپنے آرام تے سکون دی خاطر جھوٹھ دا سہارا لیا۔ اے خدا! ساری ناپاکی دے خلاف میرے ہونٹھاں دی تقدیس فرما۔ مینوں اک ایہو جیہا دل عنایت کر جو سچیائی سن کے خوش ہووے تے ایہو جئی زبان وی دے جو دوجیاں نوں سچیائی دس سکے۔

مینوں دلیری دا روح عنایت کر پئی مَیں سچیائی وچ سکون پا سکاں تے جھوٹھ نوں اپنی زندگی وچوں د کراں۔

مَیں اج توں ہی اپنی روزمرہ زندگی وچ جھوٹھ دے استعمال نوں مسترد تے ترک کردا ہاں۔

مَیں ساریاں اوہناں اسلامی تعلیماں نوں چھڈنا جہیڑیاں جھوٹھ نوں جائز قرار دیندیاں ہین جنہاں وچ تقیّہ وی شامل ہے۔

مَیں سارے جھوٹھ تے فریب توں توبہ کردا ہاں تے سچیائی دی زندگی گزارن دا فیصلہ کردا ہاں۔

مَیں اقرار کردا ہاں پئی خداوند یسوع ہی راہ تے حق تے زندگی ہے۔ مَیں اوہدی سچیائی دی پناہ وچ رہن دا فیصلہ کردا ہاں۔

مَیں اقرار کردا ہاں پئی میرا تحفظ صرف میرے خدا وچ ہے اتے مَیں سچیائی نوں جاناں گا تے سچیائی مینوں آزاد کریگی۔

اے آسمانی پتا! مینوں سکھا کہ مَیں تیری سچیائی دے نور وچ چلاں۔ مینوں بولن لئی اپنے الفاظ عطا فرما تے مینوں اوس راہ تے چلا جو تیری سچیائی دی راہ ہے۔

آمین۔

جھوٹھی برتری توں آزادی

ایس حصہ وچ اسی اوہناں اسلامی تعلیمات تے غور کراں گے جنہاں وچ کجھ لوکاں نوں دوجیاں تے برتری دتی گئی ہے فیر اسی اوس عقیدے دا بائبل دی تعلیمات دے

نال موازنہ وی کراں گے۔ نالے اسی جھوٹھی برتری دے احساسات نوں ترک کرن دا اعلان وی کراں گے۔

اسلامی برتری دا دعویٰ

اسلام وچ برتری تے بڑا زور دتا جاندا ہے پئی بہتر کون ہے۔ قرآن بیان کردا ہے پئی مسلمان غیر مسلماں نالوں بہتر ہین۔

> ”تسی (مسلمان) بہترین امت ہو جہیڑی لوکاں دی بھلائی دے لئی پیدا کیتی گئی ہے کیوں جو تسی نیک گلاں دا حکم کردے ہو تے بُریاں گلاں توں روکدے ہو۔ اتے اللہ تعالیٰ تے ایمان رکھدے ہو۔ جے اہلِ کتاب وی ایمان لیاندے تے اوہناں دے حق وچ بہتر ہوندا۔ ایہناں وچ ایمان والے وی ہین پر بوہتے فاسق ہین“ (قٓ ۳: ۱۱۰)۔

فیر ایہہ وی فرض کیتا جاندا ہے پئی اسلام دوجے مذہباں تے حکومت کرے گا۔

> ”اوہی ہے جنے اپنے رسول نوں ہدایت تے دینِ حق دے نال گھلیاں تاں جو دوجے ہر دین نوں مغلوب کرے۔ تے اللہ دی گواہی موموناں لئی کافی ہے“ (قٓ ۴۸: ۲۸)۔

اسلام وچ کمتر سمجھے جان والے نوں بڑی شرمندگی دی نگاہ نال ویکھیا جاندا ہے۔ حضرت محمد دیاں بہت ساریاں حدیثاں وچ برتری تے خاصا زور دتا گیا ہے۔ مثال دے طور تے، ترمذی توں روایت اک حدیث وچ حضرت محمد فرماندے ہین پئی مَیں آج تک پیدا ہون والے ساریاں انساناں توں زیادہ افضل تے برتر ہاں:

> ”قیامت والے دن مَیں سارے انساناں دا سردار ہواں گا تے ایس گل تے مینوں کوئی گھمنڈ نہیں ہے۔ میرے ہتھ وچ تمجید دا جھنڈا ہووے گا تے مینوں ایس گل تے کوئی گھمنڈ نہیں ہے۔ اوس دن آدم تے آدم دے علاوہ جنے وی نبی ہین اوہ سب دے سب میرے جھنڈے تھلے جمع ہون گے۔ مَیں پہلا شخص ہواں گا جس لئی زمین پھٹے گی (یعنی سب توں پہلاں مَیں زندہ کیتا جاواں گا) تے مینوں ایس گل تے کوئی گھمنڈ نہیں۔“

اسلام نے اک ہزار سال توں بوہتے عرصے وچ پوری عربی ثقافت اُتے اپنا گھرا اثر چھڈیا ہے۔ عربی ثقافت وچ ”عزت“ تے ”شرمندگی“ بہت اہمیت رکھدیاں ہین۔ لوک کمتر ہون نوں نفرت نال ویکھدے نیں۔ جدوں وی کوئی جھگڑا کردا ہے تے دوجے نوں گھٹیا کہہ کے طیش دواندا تے ذلیل کردا ہے۔ دوجے نوں تکلیف پچا کے اوہناں‌نوں سکون ملدا ہے۔

جدوں کوئی شخص اسلام نوں ترک کردا تے مسیح دے پچھے چلن دا اقرار کردا ہے تے اوہنوں فیر اسلام دے ہر جذباتی نظرئیے نوں وی خیرباد کہن دی لوڑ ہوندی ہے

جہدے وچ اوہنوں اپنے آپ نوں آسے پاسے دے لوکاں نالوں افضل سمجھ کے سکون ملدا ہے تے شرمندگی توں اوہنوں خوف آندا ہے۔

سچیائی نوں جانو

باغِ عدن وچ شیطان نے حوا نوں آزمان لئی ایہہ گل دسی پئی تسی ”خدا وانگوں“ بن جاؤ گے تے ایسے گل تے اماں حوا نے اوہو کم کیتا جو شیطان چاہندا سی۔ ایہدا نتیجہ آدم تے حوا دی نافرمانی دی صورت وچ نکلیا۔ ایس اقتباس دی راہین اسی دوجیاں توں وڈا بنن دی خواہش دے خطرے بارے کیا سیکھ سکدے ہاں؟

”عورت نے سب نوں آکھیاں پئی باغ دے سارے درختاں دا پھل تے اسی کھانے آں۔ پر جہیڑا درخت باغ دے وچکار لگا ہے اوہدے پھل ولوں خدا نے آکھیا ہے پئی تسی اوہدا پھل نہ کھانا تے نہ چھونا ورنہ مر جاؤ گے۔

تد سپ نے عورت نوں کہیا پئی تسی ہرگز نئیں مرو گے۔ بلکہ خدا جاندا ہے پئی جس دن تسی او پھل کھاؤ گے تے تہاڈیاں اکھیاں کھل جان گئیاں تے تسی خدا وانگوں نیک و بد دے جانن والے بن جاؤ گے“ (پیدائش ۳: ۲۔ ۵) ۔

دوجیاں تے برتری حاصل کرن دی خواہش انسان لئی اک بہت وڈا پھندہ ہے: جے ایس دنیا دے سارے لوک اپنے آپ نوں دوجیاں نالوں برتر سمجھنا شروع کر دین تو یہ اک بہت وڈی مصیبت تے خطرناک گل ہووے گی۔

خداوند یسوع دے شاگردوں وچ اکثر ایہہ سوال اُٹھدا رہندا سی پئی ساڈے وچوں وڈا کون ہے ۔ یعقوب تے یوحنا ایہہ جاننا چاہندے سن پئی خداوند یسوع دی بادشاہی وچ ساریاں توں وڈا کون ہووے گا۔ یعقوب تے یوحنا دی طرح دنیا دے سارے انسان وی ایویں ای بہترین رُتبے تے سب توں زیادہ عزت دیاں تھانواں حاصل کرنا چاہندے ہین۔ خداوند یسوع نے ایس بارے کیہہ آکھیا ہے؟

”تد زبدی دے پُتراں یعقوب تے یوحنا اوہدے کول آ کے اوہنوں آکھیا۔ اے اُستاد۔ اسی چاہنے آں پئی جو کجھ تیتھوں منگئیے سو اوہ ای تُوں ساڈے لئی کریں۔ اوس اوہناں نوں آکھیا تسی کیہہ چاہندے اوہ پئی مَیں تہاڈے لئی کراں؟ اوہناں اوہنوں آکھیا۔ ساہنوں ایہہ بخش اسی اک تیرے سجے تے اک کھبے تیرے جلال وچ بیٹھیے۔ یسوع اوہناں نوں آکھیا۔ تسی نئیں جاند دے پئی کیہہ منگدے اوہ۔ بھلا تُسی ایہہ پیالہ پی سکدے ہو جہیڑا مَیں پینا اے؟ یا اوہ بپتسمہ جہیڑا مَیں لینا اے تسی لے سکدے ہو؟ اوہناں اوہنوں آکھیا ساتھوں ہو سکدا اے۔ یسوع اوہناں نوں آکھیا۔ جہیڑا پیالہ مَیں پینا اے تُسی پیو گے تے جہیڑا بپتسمہ مَیں لینا اے تسی لوؤ گے پر اوہناں دے بناں جنہاں لئی تیار کیتا گیا اے کسے نوں اپنے سجے یا کھبے بہالنا میرا کم نئیں اے۔ تے جدوں دساں شاگرداں نے ایہہ سُنیا تے اوہ یعقوب تے یوحنا نال غصے ہون لگے۔ تد یسوع اوہناں نوں

اپنے کول سد کے آکھیا تسی جان دے اوہ پئی جہیڑے غیر قوماں[15] دے حاکم گنے جاندے نیں اوہ اوہناں اُتے دابا پاندے نیں تے اوہناں دے وڈے لوک اوہناں اُتے دھونس جماندے نیں۔ پر تہاڈے اوچ اجیہا نئیں اے۔ سگوں جہیڑا تہاڈے وچ وڈا ہونا چاہے سو تہاڈا کاماں ہوئے۔ تے تہاڈے وچوں جہیڑا سردار بننا چاہے سو ساریاں دا نوکر بنے۔ ایس کر کے پئی ابنِ آدم وی سیوا کران نئی سگوں سیوا کرن تے بتھیریاں دے تھاں ڈنڈ بھرن نوں اپنی جان دین آیا اے" (مرقس ۱۰: ۳۵۔ ۴۵) ۔

اپنی ایس خواہش کی وضاحت کردیاں ہوئیاں خداوند یسوع نے آکھیان پئی جے اوہناں دے شاگرد حقیقت وچ اوہناں دے پچھے چلنا چاؤندے نیں تے اوہناں نوں ایہہ گل سکھنی پئے گی پئی اوہ دوجیاں دی خدمت کرنا سکھن۔

مسرف بیٹے دی کہانی وچ وی احساسِ برتری دا خطرہ صاف نظر آندا ہے (لوقا ۱۵: ۱۱۔ ۳۲) ۔ "چنگا" بیٹا خود نوں افضل سمجھدا ہے تے گمیا ہویا پھرا جدوں واپس آندا ہے تے اوہ اپنے پیو دی خوشی وچ شریک نئیں ہوندا۔ ایس گل تے اوہدے پیو نے اوہنوں ڈانٹیا تے سمجھایا وی۔ خدا دی نظر وچ کامیابی دا حقیقی رستہ ایہہ ہے پئی دوجیاں تے حکومت کرن دی بجائے اوہناں دی خدمت کیتی جائے۔

دنیوی نظرئیے دے ایس ظالمانہ روئیے توں بچن لئی خداوند یسوع مسیح دا نمونہ ہی ساڈے لئی مشعلِ راہ ہے۔ ایس گل نوں پولس رسول نے وی فلپیوں دے ناں اپنے خط وچ بڑی خوبصورتی نال بیان کیتا ہے:

" ایس لئی جیکر مسیح وچ کجھ نصیحت اے تے جیکر کجھ محبت پاروں دلاسا اے تے جیکر روح دی کجھ سانجھ اے تے جیکر کجھ کھچ پیڑ اے تے میری ایہہ ریجھ پوری کرو پئی اکو جیہا وچار کرو۔ اکو جیہی محبت رکھو۔ اک جان ہوؤ۔ اکو وچار کرو۔ دھڑے بازی تے پھنڈ ماریاں کجھ نہ کرو۔ سگوں عاجزی نال اک دوجے نوں اپنے نالوں چنگا جانو۔ ہر کوئی اپنیاں ول ای نہ ویکھے سگوں دوجیاں ول وی۔ سو اوہو جیہا ای سبھا رکھو جیہا یسوع مسیح دا سی۔ اوہ بھانویں خدا دی صورت وچ سی پر اوہنے خدا دے برابر ہون نوں اپنے قبضے وچ رکھن دی شے نا جانیا سگوں اپنے آپ نوں خالی کر دتا تے ٹہلئے دی صورت مَل لئی۔ تے بندیاں وانگر ہو گیا تے انسانی شکل وچ ظاہر ہو کے اپنے آپ نوں نیویاں کر دتا تے ایتھوں تیکر تابعدار ہویا پئی موت سگوں صلیب دی موت جھل لئی ۔ ایس کر کے خدا اوہنوں بہت اُچا کیتا تے اوہنوں ایہہ ناں دتا جہیڑا ساریاں ناںواں نالوں اعلیٰ اے تاں جو یسوع دے ناں اُتے سارے گوڈے ٹیکن بھانویں اسمانی ہون بھانویں زمینی بھانویں اوہ جہیڑے زمین دے ہیٹھاں نیں تے خدا

[15] ایتھے یسوع دا اشارہ غیر قوموں ول ہے جہدا مطلب ہے پئی سبھے قوماں: یہ سب انساناں دا فطری ورتارا ہے پئی او آپ نوں خاص شخصیت دے طور پر محسوس کرنا چاؤندے ہین۔

باپ دے جلال دے لئی ہر اک زبان من لئے پئی یسوع مسیح خداوند اے“ (فلپیوں ۲: ۱۔ ۱۱) ۔

برتری توں متعلقہ دنیا دے ایس ظالمانہ نظرئیے توں رہائی پان دی کنجی صرف خداوند یسوع مسیح دے نمونے تے عمل کرن وچ لُکی ہوئی ہے۔

پر خداوند یسوع دا دل دنیا نالوں بالکل فرق ہے۔ اوہناں نے حکومت جتان دی دی بجائے خدمت کرن دا انتخاب کیتا۔ اوہناں نے دوجیاں نوں قتل کرن دی بجائے اوہناں لئی اپنا جیون دان کر دتا۔ عملی طور تے خداوند یسوع نے ایہہ کر کے وکھا دتا جہدے بارے لکھیا ہے پئی ” اوہنے اپنے آپ نوں خالی کر دتا“ (فلپیوں ۲: ۷) اتے اوہ وی ایتھوں تک پئی صلیبی موت گوارا کیتی جو اوس زمانے وچ لوکاں دے سامنے بہت ہی شرمندگی تے ذلت دی موت سی۔

مسیح دا ہر اک اصلی شاگرد وی ایہو کم کردا ہے۔ اوہ خواہ مرد ہووے یا عورت احساسِ برتری وچ خوش نئیں ہوندا۔ اصلی شاگرد شرمندگی توں گھابردا نئیں پئی دوجے کیہہ سوچن گے یا کیہہ آکھن گے بلکہ اوہ ایس گل تے ایمان رکھدا ہے پئی خدا اوہناں دا آپے انتقام لے گا تے اوہناں دی حفاظت وی کرے گا۔

برتری دے جھوٹھے احساس نوں ترک کرن دی ایہہ دعا سارے حاضرین کھڑے ہو کے اُچی آواز نال پڑھن۔

برتری نوں ترک کرن دا اعلان تے دعا

اے باپ! مَیں تہاڈا شکر کردا ہاں پئی تُسی مینوں حیرت انگیز طریقے نال بنایا ہے۔ ایس لئی ایہہ تُسی او جنہاں مینوں پیدا کیتا ہے۔ مَیں تہاڈا شکریہ ادا کردا ہاں پئی تُسی میرے نال محبت رکھدے او تے مینوں اپنا کہندے اوہ۔ مَیں ایس گل لئی وی شکرگزار ہاں پئی آپ نے مینوں خداوند یسوع دے پیچھے چلن دا شرف بخشیا ہے۔

مینوں احساسِ برتری دی خواہش لئی معاف فرما۔ مَیں ایہو جئیاں خواہشاں نوں سختی نال رد کردا ہاں تے اوہناں نوں ترک کردا ہاں۔ مَیں خود نوں دوجیاں نالوں بہتر سمجھن توں انکار کردا ہاں۔ مَیں اعتراف کردا ہاں پئی مَیں ہر دوجے انسان دی طرح گنہگار ہاں تے مَیں تہاڈے بغیر کجھ نئیں کر سکدا۔

مَیں کسے وی افضل جماعت یا پسِ منظر دے شخص دے نال الحاق توں توبہ کردا ہاں تے اور اوہناں نوں رد کردا ہاں۔ مَیں اقرار کردا ہاں پئی سارے لوک میری نظر وچ برابر ہین۔

مَیں دوجیاں دے حق وچ کدے وی جو حقارت دے لفظ بولے ہین یا اوہناں نوں حقیر جانیا ہے اپنے اوہناں لفظاں تے روئیے توں مَیں توبہ کردا ہاں۔ مَیں ہور وی ایہو جہیاں ساریاں گلاں توں توبہ کردا تے اوہناں نوں اپنی زندگی وچوں ترک کردا ہاں۔

مَیں لوکاں نوں اوہناں دی نسل، جنس، مال تے تعلیم دے لحاظ نال ادنیٰ جانن دے خیال نوں وی ترک کردا ہاں۔

مَیں اعتراف کردا ہاں پئی ایہہ صرف خدا دا فضل ہے کہ مَیں تہاڈی حضوری وچ کھلون دے لائق بنیا۔ مَیں انسانی عیب جوئی دے عمل توں خود نوں الگ کردا ہاں تے اپنی نجات لئی صرف تہاڈے ول رجوع کردا ہاں۔

مَیں خصوصی طور تے ایس اسلامی نظرئیے نوں پئی اسیں مومن دوجیاں نالوں برتر تے بہتر ہاں، ترک کردا ہاں تے ہر اوس گل نوں وی جہدے سببوں ایہہ کہیا جاندا ہے پئی اسلام لوکاں نوں کامیابی دیندا ہے اتے ایہہ وی پئی مسلمان ، غیر مسلماں نالوں بہتر ہین۔

مَیں اسلام دے ایس دعوے نوں وی مسترد تے ترک کردا ہاں پئی مرد عورتاں نالوں برتر یا بہتر ہین۔

اے آسمانی پتا! مَیں اپنے جھوٹھے احساسِ برتری توں توبہ کردا ہاں۔ ایہدے بدلے مَیں خدمت کرن دا انتخاب تے فیصلہ کردا ہاں۔

اے خداوند، مَیں دوجیاں دی کامیابی تے سڑن دی بجائے خوش ہون دا فیصلہ کردا ہاں۔ مَیں ہر طرح دے حسد تے رقابت دے جذبے نوں وی ترک کردا ہاں۔

اے خداوند! مینوں چنگے تے صحیح فیصلے کرن دی عقل تے قوت عنایت فرما تاں جو مَیں جان سکاں پئی تیرے وچ میری کیہہ حیثیت ہے۔ مینوں سچیائی دی راہ تے لے چل تاں جو مَیں جاناں پئی تسی مینوں کس نظر نال ویکھدے او۔ جیوں تو مینوں خلق کیتا ہے اویں میرے اندر اک خاکساری تے عاجزی دا جذبہ وی پیدا کر۔

آمین۔

لعنت توں آزادی

ایہناں حصیاں وچ اسی اسلام وچ دوجیاں تے لعنت کرن دی مشق تے غور کراں گے، ایس مشق کو ترک کرن دا انتخاب کراں گے اتے اپنے خلاف ہر قسم دی لعنت دے اثر نوں توڑاں گے۔

اسلام وچ لعنت بھیجن دا عمل

دوجے سبق دے مواد نوں بروئے کار لیاندیاں ہوئیاں ایماندار لوک اک ایسا دعائیہ طریقہ مرتب کر سکدے ہین جہدے ذریعے لوکاں نوں فرق فرق قِسماں دیاں بندشاں

توں آزادی حاصل کرن وچ مدد کیتی جا سکے جنہاں دا ماخذ خواہ اسلام ہووے یا کجھ ہور۔ ایہو جئیاں کجھ دعاواں دے نمونے ”رہنمائے قائدین“ والے حصے وچ پیش کر دتے گئے ہین۔

ایس حصے وچ اسی اک مخصوص اسلامی رسم تے غور کراں گے تے فیر اوہنوں ترک کرن دی اک دعا وی تجویز کراں گے۔ ایہہ دعا ایس لئی تیار کیتی گئی سی تاں جو مسلم پسِ منظر نال تعلق رکھن والے اک مسیحی نے مینوں دسیا سی پئی ایہہ رسم اک مسلمان کے طور تے اوہدے مذہبی تجربے دا اک اہم حصہ رئی ہے اتے اوہنوں ایس رسم وچ بڑی روحانی طاقت محسوس ہوندی سی۔

قرآن مجید اپنے پیروکاراں نوں اوہناں مسیحیاں تے لعنت بھیجن تے اُکساندا ہے جو مسیح دی الوہیت تے ایمان رکھدے ہین: ”تے جھوٹھیاں تے اللہ دی لعنت بھیجو“ (ق ۳: ۶۱)۔ پر کجھ حدیثاں وچ لعنت دے حوالے نال متضاد بیانات وی موجود ہین۔ ایک پاسے، حدیثاں وچ دسیا گیا ہے پئی حضرت محمد مختلف قسم دے لوکاں تے لعنت بھیجدے ہوندے سن جنہاں وچ یہودی یا مسیحی اتے اوہ عورتاں تے مرد شامل سن جو مخالف جنس دی نقل کردیاں ہوئیاں اوہناں ورگے کم کر دے سن۔ دوجے پاسے، اوہ حدیثاں وی موجود ہین جنہاں وچ لعنت بھیجن دیاں خطریاں بارے خبردار وی کیتا گیا تے نالے ایہہ وی دسیا گیا پئی مسلماناں نوں کدے اپنے ہم ایمان مسلماناں تے لعنت نہیں کرنی چاہیدی۔

ایہو جئے متنازع بیانات دی وجہ توں مسلم علماء ایس بارے مختلف نظرئیے رکھدے ہین پئی آیا دوجیاں پر لعنت بھیجنا مسلماناں کے لئے جائز ہے یا نہیں، اتے اوہ کنہاں تے لعنت بھیج سکدے ہین اور اوہدا اسلامی طریقہ کیہہ ہے۔ پر غیر مسلماں تے لعن طعن کرنا اسلامی معاشریاں وچ بہت عام ہے۔ ۱۸۳۶ء وچ ایڈورڈ لین نے لکھیا سی پئی مصر دے مسلم اسکولاں وچ بچیاں نوں مسیحیاں، یہودیاں تے اسلام دے اندر موجود دوجیاں فاجراں تے فاسقاں اتے سارے بے ایماناں تے لعنت بھیجن دی باقاعدہ تعلیم دتی جاندی ہے ۔[۱۶]

لعنت بھیجن دی رسم

مَیں مختلف ملکاں نال تعلق رکھن والے ادوکے مسلماناں نال گل کیتی ہے جنہاں نے دسیا ہے پئی اوہ مسیت وچ اجتماعی لعنتاں دی مجلساں وچ شریک ہوندا رئیا ہے۔

اک ہور دوست نے وی ایہناں مجلساں دے بارے دسیا ہے پئی اوتھے اوہناں دی قیادت مسیت دے امام ولوں کیتی جاندا ہے جہیڑے جمعے دی نماز دے خطیب ہوندے نیں۔ سارے بندے صفاں بنھ کے اک دوجے دے ”نال جُڑ کے“ کھلو جاندے

---

[۱۶] ایڈورڈ ڈبلیو لین، ”این اکاؤنٹ آف دی مینرزاینڈکسٹمز آف دی ماڈرن ایجپشنز“ ، ص ۲۷۶۔

سی۔ فیر امام صاحب دے پچھے پچھے بولدیاں ہوئیاں سارے لوک اسلام دے دشمن سمجھے جان والیاں تے لعنت دیاں دعاواں کردے سن۔ ایہہ لعنتاں طے شدہ رسم دے مطابق تے تکراری ہوندیاں سن۔ اوسے دوست نے ایہہ وی دسیا پئی لعنتاں بھیجدیاں بھیجدیاں ساڈے جذبات ایہنے مشتعل ہو جاندے سن پئی ہر بندہ شدید نفرت تے غصے نال بھر جاندا سی پئی جیویں پورے وجود وچ کوئی تیز روحانی ''بجلی'' دوڑن لگے (جیویں تن بدن وچ آگ لگ جان دا احساس ہوندا ہے)۔ ایس دوست دے مطابق، ایہہ مشق پیو توں پُتر نوں منتقل ہوندی ہے اتے اوہناں نوں اک خاص تعلق وچ بنھ دیندی ہے۔ ایہدے ذریعے اوہ اپنے آپ نوںؒ اپنے پیو دے نال جُڑیا ہویا محسوس کردا سی اتے اوہدے ذریعے اپنے دادے دے نال تے اوس توں پہلاں دے بزرگاں دے نال وی۔ اوہ سارے وی اپنے اپنے دَور وچ ایسے طرح ''نال جُڑ کے'' کھڑے ہو کے اسلام دی برتری لئی دوجیاں ویری قوماں تے لعنت بھیجن دیاں دعاواں کردے رہندے سی۔

سعودی عرب نال تعلق رکھن والا اک دوست وی، جو ہن مسیحی ہے، رمضان دی مہینے وچ اک مخصوص دن دا انتظار کردا رہندا سی جس وچ اوہ ہزاروں بندیاں نال رل کے مکے والی مسجدِ الحرام وچ نماز پڑھدے ہوندے سی۔ اوہنوں پوری نماز وچ خاص اوس ویلے دا انتظار رہندا سی جدوں ساری جماعت اک آواز ہو کے غیر مسلماں لئی لعنت دی دعاواں کردے ہوندے سن۔ لعنتاں بھیجن دے دوران اوہنے وی کئی واری اوسے روحانی ''بجلی'' نوں اپنے سراپے وچ دوڑدیاں ہوئیاں محسوس کیتا سی۔ امامِ مسجد کافراں تے لعنتاں پان دے ویلے نال پھُٹ پھُٹ کے روندے وی سن اتے ہر بندہ اپنے پورے زور تے نفرت دے نال امام کی حمایت وچ لعنتاں نال بھرے نعرے ماردا سی۔

ایہو جیہا ہر اجتماع خداوند یسوع دی تعلیم دے بالکل اُلٹ ہے کیوں جو یسوع دی تعلیم وچ کسے وی دوجے تے لعنت پانا سختی نال منع کیتا گیا ہے (لوقا ٦: ٢٨)۔ مسیحیاں نوں ایہہ تعلیم دتی گئی ہے پئی اوہ دوجیاں تے کدی لعنت نہ پان بلکہ لعنت دے بدلے برکت چاہن۔ ایہہ رسم نمازی تے امام فیر پیو تے پُتر دے وچکار اک غیر الہٰی ''روحانی گنڈھ'' وی بنھ دی ہے خاص طور تے جدوں اوہ کٹھے رل کے لعنت پاندے ہین۔ خداوند یسوع نوں جانن توں پہلاں مطلب نوجوانی وچ لعنت بھیجن کے ایہناں تجربیاں دا میرے دوست دی زندگی تے گہرا اثر ہویا۔

مَیں ایتھے''روحانی گنڈھ'' دا خاص ذکر کراں گا پئی ایہدے توں کیہہ مراد ہے؟ ایہدا کیہہ مطلب ہے؟ ایہدا مطلب ہے اک شخص دی روح دا دوجے شخص دی روح دے نال جُڑ جانا، ایویں کہ اوہ اک دوجے نالوں وکھ نہ ہو سکن۔ روح دی ایہہ گنڈھ وی اک طرح دا دروازہ یا پیر جمان دی تھاں ہے جہدا ذکر اساں دوجے سبق وچ نئیں کیتا سی۔ بنیادی طور تے، روحانی گنڈھ دو لوکاں دے وچکار اک روحانی عہد ہوندا ہے جس دے ذریعے روحانی اثر نوں اک دوجے تک منتقل کیتا جاندا ہے۔ کجھ روحانی

گنڈھاں چنگیاں وی ہوندیاں ہین تے اوہ یقیناً برکت دا ویسلہ وی ہوندیاں ہین جیویں ماپیاں تے بچیاں دے وچ پائی جان والی روح دی گنڈھ پر دوجیاں گنڈھاں نقصان دہ بھی ہو سکدیاں ہین۔

جدوں کوئی بندہ کسے ایہو جئی غیر الہٰی گنڈھ نال جُڑیا ہوندا ہے تے ایس روحانی گنڈھ نوں کٹن لئی معافی دا عمل بہت ضروری ہوندا ہے۔ جدوں تک کوئی بندہ کسے دوجے بندے دے بارے اپنے دل وچ نامعافی دا جذبہ قائم رکھے گا تدوں تک اوہ غیر الہٰی بندھن یا رشتہ موجود روے گا یعنی اوہناں دے درمیان روحانی گنڈھ بدستور جُڑی روے گی۔

روحانی گنڈھاں غیر الہٰی وی ہو سکدیاں ہین۔ خوش قسمتی نال، مسیحی لوک ایہو جئیاں غیر الہٰی روحانی گنڈھاں نوں کٹ یا توڑ وی سکدے ہین جہدے لئی دوجے سبق وچ پیش کردہ پنج اقدام تے مشتمل عمل استعمال کیتا جا سکدا ہے: اعتراف، ترک کرنا، توڑنا، باہر نکالنا (حسبِ ضرورت) تے آخر ی قدم برکت چاہنا۔

لعنت نوں کیویں توڑئیے

ایک دفعہ مَیں کسے کانفرنس وچ تعلیم دے رئیا ساں تے اوتھے اک نوجوان مدد تے رہنمائی لئی میرے کول آیا۔ اوہ اپنے گھرانے سمیت مشرقِ وسطیٰ دے اک ملک وچ آ کے رہن لگا جتھے اوہنوں اک مشنری خادم بنن دی عملی تربیت دتی جا رئی سی۔ پر، اوہدے خاندان نوں حادثیاں تے بیماریاں ورگیاں وڈیاں وڈیاں مصیبتاں وچوں گزرنا پے رئیا سی۔ اوہناں دے حالات اینے خراب ہندے جا رئیے سن پئی اوہ سب کچھ چھڈ چھڈا کے اپنے ملک واپس جان دے بارے سوچن لگے۔ ایہہ نوجوان وی حیران سی پئی ہورے ساڈا مکان ای منحوس اے پر اوہنوں کجھ سمجھ نہیں سی آندی پئی کیہہ کرے۔ مَیں اوہنوں کسے وی لعنت نوں توڑن دا طریقہ دسیا۔ اوہنے میری صلاح تے عمل کر دئیاں ہوئیاں پورے اختیار دے نال اپنے مکان تے پئیاں ہوئیاں لعنتاں دے اثر نوں توڑیا۔ ایہدے بعد اوس خاندان دیاں ساریاں مشکلاں آسان ہونا شروع ہو گئیاں تے اوہدے بعد اوہ اپنے اوسے مکان وچ ہسی خوشی رہن لگے۔

مسلماناں وچ خدمت انجام دینے والے کئی ایماندار مسیحیاں تے اوہناں ایمانداراں نوں وی جہیڑے مسلم پسِ منظر نال تعلق رکھدے سی، ایہو جئیاں لعنتاں دا سامنا کرنا پیندا سی۔ ایہہ لعنتاں اللہ دے نام تے یا جادو ٹونے دے ذریعے وی پایا جاندیاں ہین ۔

جے تسی ایہہ سمجھدے ہو پئی تسی یا تہاڈا کوئی عزیز ایہو جئی کسے لعنت دا شکار ہے تے ایس لعنت نوں ختم کرن لئی ہیٹھاں دتے ہوئے ۹ اقدام تے عمل کرو:

- سب توں پہلاں، اپنے سارے گناہواں دا اقرار کردیاں ہوئیاں اوہناں توں توبہ کرو اتے اپنی زندگی تے یسوع دے خون نوں منگو۔
- فیر اپنے گھر دے اندروں ہر اک غیر الہٰی یا مخصوص شدہ (منحوس) شے نوں باہر سُٹو۔
- ایہدے بعد، ہر اک لعنت بھیجن والے نوں ڈھڈوں معاف کرو جہدے وچ تسی آپ وی شامل اوہ مطلب خواہ اوہ لعنت تہاڈے کسے اپنے گناہ یا کسے دوجے بندے ولوں لعنت بھیجے جان دے سببوں تہاڈے اُتے آئی سی۔
- مسیح خداوند وچ تہانوں جو اختیار حاصل ہے اوہنوں پہچانو تے بھرپور طریقے نال ورتو۔
- ایہہ کہندیاں ہوئیاں لعنت دے سارے اثر نوں توڑ دیو: "مَیں ایس لعنت تے اوہدے سارے اثر نوں خداوند یسوع دے ناں وچ توڑدا ہاں" تے ایسراں اوہدی صلیب دے وسیلے ہنیرے دے ہر کم دے خلاف یسوع مسیح دے دتے ہوئے اختیار دی بھرپور طاقت نوں استعمال کرو۔
- مسیح خداوند دے صلیبی کفارے دی مدد نال ہر طرح دی بدی تے برائی توں مکمل آزادی دا اعلان کرو۔
- ایس لعنت نال جُڑی وابستہ ہر اک بدروح تے شیطانی تاثیر نوں حکم دیو پئی اوہ تہاڈی زندگی ، تہاڈے خاندان اتے تہاڈے گھر دے اندراں وچوں وی باہر نکل جاوے۔
- فیر اپنے آپ تے، اپنے خاندان تے اور اپنے گھر دی ہر اک شے تے خداوند کی برکت نوں منگو اتے ایس لعنت دی کاٹ لئی بائبل دیاں متعلقہ آیتاں نوں استعمال کر دیاں نال نال ایہہ کہو، "مَیں مراں گا نئیں سگوں جیوندا رہواں گا تے خداوند دے کماں دا بیان کراں گا " (زبور ۱۱۸: ۱۷)۔
- خدا دی محبت، قدرت تے فضل لئی اوہدی تعریف تے شکرگزاری کرو۔

سچیائی نوں جانو

کتابِ مقدس دی ایہہ آیت لعنتاں توں رہائی دے بارے ساہنوں کیہہ سکھاندی ہے؟

" اسی اوہدے وچ اوہدے خون دی راہیں رہائی یعنی قصوراں دی معافی پانے آں۔ اوہدے اوس فضل دی دولت دے سببوں جہیڑا اوس سانوں ساری حکمت تے دانائی دے نال چوکھا دتا" (افسیوں ۱: ۷) ۔

اسی لعنتاں توں رہائی پانے آں کیونکہ اسی مسیح خداوند دے خون دے وسیلے نال چھڈائے گئے آں۔

ہر مسیحی ایماندار دے کول بدی دی قوت تے غلبہ پان دا کہیڑا اختیار ہے؟

" ویکھو مَیں تہانوں اختیار دتا اے پئی سپاں تے ٹھوہیاں نوں لتاڑو تے ویری دی ساری طاقت نوں۔ تے کوئی شے تہاڈا نقصان نا کرے گی" (لوقا ۱۰: ۱۹) ۔

ساہنوں پہچانن دی لوڑ ہے پئی مسیح وچ اسی دشمن دی ساری قدرت تے غالب آن دا اختیار استعمال کر سکئے جہدے وچ ساریاں لعنتاں دا توڑ وی شامل ہے۔

اگلی آیت دے مطابق دسو پئی خداوند یسوع دے ایس دنیا وچ آن دا مقصد کیہہ سی؟

"ایسے واسطے خدا دا پُتر ظاہر ہویا پئی ابلیس دے کماں دا ناس کرے" (۱۔ یوحنا ۳: ۸) ۔

خداوند یسوع شیطان دی قدرت نوں مٹان لئی آئے سی جہدے وچ بدی دیاں ساریاں لعنتاں وی شامل ہین۔

خداوند یسوع دی مصلوبیت نے استثنا ۲۱: ۲۳ دی شریعت نوں کسراں پورا کیتا سی؟

" مسیح ساڈے لئی لعنتی بن کے تے ساہنوں مُل لے کے شریعت دی لعنت توں چھڈایا۔ کیوں جو لکھیا ہویا اے پئی جہیڑا کاٹھ اُتے ٹنگیا گیا اوہ لعنتی اے۔ ایس کرکے پئی مسیح یسوع وچ ابرہام دی برکت غیر قوماں تیکر وی اپڑے تے اسی ایمان دی راہیں اوس نوں حاصل کرئیے جہدا وعدہ ہویا اے" (گلتیوں ۳: ۱۳۔ ۱۴) ۔

استثنا ۲۱: ۲۳ وچ لکھیا ہے پئی جنہوں بلّی یا درخت تے لٹکایا جاندا ہے اوہ لعنتی ہے۔ خداوند یسوع مسیح نے وی ایسے طرح لعنتی بن کے صلیب تے اپنی جان دتی سی تاں جو اسی ایہناں لعنتاں توں رہائی پا سکئے۔ اوہنے ساڈی لعنت نوں اپنے اُتے چُک لیا سی تاں جو اسی لعنت دی تھاں برکت نوں حاصل کر سکئے۔

ایہہ آیت بے سبب لعنت دے بارے کیہہ کہندی ہے؟

"جس طرح گوریا آوارہ پھردی تے ابابیل اُڈدی رہندی ہے اوسے طرح بے سبب لعنت بے محل ہے" (امثال ۲۶: ۲) ۔

ایہہ آیت ساہنوں یاد دلاندی ہے پئی جدوں اسی یسوع دے خون دی محافظت تے صلیب دی آزادی دا اپنے حالات تے اطلاق کر دے ہاں تے اسی ہر طرح دیاں لعنتاں توں محفوظ تے آزاد ہو جاندے ہاں۔

ایہہ اگلی آیت لعنتاں تے یسوع دے خون دی قدرت دے بارے وچ کیہہ دسدی ہے؟

" سگوں تُسی صیون دے پہاڑ-- تے نویں عہد دے وچولے یسوع تے اوس چھڑکے ہوئے لہو دے کول آئے ہو جہیڑا ہابل دے لہو نالوں چنگیاں گلاں کردا اے" (عبرانیوں ۱۲: ۲۴) ۔

خداوند یسوع دا خون قائن دی لعنت دے خلاف بہتر گلاں کردا ہے جنے اپنے بھرا ہابل دا خون وگایا سی۔ خون ویسے وی لعنتاں دی نسبت بہتر گلاں کہندا ہے۔

لوقا ٦ تے پولس رسول دے خطاں وچ مسیحیاں نوں کہیڑا مثبت حکم تے نمونہ دتا گیا ہے؟

"پر تہانوں جہیڑے سُندے ہو مَیں آکھنا آں پئی اپنے دُشمناں نال پیار کرو۔ جہیڑے تہاڈے نال ویر رکھن اوہناں دا بھلا کرو۔ جہیڑے تہانوں بددُعا دین اوہناں نوں دعا دیو۔ جہیڑے تہاڈی پت لاہن اوہناں لئی دعا کرو" (لوقا ٦: ۲۷۔ ۲۸) ۔

" اپنے ستان والیاں نوں دعا دیو۔ دعا دیو تے بددعا نا دیو" (رومیوں ۱۲: ۱۴) ۔

"تے اپنے ہتھاں نال محنت کرنے آں لوک بُرا آکھدے نیں اسی دعا دینے آں۔ اوہ دُکھ دیندے نیں اسی سہنے آں" (۱۔ کرنتھیوں ۴: ۱۲) ۔

مسیحیاں نوں اپنے دوستاں تے دشمناں دونواں لئی باعثِ برکت لوگ بنن واسطے بلایا گیا ہے۔

ہیٹھاں لعنت بھیجن دیاں رسماں وچ شمولیت دے اثرات توں آزادی حاصل کرن اتے دوجیاں دی طرفوں بھیجیاں گئیاں لعنتاں توں رہائی پان دی دعا پیش کیتی گئی ہے۔ ایس دعا تے دوجے باب وچ پیش کردہ اصولاں دا اطلاق ہوندا ہے ۔

لعنت بھیجن دی رسم نوں ترک کرن دا اعلان تے دعا

مَیں اقرار کردا ہاں پئی میرے پیو دادے تے میرے ماپے اتے مَیں خود وی اسلام دے ناں تے دوجیاں اُتے لعنتاں پان دا گناہ کیتا ہے۔

مَیں اپنے پیو دادے، اپنے پیو اتے مسیتاں دے اوہناں خطیباں تے اماماں نوں وی معاف کرنا تے اوہناں دے اثر توں خود نوں آزاد کرن دا فیصلہ کردا ہاں جنہاں نے میرے نال نال ہور بہت سارے لوکاں نوں ایہناں لعنتاں وچ شامل کیتا اتے اوہناں سب لوکاں نوں وی جہناں مینوں اپنے نال رلا کے ایس گھناؤنے کم وچ شامل کیتا۔

مَیں اوہناں سب لوکاں نوں وی معاف کردا ہاں جنہاں نے میرے یا میرے خاندان تے لعنتاں بھیجیاں ہین۔

اے خداوند! مَیں تیری منت کردا ہاں پئی مینوں معاف فرما کیونکہ مَیں وی دوجیاں اُتے لعنت بھیجن دے ایس قبیح عمل نوں منیا تے ایہدے وچ شریک وی ہویا۔

ہن مَیں تیرے کولوں معافی منگدا ہاں۔

اے خداوند! تیری معافی دی بنیاد تے مَیں دوجیاں تے لعنتاں بھیجن اتے ایس کم دا حصہ بنن تے خود نوں وی معاف کردا ہاں۔

مَیں لعنت بھیجن دے گناہ اتے اوہدے توں پیدا ہون والی ہر اک لعنت نوں وی ترک کردا ہاں۔

مَیں دوجیاں توں نفرت نوں وی ترک کردا ہاں۔

مَیں دوجیاں تے لعن طعن کرن دے شدید جذبے نوں وی ترک کردا ہاں۔

مَیں مسیح خداوند دے مخلصی بخش صلیبی کفارے دی راہیں اپنی زندگی (اتے اپنی اولاد دیاں زندگیاں توں وی) ایہناں طاقتاں دے اثر نوں توڑ دا ہاں۔

اے خداوند! مَیں دعا کردا ہاں پئی ایہناں ساریاں لعنتاں نوں توڑ دے جنہاں جنہاں وچ مَیں شامل رئیا ہاں اتے جنہاں لوکاں تے مَیں کدی کوئی وی لعنت کیتی ہے اوہناں اُتے توں اپنے اسمان دی بادشاہی دیاں ساریاں برکتاں نازل فرما۔

مَیں یسوع دے نام وچ، اپنے خلاف بھیجیاں گئیاں ساریاں لعنتاں نوں وی ترک کردا تے اوہناں دے اثر نوں توڑ دا ہاں۔

مَیں نفرت تے لعنت دی ساریاں بدروحوں نوں وی مسترد تے ترک کردا ہاں اتے اوہناں نوں یسوع دے ناں وچ اجے تے ہُنیں اپنی زندگی وچوں نکل جان دا حکم دیندا ہاں۔

مَیں اپنے تے اپنے خاندان دے خلاف بھیجیاں گئیاں ساریاں لعنتاں دے بدلے خدا دی رہائی نوں قبول کردا ہاں۔ مَیں اطمینان، مہربانی، تے دوجیاں نوں برکت دین دے اختیار نوں وی قبول کردا ہاں۔

مَیں اپنے ہونٹھاں دی تقدیس کردا ہاں تاں جو زندگی بھر اوہناں توں صرف خدا دی حمد تے دوجیاں لئی برکت جاری روے۔

خداوند یسوع دے نام وچ، مَیں خود اپنے اُتے نالے اپنے خاندان دے اُتے زندگی، اچھی صحت تے شادمانی سمیت خدا دی بادشاہی دیاں ساریاں برکتاں دے جاری ہون دا اعلان کردا ہاں۔

مَیں سب غیر الہٰی رابطیاں، روحانی گنڈھاں، خطیباں تے اماماں اتے دوجے مسلم رہنماواں دے نال اپنیاں وابستگیاں دا اعتراف کردیاں ہوئیاں اوہناں نوں اپنی زندگی وچوں ترک کردا ہاں جنہاں نے دوجیاں تے لعنت بھیجن ورگی اسلامی رسم وچ شریک ہون وچ میری رہنمائی کیتی۔

مَیں غیر الہٰی روحانی گنڈھاں بنھن یا قائم رکھن وچ ایہناں مسلمان رہنماواں دے کردار لئی وی اوہناں نوں معاف کردا ہاں۔

مَیں اوہناں سارے مسلماناں دے نال اپنی غیر الہٰی روحانی گنڈھ دے عمل نوں جاری رکھن وچ اپنے کردار توں وی معاف منگنا ہاں جنہاں دی قیادت وچ رہندیاں ہوئیاں مَیں اوہناں دی اطاعت کی۔

اے خداوند! مَیں تیری منت کردا ہاں پئی ایہناں روحانی گنڈھاں دے نال جُڑے میرے ہر گناہ خاص طور تے دوجیاں اُتے لعنت پان تے دوجیاں کولوں نفرت کرن ورگے گناہواں نوں معاف فرما۔

ہن مَیں ایہناں مسلم رہنماواں (اوہناں رہنماواں دے ناں لوؤ جہیڑے ایس ویلے توانوں یاد آ رئیے ہین) دے نال اپنیاں ساریاں غیر الہٰی روحانی گنڈھاں تے بندشاں نوں توڑدا تے اپنے آپ نوں اوہناں (یا نام لیجئے) کولوں اتے اوہناں نوں (یا نام لیجئے) اپنی زندگی وچوں آزاد کردا ہاں۔

اے خداوند! مہربانی کر کے میرے ذہن نوں غیر الہٰی اتحاداں دی ساریاں یادداشتاں توں پاک کر تاں جو مَیں آزادی دے نال اپنا آپ تیرے حضور پیش کر سکاں۔

مَیں ایہناں غیر الہٰی روحانی گنڈھاں نوں برقرار رکھن دی کوشش کرن والیاں ساریاں تمام بدروحاں دے کماں نوں ترک تے منسوخ کردا ہاں اتے اوہناں نوں خداوند یسوع دے ناں تے حکم دینا واں پئی ہُنے تے ایسے ویلے میری زندگی چوں نکل جان۔

مَیں اپنے آپ نوں مسیح یسوع دے نال منسلک کردیاں ہوئیاں اس فیصلے دا اعلان کردا ہاں پئی ہن توں مَیں صرف اوہدی پیروی کراں گا۔

آمین۔

رہنمائے مطالعہ

ستواں سبق

نویں الفاظ

تقیّہ	امام	روحانی گنڈھ

نویں ناں

- رینالڈے ڈامنک : انڈونیشین پاسٹر (پیدائش ۱۹۵۷ ء)

اس سبق وچ بائبل مقدس دے حوالہ جات

متی ۱۰: ۳۲۔ ۳۳	یوحنا ۴: ۲۴
متی ۵: ۳۷	یوحنا ۱۴: ۶
پیدائش ۱۷: ۷۔ ۸	۱۔ تیمتھیس ۳: ۲۔ ۵
زبور ۸۹: ۳۔ ۴	پیدائش ۳: ۲۔ ۵
گنتی ۲۳: ۱۹	مرقس ۱۰: ۳۵۔ ۴۵
زبور ۱۳۶: ۱	لوقا ٦: ۲۸
رومیوں ۱۱: ۲۸۔ ۲۹	فلپیوں ۲: ۱۔ ۱۱
ططس ۱: ۱۔ ۲	لوقا ٦: ۲۸
عبرانیوں ٦: ۱۷۔ ۱۹	زبور ۱۱۸: ۱۷
۲۔ کرنتھیوں ۱: ۱۸۔ ۲۰	افسیوں ۱: ۷
احبار ۱۹: ۱۔ ۲	۱۔ یوحنا ۳: ۸
زبور ۲٦: ۳	استثنا ۲۱: ۲۳
زبور ۳۱: ۵	گلتیوں ۳: ۱۳۔ ۱۴
زبور ۴۰: ۱۱	امثال ۲٦: ۲
زبور ۵۱: ۵۔ ۷	لوقا ٦: ۲۷۔ ۲۸
یوحنا ۱: ۱۴	رومیوں ۱۲: ۱۴

یوحنا ۳: ۲۱ ۱۔ کرنتھیوں ۴: ۱۲

اس سبق وچ قرآن دے حوالہ جات

ق ۱۴: ۴ ق ۱۶: ۱۰۶ ق ۴۸: ۲۸ ق ۳: ۶۱

ستویں سبق نال متعلقہ سوالات

- مطالعاتی مقدمے تے بحث کرو۔

جھوٹ بولن توں آزادی

سچیائی بہت قیمتی ہے

۱. پاسٹر ڈامنک نوں کتابِ مقدس دے کس عقیدے دی منادی کرن دی پاداش وچ جیل بھیجیا گیا؟

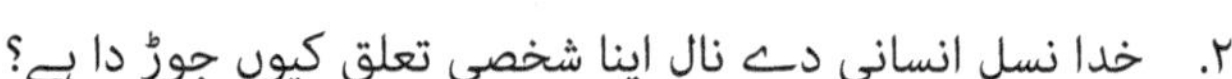

۲. خدا نسلِ انسانی دے نال اپنا شخصی تعلق کیوں جوڑ دا ہے؟

شرعی ثقافت

۳. ڈُوری صاحب نے ایسی کھیڑی شے دی نشاندہی کیتی ہے جہدی قرآن وچ اجازت دتی گئی ہے؟

۴. قؔ ۱۴: ۴ دے مطابق، اللہ کس طرح لوکاں دی رہنمائی کردا ہے؟

۵. جھوٹھ دی اوہ کھیڑیاں قسماں نے جنہاں دی شرعی قانون وچ اجازت دتی گئی ہے؟

٦. ق ١٦: ١٠٦ دے مطابق اوہ کہیڑا عمل ہے جہدی مسلماناں نوں اجازت ہے پر(متی ١٠: ٢٨۔ ٣٣ دے مطابق) مسیحیاں نوں اوہدی قطعاً اجازت نہیں؟

سچیائی نوں جانو

تمام حاضرین ”سچیائی نوں جانو“ دے تھلے دتیاں گئیاں آیتاں دی تلاوت کرن۔

دعا

”سچیائی نوں جانو“ دے عنواں تھلے دتیاں گئیاں آیتاں دی سانجھی تلاوت توں بعد سارے حاضرین اپنی اپنی تھاں تے کھلو کے”گمراہی نوں ترک کرن دا اعلان تےدعا“ والے حصے نوں مل کے پڑھن۔

جھوٹھی برتری توں آزادی

اسلامی برتری دا دعویٰ

٧. ق ٣: ١١٠ تے ق ٤٨: ٢٨ دے مطابق قرآن وچ مسلماناں دے نال کہیڑا وعدہ کیتا گیا ہے؟

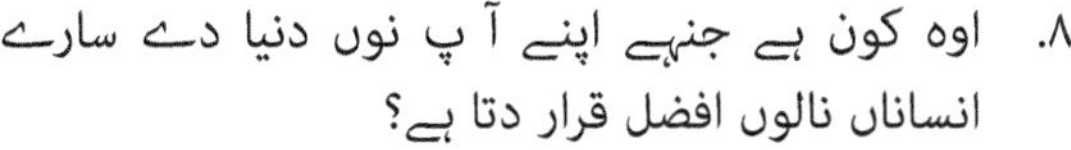

٨. اوہ کون ہے جنہے اپنے آ پ نوں دنیا دے سارے انساناں نالوں افضل قرار دتا ہے؟

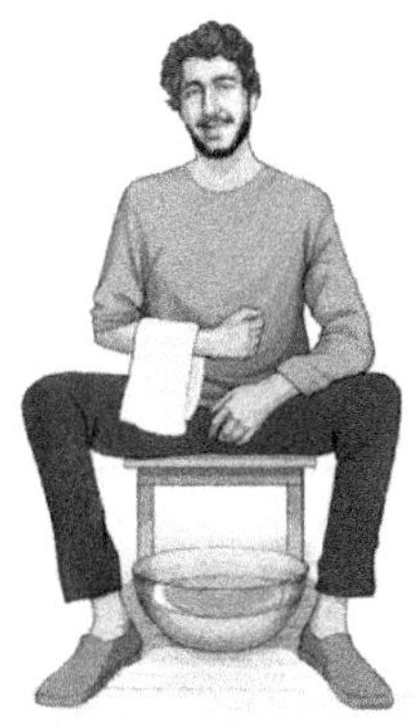

٩. اوہ کہیڑے نظریات ہین جو عربی ثقافت وچ نہایت اہمیت دے حامل ہین؟

١٠. اسلام توں دستبردار ہوندیاں ہوئیاں ہور کہیڑیاں کہیڑیاں شیواں نوں وی ترک کرن دی لوڑ ہوندی ہے؟

سچیائی نوں جانو

تمام حاضرین "سچیائی نوں جانو" کے ہیٹھاں دتیاں گئیاں آیتاں دی تلاوت کرن۔

دعا

"سچیائی نوں جانو" دے تھلے دتیاں گئیاں آیتاں سانجھی تلاوت دے بعد تمام حاضرین اپنی اپنی تھاں تے کھلو کے "گمراہی نوں ترک کرن دا اعلان تے دعا" والا حصہ مل کے پڑھن۔

لعنت توں آزادی

اسلام وچ لعنت بھیجن دا عمل

۱۱. مسلم علماء اسلام وچ لعنت بھیجن دے حوالے نال مختلف نظرئیے کیوں رکھدے ہین؟

۱۲. ایڈورڈ لین دے مطابق، ۱۸۳۶ء وچ مصر دے اسکولاں وچ مسلمان بچیاں نوں کیہہ سکھایا جا رئیا سی؟

لعنت بھیجن دی رسم

۱۳. ڈُوری صاحب نے اک ایسی رسم بارے وی دسیا ہے جہدے وچ مسلم پسِ منظر نال تعلق رکھن والا اک مسیحی دوست وی حصہ لیا کردا سی۔ ایس رسم وچ شریک ہون توں بعد اوہ اپنے اندر کیہہ محسوس کردا سی؟

۱۴. ڈُوری صاحب کے مطابق روحانی گنڈھ توں کیہہ مراد ہے؟

۱۵. روحانی گنڈھ دے اثر نوں توڑنے دے عمل وچ معافی کنی ضروری تے اہم ہے؟

۱۶. "لعنت بھیجن دے عمل نوں ترک کرن دا اعلان تے دعا" والے حصے تے غور کرو۔ کیہہ تُسی اوہناں گلاں دی نشاندہی کر سکدے اوہ جتھے ایہناں پنج اقدام دا اطلاق کیتا جا سکدا ہے: اعتراف، ترک کرنا، توڑنا، باہر کڈھنا تے برکت چاہنا؟ (دوجا سبق ویکھو)

۱۷. ایس دعا وچ کہیڑیاں شیواں نوں ترک کرن تے کہیڑیاں شیواں دے اثر نوں توڑن دا اعلان کیتا گیا ہے؟

۱۸. لعنتاں دی بجائے کنہاں برکتاں دا اعلان کیتا گیا ہے؟ ایہی خاص برکتاں کیوں؟

۱۹. ایس دعا وچ کنہوں معاف کیتا گیا ہے؟

لعنت نوں کیویں توڑئیے

۲۰. ڈُوری صاحب نوں دسن والے نوجوان دے خیال وچ اوہ کہیڑی شے سی جہیڑی اوہدے خاندان لئی مسائل پیدا کرن دا سبب بن رئی سی؟

۲۱. اوہ نوجوان ایسے مسئلے نوں اپنے طور تے حل کیوں نہ کر سکیا؟

۲۲. پرسکون زندگی گزارن توں پہلاں اوس نوجوان نوں کہیڑا کم کرن دی لوڑ پئی؟

۲۳. اوہ کہیڑی شے ہے جو مسلماناں دے درمیان خدمت کرن والے خادماں لئی سب توں زیادہ مشکلات پیدا کرن دا سبب بندی ہے؟

۲۴. اوہ کہیڑے نو اقدامات ہین جو لعنت نوں توڑن دے حوالے نال ڈُوری صاحب نے تجویز کیتے ہین؟

سچیائی نوں جانو

تمام حاضرین ''سچیائی نوں جانو'' کے ہیٹھاں دتیاں گئیاں آیتاں دی تلاوت کرن۔

دعا

''سچیائی نوں جانو'' دے تھلے دتیاں گئیاں آیتاں سانجھی تلاوت دے بعد تمام حاضرین اپنی اپنی تھاں تے کھلو کے ''گمراہی نوں ترک کرن دا اعلان تے دعا'' والا حصہ مل کے پڑھن۔

۸

اک آزاد کلیسیا

اوہ جہیڑا میرے وچ رہندا تے مَیں اوہدے وچ اوہو بہت پھل لیاؤندا اے۔

یوحنا ۱۵: ۵

سبق دے اغراض و مقاصد

الف۔ مسلم پسِ منظر توں تعلق رکھن والے ایمانداراں نوں اک پکے ایمان والے پکے شاگرد بنن دی کی راہ وچ مختلف قسم دیاں مشکلاں دا سامنا کرن دے باوجود ثابت قدم رہن تے سراہنا۔

ب۔ ایس گل نوں سمجھنا پئی صرف کسے بندے نوں مسیح دے کول لیانا ای کافی نئیں ہوندا بلکہ اوہنوں مسیحی ایمان وچ بلوغت تک پہنچانا وی ضروری ہوندا اے۔

ج۔ صحتمند شاگرد تیار کرن لئی اک صحت مند کلیسیا دی اہمیت تے غور کرنا۔

د۔ حوصلہ افزائی کرنا پئی آزاد رہن دے لئی ہر ایماندار شخص نوں چاہیدا اے پئی دشمن دے سامنے کھلے سارے بوہیاں نوں بند کرے اتے خداوند یسوع مسیح دیاں بابرکت تے پرفضل گلاں نال بھرپور ہو۔

ہ۔ ایمانداراں نوں ایہہ مدد مہیا کرن تے کلیسیا دے کردار نوں سراہنا۔

و۔ رہائی دلان والی خدمت دی اہمیت نوں سمجھنا جھدا دائرہ کار صرف اسلام دے متعلقہ حلقے تک ای محدود نہ ہووے۔

ز۔ شاگرداں نوں مضبوط کرن لئی"تعلیمی رخنے بھرن" دی مہارت حاصل کرنا خاص طور تے اوہناں تھانواں وچ جتھے اسلام دی وجہ توں کوئی خرابیاں یا کمزوریاں پائیاں جاندیاں ہین۔

ح۔ مسیحی زندگی دی اک مضبوط شروعات دی اہمیت نوں اجاگر کرنا جھدے وچ اسلام نال وابستہ معاہدیاں توں دستبردار ہون اتے اپنی وفاداری نوں مکمل طور تے مسیح خداوند دی طرف منتقل کرن دے امور شامل ہین۔

ط۔ ایماندار نوں دعائیہ زندگی دی مکمل اہمیت توں آگاہ کرنا۔

ی۔ مسلم پسِ منظر نال تعلق رکھن والے لیڈراں دی تربیت کاری نوں فروغ دین دی اہمیت نوں اجاگر کرنا۔

ک۔ قائدین دی تیاری تے کردار سازی دیاں چند کلیدی گلاں تے غور کرنا۔

مطالعاتی مقدمہ: تُسی کیہہ کرو گے؟

تُسی اک ایہو جئے تجربہ کار پاسبان ہو جو کئی کامیاب کلیسیاواں دی قیادت کر چکے اوہ اتے تُسی دوجے پاسباناں نوں وی حکمت نال بھری ہوئی صلاح دین لئی وی مشہور اوہ۔ تُسی کسے دوجے شہر وچ رہندے ہوئے اپنے عزیز نوں ملن جاندے اوہ تے اوتھے کوئی تہانوں کہندا ہے پئی مَیں تہانوں اپنے اک بہت ودھیا بیلی رضاؔ نال ملواواں گا جو اک ایرانی کلیسیا دا رہنما ہے۔ رضا صاحب اسلام نوں چھڈن والے ۱۰۰ دے لگ بھگ ایمانداراں دی اک چھوٹی جئی جماعت دے قائد ہین پر تہانوں ایہہ دسیا جاندا ہے پئی اوہناں دی کلیسیا بہت وڈی مصیبت وچ پھسی ہوئی ہے اتے اوتھے کجھ بہت وڈی کشمکش چل رئی ہے کیوں جو حالیہ دناں اوہناں دی کلیسیا دے کجھ آگو بندے اوہناں اُتے ایہہ الزام لا کے کلیسیا کو چھڈ کے جا چکے ہین پئی تہاڈا طرزِ خدمت نہایت آمرانہ ہے، ہدیہ جات گھٹ رئیے نیں ایتھوں تیک پئی کلیسیا لئی اپنے پاسبان نوں تنخواہ تک دینا وی محال ہو گیا ہے۔ تُسی پاسٹر رضا نال رابطہ کر دے اوہ، اپنے رابطہ کار ولوں اوہناں نوں سلام بھجواندے اوہ اتے کسے جگہ تے کٹھے بیہہ کے چائے پین دے دوران ایدھر اودھر دیاں گلاں توں بعد تُسی اوہناں نوں پوچھدے اوہ پئی تہاڈی کلیسیا وچ حالات کیہو جئے چل رہے نیں۔ اوہ کہندے نیں، ”بہت ودھیا!، سب کجھ بہت چنگا ہے، خداوند دی تعریف ہووے۔“

ایہدے تے تہاڈا ردِ عمل کیہہ ہووے گا؟

ایس سبق وچ اسلام نوں فراموش کر کے مسیح خداوند دی پیروی کرن دا فیصلہ کرن والے لوکاں لئی اک صحتمند شاگردیت دی راہ ہموار کرن اتے اک صحت افزا کلیسیائی ماحول تیار کرن توں متعلقہ مشورے پیش کیتے گئے ہین۔ ہر شاگرد لئی ایہو بہتر ہے پئی اوہ خدا دے خاص مقاصد نوں انجام دین دی خدمت لئی تیار تے کمربستہ رہن دی خواہش رکھے (۲۔ تیمتھیس ۲: ۲۰۔ ۲۱) پر ایہہ کم کرن لئی ہر شخص نوں اک صحتمند کلیسیا دی ضرورت ہوندی ہے جو اوہدی روحانی بالیدگی وچ مددگار ثابت ہووے۔ ایس مقصد دے حصول تے گل کرن توں پہلاں اسی شروع وچ ہی اوہناں تِن مشکلاں دا ذکر کراں گے جنہاں دا ہر نویں ایماندار نوں سامنا کرنا پیندا ہے: برگشتہ ہو کے اسلام دی طرف واپسی، بے پھل شاگردیت تے غیر صحت بخش کلیسیاواں۔

برگشتگی

اسلام نوں چھڈ کے مسیح دی پیروی اختیار کرن والے کجھ لوک آخرکار اسلام ول دوبارہ واپس ٹُر جاندے نیں۔ ایہدیاں بہت ساریاں وجوہات ہوندیاں ہین۔ اک وجہ برادری

توں علیحدگی دی اذیت ہو سکدی کیوں جو دائرہ مسیحیت وچ داخل ہون والے ایسے لوکاں نوں فیر اوہناں دا مسلم خاندان تے دوست احباب ٹھکرا دیندے نیں ۔ اک ہور سبب اوہ سارے روڑے تے رکاوٹاں نیں جو اسلام نے اپنے منحرف ہو جان والے لوکاں دی راہ وچ وچھائیاں ہوئیاں نیں۔ اک ہور وجہ براہِ راست ایذا رسانی وی ہے۔

فیر اک ہور وجہ مسیحیاں تے کلیسیاواں دی طرفوں مایوسی وی ہو سکدی ہے۔ جدوں اسلام نوں چھڈن دی کوشش کرن والے لوک اپنے قریبی مسیحیاں کولوں رہنمائی تے مدد منگدے نیں تے اوہناں نوں مسیحی برادری ولوں مکمل قبولیت دی بجائے ٹھکرائے جان اتے غیر متوقع رکاوٹاں دا سامنا کرنا پیندا ہے۔ بتھیریاں نوں کلیسیاواں ولوں سدھا سدھا ٹھکرا دتا جاندا ہے۔ ایہدی وجہ اوہ خوف ہے جہدے تحت اسلام ذمیاں توں ایس گل دا مطالبہ کر دا ہے پئی اوہ دینِ اسلام نوں ترک کرن والیاں دی کسے طرح نال کوئی مدد نہ کرن۔ کسے مرتد نوں اسلام چھڈن وچ مدد فراہم کرن تے پوری مسیحی برادری دا وجود خطرے وچ پے سکدا ہے کیوں جو ایس عمل دے نال غیر مسلماں دے ”تحفظ“ دا معاہدہ ختم ہو جاندا ہے۔

مسیحیاں ولوں نومریداں نوں رد کرن دی ایہہ سوچ تبدیل کرن لئی کلیسیا نوں چاہیدا ہے پئی اوہ ذمی معاہدے تے اوہدے نال وابستہ بھاری ذمہ داریاں تے خطریاں نوں سمجھے۔ جنی دیر تک کلیسیاواں تے مسیحی لوک روحانی طور تے ذمی معاہدے دے روحانی اثر وچ بدھے رہین گے اوس ویلے تک اوہ ایس گہرے روحانی دباؤ نوں اپنے اُتے محسوس کردے رہین گے پئی اسی ترکِ اسلام دے سلسلے وچ کسے بندے دی کوئی مدد نہیں کر سکدے۔ ایسے مسئلے نوں حل کرن لئی ضروری ہے پئی کلیسیا اوس ذمی نظام دی مخالفت کرے، آپ وی اوہدے توں دستبردار ہووے تے اوہدے نال جُڑی ہوئی ہر اک گل نوں مسترد کرے۔

لوکاں دے برگشتہ ہو جان دی اک ہور وجہ اسلام دے روحانی اثر دا مسلسل اوہناں دیاں زندگیاں تے موجود رہنا وی ہو سکدی ہے جو اوہناں دے اندازِ فکر اتے دوجیاں دے نال تعلق بنان دی صلاحیت تے ہمیشہ حاوی رہندا ہے۔ ایسے اثر دے سببوں اوہناں نوں مسیحیاں دے نال تعلق قائم کرن دی نسبت اسلام ول واپس مُڑ جانا زیادہ آسان لگدا ہے۔ ایہہ بالکل ایویں ای ہے جیویں کوئی بندہ نویں نکور جُتی خریدے پر اوہنوں محسوس ہووے پئی پرانی جُتی بوہتی آسانی نال فِٹ آندی سی اتے اوہ میرے لئی زیادہ آرام دہ وی ہے۔

بے پھل شاگردیت

اک دوجا مسئلہ بے پھل شاگردیت ہو سکدا ہے۔ عین ممکن ہے پئی مسلم پسِ منظر نال تعلق رکھن والے لوکاں نوں مضبوط جذباتی تے روحانی رکاوٹاں تے بندشاں دا احساس ہووے جنہاں دی وجہ توں اوہناں روحانی ترقی رُکی روے۔ ایہناں وجوہات

وچ خوف، عدم تحفظ دا احساس ، دولت دی ہوس ، ٹھکرائے جان دا دُکھ، مظلومیت دا احساس، ٹھیس یا ٹھوکر لگنا، دوجیاں تے اعتماد دا فقدان، جذباتی اذیت، جنسی گناہ، عیب جوئی تے جھوٹھ وغیرہ جیہے عمومی معاملات شامل ہو سکدے ہین۔ ایہہ سارے عوامل ایمان وچ ودھن دی راہ وچ رکاوٹ دا باعث بن سکدے ہین۔

ایہناں مسئلیاں دی بنیادی وجہ اسلام دے تسلط تے اثر دا مسلسل جاری رہنا ہے۔ مثال دے طور تے، دینِ اسلام وچ دوجیاں تے برتری دی سوچ تے بہت زیادہ زور دتا جاندا ہے اتے مسلمان ایہہ سمجھدے ہین پئی اوہ غیر مسلماں توں زیادہ افضل نیں۔ برتری دی ایہہ سوچ رکھن والے لوک دوجیاں نالوں افضل ہون دے احساس وچ زیادہ ذہنی سکون محسوس کردے ہین۔ ایہہ سوچ کلیسیا دے اندر مقابلے دی فضا قائم کرن دا باعث بن سکدی ہے۔ مثال دے طور تے، جے کسی بندے نوں لیڈر مقرر کیتا جاوے تے دوجیاں نوں ایس گل دی ٹھوکر لگے پئی ساہنوں ایس عہدے اُتے فائز کیوں نئیں کیتا گیا۔ احساسِ برتری دی وجہ توں عیب جوئی نوں وی فروغ مل سکدا ہے جہدے سببوں دوجیاں دیاں لتاں کھیچن دا راستہ کھل جائے گا۔ لوک صرف ایسے وجہ توں عیب جوئی کردے نیں کیوں جو اوہ اپنے آپ نوں اوہناں لوکاں توں برتر تے بہتر سمجھدے نیں جنہاں دی اوہ عیب جوئی کر رئیے ہوندے نیں۔ اک ہور مسئلہ ٹھوکر دی روح دی شکل وچ وی سامنے آ سکدا ہے جنہوں حضرت محمد دے ایس نمونے توں تقویت ملدی ہے جس دے تحت اوہ ٹھکرائے جان تے وی خوشی دے ردِ عمل دا اظہار کردے ہُندے سی۔

عراق توں تعلق رکھن والا اک نوجوان مسیحیت اختیار کرن توں بعد کینیڈا وچ پناہ لین وچ کامیاب ہو گیا۔ اوتھے اوہنے کلیسیائی عبادتاں وچ شرکت اختیار کرنے دی کوشش کیتی پر ہر واری اوہ جدوں وی کسے نویں کلیسیا وچ جاندا تے اوتھوں ای اوہنوں کسے نہ کسے گل دے سببوں بڑی ٹھوکر لگدی تے اوہ چرچ جانے والے دوجیاں لوکاں تے بے جا تنقید کرنا شروع کر دیندا پئی اوہ سب ریاکار تے منافق نیں۔ بالآخر ایہہ بندہ مسیحی تے رہیا پر مسیحی برادری توں بالکل کٹ کے اک الگ تھلگ اور تنہائی دی زندگی بسر کرن لگا۔ ایہدا صاف مطلب ایہہ ہے پئی شاگردیت وچ اوہدی اپنی شخصی ترقی مکمل طور تے رُک گئی اتے ایسراں اوہ اپنے ایمان دی پختگی نوں حاصل نہ کرپایا۔ اوہ اک پھلدار مسیحی زندگی دی برکت توں خالی رہ گیا۔

غیر صحت افزا کلیسیاواں

نو مرید ایمانداراں نوں جہیڑے وڈے مسئلیاں دا سامنا کرنا پیندا ہے اوہناں وچ اک مسئلہ کسی صحت افزا کلیسیا دی تلاش وی ہے۔ چرچ صرف راستبازاں لئی مخصوص تھاں نہیں ہوندی بلکہ ایہہ گنہگاراں لئی اک شفا خانہ یا اسپتال وی ہے یا اوہنوں ہونا چاہیدا ہے۔ گنہگار وی کلیسیا نال ہی تعلق رکھدے نیں پر جس طرح لوک اسپتال وچ

رہ کے وی بیمار پے جاندے ہین اوسے طرح جدوں کلیسیا دے لوکی مسیحی بالیدگی وچ ترقی نہیں کردے تے اوہناں دے گناہ تے روحانی مسئلے ایس حد تک ودھنا شروع ہو جاندے ہین پئی اوہ پوری برادری لئی نقصان دہ ثابت ہوندے ہین۔ ایہو جئے لوکاں دی وجہ توں کلیسیاواں دا شیرازہ بکھر جاندا ہے تے اوہ ناکام ہو جاندیاں ہین۔ عین جس طرح غیر صحتمند مسیحی مل کے غیر صحت افزا کلیسیاواں تشکیل دیندے نیں اوسے طرح بدلے وچ غیر صحت افزا کلیسیائی ماحول دے سببوں اوہناں دے لوکاں لئی روحانی بلوغت وچ ودھنا تے اپنے ایمان وچ ترقی کرنا بہت مشکل ہو جاندا ہے۔

جے کلیسیا دے لوک اپنے پاسبان دی عیب جوئی کر رئیے ہین تے تو بالآخر اوہ اپنے پاسبان کا ای نقصان کرن گے تے یا فیر اوہناں دے کول کوئی پاسبان وی نئیں ٹکے گا یا اوہ آپ کسے اک جگہ تے نئیں ٹکن گے۔ کلیسیا دا ہر فرد اذیت وچوں گزرے گا۔ ایس گلوں جماعت دے اندر وی دھڑے بازی، مقابلے بازی اتے ٹُٹ پھُٹ پیدا ہووے گی تے اوہ وی صرف ایس وجہ توں پئی ایس کلیسیا وچ کجھ لوک قیادت دی باگ ڈور خود سنبھالن دے چکراں وچ لگے ہوئے نیں۔ ایہدی اک ہور مثال ایہہ وی دتی جا سکدی ہے پئی جے کلیسیا دے لوکاں وچ مقابلے بازی دی سوچ پائی جاندی ہے مطلب اوہ دوجیاں تے برتری حاصل کرن دی خواہش رکھدے ہین تے اوہدی وجہ توں اک ای شہر وچ قائم کلیسیاواں اک دوجے تے بےجا تنقید دے نشتر چلانا شروع کر دین گئیاں اتے اوہناں دا ہر بندہ اپنی کلیسیا نوں دوجی نالوں بہتر تے اوہدے توں برتر ہون دا دعویٰ کردا ہویا نظر آئے گا۔ کیا ہی اچھا ہوندا پئی ایہہ کلیسیاواں رل کے پہلاں نالوں وڈیاں برکتاں حاصل کردیاں پر اوہ انجیل دی خدمت وچ اک دوجے دیاں شریکِ کار بنن دی بجائے اک دوجے لئی خطرہ بن چُکیاں نیں۔

آزادی وچ قائم رہن دی ضرورت

یاد کرو اساں دوجے سبق وچ سکھیا سی پئی شیطان الزام لان والا ہے اتے اوس دا سب توں وڈا طریقۂ واردات وی ایہو ہے پئی اوہ مسیحی ایمانداراں تے الزام لاندا ہے۔ ایسے الزام تراشی دے چکر وچ اوہ اپنے ہر"قانونی حق" نوں بھرپور طریقے نال اوہناں دے خلاف استعمال کردا ہے جیویں کہ اوہ گناہ جہدا حالے تیک اعتراف نئیں کیتا گیا، نامعافی، اوہ گلاں جو ساہنوں کسے بندش وچ بنھ دیندیاں ہین (جنہاں وچ قسماں، حلف تے عہد و پیمان شامل ہین)، روح دے پھٹ تے نسلی لعنتاں وغیرہ۔ مکمل آزادی لئی ضروری ہے پئی مسیح دا ہر اک شاگرد ایہناں "قانونی حقوق" نوں پہلوں مسترد تے منسوخ کرے، شیطان لئی پیر رکھن دی کوئی تھاں نہ چھڈے تے کھلے بوہیاں نوں بند کرے۔

متی ۱۲: ۴۳۔ ۴۵ وچ خداوند یسوع نے اک تمثیل بیان کیتی ہے جس وچ اوہناں نے دسیا ہے پئی جدوں کوئی بُری روح انسان وچوں نکلدی ہے تے اوہ اوس بندے دے

اندر دوبارہ داخل ہون لئی واپس آندی ہے تے فیر ست ہور بدروحاں نوں وی اپنے نال لے آندی ہے تاں جو اوس بندے دا حال پہلاں نالوں وی بدتر کرے۔ ایس تمثیل نوں سمجھان لئی یسوع نے اک گھر دی مثال پیش کیتی جنہوں جھاڑو لا کے صاف تے خالی کیتا گیا تے فیر اوہ گھر دوبارہ وسائے جان لئی تیار ہو جاندا ہے۔ بُریاں روحاں دوبارہ اوس گھر وچ کس طرح داخل ہوندیاں ہین؟ پہلاں، ضرور بوہا کھلا چھڈیا گیا ہے تے دوجا، اوہ گھر اجے تیک ''خالی'' پیا سی(متی ۱۲: ۴۴)۔

ایتھے ہُن دو مسئلے ساڈے سامنے آندے نیں:

۱۔ دروازہ کھلا چھڈ دتا گیا ہے

۲۔ اوہ گھر حالے تیک خالی پیا ہے۔

صحت مند کلیسیا قائم کرن لئی ساہنوں صحت مند مسیحیاں دی ضرورت ہوندی ہے۔ اتے صحت مند بنن لئی ضروری ہے کہ ہر مسیحی پہلاں آزادی حاصل کرے۔ ایہدا مطلب ایہہ ہے پئی ایہو جیہا بندہ اپنی زندگی وچوں اوہناں سارے کھُلیاں بوہیاں نوں بند کرے جتھوں شیطان اندر داخل ہو کے تباہی مچا سکدا ہے تے فیر اوہ بندہ روحانی طور تے اوہناں بدروحوں دی تھاں تے ہن چنگیاں شیواں، برکتاں تے نعمتاں توں انج معمور ہووے پئی کوئی رخنہ خالی نہ رئیے۔

سارے بوہے گھُٹ کے بند کرن دی ضرورت ہے۔ ہر اک بوہا! روحانی آزادی دے حوالے نال خاص گل ایہہ ہے پئی صرف کسے اک کھلے ہوئے بوہے نوں بند کرنا کافی نہیں ہوندا۔ سارے بوہے بند کرنا ضروری نیں۔ جدوں گھر دے سامنھے دا بوہا پورے دا پورا کھُلیا ہووے تے پچھلے بوہے تے دنیا دا بہترین تالا لان دا وی کوئی فائدہ نہیں ہووے گا۔ جے اسی شیطان دے اک وی قانونی حق توں انکار کردے ہاں جو شیطان کسے بندے دے خلاف استعمال کر رئیا ہے تے اوہ بندہ حالے پوری طرح آزاد نئیں ہویا۔

آزاد ہونا اک شے ہے پر آزاد رہنا دوجی شے ہے۔ بوہیاں نوں بند کرنا تے فیر گھر نوں ایویں دا بھرنا پئی کوئی کونا کھُدرا وی خالی نہ رہے، ایہہ دونوں عمل برابر اہمیت دے حامل ہین۔ ایہدے وچ اوس بندے دے روح القدس نال معمور ہون دی دعا دا عمل وی شامل ہے۔ ایہدا ایہہ وی مطلب ہے پئی ایہو جیا بندہ خداپرستی دی زندگی گزارنا شروع کرے تاں جو اوہدی زندگی پاک تے مقدس شیواں نال بھرپور ہو جائے۔

فرض کرو پئی اک بندہ جھوٹ بولن تے جھوٹھاں تے ایمان رکھن دیاں بندشاں وچ جکڑیا ہویا ہے۔ اوہنوں چاہیدا ہے پئی اوہ اوہناں جھوٹھاں نوں ترک کرے تے فیر سچیائی نوں وی قبول کرے، اوہدے تے غور و فکر کرے اتے سچ بولن وچ خوشی محسوس کرے۔ جھوٹھاں نوں چھڈے تے سچیائی نوں اپنائے!

آؤ ہن اک وکھری صورتحال تے غور کردے ہاں: اک ایسا بندہ جو نفرت دی بدروح دے ہتھوں دُکھ اٹھا رئیا ہے اتے اوس دے سببوں کئی بُرے کم وی انجام دے چُکیا ہے جیویں کہ دوجے لوکاں دے خلاف نفرت انگیز لعن طعن کرنا یا گالاں بکنا وغیرہ۔ فیر جدوں اک واری نفرت دی ایہہ بدروح اوہدی زندگی وچوں نکل جائے تے اوہدے لئی صرف ایہو کافی نئیں پئی اوہ نفرت نوں ترک تے مسترد کرے بلکہ اوہنوں دوجیاں دے نال محبت رکھن، اوہناں لئی برکت چاہند اتے لوکاں نوں ہیٹھاں سُٹن دی بجائے چُکن اتے تعمیر کرن دا طرزِ زندگی وی اپنان دی ضرورت ہے ۔ اوہنوں چاہیدا ہے پئی اپنیاں عادتاں تے سوچاں وچ نمایاں تے واضح تبدیلی پیدا کرے۔ ایس معاملے وچ کلیسیائی جماعت اوس بندے نوں اپنی آزادی وچ قائم رہن دے لئی مدد فراہم کرنے وچ بنیادی کردار ادا کر سکدی ہے۔ اوہ جماعت اوہدی روح نوں نواں بنان تے ازسرنو تعمیر کرن وچ وی مدد کر سکدی ہے تاں جو اوہ ایک بدلیاں ہویا بندہ بن جائے۔

پولس رسول نے اپنے خطاں وچ وی ایس عمل دا کئی واری ذکر کیتا ہے۔ اوہ ایمانداراں دے سچیائی تے محبت وچ قائم رہن لئی مسلسل دعا تے کم وی کردا ہے۔ اوہ ہمیشہ یاد کردا ہے پئی ایماندار لوک پہلوں کیہہ سن اتے کئی واراں اوہ لوکاں نوں ایس گل دی یاددہانی وی کراندا ہے تاں جو روحانی طور پر ودھن لئی اوہناں دی حوصلہ افزائی کرے:

"کیوں جو اسی وی پہلاں نادان، نافرمان، دھوکھا کھان والے تے بُریاں خواہشاں تے خُوشیاں دے غلام ساں۔ تے دُکھ، تے ساڑا کردے ساں۔ نفرت دے لائق ساں تے آپو وَیر رکھدے ساں" (ططس ۳: ۳) ۔

پر یسوع دے شاگرداں نوں ہور ایہو جیہی زندگی نہیں گزارنی چاہیدی۔ اسی بدلے ہوئے لوک ہاں اتے ہن ساہنوں اپنے طور طریقیاں نوں بدل کے زیادہ توں زیادہ اوس خداوند یسوع مسیح دی مانند بنن دی جستجو کرنی چاہیدی ہے جو آپ وی بے الزام رئیا اتے اوہنے شیطان نوں اپنے خلاف کوئی قانونی حق استعمال کرن دا اک وی موقع نہ دتا۔ ایس بارے پولس رسول فلپیوں دے ناں اپنے خط وچ لکھدا ہے :

"تے ایہہ دعا کرناں آں پئی تہاڈی محبت علم تے ہر طرح دی پچھان نال ہور وی ودھدی جاوے تاں جو چنگیاں شیواں نوں پرکھ سکو تے مسیح دے دن تیکر صاف دِل رہو۔ تے کدی ٹھیڈا نہ کھاؤ۔ تے راستبازی دے پھل نال جہیڑا مسیح یسوع دے سببوں اے بھرے رہو۔ تاں جو خدا دا جلال تے وڈیائی ہووے" (فلپیوں ۱: ۹۔ ۱۱)۔

ایہہ اک صحت مند شاگرد دی کیسی سوہنی تصویر ہے جو محبت، علم تے حکمت وچ ودھ رئیا ہے تے صاف دل اتے بے الزام طرزِ زندگی اختیار کر کے راستبازی دے ایہو جئے پھل پیدا کر رئیا ہے جنہاں توں خدا دا جلال تے اوہدی ستایش ظاہر ہوندی ہے! ایہو جیہا بندہ نہ صرف آزادی پا چُکیا ہے بلکہ اس دی روح دا گھر وی خطرناک

حد تک "خالی" ہون دی بجائے یسوع مسیح دیاں سوہنیاں سوہنیاں گلاں نال بھریا ہوا ہے۔

ایس سلسلے وچ کلیسیا تے پاسبان دا کلیدی کردار ایہہ ہے پئی اوہ اپنے شاگرداں نوں ایہہ طرزِ زندگی اختیار کرن وچ مدد فراہم کرن یعنی شیطان دے سارے کھلے بوہیاں نوں بند کرن تے یسوع مسیح دیاں سب سوہنیاں گلاں نال بھرے رہن دے ذریعے ایمانداراں دی مدد تے رہنمائی کرن۔

شاگرد بنان دی بلاہٹ، خدمت تے ذمہ داری بہت وڈی ہے جہدے لئی بہت کجھ سیکھن دی لوڑ ہوندی ہے۔ اگے ہُن اسی سِکھاں گے پئی صحتمند ترقی وچ مدد مہیا کرن دے لئی اپنے اوہناں شاگرداں دی کس کس طریقے نال رہنمائی کیتی جا سکدی ہے جنہاں نے اسلام دیاں بندشاں توں رہائی پا کے مسیح وچ آزاد زندگی گزارن دا آغاز کیتا ہے۔

شفا تے رہائی

اساں نے ایس گل تے خاطر خواہ زور دتا ہے پئی ساریاں بوہیاں نوں بند کیتا جاوے تے پیر جان دیاں ساریاں تھانواں ہٹا دتیاں جاون۔ کسے شاگرد دی زندگی وچ اسلام دا اثر براہِ راست ایہناں دونواں شیواں نال جڑیا ہویا ہے اتے ایتھے مہیا کیتے گئے دعائیہ مواد نوں بروئے کار لیاندیاں ہوئیاں اسلام دے بوہے نوں بند کیتا جس سکدا ہے۔

پر مسیح دے شاگرداں دی زندگی وچ ایہو جئیاں کئی ہور وی بندشاں موجود ہو سکدیاں نیں جنہاں دا تعلق شاید اسلام دے نال براہِ راست نہ ہووے پر ایہناں بندشاں دا تعلق اوہناں احاطیاں نال وی ہو سکدا ہے جنہاں دا ذکر دوجے سبق وچ کیتا جا چُکیا ہے جیویں کہ غیر اعتراف شدہ گناہ، نامعافی، روح دے پھٹ، گلاں باتاں تے اوہناں نال جُڑے ہوئے رسمی اعمال ، جھوٹھ اتے نسلی لعنتاں۔ ادوکے مسلماناں دی زندگیاں تے اوہناں دے مضر اثرات وی واضح طور تے ویکھے جا سکدے نیں:

- نامعافی
- گالم گلوچ کرن والے پیو
- خاندانی انتشار (طلاق، کثرتِ ازدواج)
- منشیات دی لت
- کالا علم تے جادوگری
- جنسی تشدد (ہراسانی، زنا بالجبر ، زنائے محرم تے سببوں)

- تشدد
- نسلی لعنتاں
- غصہ
- ٹھکرایا جانا تے نفس کشی
- عورتاں ولوں مرداں تے عدمِ اعتماد اتے نفرت انگیز رویہ
- مرداں ولوں عورتاں نال توہین آمیز رویہ

ایہناں وچوں کئی عوامل دے ظہور پذیر ہون دا سبب ثقافت تے خاندانی زندگی تے اسلام دا اثر و رسوخ وی ہو سکدا ہے پر ایہدا اک سبب لوکاں دیاں اپنیاں شخصی تے روحانی بُریاں عادتاں وی ہو سکدیاں نیں جنہاں نوں اوہناں نے سالہا سال توں اپنی زندگی وچ ودھایا ہویا ہے۔ مسیحی بلوغت وچ ترقی لئی ضروری ہے پئی اسی صرف اسلام توں نئیں بلکہ ایہناں ساری شیواں توں وی آزادی حاصل کرئیے۔

اک نوجوان بندے دے گھریلو حالات اینے زیادہ خراب ہو چکے سن پئی اوہناں دے سببوں اوہ آپ معدے دی بیماری وچ مبتلا ہو گیا کیوں جو اوہدے بوہتے رشتے دار معدے دے کینسر دے سببوں ای مرے سن۔ ایران تے آسٹریلیا دے ڈاکٹراں نے اوہنوں دس دتا سی پئی تیرے معدے وچ وی کینسر دی ابتدائی علامتاں نمودار ہونا شروع ہو گئیاں نیں ایس لئی تینوں اپنی دوائی مسلسل جاری رکھنی پئے گی۔ پر اک دن اوہنے سوچیا پئی کِتے ایس نسلی بیماری دی وجہ ساڈے خاندان نال جُڑی کوئی ابلیسی لعنت ای نہ ہووے۔ اوہنے ایس نسلی لعنت نوں ترک کرن دا اقرار کر دیاں ہوئیاں اوہدے اثر نوں اپنے خاندان اُتوں توڑیا تے اپنی زندگی نوں نویں سریوں خدا دے سپرد کیتا۔ ایہہ کم کردیاں ای اوہنے ایس بیماری توں مکمل شفا پائی اتے اوہنے ساریاں دوائیاں وی کھانا چھڈ دتیاں۔ نال ای اک ہور وی بہت وڈا کم ایہہ ہویا پئی اوہ بہت جلد ذہنی دباؤ تے فکرمندی دا شکار رہن دی عادت تو وی شفایاب ہو گیا۔ ہن اوہ پہلاں توں کِتے زیادہ زیادہ پرسکون ہو گیا تے اپنے حالاتِ زندگی دے حوالے نال خدا تے اوہدا ایمان ہور وی مضبوط ہو گیا۔ شفا تے رہائی دے ایس ضروری قدم نے اوہناں پاسبانی خدمت دا بوجھ چُکن لئی وی پوری طرح تیار کر دتا سی۔

اک صحت افزا کلیسیا وچ ساریاں قسماں دے"کھلے بوہیاں" تے "پیر جمان دیاں تھانواں" دے نال برتاؤ کرن لئی ضروری ہے پئی ایہہ عمل ایمانداراں لئی پاسبانی خبرگیری دی خدمت دا باقاعدہ حصہ ہووے۔ یاد رکھو، جدوں وی کسے گھر نوں مکمل طور تے محفوظ کرن دی لوڑ پوے تے صرف اک دروازہ جیویں کہ اسلام نال کیتے گئے سارے معاہدیاں دا بوہا بند کرنا ای کافی نئیں ہوندا بلکہ ضروری ہے پئی گھر دے سارے داخلی راستے تے رخنے بند کر دتے جان۔

دراڑاں وچ تعلیم دی بھرائی

ذرا اک پرانے تے تباہ شدہ گھر دا تصور کرو جہدی چھت ٹپکدی ہے تے اوہدیاں دراڑاں وچوں تُسی اندر بہہ کے آسمان دا نظارہ وی کر سکدے ہو۔ کھڑکیاں جو کسے ویلے شیشے دیاں ہوندیاں کردیاں سن، ٹُٹ پھُٹ چکیاں نیں اتے اوہناں وچوں ہن کھلی ڈھُلی ہوا عام آندی جاندی ہے۔ بوہے اپنیاں بینڈیاں توں اُکھڑ کے زمین تے جا پئے نیں۔ اندروں، اوہدیاں دیواراں نہایت خستہ ہو چُکیاں نیں جنہاں وچ جابجا رخنے پئے چکے نیں۔ فرش بہت فرسودہ اے۔ بنیاداں وی شگاف پین دے سببوں کمزور ہو چُکیاں نیں۔ اتے اوہدے اندر کئی مشٹنڈے مالک بن کے ڈیرے لائے ہوئے نیں حالانکہ اوہ ایس گھر دے مالک نہیں ۔ اوہناں نوں ایتھے ہونا وی نئیں سی چاہیدا کیوں جو اوس گھر نوں برباد کرن والے وی اوہو نیں۔

اس گھر نوں بحال کرن لئی بہت سارا کم کرن دی لوڑ ہے۔ پہلا کم ایہہ ہے پئی گھر نوں محفوظ کیتا جائے یعنی چھت دی مرمت کرائی جائے تے نویاں کھڑکیاں تے مضبوط بوہے تالیاں سمیت لائے جان تاں جو کوئی مشٹنڈا اوہدے اندر داخل نہ ہو سکے۔ رہائی دی خدمت دا وی پہلا قدم ایہو ای ہوندا ہے پئی سارے کھلے بوہے بند کیتے جان۔ ایہہ پہلا قدم ہے کیوں جو اگر سارے بوہے بند نہ کیتے جان تے ناجائز قبضہ کر کے بیٹھے ہوئے مشٹنڈے (بدروحاں) دوبارہ کسے وی کھلے بوہے ولوں اندر آ جان گئیاں۔

اک واری جدوں پورا گھر محفوظ ہو جائے تے فیر دوجے کماں دا وی آغاز کیتا جا سکدا ہے جیویں کہ بنیاداں دی بحالی، دیواراں دی مرمت اتے گھر دی تزئین و آرائش وغیرہ ۔

جدوں ادوکے مسلمان لوک مسیح دے کول آندے نیں تے ہو سکدا ہے پئی اوہ اسلام تے اسلامی ثقافت دی وجہ توں روح تے لگے ہوئے پھٹ اپنے نال لے کے آؤن، جنہاں توں اوہناں نوں شفا تے بحالی دی ضرورت ہوندی ہے۔

ایماندار شخص دی روح بالٹی کی طرح ہوندی ہے۔ جس وچ اسی صاف تے میٹھا پانی جمع کر دے آں مطلب زندگی دا پانی جو خداوند یسوع مسیح توں جاری ہوندا ہے۔ ساڈی زندگی وی ایہو جیہی ہونی چاہیدی ہے۔ پر جےکر بالٹی وچ کسے پاسے ایک وڈا سارا سوراخ یا شگاف ہووے جہدا مطلب ساڈے کردار وچ کوئی خرابی یا کمزوری ہے، تے اوس بالٹی وچ بوہتا پانی نئیں ایا جا سکدا۔ ایس بالٹی وچ صرف اوہنا ای پانی آ سکے گا جنی تھاں بالٹی وچ اوہدے سب نوں تھلڑے سوارخ یا شگاف توں تھلے تھلے باقی رہ جائے گی۔ ایس بالٹی وچ زیادہ توں زیادہ پانی جمع کرن لئی ضروری ہے پئی اسی پہلاں اوہدے شگافوں نوں بند کرئیے۔

دنیا جہاں وچ جتھے جتھے اسلام نے جڑ پھڑی ہے اوتھے ایسے قسم دا نقصان ویکھن چ آیا ہے۔ جیویں ڈان لٹل نے نشاندہی کیتی ہے پئی" اسلام نے اپنے اثر و رسوخ کے ذریعے مختلف حالات دے باوجود مسلم پسِ منظر نال تعلق رکھن والے ایمانداراں لئی اکو جہیاں رکاوٹاں پیدا کیتیاں جاندیاں نیں تاں جو اوہ مسیح دی پیروی نہ کر سکن"۔[١٧]

ایس اک ہور انداز وچ سوچ بچار کرن لئی ذرا غور کرو پئی جدوں کوئی بندہ نہایت بُرے حادثے دا شکار ہو جائے تے اوہدے تندرست ہون وچ اک طویل عرصہ لگ جائے تے ایس دوران کیہہ ہوندا ہے؟ عموماً اوہدے جسم دے کجھ پٹھے کمزور پے جاندے ہین تے یا فیر استعمال نہ ہون دی وجہ توں اوہناں دے مکمل طور تے ضائع ہو جان دا وی خدشہ ہوندا ہے۔ ایہو جئے بندے نوں مکمل بحالی حاصل کرن لئی چند مخصوص ورزشاں (فزیو تھراپی دے ذریعے) کرائیاں جاندیاں ہین تاں جو کمزور پٹھے وی مضبوطی حاصل کر سکن۔ ایہہ ورزشاں طویل مدتی وی ہو سکدیاں ہیں تے چنگیاں بھلیاں تکلیف دہ وی پر پورے جسم نوں دوبارہ کم کرن دے قابل بنان لئی ایہہ ورزشاں بہت ہوندیاں ہین۔ تسی صرف ایہنا کم ای کر سکدے اوہ جنہاں کم تہاڈے کمزور پٹھے تہانوں کرن دی اجازت دین گے۔

ایہدا مطلب ایہہ ہے پئی مسلم پسِ منظر نال تعلق رکھن والے ایمانداراں تے مشتمل کلیسیا وچ تعلیم دین دے نظام وچ ایس نقصان دا مداوا کرن دا اک مکمل تے باضابطہ بندوبست شامل ہونا چاہیدا ہے۔ اسی ایس بندوبست نوں "دراڑاں وچ تعلیم دی بھرائی" دا ناں دینے آں یعنی بائبل مقدس دی سچیائی نوں بول کے زندگی دے اوہناں علاقیاں وچ انڈیلنا جتھے پہلوں جھوٹھ دا راج ہوندا کردا سی۔ ہر ادوکے مسلمان دی زندگی وچ ایسے سارے حلقے پائے جاندے ہیں جتھے ایس عمل نوں انجام دین دی لوڑ ہوندی ہے۔

حضرت محمد دی تعلیمات وچ اک منکھ دی دوجے اُتے برتری تے بڑا زور دتا گیا سی جیویں کہ مسلماناں نوں غیر مسلماناں تے۔ اوہ دوجے بندے توں خود نوں گھٹیا یا کمتر سمجھن نوں بڑی شرمندگی دی گل سمجھدے سن۔ اسلامی معاشریاں وچ ایہہ گل اوہناں دے حیاتی نظرئیے وچ خاصی جذباتی حد تک سرایت کر چکی ہے پئی اوہ دوجے لوکاں نوں بہتر ہین۔ اک مسیحی بندے نے دسیا پئی ایرانی ثقافت وچ جدوں لوک کسے دوجے بندے نوں گلی دی نکڑ تے ڈگیا ہویا ویکھدے نیں تے بہت خوش ہوندے نیں یا جدوں اوہ سُندے نیں پئی فلاں بندہ امتحان وچ فیل ہو گیا ہے۔ اوہ ایس لئی خوش ہوندے نیں کیوں جو اوہ نہیں ڈگے یا فیل ہوئے ایس لئی اوہ اوہناں نالوں افضل نیں۔

[١٧] ڈان لٹل، "ایفیکٹو ڈسائپلنگ ان مسلم کمیونٹیز"، ص ١٧٠

دوجے بندے دی ایس نظر نال ویکھن دا ایہہ انداز کلیسیاواں وچ بہت سارے مسائل نوں پیدا کرن دا سبب بندا ہے۔ مثال دے طور تے، ہو سکدا ہے پئی کسے اک کلیسیا دے لوک ایہہ کہن پئی اسی دوسری کلیسیاواں توں بہتر ہاں۔ ایہہ رویہ ٹھیس یا ٹھوکر کا باعث بندا ہے جہدی وجہ توں اک ای علاقے دیاں کلیسیاواں رل مل کے کم کرن توں انکار کر دیندیاں نیں۔ ایس روئیے دے نال، جسے کسے بندے نوں کلیسیا وچ قیادت دے منصب تے فائز کر دتا جائے تے دوجا بندہ شخص فوراً ایہہ سمھجنا شروع کر دئے گا پئی مینوں ٹھکرا دتا گیا ہے اتے انج اوہدے اندر حسد پیدا ہووے گا اتے اوہ پوچھے گا پئی "اوہناں نے مینوں ایس کم لئی کیوں نہیں چُنیا؟ کیہہ ایہناں نوں لگدا ہے پئی مَیں چنگا نہیں آں؟" ایہہ مسئلہ ایہناں زیادہ گھمبیر ہے کہ لوکی اپنےآپ نوں قائدانہ خدمت لئی پیش کرن توں انکار کرنا شروع کر دین گے کیوں جو اوہناں ہر ویلے ایس گل دا دھڑکا لگا رئیے گا پئی کلیسیا دے دوجے لوک کِتے اوہناں اُتے کسے دِن ہلہ ای نہ بول دین یا بے جا تنقید دا نشانہ نہ بنان۔

ایہو جیہا رویہ رکھن والے لوک اکثر ایہہ نئیں جاندے پئی اوہ کلیسیائی زندگی وچ بہتری لیاؤن واسطے اپنی تعمیری سوچ نوں کس طرح عاجزی تے حلیمی دے نال عمل وچ لیاؤن۔ بلکہ اوہ ہمیشہ انج گل کردے ہین جیویں اوہ ایس فن وچ یدِ طولیٰ رکھدے ہین، اوہناں دے لہجے توں تکبر دی بو آئے گی اتے اوہ بڑے ای غیر حساس طریقے نال بس دوجیاں دی اصلاح کردے نظر آن گے۔

ایہہ رویہ چغل خوری (عیب جوئی) نوں وی پروان چڑھاندا ہے کیوں جو ایہو جئے لوکاں نوں دھیان دے نال اپنا اپنا کم کرن نالوں دوجیاں دیاں لتاں کھچن وچ زیادہ مزہ آندا ہے۔

ایس گھمبیر مسئلے دا قلع قمع کرن لئی ضروری ہے پئی لوکاں نوں اپنے اندر خادمانہ روح پیدا کرن دا درس دتا جائے مطلب ایہو جئے لوکاں نوں ایہہ جانن دی لوڑ ہوندی ہے پئی یسوع نے کیوں اپنے شاگرداں دے پیر دھوتے سن اتے فیر اوہنے ساہنوں وی ایہو کم کرن دا حکم دتا سی۔ لوکاں نوں ایہہ وی گل سکھان تے سمجھان دی لوڑ ہے پئی مسیح وچ اوہناں دی پہچھان تے شناخت کیہہ ہے، مسیح دے وچ ساڈی شناخت نہ ساڈے کماں نال بندی ہے اور نہ ہی دوجے لوکاں بارے اپنی سوچ تے عقل دے نال گلاں کرن دے نال بلکہ ساڈی پچھان مسیح ورگے کم کرن نال بندی ہے۔ اوہناں نوں ایہہ وی سکھن دے لوڑ ہے پئی اوہ اپنی کمزوریاں تے"فخر کرنا" اتے "خوشی" محسوس کرنا سیکھن (۲۔ کرنتھیوں۱۲: ۹۔ ۱۰)۔ اوہناں نوں ایوی گل سیکھن دی لوڑ ہے پئی دوجیاں نال محبت رکھن دا مطلب ہے دوجیاں دی کامیابیاں تے خوش ہونا اتے اوہناں دے دکھ یا رنج وچ اوہناں دے نال دُکھی تے رنجیدہ ہونا (رومیوں ۱۲: ۱۵؛ ۱۔ کرنتھیوں ۱۲: ۲۶)۔ لوکاں نوں ایس تعلیم دی وی ضرورت ہے پئی محبت وچ سچ کیویں بولیا جاندا ہے۔ ایمانداراں نوں ایہہ وی سکھاں دی لوڑ ہے پئی چعل حوری

دے کھیڑے کھیڑے کم اپنے اندر تخریبی اثرات رکھدے نیں اتے جدوں کسے بھرا یا بہن دے بارے کوئی شکایت آئے تے اوہنوں اچھے طریقے دے نال کس طرح نپٹایا جا سکدا ہے یا اوہدے اُتے کیہو جئے ردِ عمل دا تے کِسراں اظہار کرنا چاہیدا ہے۔

اسلام چوں مسیح دی طرف آن والے لوکاں دے نال اک مسئلہ سچ بولن دا ہنر سیکھن وچ سامنھے آن والیاں مشکلاں وی ہو سکدیاں نیں۔ اسلامی معاشریاں وچ لوکاں نوں ایس گل دی خاص تربیت دتی جاندی ہے پئی اوہ اپنے اپنے کماں وچ شفافیت تے احتساب توں ہمیشہ دُور رہن دے ذریعے (ایس بارے ہور جانن لئی ستویں باب وچ گمراہی دا عنوان پڑھو) کس طرح شرمندگی توں بچ سکدے ہین۔ مثال دے طور تے، فرض کرو پئی تہانوں چرچ دے وچ کوئی ایہو جیہا بندہ نظر آندا ہے جنہوں ویکھ کے تہانوں محسوس ہوندا ہے پئی ضرور ایہہ بندہ اپنی زندگی وچ کسے نہ کسے وڈی مصیبت وچ پھسیا ہویا ہے پر جدوں تُسی اوہنوں مل کے تے اوہنوں پوچھدے او پئی"تہاڈا کیہہ حال اے؟ سب ٹھیک تے ہے ناں؟" تے حالانکہ صاف دِس رئیا ہے پئی اوہدی زندگی وچ ضرور کوئی نہ کوئی وڈا مسئلہ چل رئیا ہے کیوں جو اوہ بندہ کافی دِناں توں بالکل ٹھیک نظر نئیں آ رئیا پر فیر وی تہاڈے سامنے اوہ کہندا ہے پئی "ہاں ہاں سب خیر اے۔ مَیں بالکل ٹھیک ٹھاک آں۔ مہربانی۔ سب بہت ودھیا چل رئیا ہے"۔ ایہو جئے لوک ایہو جئے موقعے تے فوراً اپنے مونہہ اُتے اک نقاب چڑھا لیندے نیں۔ اپنے مسئلیاں نوں چھپان دا ایہہ رجحان اسلام نوں خیر باد کہن والے لوکاں وچ بہت والے لوکاں وچ بہت عام پایا جاندا ہے۔ شیطان ایس روئیے نوں استعمال کردیاں ہوئیاں ایہو جئے ایمانداراں دی روحانی زندگی وچ ترقی دے کم نوں روک دیندا ہے جہدا اوہناں پتہ نئیں لگدا نالے اُتوں اوہناں دے دلاں نوں ایہو جیہا بنا دیندا ہے پئی دوجیاں کولوں روحانی مدد حاصل نہ کر سکن۔

ایس معاملے نوں نپٹان لئی، شاگرداں نوں چاہیدا ہے پئی اوہ اک دوجے دے نال سچ بولن دی اہمیت نوں جانن تے اک دوجے نوں سمجھن دی تعلیم تے بار بار غور کرن تاں جو اوہناں نوں پتہ چل سکے پئی ایہہ عمل شخصی ترقی تے آزادی لئی کنی اہمیت رکھدا ہے۔

اسلامی ثقافتوں توں متعلقہ کئی ہور وی معاملات ایہو جئے ہوندے نیں جتھے"دراڑاں وچ تعلیم دی بھرائی" کرن دی لوڑ ہوندی ہے جیویں کہ:

- معافی دی ضرورت اتے اوس دا اطلاق کرن دا ہنر
- آسانی نال ٹھوکر کھان اتے دوجیاں دیاں معمولی معمولی گلاں تے ٹھوکر لگن دے رجحان تے غالب آنا

- ایہو جئے انداز نال خدمت کرن دا فن سیکھنا جہدے ذریعے لوکاں دے درمیان اعتماد دی فضا قائم ہووے
- جادوگری نال جڑیاں ہوئیاں سرگرمیاں نوں ترک کرنا
- عورتاں تے مرداں دا اک دوجے دی عزت کرن دا ہنر سیکھنا اتے اپنے تعلقات وچ ہمیشہ سچ بولن دے حوالے نال تعلیم حاصل کرنا پر ایہہ عمل نہایت محبت، فروتنی تے کسے وی قسم دے غرور توں بغیر انجام دتا جائے۔
- ماپے وی ایس گل نوں سیکھن پئی اپنے بچیاں تے لعنت بھیجن دی بجائے اوہناں لئی برکت چاہن۔

(اسلام اتے حضرت محمد دی سیرت دی پیروی کرن توں پیدا ہون والے مسئلیاں دی فہرست ویکھن لئی چوتھے سبق دا آخری حصہ ویکھو۔)

یہ گل بہت اہم تے ضروری ہے پئی "دراڑاں وچ تعلیم دی بھرائی" دا مرحلہ بہت ہی منظم تے بھرپور طریقے نال مکمل کیتا جائے مطلب سارے مسئلیاں تے معاملیاں دا پورا احاطہ کیتا جاوے تاں جو سب لوکی اپنے اپنے جذبات تے الٰہیاتی نظریات نوں نویں سریوں تعمیر کر سکن۔

ایس حصے وچ اسی ایمانداراں اتے قائدین دی کردار سازی اتے نویں عقل دی ضرورت تے گل کراں گے۔

بھرپور آغاز

ڈان لٹل صاحب نے شمالی افریقہ دے مسلماناں دے درمیان خدمت انجام دین والے دو مشنری خادماں دا اک تقابلی جائزہ پیش کیتا ہے۔ ایہناں دونواں خادماں نے اوتھے کئی سال خدمت کیتی سی۔[۱۸]

بھائی اسٹیو وچ ایہہ ہنر ہے سی پئی اوہ مسلماناں نوں فوراً مسیح نوں قبول کرن تے مائل تے قائل کر لیندا سی اتے کئ وراں تے پہلی گل بات دے وچ ہی اوہناں دے دل جِت لیندا سی۔ پر اوہناں نومریداں وچوں تقریباً ہر بندہ ای بہت چھیتی برگشتہ ہو جاندا سی تے اکثر خداوند یسوع دی پیروی دا فیصلہ کرنے دے چند ہفتیاں دے اندر اندر اوہدے بچائے ہوئے لوک برگشتگی دا شکار ہو جاندے ہوندے سی۔ اوہناں وچوں کجھ جے کر قائم رہ وی جاندے سن تے اوہ وی زیادہ توں زیادہ ایک سال اتے اوہ وی بس اک دو۔ اسٹیو دی تکنیک ایہہ سی پئی اوہ لوکاں نوں فوراً مسیح تے

[۱۸] ڈان لٹل، "ایفیکٹو ڈسائپلنگ ان مسلم کمیونٹیز"، ص ۲۶۔ ۲۷

ایمان لیان اتے روح القدس تے بھروسہ رکھن تے قائل کر لیندا سی تے نال نال اوہناں نوں ایہہ وی کہندا سی پئی روحانی زندگی وچ ودھن تے مسیحی ایمان دے بارے ہور جانن دے حوالے نال مَیں ہر قدم تے تہاڈی مدد تے رہنمائی کراں گا۔

بہن چیری دا طریقہ تے کامیابی دی شرح ایہدے بالکل اُلٹ سی۔ اوہ لوکاں نوں مسیح دے کول لیان توں پہلاں اوہناں نوں بہت دیر تک تعلیم دیندی ہوندی سی بلکہ کئی واری تے کئی کئی سال تک۔ اوہنے صرف اپنے نال کم کرن والیا عورتاں نوں شاگرد بنن دی دعوت دتی تے اوہ وی اوہدوں جدوں اوہناں ایس گل نوں محسوس کیتا پئی ہن ایہہ عورتاں مسیح نوں قبول کرن دی ضرورت تے اہمیت نوں پوری طرح سمجھ گئیاں نیں جہدے وچ ایذارسانی تے اوہناں دے شوہراں ولوں طلاق تک دے امکانات وی شامل سن۔اوہناں دے وسیلے مسیح نوں قبول کرن والی ہر عورت اک مضبوط تے وقف شدہ ایماندار بن گئی ایتھوں تیک کہ چیری صاحبہ نوں شمالی افریقہ توں ملک بدر ہو جان دے بعد وی اوہ سب عورتاں اپنے مسیحی ایمان تے قائم رئیاں۔

مسلماناں نوں مسیح دے کول لیان دے عمل لئی ایہہ ضروری ہے پئی اوہناں نوں اوس ویلے تک شاگردیت دے مراحل چوں نہ گزاریا جائے جدوں تک اوہ ابتدائی تعلیم دے نال پوری طرح واقف نہ ہو جان۔ پنجویں سبق وچ پیش کردہ مسیح دی پیروی دے چھ اقدام نوں یاد کرو:

۱۔ دو اقرار:

- مَیں گنہگار آں تے اپنے آپ کو خود بچا نئیں سکدا
- خدا اک ہی ہے یعنی خالق خدا جنے اپنے بیٹے یسوع نوں بھیجیا تاں جو میرے گناہواں دی خاطر اپنی جان دیوے۔

۲۔ رجوع لانا (توبہ کرنا) : اپنے گناہواں توں تے ہر قسم دی بدی توں۔

۳۔ درخواست کرنا: معافی ، آزادی، ہمیشہ دی زندگی اتے روح القدس لئی۔

۴۔ وفاداری دا تبادلہ: ہن توں مسیح میری زندگی دا مالک تے خداوند ہووے گا۔

۵۔ وعدہ تے تقدیس: کہ مَیں اپنی زندگی مسیح اتے اوہدی خدمت لئی وقف کرنا آں۔

٦۔ اعلان: مسیح وچ اپنی نویں شناخت دا اقرار۔

اویں لگدا ہے پئی اسٹیو صاحب نو مریداں نوں صرف پہلے تے دوجے اقدام وچوں گزاردے سن یا ہورے تیجے قدم وچوں وی پر اوہ اوہناں نوں چوتھے سے چھیویں

اقدام دا پابند نئیں بناندے سن۔ وفاداری دے مکمل تبادلے لئی (چوتھا قدم) اسلام توں مکمل قطعٔ تعلق اختیار کرنا تے اوہدی تھاں خداوند یسوع مسیح دے نال اپنی مکمل وفاداری دا عہد کرن دی لوڑ ہوندی ہے۔ وعدے تے تقدیس دے عمل وچ (پنجواں قدم) ایذارسانی دیاں شرطاں نوں قبول کرن دا اقرار وی شامل ہونا چاہیدا ہے جہدے لئی بائبل دی اخلاقیات توں واقف ہونا وی بہت ضروری ہے مطلب اپنی تقدیس کر دیاں ویلے تہانوں پتہ ہونا چاہیدا ہے پئی ہن توں تہانوں کیہو جئی مقدس تے پاکیزہ زندگی بسر کرنا پینی اے۔ نویں شناخت دا اعلان کرن لئی (چھیواں قدم) ضروری ہے پئی تہانوں ایس گل دی وی پوری پوری سمجھ بوجھ ہونی چاہیدی ہے پئی ہن تُسی اللہ دے "عابد" بنن دی بجائے خداوند یسوع مسیح دے ویلے نال خدا دے فرزند بن چکے اوہ ایس لئی اپنی ایس نویں مسیحی پچھان نوں سمجھنا تے جاننا تہاڈے لئی بے حد ضروری ہے۔ فیر ایس معاملے وچ تہانوں ایس حقیقت نوں وی تسلیم کرن دی لوڑ ہے پئی ہن توں تُسی مسلم اُمہ وچوں خارج قرار دتے جا چکے اوہ تے ہن تہاڈی اوہ پرانی شناخت ختم تے منسوخ ہو چکی ہے جہدے وچ دوستاں اتے گھر والیاں دی طرفوں خفیہ علیحدگی دے عوامل وی شامل ہین۔

ایس توں علاوہ ، تیجا قدم تہاڈے کولوں ایہہ تقاضا وی کردا ہے پئی تُسی مسیح وچ آزاد رہن، دوجیاں نوں معاف کرن اتے روح وچ زندگی گزارن دی اہمیت تے کیفیت دا مطلب وی چنگی طرح سمجھدے تے جاندے ہوؤ۔

ایہناں اقدام دی مکمل تفہیم اتے اوہناں دے نال گہری وابستگی اختیار کرن دے لئی شاگردیت دے عمل دی لوڑ ہووے گی۔ ایس عمل دے ذریعے کوئی وی بندہ اسلامی چال چلن نوں بڑی احتیاط تے سوچ وچار دے بعد اپنی زندگی چوں الگ کر کے اوہدی جگہ جگہ بائبل دے چال چلن نوں اپنا سکدا ہے۔

جدوں لوکی مسیح ول رجوع لیا کے اوہدی پیروی کرن دا عہد کردے نیں تے اوہ دراصل شیطان دے خلاف اک بھرپور اعلانِ جنگ کردے ہین۔ اوہناں نے اپنے آپ نوں ایس گل لئی وقف کیتا ہے پئی اوہ شیطان دے لوکوں اوہ سارے حقوق کھو لین اتے اپنی زندگی دے سارے حقوق خداوند یسوع مسیح دے ہتھ وچ سونپ دین۔ ایہہ کوئی آسان یا کھوکھلا فیصلہ نئیں۔ ایس فیصلے دے پچھے پوری پوری فہم و فراست تے آزاد مرضی کارفرما ہونی چاہیدی ہے۔

ایہناں وجوہات دی بنا تے انجیل دے خادماں نوں ایہہ صلاح دتی جاندی ہے پئی بپتسمے دین دی رفتار نوں گھٹ رکھن تے خداوند یسوع دی پیروی دے عہد دی دعا کرن تے لوکاں دی رہنمائی کرن وچ وی اعتدال دا مظاہرہ کرن۔ اوہناں نوں ایہہ عمل صرف اوس ویلے انجام دینا چاہیدا ہے جدوں جب سامنے والا بندہ پوری طرح نال اوہدے مفہوم اتے اوہدی اہمیت نوں خود اپنے اتے اپنے عزیزاں لئی سمجھ تے جان لوے۔

اک تجویز ایہہ وی ہے پئی کسے بندے نوں اوس ویلے تک تک بپتسمہ نہ دتا جائے جد تک اوہ پوری سمجھ تے وفاداری دے نال ''کلمہ شہادت نوں ترک کرن اتے اوہدی طاقت نوں توڑن دی دعا تے اعلان'' نہ کر لے (پنجواں سبق ویکھو)۔ ایس عمل توں پہلاں اوہنوں ساریاں متعلقہ گلاں دے بارے پوری تفصیل نال دسیا تے سمجھایا جائے۔ ایہہ کم بپتسمہ دین توں کجھ ای دیر پہلاں وی انجام دتا جا سکدا ہے۔ ایہو جہیاں ساریاں شیواں نوں ترک کرن دی دعا وی بپتسمے دی رسم وچ شامل کیتی جا سکدی ہے۔ اپنا تعلق ختم کرن دی ایہہ دعا چوتھے قدم دے نال مکمل وفاداری دا اعلان کردی ہے جہدے تحت ایہہ اقرار کیتا جاندا ہے پئی اج توں مَیں اپنی پوری وفاداری نوں خداوند یسوع مسیح دے نال وابستہ کردا ہاں یعنی مَیں اپنی زندگی اُتوں اسلام دے سارے دعودیاں نوں مسترد کرنا واں۔

اُبھردے ہوئے قائدین دی تربیت

اج دی دنیا وچ مسلم پسِ منظر نال تعلق رکھن والے ایمانداراں نوں درپیش وڈے مسائل وچوں اک مسئلہ ایہہ وی ہے پئی اوہناں نوں ایہو جئے تجربہ کار پاسباناں دی لوڑ ہوندی ہے جہیڑے آپ وی مسلم پسِ منظر نال تعلق رکھدے ہون۔ غیر صحتمند قائدین دیاں اپنیاں کلیسیاواں وی غیر صحت افزا ہوندیاں نیں ۔ اک صحت افزا کلیسیا قائم کرن لئی جتھے لوک روحانی بالیدگی تے آزادی وچ ترقی پا سکن، اوتھے کلیسیا نوں صحتمند قائدین دی وی لوڑ ہوندی ہے۔ مسلم پسِ منظر نال تعلق رکھن والے ایہناں قائدین تے سرمایہ کاری کرنا بے حد ضروری ہے جو صحت افزا کلیسیاواں دی قیادت کر سکن۔ ایس سرمایہ کاری وچ ورھیاں دی خبرگیری تے مدد دی لوڑ ہوندی ہے۔

خفیہ قائدین وچ سرمایہ کاری کرن توں پہلاں اوہنان نوں لبھن دی لوڑ ہوندی اے! ایہدا اک کلیدی اصول ایہہ ہے پئی لوکاں نوں قیادت دے لئی سامنے لیان وچ جلد بازی نہ کیتی جائے۔ جے تُسی کسے بندے نوں بہت جلدی سامنے لے آؤ گے تے اوہدے بعد جے کوئی اوہدے توں بہتر بندہ مل جاوے تے فیر تہانوں پچھتانا پئے گا۔اسلامی پسِ منظر نال تعلق رکھن والے لوکاں دے لئی ٹھکرائے جان اتے مقابلے بازی دا سامنا کرنا ذرا مشکل ہووے گا ایس لئی کسے وی بندے نوں قیادت دے منصب تے فائز کرن توں پہلاں ہیٹھاں دتیاں گئیاں اہم گلاں تے عمل نوں یقینی بنا لوؤ:

- اوہ بلائے جان لئی تیار ہون
- اوہ قائدانہ خدمت لئی ضروری تے لازمی عاجزی تے فروتنی رکھدے ہون
- اوہناں وچ سیکھن دی روح پائی جاندی ہووے

- اوہناں دے اندر تنقید نوں برداشت کرن دا مادہ تے لچک ہونی چاہئی دے اے۔

جیکر تُسی مسلم پسِ منظر نال تعلق رکھدے اوہ اور کلیسیائی قیادت دی بلاہٹ وی محسوس کردے اوہ تو ایس خدمت دی تیاری لئی تیز ترین اتے آسان ترین راستہ تلاش کرن دی کوشش نہ کرو۔ عاجزی دے نال ایس گل نوں سمجھو پئی تہانوں ایس بڑی لئی تیار ہون وچ اجے کافی وقت لگے گا۔ تربیت پذیر رہن والا مزاج اپناؤ۔ تحمل نال چلو۔ سیکھن دی روح رکھو۔

مسلم پسِ منظر نال تعلق رکھن والے ایمانداراں کو بہت جلدی ترقی دے کے وگاڑیا وی جا سکدا ہے۔ جے اوہناں نوں بہت چھیتی چھیتی ترقی دے دتی جائے تے اوہ شاید عاجزی نہ سیکھ پان کیوں جو اوہناں نوں انج محسوس ہووے گا جیویں اوہناں نوں پہلوں ای سب کجھ آندا اے اور اوہناں ہور کردار سازی کرن اتے تربیت حاصل کرن دی کوئی لوڑ نہیں۔ چھپے قائدین دےلئی بہتر ایہہ ہووے گا پئی اوہ شروع شروع وچ تھوڑے وقت لئی چھوٹیاں چھوٹیاں ذمہ داریاں آزمائشی یا تربیتی بنیاد تے نبھانا شروع کرن تے پھر ہولی ہولی مستقل قیادت دی جانب وددھے جان تاں جو جماعت دے سامنے اوہناں دی بلاہٹ تے خدمت ثابت وی ہو جائے۔ جے لوکاں نوں جماعت دے سامنے اپنے آپ نوں ثابت کرنے دا مواقع مہیا کیتے بغیر بہت جلدی جلدی ترقی دے دتی جائے تے اوہناں نوں بھاریاں تے وڈیاں ذمہ داریاں سنبھالن توں پہلاں ای رد کیتے جان دا سامنا کرنا پے سکدا ہے اتے ایہہ شے اوہناں دی کرداری سازی اتے تشکیل سازی دے لئی تباہ کن ثابت ہووے گی۔

صحتمند قیادت دی تیاری وچ بڑا وقت لگدا ہے تے پختہ مسیحی قائدین تیار کرندے لئی ایک طویل المدتی نقطۂ نظر بے حد ضروری ہے۔ نومرید چھپے قائدین نوں مسیحی بالیدگی تے پختگی دی معراج تک پہنچن وچ کئی سال وی لگ سکدے ہین۔ اوہنوں حالے بہت کجھ سیکھنا ہے کیوں جو اسلامی پسِ منظر توں آن والے لوک زندگی تے تعلقات کے بارے اک مخصوص قسم دی سوچ تے جذبات رکھدے نیں جنہاں نوں نویں سریوں پروان چڑھان دی لوڑ ہوندی اے۔

ہیٹھاں قائدین دی بلوغت تے پختگی دے حوالے نال بارہ کلیدی نکتے پیش کئے گئے ہین:

۱. زیر تربیتی (تربیت پذیر) بندے نوں باقاعدگی دے نال اپنے تربیت کار (استاد / قائد) دے نال ملاقات کرنی چاہیدی ہے مطلب کم از کم ہفتے وچ اک دو وار تے ضرور ہی ۔

۲. زیرِ تربیت قائدین نوں سکھایا تے وکھایا جاوے پئی الہٰیاتی سوچ بچار کیویں کیتی جاندی ہے اتے زندگی دے تجربیاں دا مسیحی ایمان تے اطلاق کیویں کیتا جاندا ہے۔ ایہہ تربیت بائبل تے ایمان توں متعلقہ سچیائیاں دا

روزمرہ زندگی تے خدمت دیاں عملی مشکلاں تے اطلاق کرن نال علاقہ رکھدیاں ہین۔ دانستہ الہٰیاتی غور وفکر دے ذریعے ہر بندے دا کردار سچیائی دی کسوٹی تے پرکھیا جاندا ہے تاں جو اوہنوں نویں سریوں تشکیل دے کے درجہ بدرجہ خداوند یسوع مسیح دے نمونے تے ڈھالیا جا سکے۔

۳. شفافیت تے ایمانداری دی تربیت دیو مطلب خدمت دے میدان وچ ایس گل دی توقع سب توں زیادہ رکھنی چاہیدی ہے پئی قائد شفاف طبیعت تے ایماندار ہووے۔ جے زیر تربیت بندے نے اپنےچہرے اُتے کوئی ہور نقاب پایا ہویا ہے تے فیر اوہدا اوہ روپ ای پختگی حاصل کرے گا! ہو سکدا ہے پئی اک دن اوہ بندہ خود بخود کمرے توں باہر نکل جائے پر اپنا اوہ نقاب اوتھے ای پچھے چھڈ جاوے۔ تد تہانوں پتہ لگے گا پئی ایہہ تے اوہ بندہ ہے ای نئیں سی جو اسی اوہنوں سمجھدے رئیے۔

جے استاد اپنے زیر تربیتی قائد توں ایہہ توقع رکھدا ہے پئی اوہ اپنیاں مشکلاں دے بارے کھل کے گل کرے گا تے ایہدے لئی ضروری ہے کہ پہلوں استاد آپی اوہدے سامنے اوہدا اک نمونہ پیش کرے تاں جو شاگرد زندگی دی شفافیت دے بارے سیکھ سکے۔

جدوں مَیں پہلی واری اک ایسے جوڑے نوں شاگردیت دی تربیت دینا شروع کیتی جو مسلم پسِ منظر نال تعلق رکھن والے ایمانداراں دی اک کلیسیا دے لئی پاسبانی خدمت دی رویا رکھدے سی۔ پہلی ملاقات وچ مَیں اوہناں نوں پچھیا پئی ”کیہ تہانوں اپنی شخصی یا ازدواجی زندگی وچ کسے وی طرح دے کوئی مسئلے مسائل درپیش ہین؟“

اوہناں نے آکھیا، ”جی نہیں“۔

اگلے ہفتے جدوں ساڈی دوبارہ ملاقات ہوئی تے مَیں اوہناں نوں فیر پچھیا، ”کیہ تہانوں زندگی یا خدمت وچ کوئی مشکل تے پیش نئیں آ رئی؟“

اوہناں فیر ایہو جواب دتا، ”جی نہیں“۔

تیسرے ہفتے فیر جدوں ساڈی ملاقات ہوئی تے مَیں اک واری فیر اوہناں کولوں ایہو سوال پچھیا پئی، ”کیہ تہانوں زندگی یا خدمت وچ کسے وی قسم دی کوئی مشکل تے نئیں پیش آ رئی؟“

اوہناں فیر کہیا، ”جی نہیں“۔

تد فیر مَیں اوہناں نوں آکھیا، ”مینوں ایہہ گل سُن اور ویکھ کے بڑا دکھ ہویا ہے۔ یا تے واقعی تہاڈی زندگی وچ کوئی مسئلہ مسائل ہے ای نئیں تے یا فیر تہانوں اوہناں دے بارے کجھ پتہ ای نئیں تے یا فیر تسی مینوں اوہناں

دے بارے کجھ دسناں ای نئیں چاؤندے تے ایہہ ساریاں گلاں ای چنگیاں نئیں۔ ہن تسی مینوں دسوں وئی ایہناں وچوں کہیڑی گل صحیح آ؟"

تد کِتے جا کے اوس جوڑے نیں کھل کے دسنا شروع کیتا کہ اوہناں نوں واقعی بہت وڈے وڈے مسئلیاں دا سامنا ہے پر اوہناں دے اسلامی ثقافتی پسِ منظر نے اوہناں نوں ایہہ گل سکھائی سی پئی اپنیاں کمزوریاں یا مشکلاں نوں دوجیاں دے سامنے ظاہر کرنا بہت زیادہ شرم دی گل ہے۔ پر اوس دن دے بعد جدوں اوہناں نے اپنی زندگی دے سارے مسئلیاں تے مشکلاں بارے اپنا دِل کھول کے دسنا شروع کیتا تے ساڈا تعلق آپس وچ پہلاں نالوں کِتے زیادہ مضبوط ہوگیا۔ ایہدے بعد مینوں اوہناں دی مدد تے رہنمائی دے سلسلے وچ ہور بڑی آسانی ہو گئی۔ ایس عمل دے ذریعے اعتمادِ باہمی دی اک ایسی فضا قائم ہوئی کہ اوہ مسیحی بالیدگی وچ روزافزوں ترقی کرن لگے۔

۴. استاد تے چھپے قائدین دونواں لئی ضروری ہے پئی اوہ روزمرہ زندگی دے مسئلیاں تے معاملیاں نوں باہمی رضامندی، سرگرمی تے دِلی ارادے نال انجام دین۔ زیرِ تربیت قائد دی حوصلہ افزائی کیتی جائے پئی اوہ معاملہ فہمی دے نال درپیش مسئلیاں دی نشاندہی کرے تے ملاقاتوں دے دوران اوہناں نوں زیر غور لیائے۔

۵. زیر تربیتی قائد تے استاد نوں چاہیدا ہے پئی اوہ دونویں رل کے کلیدی مسئلیاں نوں نپٹان تے کلیسیائی زندگی تے اثر انداز ہون والے عوامل بارے فیصلہ سازی کرن۔ ایس طرح زیر تربیت قائد نوں وی پاسبانی خدمت توں متعلقہ مسئلیاں نوں الہٰی تے بائبلی طریقے نال نپٹان دا ہنر سیکھن دا موقع ملے گا۔

۶. زیر تربیتی قائد دی تربیت دے دوران اوہنوں آزادی دے نال چلن وچ سہارا دیو۔ تقریباً ہر شخص نوں خدماتی تربیت کے دوران کسے نہ کسے شے توں آزادی حاصل کرن دی ضرورت ہوندی ہے۔ جے روحانی بندشاں دا احاطہ نہ کیتا جائے اور زخموں تے مرہم نہ رکھیاجائے تے شفا اور آزادی دے فقدان دی وجہ توں مستقبل وچ اوس بندے دی بارآوری محدود ہو جائے گی۔ جدوں شخصی آزادی نال وابستہ مسئلے سر چُکن لگن تے ہر اک مسئلے نوں اوہناں خوبیاں، برکتاں دے نعمتاں دے مطابق نپٹایا جائے جو مسیح وچ ساہنوں حاصل ہین۔ ایہناں دی تفصیل دوجے سبق وچ بیان کیتی گئی ہے۔ فیر خود آزادی دے عمل چوں گزرن والا بندہ ہی دوجیاں نوں وی آزادی حاصل کرن وچ مدد فراہم کر سکدا ہے۔

۷. مسلم پسِ منظر نال تعلق رکھن والے ایمانداراں نوں خود احتیاطی دی وی تربیت فراہم کیتی جاوے۔ مسلم پسِ منظر نال تعلق رکھن والے ایماندار قائدین لئی ضروری ہے پئی اوہ خود اپنی تے اپنے گھرانیاں دی خبرگیری نوں اولین ترجیح دین۔ ایس کٹھن خدمت وچ اوہناں نوں بہت ساریاں مشکلاں دا سامنا کرنا پوے گا اور جے پاسبان ای سب توں پہلاں اپنی تے اپنے خاندان دی دیکھ بھال دا بندوبست نہیں کر سکدا تے اوہدی خدمت زیادہ دیر قائم نئیں رہ سکے گی۔ جے کوئی پاسبان اپنے گھر دا وی بخوبی بندوبست نہیں کر سکدا تے اوہدی خدمت تے وی بھروسہ نہیں کیتا جا سکدا۔ لوک کہن گے پئی "جے اوہناں نوں اپنے گھر دی خبرگیری کرنا نہیں آؤندی تے ایہہ کلیسیا دی دیکھ بھال کیوں کر سکن گے؟"

۸. جے تہاڈے قائدین شادی شدہ ہین تے اوہناں نوں مسیحی ازدواجی زندگی دی مکمل سمجھ بوجھ ہونی چاہیدی اے مطلب اوہناں نوں پتہ ہونا چاہیدا ہے پئی اوہناں نوں اپنی ازدواجی زندگی وچ تحکمانہ روئیے اور دوجے بندے نوں قابو وچ رکھن دی سوچ اختیار کرن دی بجائے باہمی محبت تے احترام دے دائرے وچ رہندیاں ہوئیاں خادمانہ سوچ دے نال اک دوجے دی خدمت کرن دا وطیرہ اپنانا چاہیدا ہے۔

۹. خدمت وچ خود آگاہی دی اہمیت تے وی بہت زیادہ زور دینا چاہیدا ہے۔ جدوں لوک دوجیاں دے نال مقابلے، عدمِ شفافیت تے برتری جتان دیاں کوششاں وچ مشغول ہو جاندے نیں تے اوہناں دی زندگی وچ خود آگہی دا فقدان پیدا ہونا شروع ہو جاندا ہے۔ ایہدا اک سبب تے اسلام دی وجہ توں پیدا ہون والا نقصان بھی ہو سکدا ہے۔ پر ترقی کرن دے لئی تربیت پذیر شخص نوں چاہیدا ہے پئی اوہ مثبت تے تعمیری تنقید دی اک قیمتی تحفے تے ذریعے دے طور تے قدر کرنا سیکھے۔ ایہدا مطلب ایہہ ہے پئی تنقیدی ردِ عمل آن دی صورت وچ تعلیمی عمل دا دفاع کرن، خطرہ محسوس کرن، ٹھوکر لگن یا ٹھکرائے جان دی سوچ اختیار نہ کرن۔ نالے استاد نوں وی چاہیدا ہے پئی اوہ اپنے شاگرداں دے سامنے ایسی صورتحال نوں نپٹان دا اک عملی نمونہ وی پیش کرے جہدا مقصد شاگرداں دے اندر خود آگہی دے جذبے نوں بیدار کرنا ہووے تاں جو اوہ ہر قسم کے ردِ عمل تے مثبت اتے ترقی پسند رویہ اختیار کرن ول مائل ہون۔ جے شاگرد ویکھن پئی ساڈا استاد تنقیدی گلاں تے کس طرح دے ردِ عمل دا اظہار کردا ہے تے اوہ وی تنقید دا بہتر انداز وچ سامنا کرن دے قابل ہو جان گے۔

۱۰. زیر تربیت شاگرداں دی مدد کیتی جائے پئی اوہ زندگی دیاں مایوسیاں نوں الٰہی طریقے نال نپٹانا سیکھن تے لچکدار رویہ اختیار کرن۔ مسلم پسِ منظر

نال تعلق رکھن والے ہر ایماندار قائد نوں زندگی دے حالات و واقعات تے بائبل دی تعلیمات اتے اپنے مسیحی ایمان دے اصولاں دا اطلاق کرنا سکھایا جائے خاص طور تے جدوں اوہناں نوں دوجیاں ولوں شرمندگی دا سامنا کرنا پوے یا جدوں زندگی دے حالات اوہناں دے لئی بھاری بوجھ بن جاون۔

۱۱. اوہناں نوں روحانی جنگ دے ہتھیاراں نال لیس کرو۔ لوکاں نوں مسیح دے کول لیاؤن دے عمل وچ شیطانی قوتاں دے نال مقابلہ تے ہمیشہ چلدا رہندا اے جہدے توں اسیں بچ نہیں سکدے۔ مسلم پسِ منظر نال تعلق رکھن والے ایمانداراں نوں شیطانی حملیاں دے دوران ثابت قدم تے قائم رہن دی لوڑ ہوندی ہے۔

۱۲. دوجے مسیحیاں دے نال اعتماد تے اتحاد دی فضا قائم کرن اتے دوجے خدماتی اداریاں دے نال وی الہٰی شراکت تے روابط استوار کیتے جان۔ ایہہ گل مسلم پسِ منظر توں تعلق رکھن والے ایمانداراں دے لئی بہت ضروری ہے تاں جو اوہ مسیح دے بدن یعنی کلیسیا دے اندر امتیاز کرن دی خوبی وچ وی ترقی کر سکن کیوں جو ایہدے نال وی خدا دی تعظیم ہوندی ہے تے تہاڈی کلیسیا تے وی خدا دیاں برکتاں جاری ہوندیاں نیں۔ ایہہ فروتنی سکھان دا وی اک ودھیا طریقہ ہے۔

رہنمائے مطالعہ

اٹھواں سبق

ایس سبق وچوں بائبل دے حوالہ جات

۲۔ تیمتھیس ۲: ۲۰۔ ۲۱
متی ۱۲: ۴۳۔ ۴۵
ططس ۳: ۳
فلپیوں ۱: ۹۔ ۱۱
۲۔ کرنتھیوں ۱۲: ۹۔ ۱۰
رومیوں ۱۲: ۱۵
۱۔ کرنتھیوں ۱۲: ۲۶

ایس سبق وچ قرآن دے حوالہ جات، نویں لفظاں دا ذخیرہ تے نویں ناواں دا کوئی ذکر نہیں۔

اٹھویں سبق دے سوال

- مطالعاتی مقدمے تے بحث کرو۔

برگشتگی

۱. ڈُوری صاحب نے اوہ کہیڑیاں چار وجوہات بیان کیتیاں ہین جنہاں دی بنا تے خداوند یسوع دی پیروی دا فیصلہ کرن توں بعد وی کجھ لوگ اسلام ول واپس مُڑ جاندے ہین؟

۲. انج کیوں ہوندا ہے پئی بعض کلیسیاواں وی ایہو جئے مسلماناں نوں ٹھکرا دیندیاں ہین جو خداوند یسوع تے مسیحیت دے بارے ہور جاننا چاہندے ہین؟

۳. مسیح خداوند کی طرف رجوع لانے والے مسلمانوں کی مدد و رہنمائی کے لئے کلیسیاؤں کو کیا کرنا چاہئے؟

غیر بار آور شاگردیت

۴. ڈُوری صاحب دے مطابق اوہ کہیڑے کہیڑے عام مسئلے ہین جنہاں دا ادوکےک مسلماناں ولوں مسیحیاں نوں اکثر سامنا کرنا پیندا ہے؟

۵. ایہناں وچوں بوہتے مسئلیاں دی بنیادی جڑ کیہہ ہے؟

٦. کلیسیا وچ کسے قائد دی تقرری کس طرح مسئلیاں دا سبب بن سکدی ہے؟

۷. پناہ دی تلاش وچ کینیڈا منتقل ہون والے بندے نے کیوں دوجیاں مسیحیاں توں قطع تعلق کر لیا سی؟

غیر صحت افزا کلیسیاواں

۸. خود نوں دوجیاں توں برتر سمجھن والیاں کلیسیاواں کس طرح باہمی خدمت دا بوہا بند لیندیاں ہین؟

آزاد ی وچ قائم رہن دی ضرورت

۹. خداوند یسوع نے جو خالی گھر دی تمثیل دتی سی اوہدے وچ کہیڑے دو مسئلیاں دی نشاندہی کیتی گئی ہے؟

۱۰. تہانوں اک صحتمند کلیسیا تعمیر کرن دے لئی کہیڑیاں کہیڑیاں شیواں دی لوڑ ہوندی ہے؟

۱۱. دوں کوئی بندہ آزاد ہو جاندا ہے تے فیر اوہنوں کہیڑیاں کہیڑیاں شیواں نوں تبدیل کرن دی ضرورت ہوندی ہے؟

۱۲. پولس رسول ططس نوں ایہہ کیوں یاد کراندا ہے پئی اوہ دونویں پہلاں کس طرح دے انسان ہوندے کردے سی؟

۱۳. پولس رسول نے جس انداز وچ زندگی دی حقیقت نوں بیان کیتا ہے اوہ اوس دی خداوند یسوع نوں قبول کرن توں پہلاں دی زندگی نال کس طرح میل کھاندی ہے؟

۱۴. پولس رسول دی فلپیوں ۱: ۹۔ ۱۱ میں فراہم کردہ تعلیم دے مطابق، ہر ایماندار شخص اپنی روح دے ’’ گھر‘‘ نوں کس طرح ایناں بھر سکدا ہے پئی کوئی اک وی کونا کھدرا خالی نہ روے؟

شفا تے رہائی

۱۵. ڈُوری صاحب نے نو مرید مسیحیاں دی زندگیوں تے پین والے ۱۲ منفی اثرات دی نشاندہی کیتی ہے۔ اوہناں وچوں کِنے اثرات حالے تیک تہاڈے مشاہدے وچ آئے نیں؟

۱۶. معدے دے کینسر دی ابتدائی علامات توں شفا پان دے بعد اوس آدمی نے کیہہ کیتا سی؟ شفا پان دے بعد اوہنے ہور کہیڑی تبدیلی کا تجربہ وی حاصل کیتا سی؟

۱۷. اک گھر نوں مکمل محفوظ بنان دے لئی کہیڑا کم کرنا بہت ضروری ہوندا ہے؟

دراڑاں وچ تعلیم دی بھرائی

۱۸. آزادی دلان دی خدمت دا پہلا قدم کہیڑا ہے اتے اوہنوں پہلا قدم کیوں آکھیا جاندا ہے؟

۱۹. انسانی روح پانی نال بھری بالٹی دی مانند کیویں ہوندی ہے؟

۲۰. دنیا بھر دے مسلم پسِ منظر توں تعلق رکھن والے ایمانداراں وچ اوہ کیہڑیاں کیہڑیاں مماثلتاں پائیاں جاندیاں نیں جو ڈان لٹل دے مشاہدے وچ آئیاں سن؟

۲۱. کجھ لوک دوجیاں دی مشکلاں دے بارے سن کے خوشی کیوں محسوس کردے نیں؟

۲۲. اوہ کہیڑے کہیڑے مسئلے ہین جو کلیسیاواں دے اوس ویلے پیدا ہوندے ہین جدوں کجھ ایماندار کلیسیا دے اندر اپنے آپ نوں دوجیاں توں افضل بنان تے وکھان دی کوشش کردے ہین؟

۲۳. ڈُوری صاحب نے اوہ کہیڑے چھ سبق تجویز کیتے ہین جو دوجیاں تے برتری جتان دی خواہش رکھن والے لوکاں دا مسئلہ حل کرن وچ مددگار ثابت ہو سکدے ہین؟

۲۴. ڈُوری صاحب دے مطابق اوہ کہیڑا مسئلہ ہے جو سچیائی بیان نہ کرن سببوں پیدا ہو سکدا ہے؟

۲۵. ڈُوری صاحب نے اسلامی ثقافت نال جُڑے کہیڑے چھ علاقیاں دی نشاندہی کیتی ہے جنہاں نوں ”دراڑاں نوں تعلیم نال بھرن“ دی ضرورت ہوندی ہے؟

۲۶. ”دراڑاں نوں تعلیم نال بھرن“ دا طریقہ منظم تے مفصل کیوں ہونا چاہیدا ہے؟

بھرپور آغاز

۲۷. بھائی اسٹیو تے بھین چیری دے طریقۂ ہائے عمل وچ کہیڑے کہیڑے فرق پائے جاندے سن اتے بھین چیری دا اندازِ عمل کیوں زیادہ کامیاب سی؟

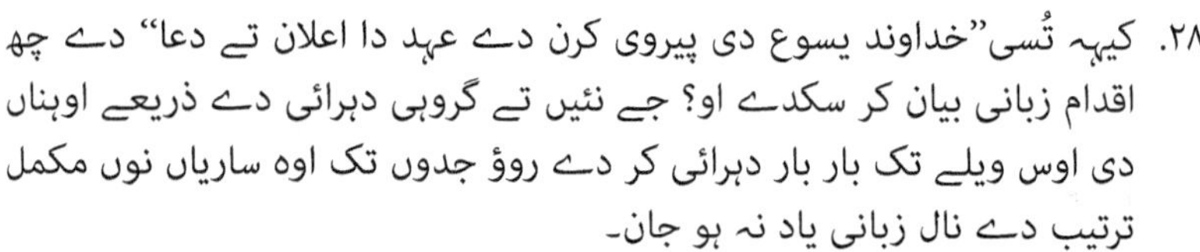

۲۸. کیہ تُسی ”خداوند یسوع دی پیروی کرن دے عہد دا اعلان تے دعا“ دے چھ اقدام زبانی بیان کر سکدے او؟ جے نئیں تے گروہی دہرائی دے ذریعے اوہناں دی اوس ویلے تک بار بار دہرائی کر دے روؤ جدوں تک اوہ ساریاں نوں مکمل ترتیب دے نال زبانی یاد نہ ہو جان۔

۲۹. ایہناں چھ اقدام دی روشنی وچ دسو پئی اوہ کہیڑے اقدام سن جنہاں نوں بھائی اسٹیو بظاہر لوکاں نوں مسیح دے کول لیان دے ویلے بروئے کار نہیں سی لیاندا؟

۳۰. مسیح خداوند دی پیروی دا فیصلہ کرن دے ویلے تُسی کہدے خلاف اعلانِ جنگ کر رئیے ہوندے او؟

۳۱. اسلام نوں چھڈن والا بندہ جدوں بپتسمے لئی تیار ہو جائے تے اوہنوں پہلاں کیہ کرنا چاہیدا ہے؟

اُبھردے ہوئے قائدین دی تربیت

۳۲. ڈُوری صاحب دے مطابق اج دی دنیا وچ مسلم پسِ منظر توں تعلق رکھن والے ایمانداراں نوں سب توں بڑی کہیڑی ضرورت پیش آندی ہے؟

۳۳. ڈُوری صاحب ایہہ کیوں کہندے نیں پئی قائدین نوں ہولی ہولی ترقی دینا کیوں اک بہتر عمل ہے؟

۳۴. قائدین نوں بہت چھیتی چھیتی ترقی دین نال کس نقصان دے خطرہ دی تلوار ہر ویلے سر تے لٹکدی رہندی ہے؟

۳۵. ڈُوری صاحب دے مطابق، تہانوں اپنے تربیت پذیر قائدین نوں تربیت فراہم کرن دی غرض نال کدوں کدوں ملاقات کرنی چاہیدی ہے؟

۳۶. الہٰیاتی عکس کیہہ ہے اتے ایہہ پختگی تے بلوغت تک پہنچن وچ لوکاں دی کیویں مدد کردا ہے؟

۳۷. زیرتربیتی قائدن نوں کھلے دل تے شفاف طریقے نال تربیت فراہم کرنا کیوں اہمیت رکھدا ہے؟

۳۸. ڈُوری صاحب نے جہیڑی کہانی پیش کیتی ہے اوہدے مطابق، زیر تربیت قائد اپنے درپیش مسئلیاں دے لئی مدد تلاش کرن توں ہچکچا کیوں رئیا سی؟

۳۹. اک قائد نوں اجتماعی زندگی توں متعلقہ اہم مسلیاں دے حوالے نال فیصلے کر دے وقت اپنے زیرتربیتی قائد نوں وی ایس عمل وچ کیوں شامل کرنا چاہیدا ہے؟

۴۰. قائد بنن دی تربیت حاصل کرن والے بندے تے آزادی دلان دی خدمت دا اطلاق کرنا کیوں اہمیت رکھدا ہے؟

۴۱. خدمت وچ خود احتیاطی دا عمل کیوں اہمیت رکھدا ہے؟

۴۲. مسیحی ازدواج دی بنیاد کہیڑی شے تے ہونی چاہیدی ہے؟

۴۳. خود آگاہی یا شعورِ نفس دی کیہہ اہمیت ہے تے اسلام دا اثر اوہدی راہ وچ کیویں رکاوٹ بن سکدا ہے؟

۴۴. اک قائد دے لئی کھلے دل نال تنقید دا سامنا کرنا کیوں اہمیت رکھدا ہے؟

۴۵. مسلم پسِ منظر توں تعلق رکھن والے مسیحیاں دی جماعت دے پاسبان نوں روحانی جنگ وچ کیوں تربیت یافتہ ہونا چاہیدا ہے ؟

۴۶. مسلم پسِ منظر توں تعلق رکھن والیاں کلیسیاواں دے قائدین لئی دوجیاں کلیسیاواں دا احترام کرنا اتے اوہناں دے نال رل مل کے کام کرنا کیوں اہمیت رکھدا ہے؟

وادھو مواد

اسلام دے جنہاں موضوعاں تے ایتھے تعلیم مہیا کتیی گئی ہے اوہناں بارے مزید معلومات حاصل کرن لئی مہربانی کر کے مارک ڈُوری دی کتاب "The Third Choice: Islam, Dhimmitued and Freedom" کا مطالعہ کرو۔

"بدھیاں لئی رہائی" توں متعلقہ وادھو مواد جنہاں وچ دعاواں وغیرہ وی شامل ہین، دوجیاں زباناں وچ حاصل کرن لئی ساڈی ویب سائٹ وزٹ کرو: luke4-18.com۔

لوکاں نوں بدروحوں توں رہائی دلان دے لئی ضروری اقدامات توں متعلقہ معلومات دے لئی مارک ڈُوری صاحب دی کتاب "Free in Christ" وی پڑھو جہدے مصنف Pablo Bottari نیں۔ اوہناں دی طرفوں freemin.org تے فراہم کردہ تربیتی وسائل وی تجویز کیتے گئے ہین (انگریزی تے کجھ دوجیاں زباناں وچ وی)۔

لوکاں نوں آزادی دوان دے عمل وچ مدد فراہم کرن لئی ہیٹھاں کجھ وادھو دعاواں پیش کیتیاں گئیاں نیں:

معافی دی دعا [19]

اے باپ! تو واضح کر دتا ہے پئی مَیں تیرے کولوں اپنے ساریاں گناہواں دی معافی منگاں۔ تُوں چاہندا ہیں پئی مَیں اوس شفا تے آزادی نوں حاصل کراں جہیڑی صرف معافی دی راہیں مل سکدی ہے۔

اج، مَیں سارے لوکاں نوں (اوہناں دے ناں لوؤ) معاف کردا ہاں جنہاں نے مینوں گناہ وچ داخل ہون لئی تیار کیتا اتے جنہاں نے (اوہناں دے ناں لوؤ) مینوں اذیت پچائی۔ مَیں اوہناں وچوں ہر اک آزاد کردا ہاں جنہاں نے میرے نال (اوہناں غلط کماں دے ناں لوؤ) ۔ ۔۔کیتا ہے۔

مَیں اوہناں دے خلاف ساریاں حکماں نوں منسوخ کردا ہاں تے مَیں اوہناں ساریاں سزاواں نوں وی منسوخ کردا ہاں جو اپنے دل وچ میرے بارے بُرے منصوبے بنھن دے سببوں اوہناں اُتے واجب ہو چُکیاں نیں۔ مَیں اوہناں (اوہناں دے ناں لوؤ) نوں تیرے حوالے کردا ہاں کیوں جو تو ای عادل تے منصف خدا ایں۔

[19] ایہہ تے ایس توں اگلی دونوں دعاواں جسٹر تے بٹسی کلسٹرا دی کتاب، "ریسٹورنگ دی فاؤنڈیشن" چوں لئیاں گئیاں ہین۔

اے خداوند! مینوں معاف فرما کیوں جو مَیں وی اپنیاں بداعمالیاں دے ذریعے دوجیاں نوں تے اپنے آپ بہت اذیت پچائی ہے۔

تیری معافی دی بنیاد تے مَیں اپنے آپ نوں وی معاف کردا ہاں کیوں جو مَیں اپنی اذیت نوں ایہہ موقع دتا ہے پئی اوہ میرے روئیے تے کردار تے اثر انداز ہو سکے۔

اے روح القدس! مَیں تیرا شکر ادا کردا ہاں پئی تُوں ایس معافی نوں میری زندگی دے وچ عمل وچ لیا رئیا ہیں، تو مینوں وی ایہہ توفیق عطا کر پئی مَیں دوجیاں نوں معاف کر سکاں۔

یسوع دے ناں وچ،

آمین۔

جھوٹھے نظریات (غیر الہٰی عقائد) نوں ترک کرن دی دعا

اے باپ! مَیں اپنے (اور اپنے پیو دادیاں دے) گناہواں دا اقرار کردا ہاں پئی اسی ہن تک اوس جھوٹھ (جھوٹے نظرئیے دا ناں لوؤ) دا یقین کردے رئیے۔

مَیں اوہناں ساریاں نوں خاص طور تے (اوہناں دے ناں لوؤ) نوں معاف کردا ہاں جنہاں نے ایس غیر الہٰی عقیدے دی تشکیل سازی وچ اپنا اپنا حصہ پایا۔

اے خداوند! مَیں ایس گناہ توں توبہ کردا ہاں اتے تیری منت کردا ہاں پئی مینوں اس غیر الہٰی عقیدے نوں قبول کرن، ایسی دی بنیاد تے زندگی گزارن اتے ایس دی بنیاد تے دوجیاں دی عدالت کرن دے ہر اک عمل تے معاف فرما۔ مَیں ہُنے تے ایسے ویلے تیری معافی نوں قبول کردا ہاں (انتظار وچ بیٹھے روؤ تے خدا سے معافی حاصل کرکے اُٹھو)۔

اے خداوند ! تیری معافی دی بنیاد تے مَیں ایس جھوٹھ تے ایمان لیان تے خود نوں وی معاف کرن دا فیصلہ کردا ہاں۔

مَیں ایس غیر الہٰی عقیدے دےنال کیتے گئے اپنے سارے معاہدیاں نوں ترک کردا تے توڑدا ہاں۔ مَیں تاریکی دی حکومت دے نال کیتے گئے سارے معاہدیاں نوں منسوخ کردا ہاں۔ مَیں بدروحاں دے نال وابستہ اپنے سارے معاہدیاں نوں توڑ دا ہاں۔

اے خداوند، تو ایس غیر الہٰی عقیدے دے بارے کہیڑی کہیڑی سچیائی نوں میرے اُتے ظاہر کرنا چاہندا ہے؟(انتظار کرو تے خداوند کی آواز دے شنوا روؤ تاں جو فیر تُسی اوس سچیائی دا اعلان وی کر سکو جہدے ذریعے اوس جھوٹھ دی درستگی وی کیتی جاوے گی۔)

مَیں ایس سچیائی دا اعلان کردا ہاں پئی (اس سچیائی کا نام لیجئے)۔۔۔

خداوند یسوع دے ناں وچ،

آمین۔

نسلی گناہ کے لئے دعا

مَیں اپنے پیو دادیاں دے، اپنے ماپیاں دے اتے خود اپنے گناہواں دا وی اعتراف کردا ہاں (گناہواں دا ناں لوؤ) ۔

مَیں اپنے باپ داددے اتے دوجیاں دے وی اوہناں ساریاں گناہواں توں اوہناں نوں معاف کرن دا اعلان کردا ہاں جنہاں نے مینوں کسے وی طرح نال متاثر کیتا، فیر اوہناں سارے گناہواں تے اوہناں دے نتیجے وچ پیدا ہون والیاں لعنتاں اتے میری زندگی تے پین والے اثرات لئی وی (ایہناں سب دے ٹھیک ناں لوؤ)۔

اے خداوند ! مَیں تیری منت کردا ہاں پئی میرے ایہہ سارے گناہ معاف کر کیوں جو مَیں ایہناں گناہواں تے اوہناں نال جُڑیاں ہوئیاں لعنتاں دے سامنے جھک گیا ساں۔ مَیں تیری معافی نوں قبول کردا ہاں۔

اے خداوند، تیری معافی دی بنیاد تے، مَیں اوہناں گناہواں وچ داخل ہون تے اپنے آپ نوں وی معاف کردا ہاں۔

مَیں ہر اک گناہ تے اوہدیاں لعنتاں نوں رد کردا ہاں۔

مَیں ایہناں گناہواں دے زور تے اوہناں دیاں لعنتاں دے اثر نوں مسیح خداوند دے صلیبی کفارے دی مخلصی بخش قدرت دے وسیلے اپنی زندگی تے اپنی اولاد دیاں زندگیاں اُتوں توڑدا ہاں۔

مَیں اوہناں گناہواں تے اوہناں دے نتیجے وچ پیدا ہون والیاں لعنتاں توں وی آزادی نوں قبول کردا ہاں۔ مَیں قبول کردا ہاں (خدا دیاں اوہناں برکتاں دے ناں لوؤ جہیڑیاں تہاڈے ایمان دے مطابق ایس ویلے تہاڈے اُتے نازل ہو رئیاں نیں)۔

یسوع دے نام وچ،

آمین۔

سوالاں دے جواب

پہلے سبق دے جواب

۱. روح القدس نے اوہنوں آکھیا پئی اسلام نوں چھڈ دے۔

۲. سب توں فوری ضرورت اسلام نوں ترک کرنا ہے۔

۳. کلمۂ شہادت تے ذمّی معاہدہ۔

۴. اوہ مسلمان جنہاں نے مسیح دی پیروی کرن دا انتخاب دی تا ہے۔

۵. غیر مسلم بندے نوں۔

۶. نومرید لئی ایہہ پئی دینِ اسلام دی اطاعت اختیار کر لو تے غیر مسلماں لئی ایہہ پئی اسلامی حکومت دے مطیع ہو جاؤ۔

۷. اللہ تعالیٰ دی کٹر واحدانیت دا اعتراف تے رسالتِ محمدی دی۔

۸. ایہہ اک اسلامی قانون ہے جہدے ذریعے محکوم مسیحیاں دی حیثیت تے مقام کا تعین کیتا جاندا ہے۔

۹. کہ اوہ مسیحی لوک جہیڑے کدی مسلمان نہیں رہے اوہناں نوں وی ذمّی معاہدے دیاں شرطاں تے پابندیاں توں دستبردار ہون دی لوڑ ہے۔

۱۰. ایہہ کہ شرعی قانون سارے دوجے قوانینِ عدل و اقتدار توں افضل تے برتر ہے۔

۱۱. اوہ اپنی روح اُتوں مسیح دے سوا باقی سارے روحانی دعویاں نوں ترک تے مسترد کرن۔

۱۲. روحانی تاریکی چوں مسیح خداوند دی بادشاہی وچ۔

۱۳. سیاسی تے معاشرتی عمل، انسانی حقوق دی وکالت، علمی تحقیق و تفتیش، ذرائع ابلاغ دا استعمال اتے کئی واری قومی حکومتاں دی طرفوں عسکری ردِ عمل۔

۱۴. تبدیلئ مذہب، سیاسی اطاعت یا تلوار۔

۱۵. ایک ہزار توں زیادہ ورھے، تقریباً ۸۰۰ سال۔

١٦. اوہناں نے اوہناں نال ایہہ وعدہ کیتا سی پئی جے تُسی دینِ مسیحیت دے دفاع لئی اپنیاں جاناں قربان کروگے تے مَیں تہانوں یقین دلانا واں پئی تہانوں انعام وچ جنت الفردوس ملے گی۔

١٧. اسلام دی طاقت دا سرچشمہ اوس دی روحانی قوت ہے۔

١٨. دانی ایل نبی دی پیشن گوئی دے مطابق اک کرڑے مونہہ اتے بھید دیاں گلاں بجھن والے راجے نال۔

١٩. احساسِ برتری

- کامیابی
- گمراہی
- طاقت تے دولت
- جہیڑیاں جھوٹھے احساسِ تحفظ دیاں حامل سن
- خدا دے پُتر
- مسیحیاں تے یہودیاں

٢٠. انسانی طاقت نال نئیں

٢١. مسیح اتے اوس صلیب دی قدرت

دوجے سبق دے جواب

١. اوہنے ویکھیا پئی اوہ لفظ محمد نہیں بول پا رئیا۔

٢. اوہنے اپنی بےجا خفا ہون دی عادت توں آزادی پائی تے اوہ انجیل دی بشارت دین اتے دوجیاں نوں شاگرد بنان دی خدمت نوں مؤثر طریقے نال انجام دین لگا۔

٣. خدا دے فرزندوں دے جلال دی آزادی تے ہر مسیحی دا پیدائشی حق ہے۔

۴. ناصرت توں۔

۵. رہائی دین دا وعدہ۔

٦. ناامیدی، بھوک، بیماری اتے بدروحوں توں رہائی۔

٧. قیدی دے لئی ضروری ہے پئی اوہ بے قفل بوہے وچوں ٹُردا ہویا باہر نکل آئے۔
- ساہنوں روحانی آزادی داچناؤ کرن دی لوڑ ہے۔

۸. چور۔ دنیا کا سردار۔ اس جہان دا خدا۔ ہوا دی علمداری داحاکم۔ ایہہ نام ساہنوں ایہہ سکھاندے نیں پئی ساری دنیا شیطان دے قبضے وچ پئی ہوئی ہے۔

۹. شیطان حقیقی پر محدود طاقت تے اختیار رکھدا ہے۔

۱۰. اسلام دا نظریۂ حیات سے اوہدی روحانی طاقت ۔

۱۱. شیطانی قوتوں دے قبضے وچ۔

۱۲. ہنیرے دی طاقت تے شیطان دے اختیار توں۔

۱۳. ساہنوں خداوند یسوع مسیح دی بادشاہی وچ داخل کیتا جاندا ہے اتے ساہنوں معافی تے آزادی وی دتی جاندی ہے۔

۱۴. پئی اوہناں نوں خداوند یسوع مسیح دی بادشاہی وچ منتقل کیتا گیا ہے۔

۱۵. پانچ پہلو: (۱) شیطان تے اوس دی ساری برائی نوں ترک کرن؛ (۲) دوجے لوکاں دے نال اپنے سارے غیر الٰہی تعلقات نوں ترک کرن؛ (۳) سارے غیر الٰہی تعلقات نوں ترک کرن؛ (۴) غیر الٰہی صلاحیتاں نوں ترک کرن؛ (۵) اپنی زندگی دے کُل حقوق یسوع مسیح دے سپرد کرن۔

۱۶. خدا تے شیطان دے درمیان جنگ؛ دو بادشاہتاں دی جنگ۔

۱۷. ایس لڑائی وچ کلیسیا وی میدانِ جنگ ہو سکدی ہے اتے اوس دے وسائل نوں وی برائی دے مقاصد لئی استعمال کیتا جا سکدا ہے۔

۱۸. صلیب دی راہیں اساں مسیحیاں دی فتح یقینی ہے۔

۱۹. رومی فتح دے نال موازنہ ایہہ ظاہر کردا ہے پئی بدروحاں اپنی طاقت کھو چُکیاں نیں تے اوہناں دا برملا تماشا بنایا جا چُکیا ہے۔

۲۰. الزام لاؤن والا تے دشمن۔

۲۱. مسیحیاں نوں شیطان دیاں حیلیاں توں خبردار کیتا گیا ہے۔

۲۲. ساڈے گناہ اتے ساڈی حیاتی دے اوہ حصے جہیڑے شیطان دی اطاعت وچ دتے جا چدے ہین۔

۲۳. گناہ، نامعافی، گلاں باتاں (اتے علامتی کم دار)، روح دے پھٹ، غیر الٰہی عقیدے (جھوٹ)، اتے نسلی لعنتاں اتے اوہناں دے نیتجے وچ نازل ہون والیاں لعنتاں۔

۲۴. شیطان دے ساڈے خلاف لائے گئے اروپ تے نام جاننا اتے اوہناں نوں مسترد کرنا۔

۲۵. کھلے بوہے مطلب شیطان نوں زندگی وچ وڑن دی تھاں دینا ہے۔ پیر جمان دی تھاں دا مطلب ہے پئی اپنی روح دی زمین دا کوئی نہ کوئی حصہ شیطان دے قبضے وچ رہن دینا۔

۲۶. قانونی حقوق، روحانی زمین جہدے تے شیطان قبضہ کر سکدا ہووے۔

۲۷. ایہدے توں مراد ایہہ ہے پئی شیطان نوں ساڈے خلاف کوئی دعویٰ کرن دا موقع نئیں ملیا۔

۲۸. شیطان نوں یسوع دی ذات وچوں کوئی گناہ نہ مل سکیا جہدی بنیاد تے اوہ یسوع تے کوئی الزام لاؤندا یا اوہدے خلاف کوئی دعویٰ کر سکدا۔

۲۹. یسوع دی بے گناہی بوہت ای اہمیت والی گل ہے کیوں جو ایہدا مطلب یہ پئی شیطان ایہہ دعویٰ نہین کر سکدا پئی صلیب اوہدی واجد سزا سی۔

۳۰. ساہنوں کھلے بوہے بند کرن اتے پیر جمان دیاں تھانواں نوں ہٹان دی لوڑ ہے۔

۳۱. اپنے گناہواں توں توبہ کرن دی راہین۔

۳۲. ساہنوں چاہید ہے پئی دوجیاں نوں وی ضرور معاف کرئیے۔

۳۳. اوہ ساڈی نامعافی نوں استعمال کردیاں ہوئیاں ساڈے خلاف پیر جمان دی تھاں دا دعویٰ کر سکدا ہے۔

۳۴. دوجیاں نوں معاف کرنا؛ خدا کولوں معافی منگنا؛ اپنے آپ نوں آپے معاف کرنا۔

۳۵. نئیں جی۔ معاف کرن تے بھُلا دین وچ بہت فرق ہے۔

۳۶. شیطان ایہناں زخماں نوں استعمال کردیاں ہوئیاں ساڈے کناں وچ جھوٹھ بھردا ہے۔

۳۷. اوہندے اپنے گھر دے ''پروہنیاں'' دی طرفوں بدسلوکی دے المناک تجربیاں توں شفا پائی۔ اوہنوں اپنے خوف نوں ترک کرن دی لوڑ پئی۔

۳۸. اپنی روح نوں خداوند دے حضور اُنڈیلن؛ شفا دے لئی دعا کرن؛ پھٹ لاؤن والے منکھ نوں معاف کرن؛ خوف (یا دوجے نقصان دہ اثرات) نوں ترک کرن؛ ہر قسم دے جھوٹھ دا اقرار کر دے اوہنوں ترک کرن۔

۳۹. اپنے مونہہ وچوں کہی گئی ہر گل دا۔

۴۰. کیوں جو اسیں اوہنوں آپی موقع دے سکدے ہاں پئی اوہ ساڈیاں ہی گلاں نوں ساڈے خلاف استعمال کرے۔

۴۱. یسوع دے خون وچ۔

۴۲. کہ میرا حال اوس جانور جیہا ہووے یعنی جے مَیں ایس سونہہ توں پھراں تے میرے نال وی انجے ہووے۔

۴۳. کیوں جو ایہہ عہد کرن والے منکھ دے خلاف موت دی لعنت دا سبب بن سکدے ہین۔

۴۴. سر قلم کیتا جانا۔

۴۵. شیطان ساڈے کناں وچ جھوٹھ بھردا ہے۔

۴۶. اوہناں ساریاں جھوٹھاں دی شناخت کر دے اوہناں نوں مسترد کرنا جنہاں نوں اسیں پہلوں سچ سمجھ دے قبول کر بیٹھے ساں۔

۴۷. "مرد نوں پیڑھ نئیں ہوندی"۔

۴۸. اوہ جھوٹھ جہیڑا سچ جاپے۔

۴۹. اسی ہر اک جھوٹھ دا سچیائی نال مقابلہ کردیاں ہوئیاں ہر اوس جھوٹھ نوں رد، مسترد تے ترک کر سکدے ہاں جنہوں اسیں پہلاں سچ تسلیم کر چدے ساں۔

۵۰. اک بُری روحانی میراث۔

۵۱. ماپیاں دا اثر تے بُریاں مثالاں۔

۵۲. برکتاں تے لعنتاں دا دا اک پورا نظام۔

۵۳. آدم تے حوا توں نسلی لعنتاں شروع ہوئیاں سن جیویں کہ درد، غلبہ، تباہی تے موت۔

۵۴. مسیح دے زمانے یعنی خداوند یسوع مسیح دی بادشاہی دا وعدہ۔

۵۵. اپنے پیو دادیاں دے اتے آپ اپنے گناہوں دا اقرار کرن، اوہناں گناہواں نوں مسترد کر دے اوہناں نوں ترک کرن، ایہناں نال جُڑیاں سبھے لعنتاں نوں توڑن۔

۵۶. شیطان تے اختیار۔

۵۷. کیوں جو ایتھے لکھیا ہے پئی بُتاں دے نال جُڑی اوہناں دی شے نوں سِریوں نیست کر دتا جاوے۔

۵۸. صلیب وچ بدی دے سارے معاہدیاں نوں توڑن دی قدرت پائی جاندی ہے یعنی اوہ معاہدے جنہاں وچ اسی پہلاں داخل ہو گئے ساں۔

۵۹. مخصوص قسم دے کم ۔

٦٠. ''ہُن مَیں دوبارہ کسی نال پیار نئیں کراں گی''۔ اوہدی حیاتی کرودھ تے کوڑ نال بھر گئی اتے اوہ دوجیاں نال وی بھیڑے طریقے نال پیش آؤن لگی۔

٦١. پنج اقدامات: (١) اقرار تے توبہ۔ (٢) ترک کرنا۔ (٣) توڑنا۔ (۴) باہر کڈھنا۔ (۵) برکت پانا تے معمور ہونا۔

٦٢. گناہ دا اقرار تے سچیائی دا اعلان کرن۔

٦٣. اوہناں نوں مصیبتاں دی بجائے تسلی تے برکت دی دعا دین۔

تیجے سبق دے جواب

١. اللہ نوں مالکِ کل من دے اوہدی اطاعت کرنا ۔

٢. مسلمان۔

٣. اللہ دے آخری نبی حضرت محمد ۔

۴. قرآن جہدے وچ حضرت محمد اُتے نازل ہون والیاں وحیاں درج ہین اتے سنت جس چ اوہناں دیاں تعلیمات تے اعمال درج ہین۔

۵. حضرت محمد دا اسوہ حسنہ (روایتی گلاں) حدیثاں درج ہے اتے سیرت النبی (حضرت محمد دی سوانح جات) وچ۔

٦. حضرت محمد دی ۔

٧. حضرت محمد نے جو کجھ وی کیتا اوہ مسلماناں دے لئ معیار دا درجہ رکھدا ہے۔

٨. اللہ تے اوہدے پیغمبر دی اطاعت کرن والیاں دے نال۔

٩. جہنم دی آگ دی سزا دا۔

١٠. حضرت محمد دے پیغام نوں رد کرن والے ہر منکھ دے خلاف۔

١١. قتل، تشدد، زنا بالجدر، عورتاں دے نال بدسلوکی، غلام بنانا، چوری، گمراہی اتے غیر مسلمان دے خلاف اشتعال دوانا۔

١٢. آپ دے لئی قرآن تے ایمان لانا اتے اوہدی اطاعت کرنا لازم ہے۔

١٣. سنت ایک شریر وانگ ہے اتے قرآن اوس شریر دی ریڑھ دی ہڈی۔

۱۴. مسلمان لوک اقلیتی امور دے کسے ماہر تے تکیہ کردے ہین۔

۱۵. شرعی قانوناں توں بغیر اسلام دا کوئی وجود نئیں۔

۱۶. شریعت نوں الہٰی منشور منیا جاندا ہے۔

۱۷. ایہہ دامیابی دی طرف بلاوا ہے۔

۱۸. لوداں نوں جتن والیاں اتے باقی یعنی ہارن والیاں وچ تقسیم کیتا جاندا ہے۔

۱۹. مسلماناں نوں ایہہ سکھایا جاندا ہے پئی اوہ غیر مسلماں توں افضل نیں؛ بوہتے پرہیز گار مسلمان گھٹ پرہیز گار مسلماناں نالوں افضل ہین۔

۲۰. نیک مسلمان، منافقین، بت پرست تے اہلِ کتاب۔

۲۱. مشرک یعنی "شریک ٹھہران والا"۔

۲۲. چار شیواں دی مذمت کیتی جاندی ہے: ۱) ایہناں دی الہامی کتاباں وچ ردوبدل کیتا گیا ہے۔ ۲) اوہ اسلام دی اک وگڑی ہوئی شکل دی پیروی کردے ہین۔ ۳) اوہ گمراہ ہو چکے ہین۔ ۴) اوہ لاعلم ہین اتے اوہناں نوں لوڑ ہے پئی حضرت محمد اوہناں نوں آزاد کراں۔

۲۳. مثبت حساب نال قرآن ایہہ کہندا ہے پئی مسیحی اتے یہودی وفادار تے سچے ایماندار ہین۔

۲۴. چار دعوے: ۱) مسیحیاں نوں اوہناں دی برتری دے تھلے زندگی گزارنی چاہیدی ہے۔ ۲) ساڈے اُتے حکمرانی کرنا مسلماناں دا مقدر ہے۔ ۳) ساڈے خلاف جنگ لڑنا اوہنان دا حق ہے۔ ۴) چونکہ اسی شرک کرنے آں ایس لئی اسی جہنم وچ جانواں گے۔

۲۵. یہودی لوگ مسیحیاں دی نسبت مسلماناں دے بوہتے ڈاہڈے دشمن ہوون گے۔

۲۶. ایہہ قرآن دا مشہور ترین باب ہے، ایس دی ہر روز تلاوت کرنا لازمی ہے۔ ہر مسلمان ایس سورۃ نوں دن وچ سترہ ساری اتے سال وچ پانچ ہزار واری پڑھدا ہے۔

۲۷. مسیحی (گمراہ ہو چُکے ہین) اتے یہودی (ایہناں اللہ دا غضب کمایا ہے)۔

۲۸. حضرت محمد دی زندگی تے تعلیم۔

۲۹. اسلامی نظام دا نفاذ

۳۰. چھ مسائل: ۱) عورتوں دا درجہ کم تر ہے۔ ۲) جہاد دی تعلیم ۔ ۳) ظالمانہ اتے حد سے زیادہ جابرانہ سزائیں۔ ۴) شریعت لوگوں کو نیک نہین بنا سکتی۔ ۵) جھوٹ دی حوصلہ افزائی۔ ٦) مسیحیاں سمیت غیر مسلموں دی ایذارسانی ۔

۳۱. نائیجیریا وچ شرعی عدالتاں متعارف کرائیاں گئیاں سی۔

۳۲. جج نے حضرت محمد دے نمونے دی پیروی کیتی سی۔

۳۳. ۱) ایہہ ڈاہڈی زیادتی ہے ۔ ۲) ایہہ اک ظالمانہ قدم ہے۔ ۳) ایہہ سزا سنگسار کرن والے مرداں لئی وی نقصان دہ ہے ۔ ۴) ایہہ عورتاں نوں نشانہ بناندی ہے ۔ ۵) ایہہ شیر خواروں نوں یتیم بناندی ہے ۔ ٦) ایہہ زنابالجدر نوں خارج از امکان قرار دیندی ہے۔

۳۴. اوہ جھوٹ بول سکدے ہین جد اوہناں غیر مسلماں دی طرفوں خطرہ درپیش ہووے۔ شوہر اپنی بیویاں نال جھوٹھ بول سکدے ہین۔ جد کوئی راز تہاڈے سپرد ہووے اتے جنگ دے دوران۔

۳۵. اوہ طریقہ جہدے وچ مسلماناں نوں محفوظ رکھن لئی دھوکے نوں عمل وچ لیایا جاندا ہے۔

۳٦. سچیائی تباہ ہو جاندی ہے اتے معاملہ ہور گھمبیر ہو جاندا ہے۔

۳۷. اپنے مذہبی ماہرین دی رہنمائی تے۔

۳۸. اسلام دا آپی مطالعہ کرو، خواہ اسلامی قیادت عوام دے سامنے اوہناں دا ذکر کرن یا اوہدے اُتے بحث کرن دی کوشش کرے یا نہ کرے ۔

۳۹. پئی خداوند یسوع دی پیروی کرن یا حضرت محمد دی ۔

۴۰. عیسیٰ (یسوع) دا۔

۴۱. پشلے نبیاں دے ضابطۂ حیات (شریعت) نوں۔

۴۲. اللہ دی طرفوں حضرت عیسیٰ (خداوند یسوع) نوں دتی گئی کتاب۔

۴۳. حضرت عیسیٰ آکے مسیحیت دا خاتمہ کر دین گے اتے ہر کسے نوں اسلام قبول کرن تے مجبور کرن گے۔

۴۴. مسلماناں نوں ایہہ گل سکھائی جاندی ہے پئی حضرت محمد دی پیروی کرنا یسوع دی پیروی کرن دے مترادف ہے۔

۴۵. اہس عقیدے نے خدا دے منصوبۂ نجات تے پردہ پا دتا ہے اتے ایہہ پردہ مسلماناں لئی حقیقی یسوع دی پیروی کرن دی راہ وچ رکاوٹ بن چکیا ہے۔

۴۶. اسی چار اناجیلاں چوں اصلی یسوع دے بارے مستند معلومات حاصل کر سکنے آں۔

۴۷. صرف اناجیل دے یسوع دی راہیں اسی روحانی بندشاں توں رہائی پا سکنے آں۔

چوتھے سبق دے جواب

۱. تین تکلیف دہ واقعے: (۱) والد دی فوتگی۔ (۲) والدہ دی فوتگی۔ (۳) اپنے چاچے دے ڈنگراں دی رکھوالی جیہا ہلکا کم۔ (دادے دی موت)۔

۲. حضرت محمد دی مخالفت کرن دے نال۔

۳. چھ پہلو: ۱) اوہ اوہناں دی مالکن سی۔ ۲) اوہ عمر وچ وڈی سی۔ ۳) اوہناں شادی دی پیشکش کیتی۔ ۴) اوہناں دی پہلوں ای دو شادیاں ہو چُکیاں سن۔ ۵) اوہ طاقتور تے دولتمند سی۔ ٦) اوہناں اپنے پیو نوں حضرت محمد دے نال ویاہ شادی تے راضی کرن لئی شراب پیائی۔

۴. اوہناں دے بتھیرے بچے مر گئے اتے حضرت محمد دا کوئی مُنڈا وارث نہ رئیا۔

۵. اوہناں دے چاچے حضرت ابوطالب تے اوہناں دی بیوی بی بی خدیجہ۔

٦. اوہناں دی عمر ۴۰ سال سی اتے اوہ بہت گھابر گئے سن ایتھوں تیک پئی خود کشی کرنے دا وی ارادہ کر لیا۔

۷. پئی محمد مجذوب نئیں بلکہ نبی ہین۔

۸. حضرت محمد نوں ہر ویلے ایہہ دھڑکا لگا رہندا سی پئی کتے اوہناں نوں دھوکھے باز دے طور تے رد نہ کر دتا جاوے۔

۹. بی بی خدیجہ اتے حضرت محمد دے چچیرے بھائی حضرت علی۔

۱۰. حضرت محمد نے مکی بُتاں دی مذمت کیتی سی۔

۱۱. اوہناں حضرت محمد نوں اہلِ مکہ دے غیظ و غضب توں بچایا سی۔

۱۲. مکمل قطعٔ تعلق، کمزور مسلمانوں دی ایذارسانی اتے حضرت محمد دے نال توہین آمیز برتاؤ۔

۱۳. ۸۳ مسلمانوں نے اپنے خاندانوں سمیت جان بچا کے ابی سینیا (موجودہ ایتھوپیا) وچ پناہ لئی۔

۱۴. کہ اللہ اتے مکی دیوتاواں دونواں دی عبادت کیتی جاوے۔

۱۵. کہ اللہ دیاں تناں دھیاں لات، عزیٰ اتے منات کولوں دعاواں کرنا منظور ہو گیا ہے۔

۱٦. کہ ایہناں توں پہلاں سارے نبی وی ایسے طراں برگشتہ ہوئے سن۔

۱۷. ڈینگیں: ۱) ان دے آبا و اجداد شادی دے بندھن سے پیدا ہوئے۔ ۲) وہ بہترین آدمی ہین۔ ۳) وہ بہترین برادری (بنو ہاشم) سے تعلق رکھتے ہین۔ ۴) وہ بہترین قبیلے (قریش) سے ہین۔ ۵) اوہ بہترین قوم (عرب) توں ہین۔

۱۸. جنگ وچ کامیابی۔

۱۹. بی بی خدیجہ اتے اوہناں دے محافظ حضرت ابو طالب دونواں دا انتقال ہو گیا۔ طائف والیاں نے جد اوہناں نوں مسترد کیتا تے مدنی عرباں نے اوہناں دی حفاظت دا ذمہ چُکیا۔

۲۰. جناں دے اک گروہ (بدروحوں) نے اسلام قبول کر لیا۔

۲۱. جناں دے اسلام قبول کرنے دا نظریہ ، نالے فیر قرآن و حدیث دا ایہہ عقیدہ پئی ہر بنے نال ایک آشنا روح ہوندی جس دا نام قَرین ہے۔

۲۲. پئی اوہ رسول دی کامل اطاعت وچ جنگ لڑن گے۔

۲۳. اوہناں نے اوتھے بلا روک ٹوک منادی کیتی اتے بیشتر مدنی عرباں نوں دائرۂ اسلام وچ داخل کر لیا۔

۲۴. اسلام نوں مسترد کرنے والیاں دے لئے موت دے بعد دی زندگی وچ عذاب ای عذاب ہووے گا۔

۲۵. قتل۔

۲٦. فتنہ

۲۷. اسلام دے خلاف فتنہ۔

۲۸. ہر اوہ شے جو لوکاں نوں دائرۂ اسلام وچ داخل ہون توں روکدی ہووے۔

۲۹. لازم ہے پئی آپ نوں جنگ کر کے قتل کر دتا جاوے۔

۳۰. کیوں جو اسلام نوں مسترد کرن دا جرم موت توں بدتر ہے۔

۳۱. غیر مسلم درجناں دے حساب نال جد کہ مسلمان کروڑاں دے حساب نال مر رئے ہین۔

۳۲. اوہ انتقام لینا تے آپ نوں درست ثابت کرنا چاؤندے سن ایتھوں تیک پئی مرُدیاں کولوں وی جواب طلب کرن توں نئیں سن ججھکدے۔

۳۳. پئی اوہ اپنے مسترد کیتے جان تے شدید ردِ عمل دا اظہار کر دے ہُندے سن۔

۳۴. اوہناں نوں ہمیشہ لئی مجرم منیا گیا ۔ اوہناں نوں کمزور تے کمتر سمجھیا گیا۔

۳۵. فتنے دے خلاف جارحانہ ردِ عمل۔

۳٦. کیوں جو اللہ نے اوہناں نوں ایس معاہدے توں منع کر دتا سی۔

۳۷. او تہانوں جتھے لبھن اوہناں نوں قتل کر دیو۔

۳۸. اوہناں وچوں کجھ ایمان لیائے تے کجھ ایمان نہ لیائے تاں وی حضرت محمد دا پیغام اوہناں سبھناں لئی اکو جیہی برکت دا باعث سی۔

۳۹. کیوں جو حضرت محمد وی اوہو کجھ سکھا رہے سی جو بالکل اوئی سی جو یہودی مذہب وچ وی رائج سی جیویں کہ دعاواں پڑھنیاں تے زکٰوۃ دی شکل وچ خیرات دینا۔ اوہناں نے وی صحابہ کرام نوں ملکِ شام (یعنی یروشلیم) ول مونہہ کر کے نماز پڑھن دی ہدایت کیتی سی اتے اوہ آکھدے ہندے سی پئی میری تعلیم بھی تہاڈے ورگی ہے۔

۴۰. اوہ اوہناں دی تنقید دے ہر موقعے نوں اپنی صفائی پیش کرنے دا ذریعہ بناندے ہوندے سن۔

۴۱. انہوں نے یہودیاں نوں دھوکھے باز قرار دتا نالے آکھیاں پئی اوہناں نے جان بجھ کے اپنے کلام نوں جھوٹھ دے نال بدل دتا ہے۔

۴۲. یہودیاں دے خلاف گلاں کر کے۔"یہودی سن" :

- ق ۴: ۴٦ ---یہودی لعنتی سن۔
- ق ۷: ۱٦٦، وغیرہ --- یہودی باندر تے سؤر سن۔
- ق ۵: ۷۰ ---یہودی نبیاں نوں قتل کردے سی۔
- ق ۵: ۱۳ --- یہودی دھوکھے باز سن۔
- ق ۲: ۲۷۔ --یہودیاں نے اصل رہنمائی نوں ترک کر دتا سی۔

۴۳. یہودیت نوں۔

۴۴. پہلاں اوہناں نوں دھکمیاں دتیاں تے فیر مدینے وچون باہر کڈھ دتا۔

۴۵. کیوں جو اوہ اوہناں نوں قتل کر رئیے سن اتے اوہناں دے کول بچنے دا صرف ایہو چارہ رہ گیا سی پئی اوہ اسلام قبول کر لین۔

۴۶. اوہناں اُتے الزام لایا، اوہناں تے حملہ کیتا، اوہناں نوں مدینے وچوں کڈھ دتا اتے اوہناں دیاں جائیداداں نوں مالِ غنیمت دے طور تے لُٹ لیا۔

۴۷. اوہناں دا محاصرہ کیتا، اوہناں دے مرداں نوں موت دے گھاٹ اتاریاں جد کہ عورتاں اتے بچیاں نوں مالِ غنیمت دے طور تے مسلماناں وچ ونڈھ دتا۔

۴۸. اوہناں تے چڑھائی کیتی پر اوہناں دے سامنھے تیجا انتخاب وی پیش کیتا پئی اسلام قبول کر لو یا مرن لئی تیار ہو جاؤ۔

۴۹. یہودیاں اتے مسیحیاں دونواں نوں۔

۵۰. خود ارتداد توں خود توثیقی تے جارحیت۔

۵۱. بے ایماناں دی شکست اتے رسوائی۔

۵۲. اک نظریاتی اتے عسکری لائحہ عمل۔

۵۳. اوہ صرف ”ڈران والے“ دی بجائے موماناں دے سپہ سالا ر بن گئے اتے اوہناں دیاں زندگیاں نوں اپنے قابو وچ کر لیا۔

۵۴. اللہ دی اطاعت دا راستہ نبی دی اطاعت وچ لُکیا ہے۔

۵۵. حضرت محمد دے اپنے مسترد کیتے جان دے ارتقائی عمل تے۔

۵۶. حضرت محمد دے کھڑے کیتے ہوئے مسئلے اج آج اسلامی شریعت دے سببوں عالمی مسئلیاں دی شکل اختیار کر چکے ہین۔

۵۷. کلمۂ شہادت دے الفاظ۔

۵۸. پئی قرآن اللہ دا کلام ہے؛ حضرت محمد اللہ دے رسول ہین۔

۵۹. کلمۂ شہادت دے ذریعے روحانی دنیا وچ ہنیرے دے حاکماں اتے قوتاں دے نال اک خاص تعلق قائم کر کے حضرت محمد دیاں مسئلیاں نوں موماناں دیاں زندگیاں اُتے وی مسلط کر دتا جاندا ہے۔

۶۰. [سارے حاضرین اپنے اپنے تجربے دے مطابق منفی پہلوآں نوں نشان زد کریں۔]

۶۱. جو اوہنوں سچ توں انکار کردے ہین۔

۶۲. اوہ کہندے ہین پئی ایس دے وچ تحریف ہوئی ہے۔

۶۳. اوہناں دا خاتمہ کر دین گے۔

۶۴. پئی قرآن اللہ دا کلام ہے۔

۶۵. عدمِ استحکام، خوف، بے یقینی تے بے اعتقادی۔

پنجویں سبق دے جواب

۱. ارتداد۔

۲. چار عوامل : ۱) ناجائز اولاد ہون دی شرمندگی۔ ۲) غریبی دی حالت وچ پیدائش ۔ ۳) ہیرودیس نے اوہناں نوں قتل کران دی کوشش کیتی، ۴) والدین نوں پناہ گزیناں دی طرح مصر نوں نسنا پیا۔

۳. فریسیوں نے ہیٹھ دتے گئے سوالاں دی راہیں خداوند یسوع تے حملے کیتے سی:

- مرقس ۳: ۲، وغیرہ دے سوال جیویں کہ سبت دی شریعت نوں توڑنے دے بارے میں
- مرقس ۱۱: ۲۸ ، سوال جیویں اوہدے اختیار دے بارے
- مرقس ۱۰: ۲ ، سوال جیویں طلاق دے بارے
- مرقس ۱۲: ۱۵ ، سوال جیویں قیصر نوں جزیہ دین دے بارے
- متی ۲۲: ۳۶ ، سوال جیویں سب توں وڈے حکم دے بارے
- متی ۲۲: ۴۲ ، سوال جیویں مسیح ہون دے بارے
- یوحنا ۸: ۱۹ ، سوال جیویں یسوع دی ولدیت دے بارے
- متی ۲۲: ۲۳۔ ۲۸، ، سوال جیویں قیامت دے بارے
- مرقس ۸: ۱۱ ، سوال جیویں معجزات دے بارے
- مرقس ۳: ۲۲ ، سوال جیویں اوہدے بدروح گرفتہ ہون دے بارے پئی ایہہ شیطان دی مدد نال معجزے کردا ہے
- متی ۱۲: ۲ ، سوال جیویں اوہدے شاگرداں دے روئیے دے بارے
- یوحنا ۸: ۱۳ ، سوال جیویں اوہدی گواہی وچ سچیائی ہے نئیں

۴. خداوند یسوع نوں مندرجہ ذیل قسماں دا ارتداد برداشت کرنا پیا:

- متی ۲: ۱۶ ۔ ہیرودیس نے اوہنوں قتل کران دی کوشش کیتی

- مرقس ٦: ٣، وغیرہ ۔ ناصرت دے رہن والیاں نے اوہنوں جانوں مارن دی کوشش کیتی
- مرقس ٣: ٢١ ۔گھر دے لوکاں نے اوہدی بے حرمتی کیتی
- یوحنا ٦: ٦٦ ۔بہت سارے شاگرد اوہنوں چھڈ کے چلے گئے
- یوحنا ١٠: ٣١ ۔ بھیڑ نے اوہنوں سنگسار کرن دی کوشش کیتی
- یوحنا ١١: ٥٠ ۔ مذہبی رہنماواں نے اوہنوں قتل کرن دی سازش کیتی
- مرقس ١۴: ۴٣۔ ۴٥۔ یہوداہ اسکر یوتی نے اوہناں نال بیوفائی کیتی
- مرقس ١۴: ٦٦۔ ٧٢ ۔ پطرس نے اوہدا انکار کیتا
- مرقس ١٥: ١٢۔ ١٥، وغیرہ ۔ مجمعے نے اوہدی موت دا تقاضا کیتا
- مرقس ١۴: ٦٥ ، وغیرہ ۔یہودی رہنماواں نے اوہنوں ٹھٹھیاں وچ اُڈایا
- مرقس ١٥: ١٦۔ ٢٠ ، وغیرہ ۔سپاہیاں نے اوہناں تے تشدد کیتا
- مرقس ١۴: ٥٣۔ ٦٥ ، وغیرہ ۔اوہناں نوں جھوٹھے الزام لا کے جانوں مار دتا
- استثنا ٢١: ٣٢ ، ۔ صلیب دی لعنتی موت پائی
- مرقس ١٥: ٢١۔ ٣٢ ، وغیرہ ۔ڈاکوؤں دے نال مصلوب کیتا گیا

۵. چھ حیران کن ردِعمل، یسوع نئیں سن: ١) فسادی۔ ٢) تشدد پسند۔ ٣) انتقام لین والے۔ ۴) شور مچا کےجھگڑا کرن والے ۔ ۵ اوہ الزام سن کے وی خاموش رئیے۔ اتے ٦) جنہاں مقدمیاں وچ اوہناں نوں قتل کرن دی کوشش کیتی جا رئی سی اوہ اوہناں وچوں وی خاموشی نال نکل جاندے ہوندے سی۔

٦. اوہ آزمائش تے غالب آئے اتے مسترد کیتے جان دے سببوں دلبرداشتہ نہ ہوئے۔

٧. کیوں جو اوہ بہت محفوظ اتے پرسکون سن۔

٨. یسعیاہ نبی دے دکھ اٹھان والےخادم دی حیثیت نال رد کیتا جانا۔

٩. اوہناں دی صلیبی موت۔

١٠. اپنے مقصد نوں حاصل کرن لئی طاقت دا استعمال ۔

١١. علامتی طور تے، خاندانی تفرقہ (جدائی) جد مسیحیاں نوں مسیح تے ایمان دے سببوں رد کیتا جاوے گا۔

١٢. پئی جدوں مسیح خداوند آئے گا تے اوہ تشدد، فوجی اتے سیاسی طاقت استعمال کر کے دنیوی بادشاہی قائم کرے گا۔

١٣. اوہناں نوں قتل کرن توں منع کتا گیا سی۔

۱۴. خداوند یسوع نے دوجیاں دے نال برتاؤ دے حوالے نال ہیٹھاں دتیاں گئیاں گلاں سکھائیاں سن:

- متی ۵: ۳۸۔ ۴۲، برائی دے بدلے توں متعلق، پئی اوہدے عوض بھلائی کرو۔
- متی ۷: ۱۔ ۵، عیب جوئی دے متعلق ، پئی دوجیاں دی عیب جوئی نہ کرو۔
- متی ۵: ۴۴، دشمنوں دے متعلق، پئی اپنے دشمناں نال پیار کرو۔
- متی ۵: ۵ ، حلیمی دے متعلق، پئی حلیم زمین دے وارث ہون گے۔
- متی ۵: ۹، صلح کرانے والیاں دے متعلق ، پئی اوہ خدا دے پتر کہوان گے۔
- ۱۔ کرنتھیوں ۴: ۱۱، وغیرہ میں ایذارسانی توں متعلق، پئی مسیحیاں دے لئے وڈیاں وڈیاں مصیبتاں وچوں لنگھنا ضرور ہے اتے اوہ بدلہ نئیں لیں گے۔
- ۱۔ پطرس ۲: ۲۱۔ ۲۵، ساڈے نمونے توں متعلق، پئی دوجیاں نال محبت رکھن وچ خداوند یسوع ساڈا نمونہ ہے۔

۱۵. پئی اوہناں نوں کوڑے مارے جان گے، اوہناں نال عداوت رکھی جائے گی، اوہناں نوں پھڑایا جاوے گا اتے اوہناں نوں جانوں مار دتا جاوے گا۔

۱٦. اوہ اوتھوں اگے ودھدے جان گے تے اپنے مخالفاں دا کجھ نقصان نئیں کرن گے۔

۱۷. جدوں سامریہ دے اک پنڈ والیاں نے اوہدا سواگت نہ کیتا۔

۱۸. پئی جدوں پرتشدد ایذارسانی دا سامنا ہووے تے:۱) کسی ہور شہر نوں نس جانا۔ ۲) کسے قسم دی فکر نہ کرنا بلکہ روح القدس تے بھروسہ رکھنا۔ ۳) خوف نہ کھانا۔

۱۹. جدوں ستائے جاؤ تے خوشی منانا۔

۲۰. ہمیشہ دی حیاتی دی امید۔

۲۱. تن نتیجے: ۱) لوک خدا تے اک دوسرے توں جدا ہو جاندے ہین ۔ ۲) لوکاں نوں خدا دی حضوری وچوں کڈھ دتا جاندا ہے۔ ۳) لوکی اپنے گناہواں دی سزا پاندے ہین۔

۲۲. خداوند یسوع مسیح دا تجسم اتے صلیب ۔

۲۳. خداوند یسوع دی فرمانبرداری کر کے صلیب نوں قبول کرنا۔

۲۴. حملہ آوراں دی نفرت نوں برداشت کرنا اتے بطورِ قربانی اپنی جان نوں دنیا دے گناہواں دی خاطر پیش کرن دے نال خداوند یسوع نے ٹھکرائے جان دی دی طاقت نوں عظیم محبت دے نال ہرایا۔

۲۵. گناہ دےکفارہ لئی خون وگان دی علامت ول؛ یسعیاہ ۵۳ وچ دکھ سہن والے خادم دی نبوت ول۔

۲۶. خدا دے نال میل ملاپ اتے صلح۔

۲۷. انساناں، فرشتیاں یا بدروحاں دی طرفوں لائے گئے الزاماں توں۔

۲۸. میل ملاپ دی خدمت۔

۲۹. اوہ اوہناں توں انتقام لینا چاہندے سن۔

۳۰. اوہناں دے مُردیاں وچوں زندہ کیتے اتے زندہ حالت وچ اسمان تے چُکے جان نال۔

۳۱. بہت سربلند کیتا۔

۳۲. اوہ دکھ درد دے تجربے نوں ایویں لیندے ہین جیویں مسیح دے نال دکھ سہنا۔

۳۳. پئی جسے اوہ کدی اپنے گھر وچ کوئی ایہو جئی شے ویکھ لیندے ہین جس تے صلیب دا نشان ہوندا سی تے اوہ اوس شے نوں توڑ دیندے سی نالے فیر اوہ ایہہ تعلیم وی دیندے سن پئی جدوں حضرت عیسیٰ زمین تے واپس آن گے تے اوہ وی صلیباں نوں توڑ دین گے۔

۳۴. ذمّی معاہدے دے "تیسرے انتخاب " نوں جس دے تحت غیر مسلماں نوں اپنے ایمان تے قائم رہن دی اجازت دتی جاندی ہے۔

۳۵. اوہناں نوں مجبور کیتا گیا پئی اوہ اپنیاں کپڑیاں اُتوں سارے مذہبی نشان مٹا دین۔

چھیویں سبق دے سوال

۱. حضرت محمد دا ایہ حکم پئی " جس دین دی مَیں تعلیم دتی ہے اوس نوں تلوار نال پھیلاؤ"۔

۲. اوہناں ایہہ عذر پیش کیتا پئی اسلام تے ایہہ الزام غلط ہے کیوں جو کافراں لئی اک تیجا چناؤ بھی ہے سی پئ ہتھیار سُٹ دیو، محصول دیو تے مسلماناں دی امان وچ رہو۔

۳. اسلام قبول کرلین؛، تلوار یعنی قتل کرن یا قتل ہو جان اتے اسلامی حکومت دے سامنے جھک جان۔

۴. " پئ مَیں ایہناں لوکاں دے خلاف اوس ویلے تک لڑاں گا جدوں تک اوہ ایس گل دی تصدیق نہ کر دین پئی اللہ دے سوا کوئی عبادت دے لائق نئیں تے محمد اوہدے رسول ہین۔" (یعنی کلمۂ شہادت)

۵. اسلام قبول کرن یا محصول دین تے یا بے ایماناں نال جنگ کرن۔

٦. جد تیک اپنے ہتھ نال محصول نہ دین تے ذلیل نہ کیتے جان (حقیر یا کمتر قرار نہ دتے جان)۔

۷. ذمّی معاہدہ۔

۸. ذمّی۔

۹. دو اصول: ۱) پئی اسلام نوں دوجے مذہباں تے فاتح ہونا چاہیدا ہے، ۲) پئی مسلماناں نوں حکومت دی حالت وچ رہنا چاہیدا ہے تاں جو اسلامی تعلیم دا نفاذ کرن۔

۱۰. محصول اوہناں دے سر دی قیمت ہے جو ذمیاں نوں اپنی جان دے فدیے طور ادا کرنی پیندی ہے۔

۱۱. مسلماناں دے فائدے لئی۔

۱۲. ایہہ اوہ رقم ہے جو ایس سال اوہناں (مسیحیاں) دے سر سلامت رکھن دی اجازت لئی فدئیے طور ادا کیتی جاوے۔

۱۳. ایہدے خلاف جہاد ہوئے گا، جنگ دی کیفیت، اوہناں دی جائیداد لُٹی جائیگی، عورتاں نوں غلام بنایا جائے گا اتے اوہناں دی عصمت دری کیتی جائے گی، مرداں نوں قتل کیتا جائے گا یا تلوار دی نوک تے اسلام قبول کرن تے مجبور کیتا جائے گا۔

۱۴. جیکر اسی ایہناں وعدیاں وچوں جو ساڈے فائدے لئی ہین کسے دی خلاف ورزی کردے ہاں تے ساڈا ذمّی معاہدہ ٹُٹ جائے گا۔ آپ نوں اجازت ہووے گی پئی تسی ساڈے نال اوہناں لوکاں وانگوں برتاؤ کرو جہیڑے غداری یا بغاوت کردے ہین۔

۱۵. اوہ اپنی شخصیت اتے اپنے اثاثے خوشی خوشی پیش کردا ہے تاں جو اوس نوں قتل کر دتا جائے یا مسلمان اوہدے اُتے قبضہ کر لین۔

۱۶. ذمّی معاہدے دی پاسداری نہ کرن دے الزام لا کے اوہناں دا قتلِ عام کیتا گیا۔

۱۷. سلطان دی طرفوں یہودیاں نوں وزیر اعظم دے منصب تے فائز کیتا گیا سی۔

۱۸. پئی مسیحیاں نے ذمّی معاہدے توں انحراف کر کے اپنی محافظت دیاں شرطاں وی منسوخ کر چھڈیاں ہین۔ کجھ لوکاں نے اسلام قبول کر کے اپنیاں جاناں بچائیاں۔

۱۹. ایس رسم وچ اوہناں دی دھون اتے اک یا دو مُکے مارے جاندے سی یا دوجی صورت وچ اوہناں دی دھون دے آل دوالے اک رسی بنھ کے اوہناں نوں زمین تے گھسیٹیا جاندا سی۔

۲۰. پئی ایہہ ذمّی اپنی جان دے بدلے ایہہ زر محصول (جزیہ) ادا کر رئیا ہے تاں جو موت تے غلامی توں محفوظ رہ سکے۔ ایس رسم دا مطلب موت دا نفاذ سی جہدے بدلے سالانہ محصول وصول کیتا جاندا سی۔

۲۱. سربریدگی یعنی سر قلم کیتے جان دی لعنت۔

۲۲. اک ”خونی معاہدہ“ یا ”خونی سونہہ“، جس وچ حصہ لین والا اپنی سزا تجویز کردیاں ہوئیاں اپنی موت دی بینتی کردا ہے۔

۲۳. جیکر مَیں معاہدے دی کوئی وی شرط توڑاں گا تے آپ نوں میرا سر لاہ دین دا حق ہے۔

۲۴. ادنیٰ حالت اتے شکرگزاری۔

۲۵. مثالیں:

- ذمیاں دی گواہی ، شرعی عدالت وچ قبول نئیں کیتی جاندی۔
- ذمیاں دے گھر، مسلمانوں دے گھراں نالوں نیویں ہونے چاہیدے ہین۔
- ذمی لوک گھوڑے تے سواری نئیں کر سکدے۔
- ذمیاں نوں عام سڑکاں تے چلن دی قطعاً اجازت نئیں۔
- ذمی لوک اپنا دفاع نئیں کر سکدے۔
- ذمی لوک اپنا کوئی وی مذہبی نشان عوامی تھانواں تے وکھا نئیں سکدے۔
- ذمیاں اپنے گرجیاں دی مرمت نئیں کران گے اتے نویں گرجے وی تعمیر نئیں کر سکدے۔

- ذمی لوک اسلام تے تنقید نئیں کر سکدے۔
- ذمیاں دے لیڑے لتے مسلماناں نالوں فرق ہون گے۔
- ذمیاں دیاں شادیاں یعنی کوئی ذمی کسے مسلمان عورت نال ویاہ نئیں کر سکدا اتے جے کوئی مسلمان کسی ذمی عورت نال ویاہ کرے گا تے اوہناں دی اولاد مسلمان ہووے گی۔

۲٦. پئی اوہ محصول ادا کرن گے تے تھلڑے درجے تے رہن گے۔

۲۷. روح دا قتل۔

۲۸. ذمّی معاہدے دیاں ساریاں شرطاں نوں من و عن تسلیم کرنا۔

۲۹. پئ اوہ اپنی ذلت اٹھان وچ رضامندی ظاہر کرن۔

۳۰. احساسِ کمتری، گم سم ، عیار، اپنا اعتماد کھوئے ہوئے انسان، ریاکار، کمینے کارندے۔

۳۱. مالکاں تےحکمراناں دا مذہب

۳۲. اوہ جعلی احساسِ برتری تے بھروسہ کرن دی وجہ توں کمزور ہو جاندے ہین تے اپنی اتے اپنے آل دوالے دی دنیا دی اصلی سوجھ بوجھ پان دی اہلیت دا وی نقصان اٹھاندے ہین۔

۳۳. غلامی دے ول کیوں جو امریکہ وچوں غلامی تے خانہ جنگی دے بعد ختم ہو گئی سی پر نسل پرستی اتے تعصب مزید اک سو سال تک جاری رئیے۔

۳۴. ایہہ دعویٰ پئی مغرب اپنی تہذیب دے معاملے وچ اسلام دا قرضدار ہے۔

۳۵. یورپی قوماں۔

۳٦. شریعت دی دہرائی۔

۳۷. پانچ نتیجے: ۱) زخمی روح۔ ۲) ٹھوکراں۔ ۳) مظلوم ذہنیت۔ ۴) متشدد رویہ۔ ۵) دوجیاں نوں ذلیل کرن وچ سکون پانا۔

۳۸. حضرت محمد نے مظلومیت دی روحانی حالت دے پیشِ نظر دوجیاں دی تذلیل کرن دی راہ اپنائی۔

۳۹. اوہناں نے ٹھوکر کھان توں انکار کیتا۔ اوہناں نے تشدد توں اجتناب کیتا۔ دوجیاں تے غلبہ پان توں گریز کیتا اتے شکستہ روح بننا قبول نہ کیتا۔

۴۰. کسے مسیحی نوں ایس توں پہلاں اپنی روحانی بندش دے بارے کجھ علم نئیں سی۔ سب نے اپنی آزادی لئی دعا منگی۔ تے جدوں ایہہ سب ہو گیا تے اوہناں نے بڑی خوشی منائی۔

۴۱. جہادی حملیاں دا خوف۔ جہادیاں ولوں پچھیکڑ دی کوئی اذیت۔ ماضی وچ آپ دے خاندان نوں ڈرایا یا دھمکایا جانا۔

۴۲. ذمی معاہدے توں آزادی لئی پیش کردہ دعاواں کہیڑے کہیڑے دو کم کر سکدیاں ہین؟

۴۳. ایہہ دعاواں ایس طور تے بنایاں گئیاں ہین پئی جنہاں دی راہین اوہناں ساریاں لعنتاں نوں جو آپ دے خلاف یا آپ دے آبا و اجداد دے خلاف، اسلامی حکومت وچ ذمی دے طور دتیاں گئیاں ہیں، توڑیاں جاندیاں ہین۔

ساتویں سبق دے جوابات

۱. سچیائی نال محبت کرن اتے سچیائی دا پرچار کرنے دی پاداش وچ۔

۲. کیوں جو خدا تعلق قائم کرن والا ہے اتے اوہ انسان دے نال تعلق قائم کرنا چاہندا ہے۔

۳. جھوٹ بولن دی ۔

۴. اوہ لوکاں نوں گمراہ کردا ہے۔

۵. جھوٹ بولن دیاں قسماں: جنگ وچ، بیوی نال، تحفظ حاصل کرن لئی، مسلم اُمہ دے دفاع لئی اتے خطرے دی حالت وچ تحفظ حاصل کرن لئی(تقّیہ) ۔

۶. دکھاوے دی حد تیک اپنے ایمان توں انکار کرن دی۔

۷. اوہناں دی برتری تے غیر مسلماں نالوں بہتر ہون دا۔

۸. حضرت محمد۔

۹. عزت اتے شرمندگی دے نظریات۔

۱۰. احساسِ برتری دے جذباتی نظرئیے نوں ۔

۱۱. کیوں جو حدیثاں وچ لعنت بھیجن دے حوالے نال وکھو وکھرے بیان پائے جاندے ہین۔

۱۲. غیر مسلماناں تے لعنت بھیجنا۔

۱۳. نفرت، غصہ اتے روحانی "برقی رو"۔

۱۴. اک بندے دی روح دا دوجے دی روح دے نال جُڑ جانا، ایویں پئی اوہ اک دوجے نالوں وکھ نہ ہو سکن۔

۱۵. جد تیک کوئی منکھ کسے دوجے منکھ دے بارے اپنے دل وچ نامعافی دا جذبہ قائم رکھے گا اودوں تیک اوہ غیر الہٰی بندھن یا رشتہ موجود رئیے گا۔

۱٦. [شاگردوں نوں چاہیدا ہے پئی اوہ آپ دعا کرن تے اپنے طور تے اوہناں نکتیاں دی نشاندہی کرن جنہاں اُتے ایہناں قدماں دا اطلاق ہوندا ہے۔]

۱۷. ترک کرنے چ: دوجیاں اُتے لعنت بھیجن دا گناہ، ایس دے تیجے وچ پیدا ہون والیاں لعنتاں، دوجیاں توں نفرت، جذباتی ہلچل، نفرت اتے لعن طعن دیاں بدروحاں، خطیباں تے دوجیاں دے نال وابستہ سارے غیر الہٰی روابط، روحانی بندشاں نال وابستہ ساریاں ابلیسی کاروائیاں۔ توڑن وچ: غیر الہٰی روحانی قوتاں، لعنتاں، غیر الہٰی روحانی گنڈھاں۔

۱۸. لعنتاں توں رہائی، اطمینان، مہربانی، برکت دین دا اختیار۔ ایہہ تمام برکتاں اوہناں لعنتاں تے نفرتاں دی ضد ہین ج اوہناں دے دلاں وچ پائیاں جاندیاں ہین۔

۱۹. پیو دادیاں نوں ، پیو نوں ، خطیباں نوں ، مسلمان رہنماواں نوں، میرے اُتے لعنت بھیجن والے ہر بندے نوں، اپنے آپ نوں۔

۲۰. اوس دا خیال سی پئی اوہناں دا مکان ہی منحوس ہے۔

۲۱. اوہنوں لعنت نوں توڑن دا طریقہ نئی سی آندا۔

۲۲. اوہنوں یسو ع نام دے اختیار دے نال اپنے گھر دے خلاف ساریاں لعنتاں نوں توڑن دی لوڑ پئی۔

۲۳. لعنتاں دا سامنا۔

۲۴. نو اقدامات: ۱) اقرار تے توبہ۔ ۲) غیر الہٰی شیواں نوں کڈھنا۔ ۳) دوجیاں نوں تے اپنے آپ نوں معا ف کرنا۔ ۴) مسیح وچ اپنے اختیار دا دعویٰ کرنا۔ ۵) لعنت نوں ترک کرنا تے توڑنا ۔ ٦) مسیح وچ اپنی آزادی دا اعلان کرنا۔ ۷) بدروحاں نوں نکل جان دا حکم دینا (انھیں باہر ندالنا)۔ ۸) برکتاں دا اعلان کرنا۔ ۹) خدا دی تمجید کرنا۔

اٹھویں باب دے جواب

۱. چار وجوہات: ۱) برادری توں علیحدگی دا دکھ۔ ۲) اسلام ولوں رکاوٹاں تے مشکلاں۔ ۳) سِدھی سِدھی ایذارسانی۔ ۴) مسیحیاں تے کلیسیا توں مایوسی۔

۲. ایس دی وجہ اوہ خوف ہے جس دے تحت اسلام ذمیاں توں ایس گل دا مطالبہ کردا ہے پئی اوہ اسلام نوں چھڈن والیاں دی کسے طرح نال کوئی وی مدد نہ کرن۔

۳. پئی اوہ ذمی معاہدے تے اوس نال جڑیاں بھاری ذمہ داریاں تے خطریاں نوں سمجھے۔

۴. خوف، عدم تحفظ دا احساس ، دولت دی ہوس، ٹھکرائے جان دا احساس، مظلومیت دا احساس، ٹھیس یا ٹھوکر لگنا، دوجیاں تے اعتماد دی کمی، جذباتی اذیت، جنسی گناہ، عیب جوئی تے جھوٹھ وغیرہ۔

۵. اسلام دے تسلط تے اثر دا مسلسل جاری رہنا ۔

۶. دوجے لوک حسد کرن گے۔

۷. اوہنوں دوجے مسیحیاں ولوں ٹھوکر لگی سی۔

۸. کلیسیاواں اک دوجے دے نال مقابلہ کرن دے چکر وچ اپنے آپ نوں دوجیاں توں ودھیا تے بہتر سمجھنا شروع کر دیندیاں ہین۔

۹. بوہا جہیڑا کھلا چھڈ دتا گیا تے گھر جنہوں خالی رہن دتا گیا۔

۱۰. صحتمند مسیحیاں دی۔

۱۱. اپنیاں عادتاں تے اپنے سوچن سمجھن دے انداز نوں۔

۱۲. پولس رسول ططس نوں ابھارنا چاہندا سی پئی اوہ اپنے مسیحی ایمان وچ ترقی کرنا جاری رکھن۔

۱۳. پولس رسول وی پہلوں مسیحیاں توں نفرت کردا سی۔

۱۴. محبت ، علم تے سوہنیاں سوہناں گلاں وچ ودھن تے نالے راستبازی دے پھل پیدا کرن نال۔

۱۵. [تمام حاضرین اپنے اپنے مشاہدے دے مطابق منفی اثرات نوں بیان کرن۔]

١٦. اوہنے نسلی لعنت نوں ترک کیتا تے اوہدے اثر نوں توڑیا۔ اوہنے ذہنی دباؤ تے فکرمندی دا شکار رہن دی عادت توں وی شفا پائی۔

١٧. ساریاں بوہیاں نوں بند کرنا۔

١٨. کھلیاں بوہیاں نوں بند کرنا تاں جو شیطان اوہناں نوں ایماندار دے خلاف دوبارہ استعمال نہ کر سکے۔

١٩. انسانی روح وچ زندگی دا پانی پایا جاندا ہے پر جیکر اوہدے وچ تریڑاں ہون گئیاں تے اوہ ضرورت دے مطابق پانی کٹھا نئیں کر پاوے گی۔

٢٠. مسیح دی خاطر جین دی خواہش رکھن والے اوہناں ایمانداراں دیاں سانجھیاں مشکلاں تے روحانی نقصان جہدا مسلم پسِ منظر نال تعلق رکھن والے ایمانداراں نوں سامنا کرنا پیندا ہے۔

٢١. ایہدے نال اوہناں وچ برتری دا احساس پیدا ہوندا ہے۔

٢٢. کلیسیاواں لئی اک دوجے نال نال رل کے کم کرنا مشکل ہو جاندا ہے۔ لوک دوجیاں نوں خدمت وچ بوہتی ترقی کردیاں ویکھ کے حسد کرن لگدے نیں۔ لوک ایس لئی وی قیادت دا منصب نئیں سنبھالنا چاہندے کیوں جو اوہناں نوں لگدا ہے پئی اوہ لوکاں دے نشانے تے آ جان گے۔

٢٣. چھ سبق: ١) خادمانہ روح پیدا کرنا ۔ ٢) مسیح وچ اپنی شناخت نوں پچھاننا۔ ٣) اپنیاں کمزوریاں تے فخر کرنا سیکھنا۔ ۴) دوجیاں دیاں کامیابیاں وچ خوش ہونا اتے اوہناں دے دکھ دے ویلے دُکھی ہونا۔ ۵) محبت وچ سچ بولن دا ہنر سیکھنا۔ ٦) چغل خوری دے تخریبی اثرات نوں سمجھنا۔

٢۴. لوک ترقی نئیں کر پاندے کیوں جو اوہ اپنے مسئلیاں نوں چھپاندے ہین اتے اوہناں توں خلاصی پان لئی کسے قسم دی مدد حاصل نئیں کرنا چاہندے۔

٢۵. چھ حلقے: ١) معافی ۔ ٢) ارتداد تے ٹھوکر۔ ٣) اعتماد قائم کرنا۔ ۴) جادوگری نوں ترک کرنا۔ ۵) عورتاں تے مرداں دا اک دوجے دی عزت کرنا اتے اک دوجے نال سچ بولنا۔ ٦) ماپیاں ولوں اپنے بچیاں تے لعن طعن کرن دی بجائے اوہناں لئی برکت منگنا۔

٢٦. تاں جو لوک اپنے آفاقی نظریات نوں ازسر نو تشکیل دے سکن۔

٢٧. اسٹیو صاحب بہت جلدی لوکاں نوں ایمان لیاؤن تے قائل کر لیندے سن پر اوہناں نوں قائم نئیں رکھ پاندے سی۔ چیری صاحبہ لوکاں نوں ہولی ہولی ایمان ول لیاندی سی پر اوہ مسیح وچ قائم رہندے سی۔ چیری صاحبہ دا طریقۂ عمل

نسبتاً بہتر سی کیوں جو جد لوک خداوند یسوع دی پیروی دا فیصلہ کردے ہین تے اوہناں نوں ایس کم دی پوری پوری سمجھ وی تے ہونی چاہیدا ہے۔

۲۸. چھ اقدامات: ۱) دو اعترافات۔ ۲) رجوع لیانا۔ ۳) درخواست کرنا۔ ۴) وفاداری دا تبادلہ ۔ ۵) وعدہ تے تقدیس۔ ٦) اعلان۔

۲۹. اقدامات ۴ تا ٦۔

۳۰. شیطان دے خلاف۔

۳۱. اسلام نوں ترک کرن ویلے "کلمہ شہادت نوں ترک کرن اتے اوس دی طاقت نوں توڑنے دی دعا تے اعلان" وی کرے۔

۳۲. مسلم پسِ منظر نال تعلق رکھن والے پکے تے تجربہ کار پاسباناں دی۔

۳۳. تاں جو ایس گل نوں یقینی بنایا جاوے پئی اوہ بہترین بندے ہین اتے اوہناں نوں قیادت دے لئی تیار کرن وچ مدد فراہم کیتی جائے۔

۳۴. اوہ فروتنی نئیں سیکھ پاندے تے شاید اوہناں نوں دوجیاں دی طرفوں ٹھکرائے جان دا وی سامنا کرنا پوے۔

۳۵. باقاعدگی دے نال۔ ہفتے وچ گھٹ و گھٹ اک وار لازماً۔

۳٦. بائبل مقدس دی تعلیمات دا اپنی روزمرہ زندگی دیاں مشکلاں تے اطلاق کرنا۔ ایہدے نال اوہناں نوں مسیح وانگر بنن تے اپنی خدمت وچ ترقی کرن وچ مدد ملے گی۔

۳۷. زیرِ تربیتی دے سامنے شفافیت دا نمونہ پیش کرن لئی ۔

۳۸. شرمندگی توں بچن لئی۔

۳۹. تاں جو اوہ وی ایہناں مسئلیاں نوں حل کرن دا عملی طریقہ سیکھے۔

۴۰. کیوں جو ایہناں بندشاں دا خاتمہ نہ کیتا جاوے تے پھٹ نہ بھرے جان تے ایہدے توں اوس بندے دی خدمت وچ پھل نئین لگن گے۔ نالے فیر آپ رہائی حاصل کرن والا بندہ ہی دوجیاں نوں وی رہائی حاصل کرن وچ مدد فراہم کر سکدا ہے۔

۴۱. تاں جو اوہ خدمت وچ ثابت قدم رہنا تے قابلِ اعتماد بننا سیکھ سکن۔

۴۲. باہمی محبت تے احترام دے نال نال خادمانہ سوچ دے نال ایک دوجے دی خدمت کرن تے۔

۴۳. تاں جو اسی خندہ پیشانی دے نال تنقید نوں برداشت کردیاں ہوئیاں خدمت وچ ترقی تے پختگی نوں حاصل کر سکئے۔

۴۴. تاں جو شاگرد وی تنقید دا بہتر انداز وچ سامنا کرن دے قابل ہو جائے۔

۴۵. کیوں جو اوہ ایہدے توں بچ نئیں سکدے۔

۴۶. تاں جو خدا دی تعریف ہووے، آپ دی کلیسیا تے وی خدا دیاں برکتاں جاری ہوندیاں رہین تے تسی فروتنی سکھو۔

www.ingramcontent.com/pod-product-compliance
Lightning Source LLC
LaVergne TN
LVHW020041110826
845155LV00029B/591

* 9 7 8 1 9 2 3 0 6 7 0 8 0 *